**Vergaben im Bereich
Verteidigung und Sicherheit**

 Schriftenreihe des forum vergabe e.V.

von Wietersheim (Hrsg.)

Vergaben im Bereich Verteidigung und Sicherheit

Gesetzliche Neuregelung und Anwendung

herausgegeben von

Dr. Mark von Wietersheim
Rechtsanwalt, Berlin, Geschäftsführer forum vergabe e.V.

bearbeitet von

Univ.-Prof. Dr. Michael Eßig,
Universität der Bundeswehr München, Neubiberg
Dr. Andreas Glas, Universität der Bundeswehr München, Neubiberg
Dr. Markus Amann, Universität der Bundeswehr München, Neubiberg
Norbert Dippel, Rechtsanwalt, Bonn
Dr. Heiko Piesbergen, Rechtsanwalt, Berlin
Dr. Michael Sitsen, Rechtsanwalt, Düsseldorf
Dr. Christian Scherer-Leydecker, Rechtsanwalt, Köln
Dr. Volkmar Wagner, Rechtsanwalt, Stuttgart
Dr. Marc Gabriel LL.M., Rechtsanwalt, Berlin
Dr. Katharina Weiner, Rechtsanwältin, Düsseldorf
Dr. Wolfram Krohn, Rechtsanwalt, Berlin
Dipl.-Ing., Dipl.-Wirtschaftsing. Sven Hischke, Koblenz
Dr. Franz Josef Hölzl LL.M., Rechtsanwalt, Berlin
Dr. Bärbel Sachs LL.M., Rechtsanwältin, Berlin
Richterin Dr. Karoline Hehlmann, Maître en droit, Berlin

Bibliografische Information der Deutschen Nationalbibliothek Die Deutsche Nationalbibliothek verzeichnet diese Publikation in der Deutschen Nationalbibliografie; detaillierte bibliografische Daten sind im Internet über http://dnb.d-nb.de abrufbar.

Herausgeber:

forum vergabe e.V.
Spichernstr. 15
10777 Berlin

Telefon (030) 23 60 80 60
Telefax (030) 23 60 80 621

www.forum-vergabe.de
E-Mail: info@forum-vergabe.de

Verlag:

Bundesanzeiger Verlag GmbH
Amsterdamer Straße 192
50735 Köln

Tel.: +49 221 97668-200
Fax: +49 221 97668-278

E-Mail: vertrieb@bundesanzeiger.de
Internet: www.bundesanzeiger-verlag.de

Weitere Informationen finden Sie auch in unserem Themenportal unter http://biv-portal.de/vergabe

Kostenlose Bestellhotline: Tel.: +49 800-12 34 33 9

© 2013 Bundesanzeiger Verlag GmbH, Köln

Alle Rechte vorbehalten. Das Werk einschließlich seiner Teile ist urheberrechtlich geschützt. Jede Verwertung außerhalb der Grenzen des Urheberrechtsgesetzes bedarf der vorherigen Zustimmung des Verlags. Dies gilt auch für die fotomechanische Vervielfältigung (Fotokopie/Mikrokopie) und die Einspeicherung und Verarbeitung in elektronischen Systemen. Hinsichtlich der in diesem Werk ggf. enthaltenen Texte von Normen weisen wir darauf hin, dass rechtsverbindlich allein die amtlich verkündeten Texte sind.

Herstellung: Günter Fabritius
Satz: media-dp gbr, Sankt Augustin
Druck und buchbinderische Verarbeitung: Appel & Klinger Druck und Medien GmbH, Schneckenlohe

Printed in Germany

Vorwort

Die Richtlinie 2009/81/EG für Vergaben in den Bereichen von Verteidigung und Sicherheit hätte bis zum 21.08.2011 in nationales Recht umgesetzt werden müssen. Die Bundesrepublik ist dieser Verpflichtung erst im Sommer 2012 nachgekommen. Mit der bereits Ende 2011 erfolgten Änderung des GWB und den im Juli 2012 in Kraft getretenen Regelungen der VSVgV und VOB/A-VS gelten erstmals speziell für Beschaffungen in den Bereichen Verteidigung und Sicherheit eigene gesetzliche Regelungen.

Wie sehen diese gesetzlichen Regelungen im Einzelnen aus? Was bedeuten sie für die Praxis? Wie wird sich das Beschaffungsverhalten der Auftraggeber ändern müssen; welche Möglichkeiten bedeutet dies für die anbietenden Unternehmen? Wo liegen die ökonomischen und juristischen Chancen, Risiken und Irrwege für alle Beteiligten?

Diese Fragen sollen mit diesem Buch für Anwender und betroffene Kreise beantwortet werden. Sie standen schon bei einer Veranstaltung des forum vergabe e.V. im Mittelpunkt und werden uns noch öfter beschäftigen.

Das forum vergabe ist ein gemeinnütziger Verein, der nicht gewinnorientiert tätig ist. Unsere Aufgabe ist es nach der Satzung, die Bildung im Vergabewesen zu fördern. Wir verstehen uns als neutraler Mittler zwischen den verschiedenen Beteiligten des Vergabebereiches.

Wir erhalten keine Zuschüsse von staatlicher Seite, sondern finanzieren uns allein über Mitgliedsbeiträge und unsere Aktivitäten.

Im Kreis unserer Mitglieder und in unserem Vorstand sind alle Beteiligten des Vergabewesens vertreten. Im Vorstand sitzen beispielsweise Vertreter der obersten Bundesministerien, des Bundesgerichtshofes sowie der Spitzenorganisationen der Wirtschaft. Vorsitzender ist der Wirtschaftsminister von Bayern, Herr Zeil. Weitere Informationen können Sie auf unserer Homepage finden.

forum vergabe e.V.

Dr. Mark von Wietersheim	Doreen Scherat-Dierberg
Geschäftsführer	Leiterin der Geschäftsstelle

Inhaltsverzeichnis

Vorwort 5

Wirtschaftliche und organisatorische Aspekte der Verteidigungsbeschaffung
*Univ.-Prof. Dr. Michael Eßig/Dr. Andreas Glas/Dr. Markus Amann,
Universität der Bundeswehr München, Neubiberg* 9

**Ausnahmebestimmungen im Umfeld verteidigungs- und
sicherheitsrelevanter Aufträge**
Norbert Dippel, Rechtsanwalt, HIL Heeresinstandsetzunglogistik GmbH, Bonn .. 35

**Neue Vorgaben für Auftraggeber und Bieter in Beschaffungsprozessen:
Die Vergabeverordnung für die Bereiche Verteidigung und Sicherheit**
Dr. Heiko Piesbergen, Rechtsanwalt, Noerr LLP, Berlin 53

Verteidigungs- und sicherheitsrelevante Bauaufträge
Dr. Michael Sitsen, Rechtsanwalt, Orth Kluth Rechtsanwälte, Düsseldorf 81

**Die Definition verteidigungs- und sicherheitsrelevanter Aufträge nach
§§ 99 Abs. 7 bis 9 und 13 GWB – Das Tor zum Sondervergaberecht für die
Bereiche Verteidigung und Sicherheit**
*Dr. Christian Scherer-Leydecker/Dr. Volkmar Wagner, Rechtsanwälte,
CMS Hasche Sigle, Köln/Stuttgart* 95

**Wettbewerb nach Innen – Abschottung nach Außen? Die europäische
Verteidigungsbeschaffung im Spannungsfeld einer verstärkten Integration
europäischer KMUs und einer reziprozitätsbedingten Exklusion von
Bietern aus Drittstaaten**
*Dr. Marc Gabriel LL.M/Dr. Katharina Weiner, Rechtsanwälte,
Baker & McKenzie, Berlin/Düsseldorf* 119

Informationssicherheit bei Verteidigungs- und Sicherheitsvergaben
Dr. Wolfram Krohn, Rechtsanwalt, Orrick, Herrington & Sutcliffe, Berlin 137

**Deckung betriebsbedingter Bedarfe der Bundeswehr: Von der verwaltenden
Beschaffung zum gestaltenden Einkauf**
*Dipl.-Ing., Dipl.-Wirtschaftsing. Sven Hischke, Bundesamt für Ausrüstung,
Informationstechnik und Nutzung der Bundeswehr, Koblenz* 165

Rechtsschutz im Sicherheits- und Verteidigungsbereich
Dr. Franz Josef Hölzl LL.M., Rechtsanwalt, Berlin 177

**Außenwirtschaftliche Vorgaben bei Verbringungen in der
Europäischen Union**
*Dr. Bärbel Sachs LL.M., Rechtsanwältin, Noerr LLP, Berlin/
Richterin Dr. Karoline Hehlmann, Maître en droit, Berlin* 209

Stichwortverzeichnis 223

Wirtschaftliche und organisatorische Aspekte der Verteidigungsbeschaffung

Univ.-Prof. Dr. Michael Eßig/Dr. Andreas Glas/Dr. Markus Amann

A. Einstieg: Wirtschaftlichkeit im Rahmen der Verteidigungsbeschaffung 9
B. Wirtschaftlichkeit als ökonomisches Prinzip bei der öffentlichen Auftragsvergabe 11
C. Konkretisierung: Wirtschaftlichkeit im Beschaffungsprozess für Verteidigungsgüter in Deutschland 13
    I. Grundlegendes Prozessmodell für die öffentliche Beschaffung 14
    II. Das novellierte Beschaffungsverfahren für Verteidigungsgüter „CPM nov." . 15
    III. Bewertung und Zwischenfazit 17
D. Integration von Rüstung und Nutzung: Einsatz performanceorientierter Beschaffungsmodelle 23
Literaturverzeichnis 29
Rechtsquellenverzeichnis 33

A. Einstieg: Wirtschaftlichkeit im Rahmen der Verteidigungsbeschaffung

Spätestens seit dem Wegfall der Ost-West-Konfrontation sieht sich die Bundeswehr einem Wandel unterworfen, welche große Investitionen in die Ausbildung und Ausrüstung, z.B. durch die Schaffung von strategischen Lufttransportkapazitäten, erfordert (Czech, 2008). Um bei gleichbleibend knappem Gesamtetat den notwendigen Handlungsspielraum für Investitionen zu erlangen, ist eine verstärkte ökonomische Betrachtung und Bewertung der Streitkräfte und insbesondere der Verteidigungsbeschaffung notwendig. Dies steht in engem Zusammenhang mit dem deutlichen Bedeutungsgewinn ökonomischer Rationalitäten in Bezug auf staatliches Handeln ganz allgemein (Hilgers, 2008).

Vermeintlich ist es höchste Zeit, dass dieser Trend der „Ökonomisierung im Public Management" (Reichard, 2003) auch die Verteidigungsbeschaffung erreicht, sieht sich diese kontinuierlich einem diesbezüglichen Rechtfertigungsdruck ausgesetzt. Sieht man von der oft plakativen und teilweise politisch eingefärbten Kritik aus Medien und Öffentlichkeit ab, so findet sich Kritik an der Verteidigungsbeschaffung regelmäßig in den Berichten des Bundesrechnungshofs wieder. Beispielhaft hierfür wird der Beschaffungsvorgang eines Marineflugzeuges im Bericht 2010 genommen. Dabei wird eine erhebliche Kostensteigerung um mehr als 412 Mio. Euro (+106 %) festgestellt bei

A. Einstieg

gleichzeitig nur bedingter Einsatzfähigkeit der Maschinen (BRH, 2010). Ähnlich stellt Dickow (2010) in einer Auswertung des A400M-Projekts fest, dass die bestehenden Managementinstrumente die Lieferverzögerungen und Kostenexplosionen nicht verhindern konnten und daher versagt hätten. Auch wenn eine Pauschalkritik weder hilfreich noch sinnvoll sein mag, muss die Analyse einer ausdrücklich auch leistungsbezogenen Wirtschaftlichkeitsdimension erfolgen.

Die vorgebrachte Kritik und die teilweise fundamentalen Vorwürfe bezüglich geringer Effektivität bei gleichzeitiger Ineffizienz führen zwangsläufig zur Fragestellung, was unter Wirtschaftlichkeit in der Verteidigungsbeschaffung zu verstehen ist und wie man diese Wirtschaftlichkeit bewerten und steigern kann. Mit diesem Themenkomplex befasst sich dieser Beitrag und reflektiert dabei natürlich auf die jüngsten Entwicklungen in Deutschland, insbesondere die Veränderung der Beschaffungsorganisation durch das Bundesamt für Ausrüstung, Informationstechnik und Nutzung (BAAINBw) und des novellierten Beschaffungsprozesses. Ein Reformvorgang, der in ein neues Ausrüstungs- und Nutzungsmanagement münden soll, welches spätestens Ende 2015, möglichst aber früher, vollständig implementiert sein soll (Selhausen, 2012).

Dabei ist offensichtlich, dass Wirtschaftlichkeit mehr umfasst als eine reine Kostenbetrachtung. Denn ein beschafftes Rüstungsgut oder ein Waffensystem ist nicht dann effektiv, wenn es eine Verbesserung zur bestehenden Ausrüstung bringt, sondern wenn es in seiner Leistungsfähigkeit Vorteile gegenüber mögliche (neuen) Bedrohungen verspricht (Pugh, 2007). Diese Argumentationslinie begründet in vielen Fällen die Beschaffung von Spitzentechnologie, die mit entsprechenden Risiken verbunden ist, was sich in Kostensteigerungen ausdrückt. So kommen Untersuchungen, welche systematisch die Kostenentwicklung von Projekten in der Verteidigungsbeschaffung untersucht haben, zu dem Ergebnis, dass diese grundsätzlich und kontinuierlich ansteigen (Kirckpatrick, 2004; Pugh, 2007, Christensen et al., 1999). So wurden für die Vereinigten Staaten von Amerika 220 Rüstungsvorhaben zwischen 1968 und 2003 ausgewertet und eine durchschnittliche Kostensteigerungsrate von 46% festgestellt (Arena et al., 2006). Erste Untersuchungen für Deutschland zeigen, dass sich die Kosten sowohl für die Kampfflugzeuge Starfighter, Tornado und Eurofighter jeweils um etwa 100 % im Vergleich zu den geplanten Kosten gesteigert haben. Gleichwohl hat sich auch die Leistungsfähigkeit dieser Systeme entsprechend verändert (Eßig et al., 2012). Wirtschaftlichkeit in der Verteidigungsbeschaffung muss daher sowohl die Kosten, als auch die Leistungsseite im Zusammenhang betrachten (Eichhorn, 2005).

Während aber die Kosten in der Verteidigungsbeschaffung vergleichsweise einfach messbar sind, entzieht sich der Nutzen bzw. die Effektivität von Rüstungsgütern häufig einer eindeutigen Bewertung. Genau aus diesem Grund ist es notwendig, das Thema Wirtschaftlichkeit in der Verteidigungsbeschaffung grundsätzlich – betriebswirtschaftlich – aufzuarbeiten. Dieser Beitrag will hierzu einen Beitrag leisten, indem zunächst die Grundlagen zu Wirtschaftlichkeit in der öffentlichen Auftragsvergabe beleuchtet (Abschnitt 2) und danach die neueren Entwicklungen in Deutschland analysiert werden

(Abschnitt 3). Anschließend richtet sich der Blick nach Vorne und es wird eine Möglichkeit zur Steigerung der Wirtschaftlichkeit (Performance-based Logistics) detailliert diskutiert (Abschnitt 3). Der Beitrag schließt mit Empfehlungen für die weitere Ausgestaltung der Verteidigungsbeschaffung zur Steigerung der Wirtschaftlichkeit (Abschnitt 4).

B. Wirtschaftlichkeit als ökonomisches Prinzip bei der öffentlichen Auftragsvergabe

In den Wirtschaftswissenschaften wird mit dem Begriff der Wirtschaftlichkeit grundsätzlich die Relation zwischen Gütereinsatz und Güterausbringung verbunden (vgl. Eichhorn, 2005). Demnach liegt Wirtschaftlichkeit vor, wenn das Einsatz-Ausbringungsverhältnis von Gütern (i. S. v. Sachgütern, Dienst- oder Geldleistungen) *günstig* ausfällt. Günstig kann dabei bedeuten, dass bei einem gegebenen Einsatz eine erwünschte Höhe der Ausbringung mindestens erreicht wird bzw. bei festgesetzter Ausbringung ein bestimmter Einsatz nicht überschritten wird (Wirtschaftlichkeit als Soll-Ist-Verhältnis). Zudem wird von Wirtschaftlichkeit gesprochen, wenn bei gegebenem Einsatz eine größtmögliche Ausbringung oder eine festgelegte Ausbringung mit geringstmöglichem Einsatz erreicht wird (Wirtschaftlichkeit als Zweck-Mittel-Verhältnis).

Obwohl auch Produktivität eine Beziehung zwischen Gütereinsatz und Güterausbringung abbildet, sind grundsätzlich die Termini Wirtschaftlichkeit und Produktivität voneinander abzugrenzen. Letztgenannter wird stets nur auf Mengen bezogen und stellt damit eine reine Mengengröße bzw. ein Mengen/Mengen-Verhältnis dar. Hingegen kann Wirtschaftlichkeit sowohl eine Wert/Wert-Relation (z. B. Rentabilität) als auch ein Mengen/Wert-Verhältnis (bspw. Kosten- oder Leistungswirtschaftlichkeit) bedeuten (Thommen/Achleitner, 2012).

Vergaberechtlich betrachtet wird Wirtschaftlichkeit mit dem Primat der Sparsamkeit verbunden (BHO § 7). Der Bundesrechnungshof ergänzt die Formulierung der Bundeshaushaltsordnung in seiner Prüfungsordnung (PO-BRH), in der er erläutert, dass eine Prüfung der Wirtschaftlichkeit die Ermittlung des günstigsten Verhältnisses zwischen dem verfolgten Zweck und den eingesetzten Mitteln anstreben und auch „die Wirksamkeit und Zweckmäßigkeit des Verwaltungshandelns einschließlich der Zielerreichung (Erfolgskontrolle)" (BRH, 2005, § 4, Abs. 3) beinhalten muss.

Im Unterschied zu geltendem EU Recht (2004/18/EG und für den Bereich Verteidigung 2009/81/EG), das sowohl den *niedrigsten Preis* als auch das *wirtschaftlich günstigste Angebot* als jeweilige Zuschlagskriterien nennt, wird im nationalen Vergaberecht ausschließlich das *wirtschaftlichste Angebot* (VOL/A, § 18 Abs. 1 und VOB/A, § 16 Abs. 6 Nr. 3 sowie VSVgV, § 34) als Zuschlagskriterium zugelassen. Jedoch können die Einbeziehung politischer Ziele (z. B. Förderung von Ökologie, sozialer Verantwortung und

B. Wirtschaftlichkeit als ökonomisches Prinzip

Innovationen) in das Aufgabenspektrum der öffentlichen Beschaffung sowie eine Erweiterung des Wirtschaftlichkeitsbegriffs um die volkswirtschaftliche Dimension zu einer erschwerten Ermittlung des wirtschaftlich günstigen Angebots führen. U. a. bei der Berücksichtigung von Sozialkriterien in öffentlichen Ausschreibung wird deutlich, dass bspw. die Förderung kleiner und mittlerer Unternehmen (KMU) bei öffentlichen Ausschreibungen (bspw. durch eine losweise Vergabe) zu höheren Einzelpreisen der unterschiedlichen Lose im Vergleich zum Gesamtpreis von nur einem ausgeschriebenen Los führen kann. Aus betriebswirtschaftlicher Sicht ist eine solche Maßnahme unter den genannten Umständen als unwirtschaftlich zu werten. Aus volkswirtschaftlicher Perspektive hingegen führt eine entsprechende Förderung von KMU zur Sicherung bzw. Schaffung von Arbeitsplätzen und kann somit als durchaus wirtschaftlich eingeschätzt werden. Mindestens ebenso schwer fällt eine objektive Bewertung umweltfreundlicher Kriterien in Ausschreibungen wie bspw. die Erfüllung von Nachhaltigkeit. Ebenso führen höhere Transparenzpflichten zu einer Kostensteigerung, ohne dabei unmittelbar die Leistungsanforderungen zu beeinflussen. Im Sinne einer *dynamisch strategischen Wirtschaftlichkeit* sind außerdem die Lebenszykluskosten des Beschaffungsobjekts als Einsatzgröße zu berücksichtigen. Die Bewertung der Lebenszykluskosten ist ausdrücklich vergaberechtlich zulässig (VgV, § 4 Abs. 6) und gerade bei Rüstungsgütern mit ihrer i. d. R. langen Nutzungsdauer wesentliches Element der Wirtschaftlichkeitsanalyse.

Nicht zuletzt die genannten Beispiele verdeutlichen, dass für finanzwirksame Maßnahmen im Rahmen der öffentlichen Beschaffung geeignete Wirtschaftlichkeitsuntersuchungen zwingend erforderlich sind (vgl. BHO, § 7 Abs. 2). Dabei muss „die Prüfung, ob die eingesetzten Mittel auf den zur Erfüllung der Aufgaben notwendigen Umfang beschränkt wurden (Grundsatz der Sparsamkeit)", Bestandteil der Wirtschaftlichkeitsuntersuchung sein (BRH, 2005, § 4, Abs. 3). Die Arbeitsanleitung zur Einführung in Wirtschaftlichkeitsuntersuchungen (BMF, 2011) unterscheidet hierzu monetäre und nicht monetäre Verfahren sowie in eine einzel- und in eine gesamtwirtschaftliche Betrachtung (vgl. Tab.1).

Verfahren	*einzelwirtschaftliche* Betrachtung	*gesamtwirtschaftliche* Betrachtung
monetäre Bewertung	Kapitalwertmethode	Kosten-Nutzen-Analyse
nicht monetäre Bewertung	Nutzwertanalyse	Nutzwertanalyse im Rahmen der Kosten-Nutzen-Analyse

Tab. 1: Verfahren der Wirtschaftlichkeitsuntersuchung (BMF 2011, S. 6)

Im Rahmen von Wirtschaftlichkeitsuntersuchungen wird zudem zwischen *Objekt- und Prozesswirtschaftlichkeit* differenziert. Objektwirtschaftlichkeit hat die Erreichung des günstigsten Einsatz-Ausbringungsverhältnisses zum Ziel, bezogen auf das Beschaffungsobjekt. Hingegen fokussiert Prozesswirtschaftlichkeit auf die Wirtschaftlichkeit des Beschaffungsprozesses, der zur Verfügbarmachung des benötigten, aber nicht selbst erstellten Gutes (Beschaffungsobjekt) dient. Empirische Studien zeigen, dass im Hinblick auf die Prozesswirtschaftlichkeit große Unterschiede zwischen EU-weiter und nationaler Ausschreibung bestehen (vgl. BMWi, 2008 und EK, 2011): So werden für EU-weite Ausschreibungen Prozesskosten von durchschnittlich 28.000 Euro angeführt, für nationale Ausschreibungen dagegen 7.800 Euro im Durchschnitt. Nach Sektoren aufgeteilt stellen sich die Prozesskosten in den Bereichen *Gas und Öl* um den Faktor drei und *Gesundheit* um den Faktor 1,5 höher dar als für *Verteidigung* (Strand et al., 2011).

Die öffentliche Auftragsvergabe möchte Wirtschaftlichkeit v.a. durch die Erreichung von mehr Wettbewerb (d. h. via Vergabeverfahren bzw. öffentlicher Ausschreibung) erzielen (Marx und Jasper, 2012). Diese Erkenntnis ist jedoch nicht uneingeschränkt auf den Verteidigungsbereich übertragbar, da hier das Grundprinzip/Verfahren der öffentlichen Ausschreibung nur bedingt Anwendung findet.

C. Konkretisierung: Wirtschaftlichkeit im Beschaffungsprozess für Verteidigungsgüter in Deutschland

Als nächster Schritt wird nun untersucht, inwieweit sich die wesentlichen Determinanten einer wirtschaftlichen Beschaffung (Objekt- vs. Prozesskosten, Einstands- vs. Lebenszykluskosten, Wettbewerb vs. Kooperation) auch in den Reformanstrengungen im Bereich der Verteidigungsbeschaffung in Deutschland widerspiegeln. Als Ausgangspunkt für die Betrachtung des spezifischen Verfahrens zur Beschaffung von Verteidigungsgütern dient ein generisches Prozessmodell. Anhand dieses Modells werden kurz alle wesentlichen Elemente und Phasen eines Beschaffungsvorgangs erläutert. Es wird dann als Referenz und Vergleichsmaßstab zu den neuesten Entwicklungen zur Reform der Verteidigungsbeschaffung, insbesondere dem novellierten Beschaffungsprozess Customer Product Management (CPM) herangezogen. Dabei wird auch auf die neue Beschaffungsorganisation, insbesondere auf das Bundesamt für Ausrüstung, Informationstechnik und Nutzung der Bundeswehr (BAAINBw) und die im Prozess verankerten „Integrierten Projektteams" (IPT) eingegangen. Insgesamt erlaubt diese Methodik nicht nur eine Bewertung, inwieweit durch die bereits unternommenen Reformen das Thema Wirtschaftlichkeit gestärkt worden ist, sondern auch, ob möglicherweise immer noch ausbaufähige Bereiche existieren.

I. Grundlegendes Prozessmodell für die öffentliche Beschaffung

Als zentrale Rahmenbedingung, die die öffentliche von der privatwirtschaftlichen Beschaffung unterscheidet, wird gemeinhin das Vergaberecht genannt, welches ein ganzes Bündel an Vorschriften und Gesetzen umfasst. Dies führt dazu, dass auch bei der Frage nach dem öffentlichen Beschaffungsprozess unter (vermeintlichem) Rückgriff auf das Vergaberecht ein verkürzter Blickwinkel angelegt wird. Tatsächlich determiniert das Vergaberecht mit den Verfahrensarten nur die Phase der Beschaffungsvergabe. Der Beschaffungsprozess insgesamt ist weitaus umfangreicher (Abb. 1).

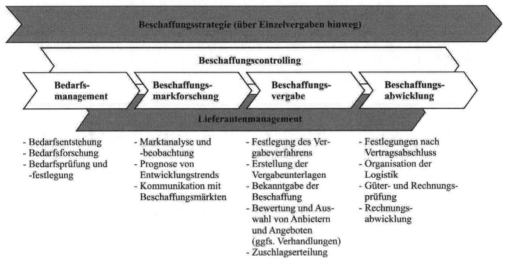

Abb. 1: Ein grundlegendes Beschaffungsprozessmodell (in Anlehnung an Eßig, 2008)

Ein Beschaffungsvorgang beginnt grundsätzlich mit dem Bedarfsmanagement, also der qualitativen und quantitativen Bestimmung der zu beschaffenden Leistungen. Es ist weitgehend unstritig, dass die Vergabestellen bzw. Beschaffungsbehörden vollkommen frei bei der Gestaltung ihres Bedarfes sind (sog. Bedarfsbestimmungsrecht der Auftraggeber, vgl. Noelle und Rogmans, 2002). Vergaberechtliche Regelungen bzw. Einschränkungen greifen an dieser Stelle – ebenso wie bei der folgenden Phase der Beschaffungsmarktforschung nicht. Auf dieser Grundlage können unter Beobachtung der Beschaffungsmärkte und der technologischen-, konjunkturellen- und weiterer Trends erste Lösungen zur Bedarfsdeckung sowohl zeitlich, als auch in Qualität und Menge skizziert werden. Die Beschaffungsmarktforschung erlaubt bereits erste Überlegungen zur wirtschaftlichen Bedarfsdeckung, also die Gegenüberstellung prognostizierter Kosten und Leistungen in Form von Szenario-/Business Case Analysen. Ist ein Bedarf hinreichend untersucht und eine Bedarfslösung funktional und wirtschaftlich durchdacht, erlaubt dies anschließend die Durchführung einer konkreten Vergabe. Die Beschaffungsvergabe beinhaltet die Durchführung der vergaberechtlich am Stärksten reglementierten „eigentlichen" Vergabeverfahrens. Nach der Zuschlagserteilung erfolgt die Beschaffungsabwicklung. So wird die beauftragte Leistung durch den Auftragnehmer erstellt, geliefert und entsprechend abgerechnet. Ein weiteres wichtiges Element jeden Beschaffungsvorgangs ist das Lieferantenmanagement, also die aktive Kommunikation und Steuerung der Lieferantenbeziehung. Das Lieferantenmanagement kann einen Beitrag zu allen Phasen des Beschaffungsprozesses leisten. Bereits an dieser Stelle sei im Hinblick auf die folgende Diskussion der sog. „Integrierten Projektteams (IPT)" des neuen Beschaffungsprozesses darauf hingewiesen, dass das Vergaberecht diesbezüglich weitaus weniger restriktiv ist als gemeinhin angenommen (Eßig, 2008). Daneben dient das Beschaffungscontrolling der kontinuierlichen Verbesserung des Beschaffungsprozesses. Es unterstützt die Durchführung einzelner Phasen durch Informationen und ermöglicht eine strategische Steuerung der einzelnen Beschaffungsvorhaben bzw. überprüft inwieweit einzelne Beschaffungsvorgaben tatsächlich Zielkongruent mit der übergeordneten Beschaffungsstrategie sind. Dies wird insofern immer bedeutsamer, da einmal abgewickelte Beschaffungsvorgänge Folgebedarfe z. B. in Form von Ersatzteilen nach sich ziehen können und dementsprechend nur in der Gesamtbetrachtung (Totalkosten, Lebenszykluskosten) eine Wirtschaftlichkeit des Beschaffungsvorgangs festgestellt werden kann.

Insgesamt liegen die wohl größten Optimierungspotentiale des Beschaffungsprozesses in der Beschaffungsstrategie und ex ante bzw. ex post der eigentlichen Beschaffungsvergabe. Eine übergeordnete Beschaffungsstrategie kann durch Setzen von Architekturentscheidungen dazu führen, dass einzelne (Teil-)Leistungen im operativen Betrieb besser zusammenwirken und dadurch die Totalkosten gesenkt werden. Gerade die derzeit diskutierten strategischen Maßnahmen zur Standardisierung („Commercial of the Shelf", Koch und Rodosek, 2012) bieten enormes Wirtschaftlichkeitspotential, setzen aber eine wirksame beschaffungsstrategische Verankerung in frühen Phasen der Bedarfsentstehung voraus. Eine optimierte Bedarfsfeststellung und Beschaffungsmarktforschung kann dazu beitragen, dass neue, bisher nicht bedachte Lösungsvorschläge gefunden oder angeboten werden bzw. auch ganz neue Lieferanten und Branchen sich für einen bestimmten Auftrag interessieren (Eßig, 2008). Im Folgenden wird nun dieser generische Beschaffungsprozess den Reformen in der deutschen Verteidigungsbeschaffung gegenübergestellt.

II. Das novellierte Beschaffungsverfahren für Verteidigungsgüter „CPM nov."

Die Neuausrichtung der Bundeswehr fokussiert sich spätestens mit dem Bericht der Strukturkommission der Bundeswehr nicht mehr nur auf militärisch notwendige Reformanstrengungen, sondern adressiert explizit die Probleme in der Bedarfsdeckung der Bundeswehr: „Die Streitkräfte erhalten ihre geforderte Ausrüstung zumeist weder im erforderlichen Zeit- noch im geplanten Kostenrahmen. [...] Selbst bei akutem Bedarf im Einsatz und vorhandenen marktverfügbaren Produkten benötigen die Beschaffung,

C. Konkretisierung: Wirtschaftlichkeit im Beschaffungsprozess

Integration und Erprobung [...] Jahre." (Strukturkommission, 2010). Mit den verteidigungspolitischen Richtlinien und den Eckpunkten zur Neuausrichtung der Bundeswehr konkretisiert Bundesverteidigungsminister Dr. Thomas de Maiziére seine Maßnahmen in Richtung einer bedarfsgerechten Ausstattung der Streitkräfte, indem er die Bündelung von Aufgaben und die zukunftsweisende Ausrichtung des Rüstungs- und Nutzungsprozesses skizziert (BMVg, 2011). Für die Beschaffung von Verteidigungsgütern sind die bedeutsamsten Veränderungen die organisatorische und die prozessuale Integration von Ausrüstung und Nutzung.

Organisatorisch wurde eine neue Abteilung Ausrüstung, Informationstechnik und Nutzung (AIN) im Bundesministerium der Verteidigung gegründet, in der seit 1. April 2012 die ehemalige Hauptabteilung Rüstung, die Abteilung Modernisierung und die mit der Nutzung befassten Anteile aus den Führungsstäben zusammengeführt werden. Dieser Abteilung AIN wird das neue Bundesamt für Ausrüstung, Informationstechnik und Nutzung der Bundeswehr (BAAINBw) nachgeordnet, welches aus dem Bundesamt für Wehrtechnik und Beschaffung (BWB), dem Bundesamt für Informationsmanagement und Informationstechnik der Bundeswehr (IT-AmtBw) und den in militärischen Organisationsbereichen befindlichen Nutzungsteilen (z. B. Teile des Waffensystemkommandos der Luftwaffe) neu aufgebaut wird (Heiming, 2012). Damit werden die Kompetenzen für die Beschaffung von Verteidigungsgütern weitgehend in einer zentralen Stelle, dem BAAINBw, gebündelt, während Planungsaufgaben ministeriell in der Abteilung AIN konzentriert sind.

Auch prozessual wird eine grundlegende Reform des bisherigen Beschaffungsverfahrens durch die Novellierung des bestehenden Customer Product Management (CPM) unternommen, um die erkannten Defizite im Beschaffungsprozess zu verbessern. Denn der bisherige CPM hat sich zwar grundsätzlich bewährt, ist jedoch in der konkreten Anwendung charakterisiert durch ein fehlendes ganzheitliches Fähigkeitsmanagement, einen langwierigen, konsensualen Abstimmungs- und Entscheidungsprozess, zunehmend steigende Beschaffungskosten, zersplitterte Verantwortlichkeiten und Kompetenzen und dadurch insgesamt durch intransparente Prozesse sowie schwerfällige Kommunikationsstrukturen (Strukturkommission, 2010). Eine solche Situation bietet vielfältige Ansatzpunkte zur Steigerung der Wirtschaftlichkeit in der Verteidigungsbeschaffung, weshalb ein neuer Ausrüstungs- und Nutzungsprozess implementiert wird, der sich zum Ziel gesetzt hat, besonders schnittstellen- und mitzeichnungsarm, zu sein. Dieser neue Ausrüstungs- und Nutzungsprozess wird aus den drei Phasen Analyse, Realisierung und Nutzung, bestehen (Abb. 2).

III. Bewertung und Zwischenfazit

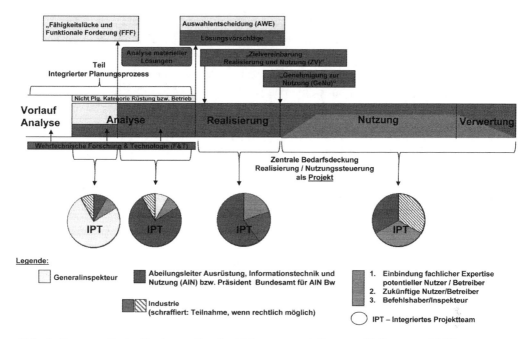

Abb. 2: Der novellierte Customer Product Management-Prozess (Selhausen, 2012)

Die Verbindung zwischen den organisatorischen und prozessualen Maßnahmen ist die Einführung integrierter Projektteams (IPT). Ein IPT besteht dabei grundsätzlich nicht nur aus Vertretern des Rüstungsbereichs und der Streitkräfte, sondern – soweit zweckmäßig und rechtlich vertretbar – auch aus Vertretern der Industrie. Den verantwortlichen Projektleiter für ein Beschaffungsvorhaben stellt über den gesamten Prozessverlauf, mit Ausnahme des ersten Teils der Analysephase, der Rüstungsbereich, gleichwohl ändert sich die weitere Zusammensetzung des IPT je Phase.

III. Bewertung und Zwischenfazit

Das Bundesverteidigungsministerium beauftragte selbst ein Expertengremium, um die Eckwerte des neuen Ausrüstungs- und Nutzungsprozesses zu bewerten. Im Abschlussbericht empfiehlt dieses Gremium die Umsetzung von sechs Maßnahmen und bezieht zu weiteren sechs Punkten Stellung (Sachverständigengremium, 2012). In der Diskussion von Wirtschaftlichkeit und Organisation der Verteidigungsbeschaffung dieses Beitrags wird auf diese Punkte referenziert, wenngleich dieser Beitrag besonders die Unterschiede zwischen dem generischen Prozessmodell und dem neuen Ausrüstungs- und Nutzungsprozess untersucht bzw. auch die organisatorische Aufteilung der einzelnen Prozessschritte betrachtet. Vorneweg wird angemerkt, dass ministeriell die Unterabteilung AIN I explizit als zentrale Anlaufstelle für alle Fragen der Wirtschaftlichkeit für Realisierung und Nutzung fungieren soll (Selhausen, 2012).

C. Konkretisierung: Wirtschaftlichkeit im Beschaffungsprozess

Beleuchtet man zunächst die **Prozesswirtschaftlichkeit**, dann stellt sich die Frage, ob die neue organisatorische Aufgabenverteilung bzw. deren Zusammenwirken im novellierten CPM eine Effektivitäts- bzw. Effizienzsteigerung, bezogen auf die grundsätzlichen Zieldimensionen für einen Prozess – Zeit, Kosten, Qualität – verspricht (Atzert, 2011). Dabei wird besonders betrachtet ob und auf welche Weise das novellierte Verfahren geeignet ist, die Wirtschaftlichkeit eines Beschaffungsvorganges zu steigern.

Positiv ist zu bewerten, dass mit dem neuen Ausrüstungs- und Nutzungsprozess grundsätzlich das Problem komplexer Entscheidungs- und Mitzeichnungswege und langer Prozessdurchlaufzeiten in der Verteidigungsbeschaffung aktiv angegangen worden sind. Denn explizites Ziel des neuen Verfahrens ist es ja schnittstellen- und mitzeichnungsarm ausgestaltet zu sein, um die Prozesszeit deutlich zu verkürzen.

Gruppiert man die Fülle an Prozessveränderungen des novellierten CPM, so gibt es Änderungen in der Prozessverantwortung, Änderungen in der Prozessstruktur sowie Änderungen bei den Prozessschnittstellen. In Bezug auf die Prozessverantwortung und Rollen erfolgt eine klare Trennung zwischen ministeriellen Steuerungs- von den ämterseitigen Durchführungsaufgaben. Klare und eindeutige Verantwortlichkeiten stehen für eine Reduzierung der Koordinationszeit, da langwierigen Absprachen und Entscheidungswege gekürzt werden.

Bezüglich der Prozessstruktur wurde im Vergleich mit dem bisherigen CPM eine Reihe von Maßnahmen getroffen, um diese Struktur zu verschlanken. So beschränkt sich das novellierte CPM auf drei statt vier Phasen und integriert des bisherige Sonderverfahren für den „Einsatzbedingten Sofortbedarf" in den novellierten Ausrüstungs- und Nutzungsprozess. Damit besteht ein einziger „standardisierter" Ausrüstungs- und Nutzungsprozess für jedwede Bedarfssituation. Einer inflationären Nutzung des Sonderprozesses „Einsatzbedingter Sofortbedarf" zur schnelleren Realisierung, auch von nicht zwingend einsatzrelevanten Gütern, kann so entgegengewirkt werden. Gleichwohl besteht bei dringenden Bedarfsfällen weiterhin die Möglichkeit einer priorisierten Beschaffung im neuen Ausrüstungs- und Nutzungsprozess. Die militärische Notwendigkeit wird formuliert bzw. bewertet durch das Einsatzführungskommando der Bundeswehr. Die höhere Priorisierung hat dann aber keinen Sonderprozess zur Folge, sondern nur eine beschleunigte Bearbeitung im novellierten CPM. Auch die Maßnahmen in Bezug auf die Prozessstruktur sind geeignet, die Prozesszeit zu verkürzen bzw. die Prozesskosten durch Wegfall von Sonderprozessschritten zu senken.

Zuletzt werden Änderungen in den Schnittstellen angesprochen, wobei sich innerhalb der drei Prozessphasen einerseits die Schnittstellenanzahl von nun maximal zwei statt bisher bis zu sieben Schnittstellen deutlich reduziert und andererseits auf aufwändige Phasenpapiere und Mitzeichnungsgänge weitgehend verzichtet wird. Auch diese Maßnahmen beziehen sich eindeutig auf eine die Zieldimensionen Prozesszeit und Prozesskosten und sind durchaus geeignet beide Größen zu senken. Allerdings besteht immer bei einer grundlegenden Prozessverschlankung die Gefahr, dass die Qualität sinkt. So ist die Reduzierung der bisher sehr aufwändigen und zeitraubenden Phasendokumente zwar zu begrüßen, allerdings muss sich die neue Prozessqualität erst bewähren. Hierzu scheint die Implementierung eines umfassenden strategischen Beschaffungscontrollings geboten, welches bisher im neuen Ausrüstungs- und Nutzungsprozess nicht explizit so vorgesehen ist.

Betrachtet man die Thematik der **Objektwirtschaftlichkeit** so erweitert der novellierte CPM die Beschaffungsalternativen, indem neben einer Bedarfsdeckung, welche sämtliche Forderungen erfüllt (100 %-Lösung) auch andere, gegebenenfalls schneller verfügbare, handelsübliche Produkte in das Kalkül mit einbezogen werden, auch wenn diese nicht sämtliche Bedarfsforderungen erfüllen (Wenzel, 2012). Positiv wird gewertet, dass in Bezug auf den gewünschten Fähigkeitsaufbau der Streitkräfte eine strategische Zielrichtung für eine optimierte Bedarfsdeckung unter höherer Beachtung der Objektwirtschaftlichkeit erkennbar ist: „Angesichts sich rasch verändernder Rahmenbedingungen auch in laufenden Einsätzen kommt dem schnellen, zum Teil aber begrenzten Fähigkeitsaufwuchs eine grundsätzlich höhere Bedeutung zu, als möglichst großen, aber erst langfristig zu realisierenden Qualitätssteigerungen. [...] Es wird beschafft, was erforderlich und finanzierbar ist, nicht was man gerne hätte oder was angeboten wird." (BMVg, 2011).

Konkret bedeutet dies, dass sich Bedarfsdeckungsalternativen rein aufgrund der Wirtschaftlichkeitsbetrachtung durchsetzen müssen. So kann eine erst langfristig verfügbare, sehr teure aber extrem leistungsfähige Lösung in der Wirtschaftlichkeitsbetrachtung einer schnell verfügbaren, kostengünstigen Lösung mit „70 %-Fähigkeit" unterlegen sein. Genauso ist es aber auch möglich, dass sich die langfristige und teure Alternative gegenüber einer schnellen Billiglösung durchsetzt. Es wird als äußerst positiv erachtet, dass überhaupt die Alternativen bzw. deren Leistung, Kosten und zeitliche Realisierbarkeit verglichen werden. Eine nachvollziehbare Bewertung der Objektwirtschaftlichkeit der Bedarfsdeckungsalternativen stärkt in jedem Fall die Auswahlentscheidung und führt potentiell auch zu wirtschaftlicheren Beschaffungsentscheidungen. Um die Auswahlentscheidung der wirtschaftlichsten Lösung zu unterstützen wird auch an dieser Stelle die Notwendigkeit gesehen, ein strategisches Beschaffungscontrolling zu installieren, welches über die Fähigkeit verfügt, komplexe Lebenszyklusberechnungen und Kosten-Nutzen-Analysen durchzuführen bzw. zu unterstützen.

Daneben kann auch die Abstützung auf die Experten in den integrierten Projektteams die Objektwirtschaftlichkeit steigern, da hiermit ein durchgängiges Fähigkeits- und Risikomanagement geschaffen wird. Im Dialog auch mit der beteiligten Industrie können Projektrisiken aber auch Optimierungsansätze direkt adressiert und so die Wirtschaftlichkeit in der Bedarfsdeckung durch neue oder veränderte Lösungen gesteigert werden. Sieht man von der speziellen Problematik der IPT bzgl. der Industriebeteiligung zunächst ab (siehe unten), so wird insgesamt mit dem neuen Verfahren die Hoffnung verbunden, Verteidigungsgüter schneller und kostengünstiger bedarfsgerecht bereit zu stellen (Heiming, 2012). Dieses Ziel – die gesteigerte Objektwirtschaftlichkeit – wird als erreichbar bewertet (Sachverständigengremium, 2012). Natürlich müssen sich diese neuen Strukturen erst noch bewähren, weshalb abzuwarten ist, inwieweit die hohen Erwartungen an die novellierten Prozesse tatsächlich erfüllt werden.

In der eigentlichen Vergabephase des Beschaffungsprozesses greifen die Neuregelungen des Vergaberechts, welche die EU im Rahmen des „Defence Package" angestoßen hat. Ziel ist hier eine weitere wettbewerbliche Öffnung von Rüstungsmärkten. Im deutschen Vergaberecht hat sich dies – neben u. a. Änderungen im GWB – in einer eigenen Vergabeverordnung für die Bereiche Sicherheit und Verteidigung (VSVgV) und einer neuen Bauvergabeordnung (VOB/VS) niedergeschlagen. Hier soll auf die ausführlichen Beiträge zum Thema in diesem Sammelband verwiesen werden, allerdings sei an dieser Stelle angemerkt, dass durch die darin festgeschriebene freie Wahl des Vergabeverfahrens ein „echter" Wettbewerb nicht möglich wird. Zielführender erscheinen hier vielmehr beschaffungsstrategische Maßnahmen wie Commercial-/Governmental-/Security-/Military-of the-Shelf-Strategien, welche durch Standardisierung neue Wettbewerbsfelder unter Lieferanten öffnen.

Des Weiteren entsteht durch die Zusammenführung der Zuständigkeiten für Beschaffung (Realisierung) einerseits und Nutzung (Erhalt der Einsatzreife) andererseits eine einheitliche und klare Verantwortung für den gesamten Lebenszyklus von Wehrmaterial (Selhausen, 2012). Dies ist ein Indiz für die gestärkte Rolle einer **dynamisch-strategischen Wirtschaftlichkeitsbetrachtung** in der Verteidigungsbeschaffung. Denn die Kompetenzen der bisherigen Dienststellen und Organisationen, des Bundesamtes für Wehrtechnik und Beschaffung (BWB), des Bundesamtes für Informationsmanagement und Informationstechnik der Bundeswehr (IT-AmtBw) und den Nutzungsanteilen der Streitkräfte werden gebündelt und dadurch Synergien u. a. was den Informations- und Erfahrungsaustausch angeht, nutzbar gemacht.

Damit wird das BAAINBw nicht nur mit der Forschung, Entwicklung und Beschaffung betraut, sondern übernimmt in der Nutzung auch die sogenannte „Materialverantwortung für die Einsatzreife". Die bisherigen Aufgaben der Nutzungsleiter und Gerätebearbeiter, die seit über 50 Jahren dezentral in Streitkräften unter dem Begriff „Materialverantwortung" wahrgenommen wurden, werden zukünftig zentral in dem Amt vereint, das auch die Beschaffung durchführt. Damit wird die Verantwortung für das Wehrmaterial nach der Beschaffung nicht mehr – wie in der Vergangenheit – in einen anderen Organisationsbereich verlagert, was regelmäßig zu einem erheblichen Wissens- und Erfahrungsverlust geführt hat. Umgekehrt können nun die Erfahrungen mit dem Wehrmaterial in der Nutzung bzw. im Einsatz unmittelbar in Produktänderungen, Produktverbesserungen oder Neubeschaffungen einfließen. Da das BAAINBw ab dem zweiten Teil der Analysephase den Projektleiter für das IPT eines Beschaffungsvorhabens stellt, können Erkenntnisse aus allen Phasen unmittelbar ausgewertet und gegebenenfalls in Maßnahmen (Produktänderungen, Verbesserungsmaßnahmen, Erkenntnisse für zukünftige, vergleichbare Beschaffungsvorgänge) einfließen. Kurzum: Wehrmaterial wird zukünftig für den gesamten Lebenszyklus unter einheitlicher Verantwortung stehen, was bei entsprechendem Wissensmanagement zu erheblichen Synergien führen wird. (Wenzel, 2012). Die alleinige Verantwortung des BAAINBw ermöglicht zudem die durchgängige Aus- und Bewertung von Kosten- und Leistungsdaten und damit eine dynamisch-strategische Wirtschaftlichkeitsbetrachtung. Gerade vor dem Hintergrund sehr langer Nutzungszeiten von Wehrmaterial ist dabei im Sinne von Business Case- und Lebenszykluskostenanalysen nicht nur die Optimierung der Fähigkeiten (Einsatzreife), sondern auch die ökonomische Optimierung verstärkt zu betrachten. Dabei muss grundsätzlich die Analysefähigkeit von Lebenszykluskosten im BAAINBw, gegebenenfalls als Bestandteil einer strategischen Controllingfunktion, gestärkt werden (Sachverständigengremium, 2012).

Insgesamt gesehen verspricht der novellierte Ausrüstungs- und Nutzungsprozess somit vielfältige Verbesserungen, was die Bedeutung der Wirtschaftlichkeitsanalyse in der Verteidigungsbeschaffung betrifft. So finden sich Ansätze, die sowohl die Prozess- und Objekt- als auch die dynamische Wirtschaftlichkeit von Rüstungsvorhaben deutlich steigern kann. Allerdings darf bei einer Analyse auch nicht übersehen werden, dass es noch Klärungsbedarf in einzelnen Fragen gibt, wobei insbesondere auf die IPT und die Beschaffungsstrategie eingegangen wird.

So wird die Beteiligung der Industrie in den IPT grundsätzlich vergaberechtlich hinterfragt. Tatsächlich wird die Einbindung der Industrie als unbedenklich erachtet, sofern die Industrieteilnehmer nicht an einer endgültigen Entscheidung über das konkret zu beschaffende Projekt dabei sind (Sachverständigengremium, 2012). Dieser Einschätzung wird grundsätzlich zugestimmt, da per se vergaberechtlich ein Lieferantenmanagement, also die Kommunikation, Bewertung und Steuerung der Lieferantenbeziehung, weit weniger restriktiv ist, als gemeinhin angenommen (Eßig, 2008). Natürlich müssen die Grundsätze der Geichbehandlung und Nichtdiskriminierung beachtet werden; so ist es nicht zulässig, einzelne Lieferanten im Vergabeverfahren in irgendeiner Form zu bevorzugen.

Allerdings kommt es nicht nur darauf an, dass die Industrievertreter teilnehmen dürfen, sie müssen sich auch wirklich mit Ideen einbringen wollen. Als Beispiel dient der zweite Teil der Analysephase in der die Industrievertreter bei der Lösungsfindung zur Deckung eines Bedarfs mitwirken dürfen, allerdings nur bis zur Erstellung des konkreten Lastenhefts (Sachverständigengremium, 2012). Inwiefern unter diesen Randbedingungen tatsächlich die wichtigen und relevanten Informationen von den Industrievertretern in dieses Gremium eingebracht werden bleibt abzuwarten. Denn der Projektleiter des IPT soll im Einzelfall darauf hinwirken, dass mögliche Wettbewerbsvorteile ausgeglichen und gegebenenfalls sämtliche sachlich relevanten Informationen aus den IPT möglichen anderen Bietern – die nicht am IPT teilnehmen – zur Verfügung gestellt werden. (Sachverständigengremium, 2012). Je nach Beschaffungsobjekt und Beschaffungsmarkt wird sich die Beteiligung der Industrie daher noch bewähren müssen. Gleichwohl wird das IPT grundsätzlich als Baustein eines aktiven Lieferantenmanagement positiv gewertet.

Ein weiterer Ansatzpunkt ist die Darstellung des Ausrüstungs- und Nutzungsprozesses aus der Perspektive einer einzelnen Vergabe. Zwar besteht mit dem neuen Planungsamt der Bundeswehr eine übergeordnete Organisationseinheit für die Beurteilung der Fähigkeitslage der Bundeswehr und die Identifizierung von Fähigkeitslücken. Auch obliegt organisatorisch der Abteilung AIN die ministerielle Planung, Steuerung und Kontrolle nationaler und internationaler Rüstungsaktivitäten (Selhausen, 2012). Damit besteht natürlich eine strategische Führungsorganisation für die Verteidigungsbeschaffung, allerdings fehlt eine kommunizierte Beschaffungsstrategie, welche die grundlegenden Ziele und Lösungsansätze langfristig setzt. Eine solche Beschaffungsstrategie kann aktiv eine strategische Position zu unterschiedlichen Beschaffungsansätzen wie z. B. „Pooling&Sharing", „Kooperationen", Commercial-/Governmental-/Security-/Military-of-the-Shelf" einnehmen. Gegebenenfalls können auch Architekturentscheidungen zu bestimmten Warengruppen (IT-Standards, Logistische Schnittstellen) verstärkt formuliert und kommuniziert werden. Dadurch könnte der „Strategiefit" einzelner Beschaffungsvorhaben zur übergeordneten Zielsetzung gesteigert werden. Auch die Industrie könnte an eine kommunizierte Beschaffungsstrategie anknüpfen und ihre eigenen Forschungsanstrengungen zur Entwicklung wehrtechnischer Güter optimieren können. Die Industrie wäre dann auf zukünftige Beschaffungsvorhaben besser vorbereitet, so dass tatsächlich auch verstärkt handelsübliche „Commercial-of-the-shelf" (COTS)-Produkte beschafft werden könnten.

Insgesamt gesehen birgt die reformierte Verteidigungsbeschaffung das Potential zu deutlichen Wirtschaftlichkeitssteigerungen. Lücken wurden insbesondere im noch ungeklärten Verhältnis der Beschaffungsorganisation zur Industrie (Supplier Relationship Management), im Beschaffungscontrolling (Fähigkeit zur Lebenszykluskostenanalyse) und in der Formulierung und Kommunikation einer übergeordneten Beschaffungsstrategie erkannt (Abb. 3).

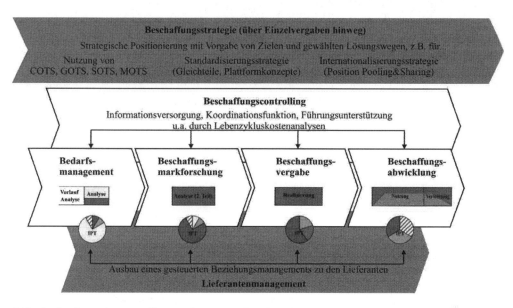

Abb. 3: Analyse des novellierten Customer Product Management-Prozesses

Diese erste und keineswegs vollumfängliche Bewertung des neuen Ausrüstungs- und Nutzungsprozesses im Vergleich mit dem generischen Beschaffungsprozessmodell zeigt, dass durchaus noch Potenzial zur Optimierung besteht. Ähnlich bewertet den neuen Beschaffungsprozess auch das Sachverständigengremium. Dieses bescheinigt dem neuen Prozess zwar das Potenzial der Truppe die erforderliche Ausrüstung im vereinbarten Kostenrahmen erheblich schneller als bisher zur Verfügung zu stellen, stellt aber auch folgendes fest: „Dies allein reicht nicht, um die vorgesehenen Ziele zu erreichen. Das geforderte Änderungs- und Neuerungspotenzial ist damit keineswegs ausgeschöpft. Weitere Schritte müssen folgen!" (Sachverständigengremium, 2012).

Eine Fortführung der Anstrengungen kann die aufgezeigten Verbesserungsfelder adressieren oder weitere, bisher nicht betrachtete Dimensionen der Integration von Rüstung und Nutzung untersuchen. Ein in der Bedeutung sehr relevantes Thema ist dabei die mit der neuen Struktur mögliche *vertragliche* Integration von Rüstung und Nutzung. Diese wird im nächsten Abschnitt diskutiert.

D. Integration von Rüstung und Nutzung: Einsatz performanceorientierter Beschaffungsmodelle

Die Reformanstrengungen im Bereich der Verteidigungsbeschaffung fokussieren sich bisher auf die Integration der Verantwortung für die Beschaffung und der Nutzung eines Rüstungsgutes im BAAINBw. Dadurch, zusammen mit dem novellierten CPM und der geplanten Industriebeteiligung in den IPT vollzieht sich eine organisatorische und prozessuale Integration von Rüstung und Nutzung, was die bisherige, zuweilen als starr wahrgenommene, Trennung von Bedarfsträger, Bedarfsdecker und Industrie aufgelöst.

Allerdings existieren auch andere Perspektiven auf diese Thematik. Die Formulierung gemeinsamer Ziele ist eine davon. Die Notwendigkeit auch die Ziele von Rüstung und Nutzung zu integrieren wird zwar im neuen Ausrüstungs- und Rüstungsprozess thematisiert, bleibt allerdings auf einer bundeswehrinternen Ebene. Denn der Abteilungsleiter AIN schließt mit dem Präsidenten BAAINBw eine Zielvereinbarung für die Realisierung und Nutzung im Rahmen der Realisierungsphase ab. Diese Zielvereinbarung wird explizit positiv herausgestellt, da es eine gegenseitige Zusage (Verpflichtung) bezüglicher der Ressourcen (AIN) bzw. der Realisierung der Leistung (BAAINBw) mit sich bringt (Selhausen, 2012).

Wenn gemeinsame Ziele innerhalb der Beschaffungsorganisation von Vorteil sind, dann stellt sich die Frage, warum dieses Mittel (Interessen- und Zielangleichung) nicht auch bis zur Industrie hin ausgedehnt wird. Auch betriebswirtschaftlich, u. a. mit Hilfe der Prinzipal-Agent-Theorie, wird die Interessangleichung als probates Mittel angesehen, um gerade bei komplexen Vertragssituationen eine effiziente Kooperation sicherzustellen (Eisenhardt, 1989; Göbel, 2002). Eine verbesserte Interessenangleichung zwischen Verteidigungsbeschaffung und wehrtechnischer Industrie hätte auch positive Effekte für weitere Integrationsdimensionen, wie z. B. Budgets (Haushalt) oder die Bewältigung von Projektrisiken.

Eine Interessenangleichung zwischen Auftraggeber und -nehmer muss aber auch bindend sein. Sieht man von nichtmonetären Maßnahmen ab, so fokussiert sich die Diskussion auf eine vertragliche Integration von Rüstung und Nutzung bzw. die Interessenangleichung mittels monetärer Anreize. Diese Thematik wird in der Verteidigungsbeschaffung unter dem Begriff „Performance Based Logistics" (PBL) intensiv diskutiert (DeVries, 2005, Berkowitz et al., 2005).

Das Konzept PBL entstammt der Terminologie der US-Verteidigungsbeschaffung (Geary/Vitasek, 2008). Dabei ist die Logistik („Logistics") laut NATO-Definitionshandbuch der Überbegriff auch für die Beschaffung („Acquisition"). Im Deutschen würde es sich daher empfehlen auf den ebenfalls genutzten Begriff „Performance Based Contracting" (PBC) zurückzugreifen (Glas, 2012). Allerdings hat sich international PBL für den Bereich der Verteidigungsbeschaffung durchgesetzt, weshalb auch in diesem Beitrag PBL genutzt wird. Ähnliche und verwandte Begriffe und Konzepte wie z. B. „Outcome-based", „Availability" oder „Incentive" Contracting sind Indizien für die Inhalte dieses Konzepts.

Ganz allgemein bezeichnet PBL die Beschaffung von Ergebnissen zu leistungsabhängigen Preisen (Glas, 2012). Um PBL besser und konkreter zu verstehen, scheint es sinnvoll, sich zunächst die vertragliche Situation und die Interessenlage in „traditionellen" Verträgen zu verdeutlichen. Denn PBL hat sich mit der Motivation entwickelt, die bisher genutzte Vertragslandschaft mit inputorientierten „Time & Material" bzw. „Cost Plus"-Verträgen zu reformieren (Geary und Vitasek, 2008; Cohen, 2012). In Deutschland stehen bildhaft für diese Art von Verträgen Vereinbarungen auf Basis detaillierter technisch-konstruktiver Leistungsbeschreibungen (§§ 7, 8 EG VOL/A), welche über Selbstkostenpreise vergütet werden (VO PR 30/53; LSP).

Nun gilt es zu ergründen, was die Besonderheiten solcher Verträge sind bzw. welche Wirkung diese auf die beteiligten Akteure, insbesondere auf die Industrie haben. Beginnt man bei den detaillierten Spezifikationen, dann sind diese in der Regel eindeutige Festlegungen über ein beschafftes Rüstungsgut. Solange keine Änderung zu dieser Spezifikation durchgeführt wird, muss der Auftragnehmer exakt die vorgegebene Spezifikation erfüllen. Dies stellt sicher, dass auch das Gut geliefert wird, was bestellt wurde. Allerdings führt dies dazu, dass eine kontinuierliche Verbesserung der Leistung verhindert wird. Denn gerade bei den sehr langen Nutzungszeiten von Wehrmaterial ergeben sich über den technologischen Wandel in vielen Bereichen Verbesserungsmöglichkeiten. Starre und detailreiche Spezifikationen verhindern, dass die Industrie, die ihre Produkte wohl auch am besten kennt, optimieren kann. Als Beispiel hierfür dient ein Touchscreen oder ein Microchip, welcher für ein Waffensystem zu Beginn der Fertigung konzipiert wurde. Nach ca. 10 Jahren Produktion und Nutzung sind diese Teile aufgrund der rasanten Entwicklung in der Elektronikindustrie dann natürlich viel gewichtsparender, kleiner, leistungsfähiger und billiger herzustellen, als die ursprünglich geplanten Bauteile. Natürlich kann die Industrie entsprechende Verbesserungen dem BAAINBw vorschlagen, aber aufgrund der engen Spezifikationen kann sie von sich aus (!) natürlich keine Optimierung, also hier den Einbau eines wirtschaftlicheren Bauteils, durchführen.

Hier kommen wir zum zweiten Vertragsbestandteil „tradierter" Verträge. Die Industrie bekommt in vielen Bereichen Selbstkostenerstattungspreise bezahlt. Dies liegt rechtlich daran, dass Wehrmaterial in der Regel als „nicht marktfähige Güter" klassifiziert werden (VO PR 30/53). Vereinfacht ausgedrückt hat dies zur Folge, dass der Industrie die Kosten erstattet werden, die für die Leistungserbringung anfallen. Darüber hinaus erhält die Industrie einen Gewinn (Ebisch et al., 2010). Auch wenn viele Selbstkostenpreise in ihrer Höhe begrenzt sind und von der Preisprüfungsbehörde geprüft werden, so ist es doch so, dass die Industrie ein Interesse an möglichst hohen Kosten hat, da sich daraus der Gewinn errechnet. Um in obigen Beispiel zu bleiben: Das teure und veraltete Bauteil, welches häufig ausfällt, verursacht hohe Kosten und führt zu einer hohen Auslastung der beteiligten Instandhaltungswerkstatt der Industrie. Der Einbau eines neuen, weniger ausfallträchtigen Bauteils würde nicht nur die Kosten für das Bauteil insgesamt senken, aufgrund der höheren Leistungsfähigkeit verringert sich auch die Ausfallrate und weniger Bauteile müssen ausgetauscht oder instandgesetzt werden. Kurzum, je mehr Kosten verursacht werden (Wartung, Instandhaltung, Reparatur, ...), desto besser für die Industrie.

D. Integration von Rüstung und Nutzung

Um Anforderungen an neue innovative Verträge in der Verteidigungsbeschaffung abzuleiten halten wir als Zwischenfazit folgendes fest: Enge Spezifikationen führen dazu, dass die Industrie von sich aus keine Optimierungsmaßnahmen durchführen darf. Selbstkostenpreise führen dazu, dass die Industrie kein Interesse daran hat, Optimierungsmaßnahmen systematisch zu erkennen und dem Auftraggeber vorzuschlagen. Beide Probleme adressiert PBL.

Zum einen ändert PBL die Bedarfsdefinition, indem nicht mehr detaillierte Spezifikationen, sondern Leistungsergebnisse erfüllt werden müssen. Dies ist in Deutschland über die funktionale Leistungsbeschreibung durchaus möglich (§§ 7, 8 EG VOL/A). Gleichzeitig werden bei PBL nicht mehr die hierfür anfallenden Kosten, sondern leistungsabhängige Preise vereinbart. Dieser Punkt bietet preisrechtlich für die Umsetzung in Deutschland reichlich Diskussionspunkte, grundsätzlich sind aber Festpreise auch im Selbstkostenbereich möglich. Monetäre Anreize können für Marktpreise grundsätzlich und bei Selbstkostenpreisen unter Einschränkungen (Leistungsgewinne) vertraglich vereinbart werden (VO PR 30/53). Dieser Beitrag thematisiert explizit die zukünftige Fort- und Weiterentwicklung der Verträge in der Verteidigungsbeschaffung, weshalb auf weitere rechtliche Details und mögliche Einschränkungen nicht eingegangen wird. Grundsätzlich wird PBL für Deutschland als nutzbarer Ansatz klassifiziert.

Hinter der Bedarfsdefinition anhand der Leistungsergebnisse verbirgt sich tatsächlich eine fundamentale Änderung des Denkansatzes. Das Leistungsergebnis für die Streitkräfte ist im Kern die Sicherstellung der Einsatzreife, also die Einsatzbereitschaft des Wehrmaterials. Mit Hilfe der funktionalen Leistungsbeschreibung kann das zu beschaffende Gut so beschrieben werden, dass die Industrie das entsprechende Gut in der Wartung, Instandhaltung optimieren kann, solange die gewünschte Fähigkeit erfüllt wird. Am Beispiel eines Funkgerätes wird dies klarer: Der Hersteller darf Bauteile innerhalb des Gerätes optimieren (Kabel, Microchips ...) solange die Funktion, Anschlüsse und Größen („Form, Fit, Function") nicht geändert werden. Eine solche Leistungsbeschreibung führt dazu, dass die Industrie Optimierungsmaßnahmen von sich aus durchführen darf.

Die Veränderung des Entlohnungsmodells soll nun dazu führen, dass die Industrie Anreize hat, solche Optimierungsmaßnahmen aktiv durchzuführen. Hierzu besteht eine ganze Bandbreite an Lösungsansätzen. Sogenannte „Cost Plus Incentive Fee"-Verträge sind letztlich Selbstkostenpreise, bieten aber der Industrie einen höheren Gewinn, je geringer die Kosten für ein bestimmtes Leistungsergebnis ausfallen. „Pure Incentive"-Verträge binden die Bezahlung rein an die vereinbarte Ergebnisgröße, z. B. eine Verfügbarkeits- oder eine Ausfallrate. Auch Festpreisverträge können einen Anreiz bieten, da bei Optimierungsmaßnahmen der Industrie die zu Kostensenkungen führen, die Effizienzgewinne bei der Industrie verbleiben. Aber auch hier gibt es Varianten („Fixed Price Incentive"), welche einen Festpreis mit Anreizzahlungen kombinieren (Abb. 4).

D. Integration von Rüstung und Nutzung

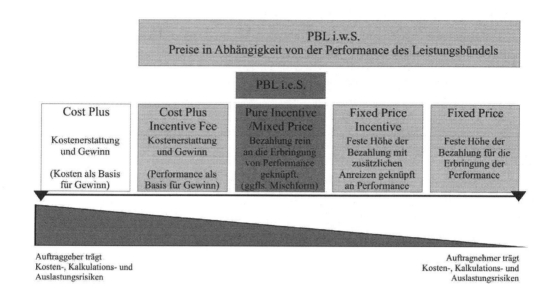

Abb. 4: PBL-Alternativen (Glas, 2012)

Wird also im skizzierten Beispiel ein wirtschaftlicheres Bauteil in das Funkgerät eingebaut, reduzieren sich die Instandhaltungskosten bzw. erhöht sich die Verfügbarkeit und das Unternehmen würde in einem PBL-Vertrag entweder eine zusätzliche Anreizzahlung (Bonus) erhalten oder über einen Festpreisvertrag Effizienzgewinne erzielen. Dies kann dazu führen, dass in der nächsten Vertragslaufzeit erzielte Effizienzgewinne über niedrigere Preise an den Auftraggeber zumindest zum Teil weitergegeben werden. Insgesamt hat die Beteiligung der Industrie an den Effizienzgewinnen zur Folge, dass sie ein hohes Interesse an erfolgreichen Optimierungsmaßnahmen hat.

PBL als „Vertragsmechanismus" stellt somit sicher, dass die Industrie im Sinne des Auftraggebers systematisch die Prozesse und materiellen Bestandteile der Leistungserbringung zu optimieren sucht und hierzu auch Vorschläge für Ersatz- und Änderungsbeschaffungen aktiv in den Ausrüstungs- und Nutzungsprozess einbringt. Dies dient der langfristigen, dynamisch-strategischen Wirtschaftlichkeit in der Verteidigungsbeschaffung.

Aus den hier skizzierten Überlegungen kommen wir zu folgenden Schlussfolgerungen in Bezug auf die zukünftige Ausgestaltung der Vertragslandschaft in der Verteidigungsbeschaffung:

- Bestehende – de facto langfristige – Verträge auf Basis technischer Spezifikationen und Selbstkostenpreisen bieten der Industrie keine Anreize zur Optimierung.
- Innovative (PBL-)Vertragskonzepte sind geeignet die Integration von Rüstung und Nutzung unter Einbezug der Industrie zu fördern.

D. Integration von Rüstung und Nutzung

- Die dynamisch-strategische Wirtschaftlichkeit in der Verteidigungsbeschaffung wird durch Anreize (PBL) zur Optimierung der Leistung und Kosten über den Lebenszyklus potentiell gesteigert.

- PBL bietet nicht eine „Musterlösung" sondern kann situativ auf ein spezifisches Beschaffungsvorhaben maßgeschneidert werden. So ist PBL in verschiedenen Integrationstiefen (Prozessfunktion, Verfügbarkeit, Ergebnisse) möglich und die Entlohnung kann für die Gesamtleistung oder nutzungsabhängig erfolgen.

- Aus diesem Grund ist die Bündelung von PBL-Wissen notwendig, damit nicht für jedes neue Beschaffungsprojekt situativ PBL-Know-How, bei wechselndem Personalkörper, jedes Mal neu erarbeitet werden muss.

- Ebenso empfiehlt sich die Weiterentwicklung der bestehenden Vertragslandschaft in der Verteidigungsbeschaffung, um im Beschaffungsprozess auf einen „PBL-Vertragsbaukastens" und „PBL-Werkzeuge" zurückgreifen zu können.

- Solche Werkzeuge können bestehen aus u. a. KPI-Messsystemen, Musterverträgen und Analysetools, um PBL-Angebote mit Nicht-PBL-Angeboten vergleichen zu können.

- Ausgangsbasis für die Wahl eines Vertragstypus (PBL-/Nicht-PBL) je Lebenszyklus ist die Fähigkeit zur datengetriebenen Analyse und Prognose von Beschaffungsvorhaben über den gesamten Lebenszyklus. Diese Fähigkeit ist daher zwingend auszubauen.

Insgesamt bewerten wir PBL-Verträge als eine wichtige strategische Stoßrichtung, um die Wirtschaftlichkeit in der Verteidigungsbeschaffung zu erhöhen. Einschränkend ist aber auch zu sagen, dass keineswegs inputorientierte Verträge auf Basis von Selbstkostenpreisen grundsätzlich abgeschafft werden sollten. Denn PBL-Verträge sind zwar neue Alternativen auf einem Kontinuum an möglichen Verträgen und Vergütungssystemen, aber eben nicht die einzige Möglichkeit. Selbstkostenpreise werden auch zukünftig ihre Berechtigung haben, z. B. in sehr frühen Phasen des Lebenzyklus eines Rüstungsgutes wie bei der äußerst risikobehafteten und kaum prognostizierbaren Kosten- und Leistungsentwicklung in den Phasen Entwicklung und Erprobung. Allerdings sollte unter Beachtung des gesamten Lebenszyklus und über die Messung der entsprechenden KPI eine Change Strategie über mehrere Vertragslaufzeiten vorbereitet und geplant sein (Glas, 2012). Eine solche Entwicklung kann, in Abhängigkeit von z. B. der technischen Ausfallrate eines Gerätes, den Vertragstyp von einem Selbstkostenpreis über einen Fest- oder nutzungsabhängigen Preis bis hin zu Anreizpreisen gehen (vgl. Abb. 5).

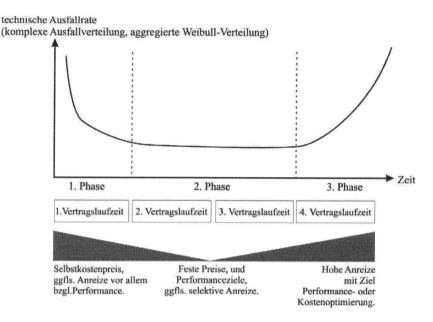

Abb. 5: PBL-Change-Strategie über mehrere Vertragslaufzeiten (Glas, 2012)

Um zu einer Vertragslandschaft zu kommen, welche die Lieferantenbeziehung zur Industrie und die beiderseitige Interessenlage gezielt und in Bezug auf den Lebenszyklus des Projekts optimiert, ist allerdings noch eine Bestandsaufnahme und eine gezielte Entwicklung der neuen Vertragstypen notwendig. Zudem werden Instrumente benötigt, die es möglich machen technische und betriebswirtschaftliche Fragen über den Lebenszyklus zu analysieren und zu prognostizieren. Wie bereits dargestellt gibt es hier noch Defizite, die man zukünftig aber aktiv abbauen sollte (Sachverständigengremium, 2012). Gleichwohl steht PBL sinnbildhaft für die geforderte Nutzung innovativer und international bewährter Modelle zur Kostenreduktion bzw. von Betreiber und Leasing-/Mietmodellen, bei denen nur auf Basis der wirklichen Nutzung bezahlt wird (Strukturkommission, 2010).

Literaturverzeichnis

Arena, M.V., Leonard, R.S., Murray, S.E., Younossi, O. (2006), Historical cost growth of completed weapon system programs, Rand Project Air Force, Santa Monica, CA.

Atzert, S. (2011), Strategisches Prozesscontrolling: Koordinationsorientierte Konzeption auf der Basis von Beiträgen zur theoretischen Fundierung von strategischem Prozessmanagement, 1. Aufl., Gabler, Wiesbaden.

Literaturverzeichnis

Bundesministerium der Finanzen (BMF) (2011), Arbeitsanleitung Einführung in Wirtschaftlichkeitsuntersuchungen, im Internet: http://www.verwaltungsvorschriften-im-internet.de/bsvwvbund_12012011_IIA3H1012100810004.htm, Stand: 08.11.2012.

Bundesministerium der Verteidigung (BMVg) (2011), Eckpunkte für die Neuausrichtung der Bundeswehr, Nationale Interessen wahren, internationale Verantwortung übernehmen, Sicherheit gemeinsam gestalten, Berlin, 27.05.2011, im Internet: http://www.bmvg.de/portal/a/bmvg/!ut/p/c4/RYwxD4IwEEb_UVvCoHGTkKibcRFc SKGXcrFcyfUKiz9eGlzfS97ykk-_9AbZ Bb0VjGSDbnQ74KIfVT8tXiUcRuARUNIc Awq-VZ_JQVphZEWQPSSxQTL5zgF3_6if-7UDNUQC2S1Agps9W4ms5sgS9pKZt6 LQ6d YUdWUK81vxOV6a670sD6a-VQ89T9P5C0f–B8!/, Stand: 06.10.2012.

Bundesministerium für Wirtschaft und Technologie (BMWi), Ramboll Management (2008), Kostenmessung der Prozesse öffentlicher Liefer-, Dienstleistungs- und Bauaufträge aus Sicht der Wirtschaft und der öffentlichen Auftraggeber, im Internet: http://www.bmwi.de/ BMWi/Redaktion/PDF/Publikationen/Studien/kostenmessung-der-prozesse-oeffentlicher-liefer-dienstleistungs-und-bauauftraege,property=pdf, berei ch=bmwi,sprache=de,rwb=true.pdf, Stand: 08.11.2012.

Bundesrechnungshof (BRH) (2005), Prüfungsordnung des Bundesrechnungshofes (PO-BRH), vom 19. November 1997 – in der Fassung einschließlich der Änderungen durch Beschlüsse des Großen Senats vom 29. und 30. August 2005, im Internet: www.bundesrechnungshof.de/wir-ueber-uns/rechtsgrundlagen/po-brh.pdf, Stand: 08.11.2012.

Bundesrechnungshof (BRH) (2011), Bemerkungen 2010 zur Haushalts- und Wirtschaftsführung des Bundes: Weitere Prüfungsergebnisse, im Internet: http://bundesrechnungshof.de/veroeffentlichungen/bemerkungen-jahresberichte/2010 -weitere-pruefungsergebnisse.pdf, Stand: 05.11.12.

Christensen, D. S., Searle, D.A., Vickery, C. (1999), The impact of the packard commission's recommendations on reducing cost overruns on defence acqisition contracts, In: Defense Acquisition Quaterly, 1999, Sommer, S. 251–262.

Cohen, M. A. (2012), Product Performance Based Business Models: A Service Based Perspective. In: Proceedings of the 45th International Conference on System Sciences, 04.–07.01.2012, Grand Wailea.

Czech, T. (2008), Vergaberecht und Wirtschaftlichkeit: Eine Untersuchung am Beispiel des Bekleidungseinkaufs der Bundeswehr, 1. Aufl., Eul, Lohmar u. a.

Dickow, M. (2010), Rüstungskooperation 2.0: Notwendige Lehren aus dem A400M-Projekt, In: SWP-Aktuell Online Ausgabe, 36. Jg., 2010, April, im Internet: http://www.swp-berlin.org/fileadmin/contents/products/aktuell/2010A36_dkw_ks.pdf, Stand: 07.11.2012.

Ebisch, H., Gottschalk, J., Hoffjan, A., Müller, H.-P., Waldmann, B. (2010), Preise und Preisprüfungen bei öffentlichen Aufträgen einschließlich Bauaufträgen, Kommentar, 8., neu bearb. Aufl., München.

Eichhorn, P. (2005), Das Prinzip Wirtschaftlichkeit: Basiswissen der Betriebswirtschaftslehre, 3. Aufl., Gabler, Wiesbaden.

Eisenhardt, K.M. (1989), Agency theory: An assessment and review, In: Academy of Management Review, 14. Jg., Nr. 1, 1989, S. 57–74.

Eßig, M. (2008), Öffentliche Beschaffung: Bedeutung und Ansatzpunkte zur konzeptionellen Weiterentwicklung. In: Bundesverband Materialwirtschaft, Einkauf und Logistik (Hrsg.), Best practice in Einkauf und Logistik, 2. Aufl., Gabler, Wiesbaden, S. 295–303.

Eßig, M., Glas, A.H., Mondry, S. (2012), A Cost Increase Analysis of Weapon Systems Using the Paache Index: Cases from the German Bundeswehr. In: Journal of Military Studies, 3. Jg., Nr. 1, 2012, S. 1–30.

Europäische Kommission (EK) (2011), Single Market Act: EU Public Procurement Framework has Saved Around 20 Billions Euros, im Internet: http://europa.eu/rapid/press-release_IP-11-785_en.htm?locale=en, Stand: 08.11.2012.

Geary, S., Vitasek, K. (2008), Performance-based Logistics: A Contractor's Guide to Life Cycle Product Support Management, Stoneham, Bellevue.

Glas, A. H. (2012), Public Performance Based Contracting: Ergebnisorientierte Beschaffung und leistungsabhängige Preise im öffentlichen Sektor. Springer Gabler, Wiesbaden.

Göbel, E. (2002), Neue Institutionenökonomik. Konzeption und betriebswirtschaftliche Anwendungen, 1. Aufl., Lucius & Lucius, Stuttgart.

Heiming, G. (2012), Novelliertes Beschaffungsverfahren CPM kommt, Mittler Report Wehrwirtschaft, 15. Jg., Nr. 2, 2012, S. 1–2.

Hilgers, D. (2008), Performance-Management: Leistungserfassung und Leistungssteuerung in Unternehmen und öffentlichen Verwaltungen, 1. Aufl., Gabler, Wiesbaden.

Koch, R., Rodosek, G. D. (2012), The Role of COTS Products for High Security Systems, in: Czosseck, C., Ottis, R., Ziolkowski, K. (Hrsg.), Proceedings of the 4th International Conference on Cyber Conflict (CYCON), 5.–8.06.2012, Tallinn.

Kirkpatrick, D. I. I. (2004), Trends in the costs of weapon systems and the consequences, In: Defence and Peace Economics, 15. Jg, Nr. 3, 2004, S. 259–273.

Pugh, P.G. (2007), Retrospect and prospect: Trends in cost and their implications for UK aerospace, In: Defence and Peace Economics, 18. Jg., Nr. 1, 2007, S. 25–37.

Literaturverzeichnis

Marx, F., Jasper U. (2012), Einführung in das Vergaberecht, in: Beck-Text 5595 Vergaberecht, 14. Aufl., Beck, München.

Noelle, T., Rogmans, J. (2002), Öffentliches Auftragswesen: Leitfaden für die Vergabe und Abwicklung von öffentlichen Aufträgen (GWB und VO PR 30/53), 3. Aufl., Berlin 2002.

Reichard, C. (2003), New Public Management als Auslöser zunehmender Ökonomisierung der Verwaltung, In: Harms, J./Reichard, C. (Hrsg.), Die Ökonomisierung des öffenlichen Sektors, 1. Aufl., Nomos, Baden-Baden, S. 119–143.

Sachverständigengremium (2012), Bewertung des neuen Ausrüstungs- und Nutzungsprozesses der Bundeswehr durch das Gremium externer Sachverständiger Rüstungsexperten, Berlin, 23.05.2012, im Internet: http://www.bmvg.de/portal/a/bmvg /!ut/p/c4/NYvBCslwEET_aDdBsOLN0oviqSBab2kbwkqzKeumXvx4k4Mz8 A7zGHxiKbuNgINK7BZ84DDRcfzAGLcAr5SlrBCJ6a1eKEe818_sYUrstVI9KxUGcZo E1iS6VJNFigGacTC2a401_9jv4Xa9NPtmZ7tz2-Ma4-kH3Q72mg!!/, Stand: 06.10.2012.

Selhausen, D. (2012), Neuausrichtung des Rüstungsbereichs der Bundeswehr, In: Europäische Sicherheit und Technik, Nr. 10, 2012, S. 56–61.

Strand, I., Ramada, P., Kenton, E. (2011), Public procurement in Europe: Cost and effectiveness – A study on procurement regulation. Prepared for the European Commission, March 2011, im Internet: http://ec.europa.eu/internal_market/publicprocurement/docs/modernising_rules/cost-effectiveness_en.pdf, Stand: 08.11.2012.

Strukturkommission der Bundeswehr (2010), Bericht der Strukturkommission der Bundeswehr Oktober 2010: Vom Einsatz her denken, Konzentration, Flexibilität, Effizienz, Im Internet: http://www.vbb.dbb.de/pdf/bericht_strukturkommission.pdf, Stand: 08.11.12.

Thommen, J.-P., Achleitner, A.-K. (2012), Allgemeine Betriebswirtschaftslehre – Umfassende Einführung aus managementorientierter Sicht, 7. Aufl., Springer Gabler, Wiesbaden.

Wenzel, L. (2012 erscheint in Kürze), Integration von Rüstung und Nutzung; Vorteile des neuen Ausrüstungs- und Nutzungsprozesses, In: Eßig, M./Glas, A. (2012), Performance Based Logistics: Innovatives Rüstungs- und Beschaffungsmanagement für die Streitkräfte, 1. Aufl., Springer-Gabler, Wiesbaden.

Rechtsquellenverzeichnis

2004/18/EG: Richtlinie 2004/18/EG des Europäischen Parlaments und des Rates vom 31. März 2004 über die Koordinierung der Verfahren zur Vergabe öffentlicher Bauaufträge, Lieferaufträge und Dienstleistungsaufträge.

2009/81/EG: Richtlinien 2009/81/EG des Europäischen Parlaments und des Rates vom 13. Juli 2009 über die Koordinierung der Verfahren zur Vergabe bestimmter Bau-, Liefer- und Dienstleistungsaufträge in den Bereichen Verteidigung und Sicherheit und zur Änderung der Richtlinien 2004/17/EG und 2004/18/EG.

BHO: Bundeshaushaltsordnung vom 19. August 1969 (BGBl. I S. 1284), die zuletzt durch Artikel 10 des Gesetzes vom 9. Dezember 2010 (BGBl. I S. 1885) geändert worden ist.

VgV: Vergabeverordnung in der Fassung der Bekanntmachung vom 11. Februar 2003 (BGBl. I S. 169), die zuletzt durch Artikel 1 der Verordnung vom 12. Juli 2012 (BGBl. I S. 1508) geändert worden ist

VOL/A: Vergabe- und Vertragsordnung für Leistungen (VOL) – Teil A – Allgemeine Bestimmungen für die Vergabe von Leistungen (VOL/A) vom 20. November 2009 (BAnz. Nr. 196a vom 29. Dezember 2009).

VOB/A: Vergabe- und Vertragsordnung für Bauleistungen – Teil A – Allgemeine Bestimmungen für die Vergabe von Bauleistungen (BAnz. Nr. 182a vom 2. Dezember 2011, BAnz AT 07.05.2012 B1, BAnz AT 13.07.2012 B3).

VO PR 30/53: Verordnung PR Nr. 30/53 über die Preise bei öffentlichen Aufträgen vom 21. November 1953 (BAnz. 1953 Nr. 244), die zuletzt durch Artikel 70 des Gesetzes vom 8. Dezember 2010 (BGBl. I S. 1864) geändert worden ist.

VSVgV: Vergabeverordnung Verteidigung und Sicherheit – VSVgV – Vergabeverordnung für die Bereiche Verteidigung und Sicherheit zur Umsetzung der Richtlinie 2009/81/EG des Europäischen Parlaments und des Rates vom 13. Juli 2009 über die Koordinierung der Verfahren zur Vergabe bestimmter Bau-, Liefer- und Dienstleistungsaufträge in den Bereichen Verteidigung und Sicherheit und zur Änderung der Richtlinien 2004/17/EG und 2004/18/EG.

Ausnahmebestimmungen im Umfeld verteidigungs- und sicherheitsrelevanter Aufträge

Norbert Dippel

A. Einleitung 35
B. Die Regelung des Anwendungsbereichs bzw. der Ausnahmetatbestände im deutschen Recht 37
    I.   Zu § 100 Abs. 3 bis 6 GWB 37
        1.   § 100 Abs. 6 Nr. 1 GWB 38
        2.   § 100 Abs. 6 Nr. 2 GWB 40
    II. Zu § 100 Abs. 8 GWB 44
        1.   § 100 Abs. 8 Nr. 1 GWB 44
        2.   § 100 Abs. 8 Nr. 2 GWB 45
        3.   § 100 Abs. 8 Nr. 3 GWB 46
        4.   § 100 Abs. 8 Nr. 4 GWB 46
        5.   § 100 Abs. 8 Nr. 5 GWB 47
        6.   § 100 Abs. 8 Nr. 6 GWB 47
    III. Die Ausnahmetatbestände des § 100 c GWB 48
        1.   § 100 c Abs. 2 Nr. 1 GWB 48
        2.   § 100 c Abs. 2 Nr. 2 GWB 48
        3.   § 100 c Abs. 2 Nr. 3 GWB 49
        4.   § 100 c Abs. 2 Nr. 4 GWB 49
        5.   § 100 c Abs. 3 GWB 50
        6.   Die Ausnahmetatbestände des § 100 c Abs. 4 GWB 50
            a) § 100 c Abs. 4 Nr. 1 GWB 50
            b) § 100 c Abs. 4 Nr. 2 GWB 50
            c) § 100 c Abs. 4 Nr. 3 GWB 51
C. Fazit 51

A. Einleitung

Die Kommission sieht in der Entwicklung eines europäischen Marktes für Verteidigungsgüter eines der Schlüsselelemente, um die Wettbewerbsfähigkeit der europäischen Industrien zu stärken, eine bessere Nutzung der Ressourcen im Verteidigungsbereich zu gewährleisten und den Ausbau der militärischen Kapazitäten der

A. Einleitung

Union im Rahmen der Europäischen Sicherheits- und Verteidigungspolitik (ESVP) zu unterstützen.[1]

In der Vergangenheit stand der Entwicklung des gemeinsamen Marktes die Praxis der Mitgliedstaaten entgegen, Aufträge im Bereich der Verteidigung und Sicherheit oftmals unter mehr oder minder fundierter Berufung auf entgegenstehende nationale Sicherheitsinteressen außerhalb der Regeln des EU-Vergaberechts zu vergeben.

Dementsprechend sah die Kommission eines der wesentlichen Hindernisse zur Schaffung eines europäischen Rüstungsmarktes in der Unsicherheit bei der Abgrenzung, wann der Anwendungsbereich des Art. 346 AUEV erlaubt, die Binnenmarktvorschriften nicht anzuwenden, weil wesentliche Sicherheitsinteressen auf dem Spiel stehen.[2]

Die Richtlinie 2009/81[3] spiegelt diesen Spagat zwischen Geltung des Art. 346 AEUV und der intendierten Marktöffnung wider. Beispielsweise wird in dem zweiten Erwägungsgrund ausgeführt, dass *„der schrittweise Aufbau eines europäischen Markts für Verteidigungsgüter (...) für die Verbesserung der europäischen rüstungstechnologischen und -industriellen Basis und den Ausbau der zur Umsetzung der europäischen Sicherheits- und Verteidigungspolitik notwendigen militärischen Kapazitäten unerlässlich"* ist. Im Bereich des Auftragswesens sei hierfür die Koordinierung der Vergabeverfahren unter Beachtung der Sicherheitsanforderungen des jeweiligen Mitgliedsstaates notwendig.[4] Erwägungsgrund 16 der Richtlinie stellt demgegenüber klar, dass die Vergabe von Aufträgen vom Anwendungsbereich der Richtlinie 2009/81 ausgenommen werden können, wenn dies aus Gründen der öffentlichen Sicherheit gerechtfertigt ist oder der Schutz der wesentlichen Sicherheitsinteressen eines Mitgliedstaats dies gebietet. Dabei wird anerkannt, dass selbst die speziellen Bestimmungen der RL 2009/81/EG nicht ausreichen können, um vor dem Hintergrund der Sensibilität der betreffenden Aufträge die wesentlichen Sicherheitsinteressen der Mitgliedstaaten zu schützen.

Die RL 2009/81 enthält neben dem Vorbehalt des Art. 346 AEUV[5] in den Art. 12 und 13 einen Katalog von Ausnahmetatbeständen.

---

[1] Grünbuch Beschaffung von Verteidigungsgütern, KOM (2004) 608, S. 3.

[2] S. hierzu Mitteilung zu Auslegungsfragen bezüglich der Anwendung des Artikels 296 des Vertrags zur Gründung der Europäischen Gemeinschaft (EGV) auf die Beschaffung von Verteidigungsgüter (KOM (2006) 779, S. 2.

[3] Richtlinie 2009/81/EG des Europäischen Parlaments und Ratesvom 13. Juli 2009 über die Koordinierung der Verfahren zur Vergabe bestimmter Bau-, Liefer- und Dienstleistungsaufträge in den Bereichen Verteidigung und Sicherheit und zur Änderung der Richtlinien 2004/17/EG und 2004/18/EG, ABl. L 216/76 v. 20.08.2009.

[4] S. Erwägungsgrund 4 der RL 2009/81.

[5] S. Art. 2 der RL 2009/81 – Anwendungsbereich: „Diese Richtlinie gilt vorbehaltlich der Art. (...) 296 des Vertrages für Aufträge ...

B. Die Regelung des Anwendungsbereichs bzw. der Ausnahmetatbestände im deutschen Recht

Der Deutsche Gesetzgeber hat im Rahmen der Richtlinienumsetzung den bisherigen Ausnahmekatalog des Art. 100 Abs. 2 GWB neu geregelt. Die Ausnahmebestimmungen sind nunmehr in insgesamt vier Vorschriften

- § 100 GWB „Anwendungsbereich",
- § 100 a GWB „Besondere Ausnahmen für nicht sektorspezifische und nicht verteidigungs- und sicherheitsrelevante Aufträge",
- § 100 b GWB „Besondere Ausnahmen im Sektorenbereich" und
- § 100 c GWB „Besondere Ausnahmen in den Bereichen Verteidigung und Sicherheit"

aufgesplittet worden, wobei diese teilweise wieder auf einander verweisen. Unter dem Blickwinkel der Ausnahmen, die im Bereich der Verteidigung und Sicherheit in Frage kommen, finden sich die Bestimmungen in

- § 100 Abs. 3 bis 6, die für alle Aufträge gelten,
- § 100 Abs. 8, die für sämtliche Aufträge mit Ausnahme derjenigen, die unter den Anwendungsbereich der § 99 Abs. 7 GWB fallen und
- § 100 c GWB, der ausschließlich Auftragsgegenstände erfasst, die i. S. v. § 99 Abs. 7 GWB verteidigungs- und sicherheitsrelevant sind.

Im Einzelnen:

I. Zu § 100 Abs. 3 bis 6 GWB

Die Ausnahmetatbestände des § 100 Abs. 3 bis 6 GWB waren schon in dem bisherigen Katalog der Ausnahmetatbestände des § 100 Abs. 2 GWB a. F. enthalten. Sie betreffen zunächst die Ausnahme von

- Arbeitsverträgen[6],
- Schiedsgerichts- und Schlichtungsleistungen[7], Forschungs- und Entwicklungsleistungen[8] sowie

---

[6] § 100 Abs. 3 GWB (§ 100 Abs. 2 GWB a. F.); u. a. Umsetzung von Art. 13 lit. i) RL 2009/81/EG.

[7] § 100 Abs. 4 Nr. 1 GWB (§ 100 Abs. 2 lit. l) GWB a. F.); u. a. Umsetzung von Art.13 lit. g) RL 2009/81/EG.

[8] § 100 Abs. 4 Nr. 2 GWB (§ 100 Abs. 2 lit. n) GWB a. F.); u. a. Umsetzung von Art.13 lit. j) RL 2009/81/EG.

B. Die Regelung des Anwendungsbereichs

- Verträgen über den Immobilienerwerb bzw. der Miete von Immobilien und Rechten an Immobilien[9].

Im Hinblick auf Aufträge im Bereich der Verteidigung und Sicherheit findet sich die zentrale Bestimmung in Abs. 6 Nr. 1 und 2, die auf die eingangs zitierte Bestimmung des Art. 346 AEUV rekurrieren.

Besonders im Hinblick auf die mit Art. 346 AEUV in Verbindung stehenden Ausnahmetatbestände ist angesichts des oftmals exzessiven Gebrauchs darauf hinzuweisen, dass die Berufung auf die Ausnahme ein juristisch und politisch schwerwiegender Akt ist. Letztlich führt die Inanspruchnahme des Art. 346 AEUV bei der öffentlichen Vergabe von Aufträgen zur Nichtanwendung der EU-Vergaberichtlinien. Weil sie ihrerseits das juristische Instrument zur Gewährleistung des freien Waren- und Dienstleistungsverkehrs und zum Niederlassungsrecht im Bereich der öffentlichen Auftragsvergabe darstellen, betrifft dies den Kernbereich der Europäischen Union.[10] Die Ausnahme ist deshalb eng auszulegen[11] und muss auf diejenigen Fälle begrenzt werden, in denen die Mitgliedstaaten keine andere Wahl haben, ihre Sicherheitsinteressen anders zu wahren.[12]

1. § 100 Abs. 6 Nr. 1 GWB

Die Ausnahmevorschrift des Abs. 6 Nr. 1 wurde neu gefasst. Sie greift die ehemalige Regelung des § 100 Abs. 2 lit d) UA dd GWB a. F. („sonstige Sicherheitsinteressen") auf und konkretisiert diese durch einen Verweis auf Art. 346 Abs. 1 lit. a AEUV. Die Bestimmung setzt gleichzeitig Art. 13 lit. a der RL 2009/81 um.[13]

Nach § 100 Abs. 6 Nr. 1 GWB findet das Kartellvergaberecht keine Anwendung, wenn die Anwendung des Vergaberechts den Auftraggeber dazu zwingen würde, im Zusammenhang mit der Auftragsvergabe oder der Auftragsdurchführung Auskünfte zu erteilen, deren Preisgabe seiner Ansicht nach **wesentlichen Sicherheitsinteressen der Bundesrepublik Deutschland** im Sinne des Art. 346 Abs. 1 Buchstabe a AEUV widerspricht.

Während die vorgenannte Bestimmung des AEUV lediglich das Recht begründet, bestimmte Sicherheitsrelevante Informationen nicht herauszugeben, stellt § 100 Abs. 6 Nr. 1 GWB die Verknüpfung mit der Nichtanwendbarkeit der vergaberechtlichen Be-

---

[9] § 100 Abs. 5 GWB (§ 100 Abs. 2 lit. h) GWB a. F., wobei der bisherige Text zum besseren Verständnis in drei Fallgruppen unterteilt wurde); u. a. Umsetzung von Art.13 lit. e) RL 2009/81/EG.

[10] Mitteilung zu Auslegungsfragen bzgl. der Anwendung des Art. 296 auf die Beschaffung von Verteidigungsgütern, KOM (2006) 779 v. 07.12.2006, Nr. 2.

[11] S. hierzu die Nachweise bei Hölzl, Münchener Kommentar zum Europäischen und Deutschen Wettbewerbsrecht, Band 3, 2011, § 10 GWB Rz. 14.

[12] Mitteilung zu Auslegungsfragen bzgl. der Anwendung des Art. 296 auf die Beschaffung von Verteidigungsgütern, KOM (2006) 779 v. 07.12.2006, Nr. 2.

[13] BT DrS 17/7275 v. 05.10.2011, S. 15.

stimmungen her.[14] Damit wird dem Umstand Rechnung getragen, dass selbst die speziellen auf Vergaben im Bereich der Sicherheit und Verteidigung ausgerichteten Verfahrensregeln der RL 2009/81/EG nicht ausreichen könnten, um die wesentlichen Sicherheitsinteressen des jeweiligen Mitgliedsstaates zu wahren.[15] Dies könnte bspw. der Fall sein, wenn die Weitergabe der Leistungsbeschreibung wegen der darin enthaltenen Informationen gegen wesentliche Sicherheitsinteressen verstoßen würde. Denkbar ist auch, dass schon die Bekanntmachung eines Auftrages gegen wesentliche Sicherheitsinteressen verstößt, weil schon die Tatsache der betreffenden Beschaffungsabsicht eine schützenswerte Information ist.

Als relevante Sicherheitsinteressen kommen zunächst sowohl die der äußeren als auch der inneren Sicherheit in Betracht.[16] Der neu eingefügte § 100 Abs. 7 GWB zählt den Betrieb oder den Einsatz der Streitkräfte, die Umsetzung von Maßnahmen zur Terrorismusbekämpfung oder die Beschaffung von Informationstechnik und Telekommunikationsanlagen als mögliche Auftragsgegenstände auf, in denen die wesentlichen Sicherheitsinteressen betroffen sein können. Die Aufzählung ist nicht abschließend und soll der Begriffskonkretisierung dienen.[17] Eine ähnliche Aufzählung enthält Erwägungsgrund 27 Der RL 2009/81/EG. Demnach können praktische Anwendungsfälle insbesondere im Bereich der Beschaffungen für Nachrichtendienste oder für nachrichtendienstliche Zwecke liegen. Ebenso kann dies bei besonders sensiblen Beschaffungen sein, die ein besonders hohes Maß an Vertraulichkeit erfordern, bspw. im Bereich des Grenzschutzes, der Terrorismusbekämpfung, der Bekämpfung der organisierten Kriminalität, der Verschlüsselungstechnik oder im Bereich der verdeckten Tätigkeit von Polizei und Sicherheitsbehörden.[18]

Wie sich aus der Verwendung der Formulierung „seines Erachtens" in Art. 346 lit. a AEUV ergibt, haben die Mitgliedstaaten einen besonders weiten Ermessensspielraum, welche Informationen sie zur Wahrung der Sicherheitsinteressen nicht weitergeben wollen. Seitens der Nachprüfungsinstanzen kann die Einhaltung des Ermessensspielraums lediglich im Hinblick auf Ermessensfehler überprüft werden.[19] Beruft sich die Vergabestelle auf das Vorliegen dieses Ausnahmetatbestandes, muss sie die Gründe hierfür dokumentieren. Dabei ist auch darzulegen, ob u. U. auch weniger einschneidende Mittel zur Verfügung gestanden hätten. Der völlige Verzicht auf die wettbewerbliche Vergabe kann demnach nur ultima ratio sein. In der Praxis könnte bspw. durch die Vorschaltung eines entsprechend ausgestalteten Teilnahmewettbewerbes sichergestellt werden, dass nur Bieter zum eigentlichen Vergabeverfahren zugelassen

---

[14] Guidance Note, Defence- and security-specific Exclusions, veröffentlicht unter http://ec.europa.eu/internal_market/publicprocurement/docs/defence/guide-exclusions_en.pdf, Ziffer. 10.

[15] Erwägungsgrund 27 der RL 2009/81/EG.

[16] Zum Begriff der wesentlichen Sicherheitsinteressen unten bei § 100 Abs. 6 Nr. 2.

[17] BT DrS 17/7275 v. 05.10.2011, S. 15.

[18] Erwägungsgrund 27 der RL 2009/81/EG.

[19] Vgl. *Hölzl*, Münchener Kommentar zum Europäischen und Deutschen Wettbewerbsrecht, Band 3, 2011, § 100 GWB Rz. 20.

werden, die der amtlichen Geheimschutzbetreuung unterliegen. Damit ist im Regelfall sichergestellt, dass diese mit den sensiblen Informationen umgehen dürfen und sachgerecht umgehen. Die VSVgV enthält für diesen Fall eine Erleichterung, indem sie vom Vorrang des Offenen Verfahrens absieht und die Wahl des Nichtoffene Verfahrens und des Verhandlungsverfahrens mit vorgeschaltetem Teilnahmewettbewerb zuläßt, ohne dass dies an besondere Voraussetzungen geknüpft wäre.

2. § 100 Abs. 6 Nr. 2 GWB

§ 100 Abs. 6 Nr. 2 GWB übernimmt die Vorschrift des § 100 Abs. 2 lit. e GWB a. F.. Die Ausnahme findet keine ausdrückliche Erwähnung in der RL 2009/81/EG, gilt aber dennoch allgemein für alle Vergaben, da sie unmittelbar aus dem AEUV folgt. Diese Bestimmung hat insoweit lediglich klarstellenden Charakter.[20]

Nach dieser Vorschrift entfällt eine Verpflichtung zur Anwendung des Vergaberechts für öffentliche Aufträge, die dem Anwendungsbereich des Art. 346 Abs. 1 Buchst. b AEUV unterliegen. Danach kann jeder Mitgliedstaat die Maßnahmen ergreifen, die seines Erachtens für die Wahrung seiner wesentlichen Sicherheitsinteressen erforderlich sind, soweit sie die Erzeugung von Waffen, Munition und Kriegsmaterial oder den Handel damit betreffen; diese Maßnahmen dürfen die Wettbewerbsbedingungen des gemeinsamen Markts hinsichtlich der nicht eigens für militärische Zwecke bestimmten Waren nicht beeinträchtigen.

Was unter „Waffen, Munition und Kriegsmaterial" zu verstehen ist, wurde gemäß Art. 296 Abs. 2 EG-Vertrag in der sogenannten Kriegswaffenliste von 1958 aufgelistet.[21] Sie wurde seitdem offiziell nicht geändert oder ergänzt und wird deshalb teilweise für technologisch veraltet gehalten.[22] In der Bundesrepublik wurde diese Liste 1978 durch eine Interpretation nach den (damals) neuesten technologischen Erkenntnissen ergänzt.[23] Diese vom Bundesministerium für Verteidigung vorgenommene Ergänzung kann aber den Anwendungsbereich des Vergaberechts nicht rechtsverbindlich einschränken, weil die ursprüngliche Kriegswaffenliste von 1958 unter dem Änderungsvorbehalt des Rates steht.[24] Wie die erste Vergabekammer des Bundes zutreffend festgestellt hat, handelt es sich bei der Interpretation der Liste durch das Verteidigungsministerium lediglich um eine verwaltungsinterne Anweisung, die Dritte nicht bindet.[25]

---

[20] BT DrS 17/7275 v. 05.10.2011, S. 15.

[21] Abgedruckt in: *Hattig/Maibaum*, Praxiskommentar Kartellvergaberecht, § 100 R. 81.

[22] *Prieß*, Handbuch des europäischen Vergaberechts, S. 315; a.A. *Müller-Wrede/Trybus*, Kompendium des Vergaberechts, Kap. 7 Rn. 23; Auslegung der Kommission zu Art. 296 EG-Vertrag, KOM/2006/0779 (endg.): „Mit Blick auf die Technologie scheint die Liste allgemein genug gehalten, um aktuelle und zukünftige Entwicklungen abzudecken."

[23] Abgedruckt in: Beck'scher VOB- und Vergaberechts-Kommentar, § 100 GWB Rn. 17.

[24] Art. 346 Abs. 2 AEUV: „Der Rat kann die von ihm am 15. April 1958 festgelegte Liste der Waren, auf die Absatz 1 Buchstabe b) Anwendung findet, einstimmig auf Vorschlag der Kommission ändern."

[25] VK Bund vom 28.2.2000, VK 1-21/00.

Die Kriegswaffenliste von 1958 zählt die ausgenommenen Gegenstände abschließend auf. Außer im vorgesehenen Verfahren kann sie nicht erweitert werden. Sie betrifft explizit nur den Handel und die Erzeugung der aufgelisteten Güter. Es besteht jedoch Einigkeit darüber, dass auch Instandsetzungs- und Wartungsarbeiten an diesen Gütern nach Sinn und Zweck der Vorschrift erfasst sind.[26] Die Kommission selbst geht davon aus, dass „Artikel 296 Absatz 1 Buchstabe b EGV auch neue, an Fähigkeiten orientierte Beschaffungsmethoden sowie die Beschaffung von Dienstleistungen und Bauarbeiten einschließen, die in direktem Zusammenhang mit den in der Liste aufgeführten Waren stehen, falls die anderen Bedingungen für die Inanspruchnahme des Artikels 296 EGV erfüllt sind"[27]. Im Einzelnen zählt die Liste auf:

Vom Rat der EWG verabschiedete Liste gemäß Artikel 223 EWG-Vertrag von 1958

1. *Handfeuerwaffen, auch automatisch wie*

   Gewehre, Karabiner, Revolver, Pistolen, Maschinenpistolen und Maschinengewehre, mit Ausnahme von Jagdwaffen, Kleinkaliberpistolen und anderen Kleinkaliberwaffen mit einen Kaliber unter 7 mm.

2. *Artilleristische Waffen, Nebel-, Gas- und Flammenwerfer wie*

   a) Kanonen, Haubitzen, Mörser, Geschütze, Panzerabwehrwaffen, Raketenwerfer, Flammenwerfer, rückstoßfreie Kanonen,

   b) Kriegsgerät wie Nebel- und Gaswerfer.

3. *Munition für die unter 1. und 2. genannten Waffen.*

4. *Bomben, Torpedos, Raketen und ferngesteuertes Kriegsgerät:*

   a) Bomben, Torpedos, Granaten, einschl. Nebelgranaten, Rauchtöpfe, Raketen, Minen, ferngesteuertes Kriegsgerät, Wasserbomben, Brandbomben,

   b) Apparate und Vorrichtungen für militärische Zwecke, eigens konstruiert für die Handhabung, das Scharfmachen, die Entschärfung, die Detonation und den Nachweis der unter a) aufgeführten Geräte.

5. *Feuerleitmaterial für militärische Zwecke:*

   a) Flugbahnprüfungsgeräte, Infrarot-Zielgeräte und anderes Nachtzielmaterial,

   b) Entfernungsmesser, Ortungsgeräte, Höhenmesser,

   c) Elektronische, gyroskopische, optische und akustische Beobachtungsvorrichtungen,

---

[26] Guckelberger, ZfBR 1/2005, 34, 35; Boesen, Vergaberecht, § 100 GWB Rn. 60.

[27] Auslegung der Kommission zu Art. 296 EG-Vertrag, KOM(2006)0779 endg., Teil 3 Anwendungsbereich.

B. Die Regelung des Anwendungsbereichs

   d) Visiergeräte für Bombenabwurf und Höhenrichtwerke für Kanonen, Periskope für die in dieser Liste aufgeführten Geräte.

6. Panzerwagen und eigens für militärische Zwecke konstruierte Fahrzeuge:

   a) Panzerwagen,

   b) Militärfahrzeuge, bewaffnet oder gepanzert, einschl. Amphibienfahrzeuge,

   c) Panzerzüge,

   d) Militärfahrzeuge (Halbkettenfahrzeuge),

   e) Militärfahrzeuge zur Reparatur von Panzerwagen,

   f) Besonders für den Transport der unter 3. und 4. aufgeführten Munition konstruierte Anhänger.

7. Toxische oder radioaktive Wirkstoffe:

   a) biologische und chemische toxische Wirkstoffe und radioaktive Wirkstoffe zur Vernichtung von Menschen, Tieren oder Ernten im Kriegsfalle,

   b) militärische Geräte zur Verbreitung, Feststellung und Identifizierung der unter a) aufgeführten Stoffe,

   c) Material zum Schutz gegen die unter a) aufgeführten Stoffe.

8. Pulver, Explosivstoffe und flüssige oder feste Treibmittel:

   a) Pulver und flüssige oder feste Treibmittel, besonders für die unter 3., 4. und 5. aufgeführten Geräte entwickelt oder hergestellt,

   b) Explosivstoffe für militärische Zwecke,

   c) Brandsätze und Geliermittel für militärische Zwecke.

9. Kriegsschiffe und deren Sonderausrüstungen:

   a) Kriegsschiffe aller Art,

   b) Sonderausrüstungen zum Minenlegen, Minensuchen und Minenräumen,

   c) U-Bootnetze.

10. Luftfahrzeuge und ihre Ausrüstungen zu militärischen Zwecken.

11. Elektronenmaterial für militärische Zwecke.

12. Eigens für militärische Zwecke konstruierte Aufnahmeapparate.

13. Sonstige Ausrüstungen und sonstiges Material:

    a) Fallschirme und Fallschirmmaterial,

    b) eigens zu militärischen Zwecken entwickeltes Material zum Überqueren von Wasserläufen,

    c) elektrisch betätigte Scheinwerfer zu militärischen Zwecken.

14. Teile und Einzelteile des in dieser Liste aufgeführten Materials, soweit sie einen militärischen Charakter haben.

15. Ausschließlich für die Entwicklung, Herstellung, Prüfung und Kontrolle der in dieser Liste aufgeführten Waffen, Munition und rein militärischen Geräte entwickelten Maschinen, Ausrüstungen und Werkzeuge.

Der EuGH hat zunächst bei der Prüfung, ob ein entsprechender Fall der Kriegswaffenliste vorliegt, im Rahmen der sog. Augusta-Entscheidung einen subjektiven, d. h. an den speziellen Einsatzzweck ausgerichteten, Ansatz verfolgt. Gefolgert wurde dies aus der Formulierung des Art. 296 Abs. 1 lit. b EG-V, wonach die betreffenden Beschaffungsgegenstände eigens für militärische Zwecke „bestimmt" sein müssten. In dem vom EuGH entschiedenen Fall sollten Hubschrauber beschafft werden. Deren Verwendung war auf alle Fälle für zivile Zwecke (Zivilkorps) gedacht, wohingegen der Einsatz im Militär ungewiss war. Im Ergebnis konnte sich der Auftraggeber aufgrund des ungewissen militärischen Verwendungszweckes nach Ansicht des EuGH nicht auf Art. 346 AEUV berufen.[28] Diese subjektive, auf den konkreten Einsatzzweck ausgerichtete Betrachtung wurde insgesamt als Ausweitung des Anwendungsbereiches gesehen, der sich insbesondere im Bereich der sowohl zivil als auch militärisch verwendbaren Gütern, den sog Dual-Use Gütern, auswirkt.[29]

Im Rahmen Drehtischentscheidung hat der EuGH diesen subjektiven Ansatz geändert. Es ging um einen Auftrag zur Beschaffung von Drehtischanlagen, die zur Verwendung als Träger von Objekten bestimmt waren, an denen elektromagnetische Messungen durchgeführt werden. Der Drehtisch war aus zivilen Komponenten zusammengesetzt, allerdings militärspezifisch abgeändert worden. Unzweifelhaft sollte er militärischen Zwecken im Bereich der Simulation elektronischer Kriegsführung dienen. Der EuGH stellte darauf ab, dass aus den Worten „für militärische Zwecke" in Nr. 11 der Kriegswaffenliste sowie den Worten „soweit sie einen militärischen Charakter haben" und „ausschließlich für ... entwickelte" in den Nrn. 14 und 15 der Liste hervorgehe, dass die dort genannten Produkte objektiv einen spezifisch militärischen Charakter aufweisen müssten.[30] Eine spezifisch militärische Zweckbestimmung im Sinne von Art. 296 EG könne nur in denjenigen Fällen zuerkannt werden, in denen nicht nur eine militärische Verwendung vorgesehen ist. Zusätzlich muss sich die militärische Verwendung aus den Eigenschaften eines speziell zu solchen Zwecken konzipierten, entwickelten oder substanziell veränderten Ausrüstungsgegenstands ergeben.[31] Gleiches folge aus dem zehnten Erwägungsgrund der Richtlinie 2009/81. Darin sei klargestellt, dass für die Zwecke dieser Richtlinie der Begriff „Militärausrüstung" auch Produkte einschließen sollte, die zwar ursprünglich für zivile Zwecke konzipiert wurden, später aber für militärische Zwecke angepasst werden, um als Waffen, Munition oder Kriegsmaterial

---

[28] EuGH vom 8.4.2008, C-337/05 – „Augusta-Hubschrauber" Rn. 48 f.
[29] *Hölzl*, Praxisanmerkung zu EuGH v. 07.06.2012, C-615/10, NZBau, 2012, S. 509 (512).
[30] EuGH v. 07.06.2012, C-615/10, Rz. 39.
[31] EuGH v. 07.06.2012, C-615/10, Rz. 40.

eingesetzt zu werden. Insgesamt stellt der Gerichtshof damit auf die objektive Beschaffenheit und den objektiven Verwendungszweck eines Gegenstandes ab.[32]

Klassische Dual-Use-Güter, die im Wesentlichen bauartgleich sowohl zivil als auch militärisch genutzt werden können, unterfallen damit dem Vergaberecht. Erst, wenn sie durch eine substantielle konzeptionelle oder bauartbedingte Abweichung für militärische Zwecke abgeändert werden, können sie in den Anwendungsbereich der Kriegswaffenliste fallen.

Wenn man berücksichtigt, dass in militärischem Gerät oftmals zur Kostensenkung zivil entwickelte Baugruppen (bspw. Getriebe, Motoren etc.) verbaut werden, schränkt diese objektive Betrachtungsweise die Berufung auf Art. 346 Abs. 1 lit. b AEUV und damit auch letztlich auf § 100 Abs. 6 Nr. 2 GWB erheblich ein.

II. Zu § 100 Abs. 8 GWB

§ 100 Abs. 8 GWB fasst Ausnahmevorschriften zusammen, die sich gleichlautend aus den bisherigen Vergabekoordinierungsrichtlinein 2004/18/EG und 2004/17 EG ergeben, aber in der Richtlinie 2009/81 EG in dieser Form nicht vorkommen. Daher wird geregelt, dass die hier aufgelisteten Ausnahmen nicht für die Vergabe verteidigungs- oder sicherheitsrelevanter Aufträge i. S. d. § 99 Abs. 7 GWB gelten.[33]

Die Ausnahmetatbestände waren bislang schon im §100 Abs. 2 GWB wortgleich enthalten. Die bislang zu diesen Tatbeständen ergangene Rechtsprechung der Nachprüfungsinstanzen betrifft aber oftmals Fälle, die nunmehr in den Anwendungsbereich des § 99 Abs. 7 GWB fallen. Deshalb bleibt abzuwarten, ob für den Ausnahmekatalog des 100 Abs. 8 GWB überhaupt noch ein breites Anwendungsgebiet verbleibt.

1. § 100 Abs. 8 Nr. 1 GWB

Der Tatbestand des § 100 Abs. 8 Nr. 1 GWB erfasst Aufträge, die „in Übereinstimmung mit den Rechts- und Verwaltungsvorschriften in der Bundesrepublik Deutschland für geheim erklärt werden".[34]

Dabei ist nicht notwendig, dass der Auftrag selbst geheim ist. Vielmehr kann das Vorhaben als solches öffentlich bekannt sein, wohingegen die konkrete Ausführung als geheim behandelt wird.[35] Somit kommt es darauf an, dass zentrale Bestandteile des Auftrags formell für geheim erklärt wurden und materiell (inhaltlich) einer Geheimhaltung unterliegen. Es ist folgende mehrstufige Prüfung vorzunehmen[36]:

---

[32] *Hölzl*, Praxisanmerkung zu EuGH v. 07.06.2012, C-615/10, NZBau, 2012, S. 509 (512).

[33] BT DrS 17/7275 S. 15.

[34] Er entspricht der Regelung in Art. 14 der Vergabekoordinierungsrichtlinie, wonach die Richtlinie nicht für Aufträge gilt, die für „geheim erklärt werden".

[35] OLG Düsseldorf vom 30.3.2005, VII-Verg 101/04 – „Neubau BND".

[36] S. hierzu *Ziekow*, VergabeR 2007, 711, 714.

- Prüfungsschritt 1: Vorliegen einer Geheimerklärung

- Prüfungsschritt 2: Übereinstimmung der Geheimerklärung mit den einschlägigen Rechts- und Verwaltungsvorschriften

   o Formelle Einhaltung der Zuständigkeiten und Verfahren

   o Materielle Geheimhaltungsbedürftigkeit

2. § 100 Abs. 8 Nr. 2 GWB

Nach § 100 Abs. 8 Nr. 2 GWB findet das Vergaberecht auf öffentliche Aufträge keine Anwendung, wenn „deren Ausführung nach den in Nummer 1 genannten Vorschriften besondere Sicherheitsmaßnahmen erfordert".[37] Mit „diesen Vorschriften" sind folglich die dort benannten „inländischen Rechts- und Verwaltungsvorschriften" gemeint.

Tatbestandsvoraussetzung ist, dass Rechts- und Verwaltungsvorschriften in der Bundesrepublik Deutschland besondere Sicherheitsmaßnahmen erfordern. Die entsprechenden Bestimmungen müssen tatsächlich in Kraft getreten sein. Die Berufung auf den Entwurf einer Rechtsverordnung reicht demnach nicht aus.[38] Ebenso ist nicht ausreichend, dass besondere Sicherheitsmaßnahmen nach den Vorgaben der Vergabestelle zur Anwendung kommen; erforderlich ist vielmehr, dass diese durch Rechts- und Verwaltungsvorschriften in der Bundesrepublik Deutschland vorgegeben werden.[39]

Dabei obliegt den national zuständigen staatlichen Stellen die Entscheidung, ob die Ausführung eines Auftrags besonderen Sicherheitsanforderungen zu unterwerfen ist sowie die Bestimmung der konkret einzuhaltenden Sicherheitsanforderungen.[40] Die Nachprüfung der Vergabekammer hat sich darauf zu beschränken, ob es sich bei den Vorschriften, die der Ausführung des Auftrags zugrunde liegen, um Sicherheitsvorschriften i. S. d. §100 Abs. 8 Nr. 2 GWB handelt.[41]

Zu den Rechts- und Verwaltungsvorschriften, die besondere Sicherheitsmaßnahmen erfordern, gehören beispielsweise das Sicherheitsüberprüfungsgesetz[42] oder das Luftsicherheitsgesetz.

---

[37] Die Formulierung ist mit der entsprechenden Bestimmung in Art. 14 der Vergabekoordinierungsrichtlinie identisch.
[38] VK Mecklenburg-Vorpommern vom 11.1.2007, 2 VK 11/06.
[39] VK Bund vom 15.7.2008, VK 3-89/08.
[40] EuGH vom 16.10.2003, C-252/01; VK Bund vom 12.12.2006, VK 1 136/06.
[41] VK Bund vom 12.12.2006, VK 1 136/06; vgl. OLG Düsseldorf vom 30.3.2005, VII-Verg 101/04.
[42] VK Bund vom 12.12.2006, VK 1-136/06.

B. Die Regelung des Anwendungsbereichs

3. § 100 Abs. 8 Nr. 3 GWB

Nach § 100 Abs. 8 Nr. 3 gilt das sog. Kartellvergaberecht nicht für öffentliche Aufträge, bei denen es

- ein Einsatz der Streitkräfte oder
- die Umsetzung von Maßnahmen der Terrorismusbekämpfung oder
- wesentliche Sicherheitsinteressen bei der Beschaffung von Informationstechnik oder Telekommunikationsanlagen

gebieten. Laut Gesetzesbegründung handelt es sich bei der Aufzählung um besondere Beispielsfälle, deren besondere Sicherheitsrelevanz unterstrichen werden soll (Begr. RegE, BT-Drucks. 16/10117, S. 19). Ob diesem Ausnahmetatbestand in Zukunft noch eigenständige Bedeutung zukommt, bleibt abzuwarten. Die drei vorstehenden Fallgruppen werden schon von § 100 Abs. 7 GWB erfasst, der die wesentlichen Sicherheitsinteressen näher definiert.

Insbesondere bei dem Unterfall „Einsatz der Streitkräfte" i. S. d. Abs. 8 Ziffer 3 ist zu beachten, dass darunter nur diejenigen Beschaffungsgegenstände fallen, die nicht sicherheits- und verteidigungsrelevant i. S. d. § 99 Abs. 7 GWB sind.

Gleiches gilt für die Maßnahmen zur Terrorismusbekämpfung. Das ursprünglich breite Anwendungsfeld dürfte ebenfalls dadurch eingeschränkt werden, dass wesentliche Auftragsgegenstände wie bspw. Abhörtechnik in den Bereich des § 99 Abs. 7 GWB fällt.

Als Hilfestellung bei der Prüfung, ob im Hinblick auf Informationstechnik oder Telekommunikationsanlagen IT-Produkte oder -Dienstleistungen ein Ausnahmetatbestand vorliegt, soll entsprechend der Gesetzesbegründung der „BSI-Leitfaden für die Beschaffung von IT-Sicherheitsprodukten".

Die Frage, ob es die Wahrung dieser Interessen gebietet, von einer förmlichen Vergabe abzusehen, dürfte nach wie vor in der Praxis die wesentliche Hürde sein.

4. § 100 Abs. 8 Nr. 4 GWB

Gem. § 100 Abs. 8 Nr. 4 GWB findet der 4. Teil des GWB bei Aufträgen keine Anwendung, die auf Grund bestimmter internationaler Abkommen vergeben werden. Zweck der Bestimmung ist, dass Drittstaaten im Rahmen von Abkommen mit EU-Mitgliedstaaten nicht gezwungen sein sollen, eine Auftragsvergabe nach dem EU-Vergaberecht zu akzeptieren, wenn ein EU-Mitgliedstaat die Projektdurchführung übernommen hat. Dementsprechend könne solche Aufträge in einem dem zwischenstaatlichen Abkommen entsprechenden Verfahren vergeben werden.[43]

---

[43] *Müller-Wrede/Sterner*, Taschenkommentar GWB-Vergaberecht, § 100 GWB Rn. 14.

Voraussetzung ist zunächst, dass die Auftragsvergabe auf Grund eines zwischen der Bundesrepublik Deutschland und einem oder mehreren Staaten geschlossenen Abkommens erfolgt. Verträge mit staatlichen Unternehmen genügen diesem Anspruch nicht.[44]

Weiterhin darf es sich bei dem oder den anderen Staaten nicht um ein Mitglied des Europäischen Wirtschaftsraumes (EWR), sondern um echte Drittstaaten.

Als letzte Voraussetzung müssen die Abkommen selbst besondere Verfahrensregeln für die Auftragsvergabe des gemeinsam zu verwirklichenden und zu tragenden Projektes beinhalten.

Praktische Anwendungsfälle sind beispielsweise große Infrastrukturprojekte im Rahmen der Entwicklungshilfe.

5. § 100 Abs. 8 Nr. 5 GWB

Nach § 100 Abs. 8 Nr. 5 GWB findet das Kartellvergaberecht für Aufträge keine Anwendung, die auf Grund eines internationalen Abkommens im Zusammenhang mit der Stationierung von Truppen vergeben werden. Grundlegende Voraussetzung ist, dass für diese Aufträge entsprechend der jeweiligen Abkommen besondere Verfahrensregeln gelten.

Mit dieser Vorschrift soll ein möglicher Konflikt zwischen den jeweiligen Verfahrensbestimmungen des internationalen Abkommens und den europäischen Vergaberichtlinien vermieden werden. Fällt das Vergabeverfahren in den Anwendungsbereich des internationalen Abkommens, finden dessen Beschaffungsregelungen Anwendung.[45]

In der Praxis sind dies insbesondere diejenigen Aufträge, die auf Grundlage des NATO-Truppenstatuts sowie des Zusatzabkommens zum NATO-Truppenstatuts vergeben werden.

6. § 100 Abs. 8 Nr. 6 GWB

§ 100 Abs. 8 Nr. 6 GWB nimmt Aufträge vom Anwendungsbereich des Kartellvergaberechts aus, die die auf Grund des besonderen Verfahrens einer internationalen Organisation vergeben werden.

Erfasst werden Organisationen i. S. d. Völkerrechts, bei denen nur die Staaten selbst und andere internationale Organisationen Mitglieder sein können (etwa die NATO, Europäische Verteidigungsagentur, EuMetSat und die Vereinten Nationen sowie deren Untergliederungen). Darunter fallen jedoch weder Nichtregierungsorganisationen (NGO) noch die Organisation für Sicherheit und Zusammenarbeit in Europa (OSZE).[46]

---

[44] *Hailbronner*, in: Byok/Jaeger, Vergaberecht, 3. Aufl. 2011, § 100 GWB Rn. 29.

[45] *Müller-Wrede/Aicher*, Kompendium des Vergaberechts, Kap. 8 Rn. 13.

[46] *Müller-Wrede/Aicher*, Kompendium des Vergaberechts, Kap. 8 Rn. 18.

Zweck des Ausnahmetatbestandes ist die Vermeidung eines Konfliktes zwischen den Verfahrensbestimmungen auf Grundlage des internationalen Abkommens und den Bestimmungen des EU-Vergaberechts.

III. Die Ausnahmetatbestände des § 100 c GWB

Mit § 100 c GWB wurde eine neue Vorschrift in das GWB aufgenommen, die die Ausnahmetatbestände für diejenigen Fälle regelt, die ausschließlich in den Bereich der verteidigungs- und sicherheitsrelevanten Aufträge fallen. Absatz 1 dieser Bestimmung definiert den Anwendungsbereich für die in den Absätzen 2 bis 4 folgenden Ausnahmetatbestände durch Bezugnahme auf den neuen § 100 Abs. 1 Satz 2 Nr. 3 GWB.

1. § 100 c Abs. 2 Nr. 1 GWB

Nach § 100 c Abs. 2 Nr. 1 GWB findet das Kartellvergaberecht keine Anwendung auf die Vergabe von Aufträgen, die Finanzdienstleistungen zum Gegenstand haben.[47] Anders als die vergleichbaren Bestimmungen der §§ 100 a Abs. 2 Nr. 2 , § 100 b Abs. 2 Nr. 1 GWB wird der Bereich der Finanzdienstleistungen nicht dahingehend eingeschränkt, dass sie ein Zusammenhang mit Ausgabe, Verkauf, Ankauf oder Übertragung von Wertpapieren bestehen muss.

Durch die Formulierung des Ausnahmetatbestandes wird für den Bereich der verteidigungs- und sicherheitsrelevanten Beschaffungen explizit festgelegt, dass Versicherungsleistungen nicht unter den Ausnahmetatbestand der Finanzdienstleistungen fallen. Gem. Anhang II Kategorie 6 der RL 2004/18/EG gilt dies ebenso für den Bereich der nicht verteidigungs- und sicherheitsrelevanten Beschaffungen, so dass diese Ergänzung lediglich klarstellenden Charakter hat.[48]

2. § 100 c Abs. 2 Nr. 2 GWB

Diese Bestimmung nimmt Aufträge vom Anwendungsbereich des Kartellvergaberechts aus, die zum Zwecke nachrichtendienstlicher Tätigkeit vergeben werden.[49] Die Bestimmung wurde neu in das deutsche Vergaberecht aufgenommen.

Inhaltlich werden zwei Fälle erfasst, nämlich

- Die Beschaffung eines Nachrichtendienstes für seine nachrichtendienstliche Zwecke und

- Aufträge, die ein anderer öffentlicher Auftraggeber an einen Nachrichtendienst vergibt.[50]

---

[47] Die Bestimmung setzt Art. 13 lit. h RL 2009/81/EG um.
[48] BT DrS 17/7275 S. 17.
[49] Die Bestimmung setzt Art. 13 lit. b RL 2009/81/EG um.
[50] BT DrS 17/7275 S. 17.

III. Die Ausnahmetatbestände des § 100 c GWB

Der Anwendungsbereich der Bestimmung ist hinsichtlich des Auftragsgegenstandes sehr weit. Darunter fallen bspw. sämtliche technische Ausstattung, die zu Zwecke der Spionage oder Gegenspionage verwendet wird oder auch Verschlüsselungstechnologie.

3. § 100 c Abs. 2 Nr. 3 GWB

§ 100 c Abs. 2 Nr. 3 GWB begründet einen Ausnahmetatbestand für bestimmte Aufträge, die im Rahmen eines Kooperationsprogrammes vergeben werden.[51] Mit diesem Ausnahmetatbestand wird dem Umstand Rechnung getragen, dass die Mitgliedstaaten derartige Kooperationsprograme häufig durchführen, um neue Verteidigungsausrüstung gemeinsam zu entwickeln. Da sie die Entwicklung neuer Technologien und die Übernahme der hohen Forschungs- und Entwicklungskosten komplexer Waffensysteme erleichtern, kommt ihnen eine besondere Bedeutung zu.[52]

Der Ausnahmetatbestand erfasst die beiden folgenden Konstellationen:

- Aufträge werden im Rahmen eines Kooperationsprogrammes von einem Mitgliedstaat auch im Namen eines anderen Mitgliedstaates vergeben.

- Aufträge werden von internationalen Organisationen (bspw. OCCAR, NATO oder Agenturen der EU, wie der Europäischen Verteidigungsagentur), die das Kooperationsprojekt verwalten, im Namen der betreffenden Mitgliedstaaten vergeben,

- Aufträge im Rahmen von Kooperationsprojekten, an denen an denen über mindestens zwei Mitgliedstaaten hinaus auch Drittstaaten beteiligt sind.[53]

Da schon heute komplexe Waffensysteme oftmals in derartigen internationalen Kooperationsprojekten entwickelt werden, dürfte mit einer steigenden Relevanz dieses Ausnahmetatbestandes zu rechnen sein.

4. § 100 c Abs. 2 Nr. 4 GWB

Der Ausnahmetatbestand des § 100 c Abs. 2 Nr. 4 GWB greift, wenn Regierungen oder Gebietskörperschaften unter einander näher definierte Aufträge im Bereich der Verteidigung und Sicherheit vergeben.[54] Nach Erwägungsgrund 30 RL 2009/81/EG soll damit den Besonderheiten der Auftragsvergabe zwischen Regierungen im Rüstungsbereich Rechnung getragen werden. Entsprechend der Definition des Art. 1 Nr. 9 RL 2009/81/EG gelten als Regierung nationale, regionale oder lokale Gebietskörperschaften eines Mitgliedstaates oder eines Drittlandes.

---

[51] Die Bestimmung setzt Art. 13 lit. c RL 2009/81/EG um.
[52] S. Erwägungsgrund 28 der RL 2009/81.
[53] BT DrS 17/7275 S. 17.
[54] Die Bestimmung setzt Art. 13 lit. f RL 2009/81/EG um.

B. Die Regelung des Anwendungsbereichs

5. § 100 c Abs. 3 GWB

Dieser neu eingeführte Ausnahmetatbestand berücksichtigt die stark gestiegene Zahl der Auslandseinsätze der Streitkräfte und der dabei gemachten Erfahrungen.[55] Die Auftragsvergabe soll ohne Anwendung des Kartellvergaberechts gestattet sein, wenn der Auftrag in einem Land außerhalb der EU vergeben wird. Hierzu gehören auch zivile Beschaffungen von Streitkräften oder Polizeien, wenn der Einsatz erfordert, diese Aufträge im Einsatzgebiet ansässigen Unternehmen zukommen zu lassen. Grundsätzlich können dies Liefer- Bau- und Dienstleistungsaufträge sein.

6. Die Ausnahmetatbestände des § 100 c Abs. 4 GWB

Mit 100 c Abs. 4 GWB werden die drei Ausnahmetatbestände des Art 12 RL 2009/81 EG umgesetzt. Sie sind den Ausnahmetatbeständen der Art 15 RL 2004/18/EG und Art. 22 RL 2004/17/EG ähnlich, wurden aber leicht abgeändert. Dementsprechend unterscheiden sich auch die jeweiligen Ausnahmetatbestände der § 100 Abs. 8 Nr. 4 bis 6 GWB von den ähnlichen Bestimmungen des § 100 c Abs. 4 GWB.

a) § 100 c Abs. 4 Nr. 1 GWB

Dieser Ausnahmetatbestand greift die oben besprochene Grundkonstellation des § 100 Abs. 8 Nr. 4 GWB auf, wonach Vergaben, die im Rahmen internationaler Abkommen auf der Grundlage besondere Verfahrensregeln vergeben werden, von der Anwendung des Kartellvergaberechts befreit sind. Ein Unterschied ist jedoch, dass die allgemeine Bestimmung eine Begrenzung des Auftragsgegenstandes „das gemeinsam zu verwirklichende und zutragende Projekt" enthält, wohingegen die Bestimmung des § 100 c Abs. 4 Nr. 1 GWB lediglich davon spricht, dass sich die Aufträge aus dem internationalen Abkommen oder der internationalen Vereinbarung ergeben müssen.

Für den Sicherheits- und Verteidigungsbereich wurde eine weiter Lockerung eingeführt: Während bei allgemeinen Beschaffungen die Ausnahme ein internationales Abkommen zwischen der Bundesrepublik und anderen Staaten voraussetzt, genügt bei der Umsetzung der entsprechenden Richtlinienbestimmung[56] auch eine internationale Vereinbarung. Darunter können bspw. auch Vereinbarungen zwischen den jeweils zuständigen Ministerien der jeweiligen Länder fallen.[57]

b) § 100 c Abs. 4 Nr. 2 GWB

Der Ausnahmetatbestand des § 100 c Abs. 4 Nr. 2 GWB[58] betrifft wie der für die allgemeinen Beschaffungsgegenstände einschlägige § 100 Abs. 8 Nr. 5 GWB Aufträge im

---

[55] Die Bestimmung setzt Art. 13 lit. d RL 2009/81/EG um.
[56] Die Bestimmung setzt Art. 12 lit. a RL 2009/81/EG um.
[57] BT DrS 17/7275 S. 17.
[58] Die Bestimmung setzt Art. 12 lit. b RL 2009/81/EG um.

Zusammenhang mit Stationierungsabkommen. Auch hier wurde die für die allgemeine Beschaffung geltende Ausnahmebestimmung dahingehend gelockert, dass bei Aufträgen im Zusammenhang mit Stationierungsabkommen nicht mehr nur ein internationales Abkommen erforderlich ist. Vielmehr genügt im Bereich der verteidigungs- und sicherheitsrelevanten Aufträge eine internationale Vereinbarung, womit bspw. ministerielle Vereinbarungen ausreichend sind.

c) § 100 c Abs. 4 Nr. 3 GWB

Diese Ausnahmebestimmung greift bei der Vergabe von Aufträgen, die besonderen Verfahrensregeln unterliegen, die für eine internationale Organisation gelten, wenn diese für ihre Zwecke Beschaffungen tätigt oder wenn ein Mitgliedstaat Aufträge nach diesen Regeln vergeben muss.[59] Nach dem Wortlaut der Bestimmung greift sie nur ein, wenn die internationale Organisation den betreffenden Auftrag für ihre Zwecke vergibt. Im Umkehrschluss folgt, dass Vergaben, die eine internationale Organisation für Verwendungszwecke ihrer Mitglieder tätigt, nicht unter diese Ausnahmebestimmung fallen.[60]

C. Fazit

Die vielfältigen und teils neuen Ausnahmetatbestände, die im Bereich der sicherheits- und verteidigungsrelevanten Aufträge greifen, zeigen auch die Skepsis, ob große Rüstungsvorhaben tatsächlich unter der Ägide des Vergaberechts vergeben werden können.

Fernab von Großvorhaben ist eine Umgehung des Vergaberechts bspw. bei der Beschaffung von IT-Dienstleistungen, dem Ersatzteilkauf oder auch bei Instandsetzungsdienstleistungen durch Berufung auf die Ausnahmetatbestände nunmehr deutlich schwieriger. Die strengere Rechtsprechung des EuGH trägt ebenfalls dazu bei, dass das Vergaberecht auch im Bereich der sicherheits- und verteidigungsrelevanten Aufträge greift.

---

[59] Die Bestimmung setzt Art. 12 lit. c RL 2009/81/EG um.
[60] BT DrS 17/7275 S. 17.

Neue Vorgaben für Auftraggeber und Bieter in Beschaffungsprozessen: Die Vergabeverordnung für die Bereiche Verteidigung und Sicherheit

Dr. Heiko Piesbergen[1]

A.	Einleitung	54
B.	Struktur und Anwendungsbereich der VSVgV	56
	I. Struktur der VSVgV	*56*
	II. Anwendungsbereich der VSVgV	*56*
	III. Anwendung auf Rahmenvereinbarungen	*57*
	IV. Anwendung oberhalb der EU-Schwellenwerte	*58*
	V. Anwendung bei der Unterauftragsvergabe	*58*
C.	Grundsätze des Vergabeverfahrens	59
	I. Berücksichtigung mittelständischer Interessen	*60*
	II. Keine Wettbewerbsverfälschung durch Projektanten	*61*
	III. VOL/B als Vertragsbestandteil	*62*
	IV. Vertraulichkeit und Informationssicherheit	*63*
	1. Wahrung der Vertraulichkeit	64
	2. Schutz von Verschlusssachen	65
	V. Versorgungssicherheit	*66*
	VI. Weitere Verfahrensgrundsätze	*67*
D.	Vergabearten	68
	I. Verhandlungsverfahren mit Teilnahmewettbewerb	*68*
	1. Teilnahmewettbewerb	68
	2. Angebots- und Verhandlungsphase	71
	3. Schlussphase	72
	II. Verhandlungsverfahren ohne Teilnahmewettbewerb	*72*
	1. Dringlichkeit	73
	2. Forschung und Entwicklung	75
	3. Weitere Ausnahmetatbestände	76
	III. Nicht offenes Verfahren	*77*
	IV. Wettbewerblicher Dialog	*78*
E.	Angebotswertung und Verfahrensabschluss	78
	I. Prüfung der Angebote	*79*
	II. Angebotswertung und Zuschlag	*79*
F.	Zusammenfassung und Ausblick	80

---

[1] Der Verfasser dankt Herrn Michael Schnitker für die Unterstützung bei der Erstellung dieses Beitrags.

A. Einleitung

Mit der Vergabeverordnung für die Bereiche Verteidigung und Sicherheit (VSVgV)[2], die am 19.07.2012 und damit knapp ein Jahr nach Ablauf der Umsetzungsfrist am 21.08.2012 in Kraft trat, wurden Kernbestimmungen der Mitte 2009 beschlossenen Verteidigungsvergaberichtlinie 2009/81/EG (VS-VKR)[3] in das deutsche Vergaberecht umgesetzt. Während sich die Bestimmungen zum Anwendungsbereich des neuen sicherheits- und verteidigungsspezifischen Vergaberechts im Wesentlichen im GWB befinden, enthält die VSVgV die konkreten Verfahrensbestimmungen.

Die Verfahrensbestimmungen der VSVgV sollen dabei vor allem den Unzulänglichkeiten begegnen, die bislang dem EU-Vergaberecht nach der Vergabekoordinierungsrichtlinie 2004/18/EG vom 31.03.2004 (VKR) zugesprochen wurden. Schon vor Inkrafttreten der VSVgV waren Dienst- und Lieferaufträge im Bereich von Verteidigung und Sicherheit nämlich nicht prinzipiell vom Anwendungsbereich des EU-Vergaberechts ausgenommen.[4] Die Regelungen der VKR bzw. der auf dieser aufbauenden nationalen Bestimmungen wurden jedoch oftmals als unzureichend empfunden, um Sicherheitsinteressen der Mitgliedstaaten hinreichend Rechnung zu tragen.[5] Kritikpunkte stellten dabei insbesondere die Veröffentlichungspflichten des offenen Verfahrens, die fehlende Wahlfreiheit für das in diesem Bereich bevorzugte Verhandlungsverfahren und nicht vorhandene spezifische Regelungen zur Versorgungs- und Informationssicherheit dar. Darüber hinaus wurden auch spezielle Vorschriften zum Marktzugang mittelständischer Unternehmen einerseits und eine Auseinandersetzung mit Offset-Maßnahmen andererseits vermisst.[6] Aufgrund dessen wurde in weitem Umfang von der Ausnahmeregelung des Art. 346 Abs. 1 AEUV Gebrauch gemacht.[7]

Wesentliche Neuregelungen der VS-VKR, wie beispielsweise die Bestimmungen zur Informations- und Versorgungssicherheit, zur Vergabe von Unteraufträgen und zur Wahl der Verfahrensart, sind demgemäß als Reaktion auf diese Kritikpunkte zu verstehen. Diese Regelungen finden sich in der Regel auch ohne wesentliche Abstriche in der VSVgV, denn der europäische Gesetzgeber hat mit der VS-VKR eine sehr detailreiche Regelung geschaffen, die den Mitgliedstaaten keinen umfangreichen Umsetzungsspielraum beließ. Darüber hinaus hat die EU-Kommission Leitfäden zur Aus-

---

[2] Der vollständige Titel der VSVgV lautet: Vergabeverordnung für die Bereiche Verteidigung und Sicherheit zur Umsetzung der Richtlinie 2009/81/EG des Europäischen Parlaments und des Rates vom 13. Juli 2009 über die Koordinierung der Verfahren zur Vergabe bestimmter Bau-, Liefer- und Dienstleistungsaufträge in den Bereichen Verteidigung und Sicherheit und zur Änderung der Richtlinien 2004/17/EG und 2004/18/EG.

[3] Richtlinie 2009/81/EG des Europäischen Parlaments und des Rates vom 13. Juli 2009 über die Koordinierung der Verfahren zur Vergabe bestimmter Bau-, Liefer- und Dienstleistungsaufträge in den Bereichen Verteidigung und Sicherheit und zur Änderung der Richtlinien 2004/17/EG und 2004/18/EG, EU-ABl. Nr. L 216 vom 20.08.2009, S. 76.

[4] Vgl. EU-Kommission, Mitteilung über die Ergebnisse der Konsultationen zum Grünbuch über die Beschaffung von Verteidigungsgütern vom 06.12.2005, KOM(2005)626 endg., S. 4; *Heuninckx*, P.P.L.R., 2011, S. 9, 11.

[5] EU-Kommission, a. a. O., S. 4 ff.

[6] Vgl. EU-Kommission, a. a. O. S. 5 f.; *Heuninckx*, P.P.L.R., 2011, S. 9, 11.

[7] EU-Kommission, a. a. O., S. 5.

legung der VS-VKR erarbeitet, die die Mitgliedstaaten bei der Umsetzung unterstützen sollten, auch wenn sie mangels Rechtsaktscharakter ausdrücklich unverbindlich waren und sind.[8]

Bei der VSVgV handelt es sich demgemäß im Wesentlichen um eine unmittelbare, sog. Eins-zu-eins-Umsetzung der VS-VKR.[9] Dies hinderte die Bundesregierung jedoch nicht daran, mit Zustimmung des Bundesrates in einigen Bereichen auch in der VS-VKR enthaltene Regelungsoptionen auszuüben, die nicht zwingend vorgegeben waren. In § 9 Abs. 3 Satz 2 VSVgV beispielsweise wird dem Auftraggeber die in Art. 21 Abs. 4 VS-VKR angelegte Möglichkeit eingeräumt, vom Auftragnehmer für bis zu 30 Prozent des Auftragsvolumens eine Unterauftragsvergabe zu fordern. In § 7 Abs. 3 VSVgV wurde aufbauend auf der lediglich optionalen Fassung des Art. 22 UAbs. 2 VS-VKR verbindlich geregelt, dass vor Weitergabe von Verschlusssachen entweder Sicherheitsbescheide eingeholt werden oder Einsicht nehmende Unternehmen überprüft werden. Außerdem wurde mit § 13 VSVgV die Möglichkeit genutzt, für besonders komplexe Beschaffungsvorhaben einen wettbewerblichen Dialog gemäß Art. 27 VS-VKR vorzusehen.

Mit Ausnahme der bereichsspezifischen Sonderregelungen orientiert sich die VS-VKR im Übrigen weitgehend an der VKR im klassischen Vergaberecht. Vor diesem Hintergrund konnte auch die Bundesregierung bei der Umsetzung der VS-VKR in deutsches Recht vielfach auf Inhalt und Strukturen der die VKR im Liefer- und Dienstleistungsbereich umsetzenden VOL/A zurückgreifen.[10] Dies entspricht auch dem im Koalitionsvertrag der Bundesregierung verankerten Bestreben nach einem einheitlichen Vergaberecht.[11]

Mit der VSVgV entschied sich die Bundesregierung für die Schaffung eines weiteren Normtextes im Kaskadensystem des deutschen Vergaberechts. Hiergegen war vielfach Kritik vorgebracht worden mit dem Ziel, die Sonderregelungen der VS-VKR in einem weiteren Abschnitt der Verdingungsordnungen umzusetzen. Hierdurch hätten die in den Vertrags- und Vergabeausschüssen vertretenen Interessengruppen an der konkreten Ausgestaltung partizipieren können.[12] Diese Forderung konnte sich jedoch nur teilweise im Hinblick auf die Vergabe von Bauaufträgen durchsetzen. Im Wesentlichen entschied sich die Bundesregierung, auf der Rechtsgrundlage des § 127 Nr. 3 GWB die für den sensiblen Sicherheits- und Verteidigungsbereich geltenden Bestimmungen unter eigener Federführung zu erarbeiten, wobei bereits die Sichtweisen der verschiedenen Ressorts zum Ausgleich gebracht werden mussten.

---

[8] Siehe Internetseite der EU-Kommision, Generaldirektion Binnenmarkt und Dienstleistungen, Guidance Notes (http://ec.europa.eu/internal_market/publicprocurement/rules/defence_procurement/index_en.htm; Abruf vom 27.09.2012)

[9] Vgl. Bundesregierung, Begründung zur VSVgV, BR-Drs. 321/12, S. 38.

[10] Vgl. Bundesregierung, a. a. O., S. 37 f.

[11] CDU/CSU/FDP, Wachstum, Bildung, Zusammenhalt Koalitionsvertrag zwischen CDU, CSU und FDP, 17. Legislaturperiode, vom 26.09.2009, S. 17.

[12] Vgl. BDI, Vorläufige Stellungnahme zur GWB-Änderung vom 08.07.2011 (http://www.bdi.eu/download_content/Recht UndOeffentlichesAuftragswesen/Vorl._BDI_STN_AEnd._Vergaberecht_VertSicherheit.pdf, Abruf vom 28.09.2012).

B. Struktur und Anwendungsbereich der VSVgV

Im Folgenden sollen die von der VSVgV in das Vergaberecht eingebrachten Neuerungen im Einzelnen dargestellt werden.

I. Struktur der VSVgV

Die Schaffung eines eigenen Normtextes spiegelt sich bereits in der Struktur der VSVgV wider. Die VSVgV gliedert sich in fünf Teile, nämlich Teil 1 (§§ 1 bis 9 VSVgV) mit allgemeinen Bestimmungen, Teil 2 (§§ 10 bis 37 VSVgV) mit Regelungen zum Vergabeverfahren, Teil 3 (§§ 38 bis 41 VSVgV) mit Bestimmungen zur Unterauftragsvergabe sowie die Teile 4 und 5 (§§ 42 bis 46 VSVgV), die besondere bzw. Übergangs- und Schlussbestimmungen beinhalten.

Im Vergleich zur VOL/A, die nur 24 Paragraphen umfasst, ist die VSVgV damit umfangreicher. Der gesamte Teil 3 sowie nahezu der gesamte Teil 1 der VSVgV finden keine Entsprechung in der VOL/A. Dies liegt zum einen an den neuen Regelungsgegenständen, wie der Unterauftragsvergabe und der Versorgungs- und Informationssicherheit. Zum anderen hat die VSVgV einige Bestimmungen der Vergabeverordnung (VgV) aufgenommen, die nach § 1 Abs. 3 VgV nicht für verteidigungs- und sicherheitsrelevante Aufträge anwendbar ist. Dies betrifft beispielsweise §§ 3, 42 und 44 VSVgV, die sich auf die Schätzung der Auftragswerte, ausgeschlossene Personen sowie Melde- und Berichtspflichten beziehen.

II. Anwendungsbereich der VSVgV

Die VSVgV findet gemäß § 1 Abs. 1 VSVgV Anwendung auf verteidigungs- und sicherheitsrelevante Aufträge gemäß § 99 Abs. 7 GWB. Ausgenommen hiervon sind wiederum diejenigen Aufträge, die nach § 100 und § 100 c GWB dem Anwendungsbereich des EU-Vergaberechts entzogen sind.[13]

Soweit das GWB den Weg zur VSVgV eröffnet, unterscheidet § 2 VSVgV hinsichtlich der anzuwenden Vorschriften zwischen Liefer- und Dienstleistungsaufträgen einerseits und Bauaufträgen andererseits. Für Liefer- und Dienstleistungen, zu denen sowohl Dienstleistungen im Sinne der VOL/A als auch freiberufliche Dienstleistungen im Sinne der VOF gehören,[14] sind die Vorschriften der VSVgV gemäß § 2 Abs. 1 VSVgV grundsätzlich umfassend anzuwenden.

---

[13] Siehe hierzu Kapitel „Ausnahmebestimmungen im Umfeld verteidigungs- und sicherheitsrelevanter Aufträge" von Dippel.

[14] Bundesregierung, BR-Drs. 321/12, Begründung zu § 2 Abs. 1 VSVgV.

Bei Dienstleistungen wird allerdings gemäß § 5 Abs. 1 VSVgV zwischen vor- und nachrangigen Dienstleistungen unterschieden, wobei die Zuordnung nicht innerhalb der VSVgV, sondern über eine Verweisung in die Anhänge I und II der VS-VKR erfolgt. Für Aufträge, die Dienstleistungen nach Anhang I und Anhang II der VS-VKR enthalten, ist darauf abzustellen, welcher Teil überwiegt. Nach § 5 Abs. 1 VSVgV findet die gesamte VSVgV Anwendung auf Aufträge gemäß Anhang I der VS-VKR, der zum Beispiel Instandhaltung und Reparatur, diverse Beförderungsleistungen und Unternehmensberatungstätigkeiten umfasst. Bei Dienstleistungen des Anhangs II hingegen, der beispielsweise Rechtsberatung sowie das Gesundheits- und Sozialwesen beinhaltet, gelten nur § 15 VSVgV, der die Anforderungen an eine Leistungsbeschreibung definiert, sowie § 35 VSVgV, der eine Bekanntmachung der erfolgten Auftragserteilung verlangt. Im Sicherheits- und Verteidigungsbereich gelten damit für solche nachrangigen Dienstleistungen noch geringere Anforderungen als im klassischen Vergaberecht, denn nach der Parallelnorm des § 1 Abs. 3 EG VOL/A i. V. m. § 4 Abs. 4 VgV a. F. bzw. § 4 Abs. 3 Nr. 2 VgV n. F. wird dort auch der erste Abschnitt der VgV für anwendbar erklärt und damit eine grundlegende Verfahrensstruktur vorgegeben.

Für Bauaufträge hingegen gelten gemäß § 2 Abs. 2 VSVgV weder die umfangreichen Verfahrensbestimmungen der §§ 10 bis 37 VSVgV noch die beiden Regelungen der §§ 5 und 43 VSVgV, die Dienstleistungen und Dokumentations- und Aufbewahrungspflichten betreffen. Stattdessen findet der dritte Abschnitt der Vergabe- und Vertragsordnung für Bauleistungen (VOB/A) Anwendung.[15] Die übrigen Vorschriften gelten hingegen ebenfalls für Bauaufträge mit der Folge, dass auch für diese wesentliche bereichsspezifische Bestimmungen in der VSVgV geregelt sind. Insoweit hat die Bundesregierung auch für Bauaufträge die Federführung bei der Umsetzung der VS-VKR nicht vollständig aus der Hand gegeben.

III. Anwendung auf Rahmenvereinbarungen

Wie § 14 Abs. 1 VSVgV hervorhebt, ist öffentlichen Auftraggebern auch der Abschluss von Rahmenvereinbarungen gestattet, wobei hierbei ebenfalls die VSVgV zu befolgen ist. Der Begriff der Rahmenvereinbarung wird in § 4 Abs. 2 VSVgV als Vereinbarung definiert, die Bedingungen für Einzelaufträge festlegt, die im Laufe eines bestimmten Zeitraums vergeben werden.

Die Regelung des § 14 VSVgV ähnelt weitgehend § 4 EG VOL/A, enthält allerdings eine beachtenswerte Neuerung im Hinblick auf die mögliche Laufzeit von Rahmenvereinbarungen. Während § 4 Abs. 7 EG VOL/A eine Höchstlaufzeit von grundsätzlich vier Jahren vorsieht, können die Laufzeiten von Rahmenvereinbarungen im Anwendungsbereich der VSVgV nach § 14 Abs. 6 VSVgV bis zu sieben Jahren betragen. In Sonderfällen kann nach Satz 2 der Bestimmung sogar eine noch längere Laufzeit vereinbart

---

[15] Siehe hierzu Kapitel „Verteidigungs- und sicherheitsrelevante Bauaufträge" von Sitsen.

werden, jedoch muss dies gerade aufgrund der zu erwartenden Nutzungsdauer gelieferter Güter und der durch einen Wechsel des Unternehmens entstehenden technischen Schwierigkeiten gerechtfertigt sein. Diese Anforderungen des – im Übrigen gegenüber § 4 Abs. 7 EG VOL/A restriktiver gefassten – Ausnahmetatbestandes sind wegen des lang andauernden Ausschlusses von Wettbewerb besonders eng auszulegen. Die Gründe für eine längere Laufzeit müssen nach § 43 Abs. 2 Nr. 11 VSVgV im Vergabevermerk dokumentiert und nach § 14 Abs. 6 Satz 2 i. V. m. § 35 VSVgV nachträglich bekanntgemacht werden.

IV. Anwendung oberhalb der EU-Schwellenwerte

Voraussetzung für die Anwendung der VSVgV auf Vergabeverfahren ist gemäß § 100 Abs. 1 Satz 1 GWB und § 2 Abs. 1 VSVgV, dass der Auftragswert die entsprechenden EU-Schwellenwerte erreicht oder überschreitet.

Die Schwellenwerte werden, einen zukünftigen Anpassungsaufwand vermeidend, in § 1 Abs. 2 VSVgV mittels dynamischer Verweisung auf Art. 8 der VS-VKR in der jeweils geltenden Fassung festgelegt. Für verteidigungs- und sicherheitsrelevante Liefer- und Dienstleistungsaufträge liegt der Schwellenwert derzeit bei EUR 400.000, für verteidigungs- und sicherheitsrelevante Bauaufträge bei EUR 5.000.000.

Die Aufwandsschätzung wird in § 3 VSVgV geregelt und verläuft nach dem aus § 3 VgV bekannten Verfahren. Insbesondere sind nach § 3 Abs. 1 Satz 2 VSVgV alle Optionen und etwaige Vertragsverlängerungen einzubeziehen. Hierbei ist nach § 3 Abs. 8 VSVgV auf den Tag der Absendung der Bekanntmachung abzustellen, so dass im Zuge der Projektvorbereitung und -entwicklung vorgenommene Ergänzungen und Zusätze zu berücksichtigen sind. Bei längerfristigen Dienstleistungsaufträgen, wie beispielsweise der Wartung eines Beschaffungsgegenstandes über seinen gesamten Lebenszyklus hinweg, kommt demgemäß auch das in § 3 VgV etablierte Verfahren zur Anwendung, das für Aufträge mit einer Laufzeit von über 48 Monaten oder mit unbestimmter Laufzeit den 48-fachen Monatswert als Berechnungsgrundlage heranzieht.

V. Anwendung bei der Unterauftragsvergabe

Schließlich kann die VSVgV auch bei der Vergabe von Unteraufträgen durch den erfolgreichen privaten Bieter eine bedeutende Rolle spielen. Unteraufträge sind nach § 4 Abs. 3 VSVgV als entgeltliche Verträge zwischen einem erfolgreichen Bieter und einem oder mehreren Unternehmen über die Ausführung des betreffenden Auftrags oder von Teilen des Auftrags definiert. Sie sind dabei nach der bestehenden vergaberechtlichen Rechtsprechung im Einzelfall von bloßen untergeordneten Hilfsleistungen abzugrenzen.[16]

---

[16] Vgl. VK Sachsen-Anhalt, Beschluss vom 06.06.2008 – 1 VK LVwA 07/08.

Der private Auftragnehmer darf gemäß § 9 Abs. 2 VSVgV zwar grundsätzlich seine Unterauftragnehmer frei wählen, jedoch gestattet § 9 Abs. 3 VSVgV es dem Auftraggeber, dezidierte Vorgaben bei der Erteilung von Unteraufträgen an den Auftragnehmer zu richten. Hierbei besteht ein weiter Gestaltungsspielraum des Auftraggebers, der auf eine Stärkung des Wettbewerbs auch auf den weiteren Ebenen der Lieferkette und auf die Berücksichtigung mittelständischer Interessen abzielt.

Nach § 9 Abs. 3 Nr. 1 VSVgV kann der Auftraggeber vom Auftragnehmer verlangen, bis zu 30 % des Auftragswertes als Unterauftrag an Dritte zu vergeben und dabei die gesonderten Verfahrensregelungen der §§ 38 bis 41 VSVgV anzuwenden. Sofern der zukünftige Auftragnehmer ohnehin Unteraufträge zu vergeben beabsichtigt, kann der Auftraggeber nach 9 Abs. 3 Nr. 2 VSVgV verlangen, dass alle oder bestimmte Unteraufträge nach den vorgenannten Sonderregelungen vergeben werden.[17]

Der erfolgreiche Bieter muss gemäß § 38 Abs. 1 Satz 2 VSVgV die Unterauftragnehmer in einem eigenen diskriminierungsfreien und transparenten Verfahren auswählen, das nach § 39 Abs. 1 VSVgV durch eine mit der Beschaffungsstelle abgestimmte EU-Bekanntmachung eingeleitet wird. Die bei der Auswahl entscheidenden Kriterien werden vom Auftragnehmer festgelegt, müssen aber gemäß § 40 Abs. 1 VSVgV im Einklang mit den Kriterien stehen, die der Auftraggeber bereits für die Auswahl des erfolgreichen Bieters anwandte.

Eine Verpflichtung des erfolgreichen Bieters, auch die übrigen Regelungen der VSVgV umfassend zu beachten, wird hierdurch indes nicht ausdrücklich begründet. Um der Forderung nach einem diskriminierungsfreien und transparenten Verfahren gerecht zu werden, können die Verfahrensbestimmungen der VSVgV zwar in vielen Fällen geeignete Referenzpunkte sein, dem erfolgreichen Bieter dürfte aber in der Regel ein erheblicher Gestaltungsspielraum einzuräumen sein.

Ohnehin ist zu berücksichtigen, dass die Durchführung eines wettbewerblichen Verfahrens durch den erfolgreichen Bieter erhebliche praktische Schwierigkeiten hervorrufen kann. Die Regelungen der VSVgV berücksichtigen nämlich nur unzureichend, dass der Bieter bereits in seiner Angebotskalkulation für den Hauptauftrag die Leistungsfähigkeit und Kostenstruktur seiner Unterauftragnehmer umfassend einbeziehen muss. Gerade in technisch anspruchsvollen Bereichen kann die Auftragserfüllung maßgeblich von erprobten, funktionierenden Lieferketten abhängen.

C. Grundsätze des Vergabeverfahrens

Neben detaillierten Einzelregelungen der VSVgV sind bei verteidigungs- und sicherheitsrelevanten Beschaffungsvorhaben auch grundsätzliche vergaberechtliche Vorgaben zu beachten, die die Detailbestimmungen durchdringen und deren Auslegung

---

[17] Siehe hierzu Kapitel „Wettbewerb nach Innen – Abschottung nach Außen" von Gabriel/Weiner.

bestimmen. Diese Grundsätze des Vergabeverfahrens sind insbesondere den gesetzlichen Bestimmungen des § 97 GWB zu entnehmen, die vielfach durch die Rechtsprechung konkretisiert und überlagert werden. Auch im Verteidigungs- und Sicherheitsbereich müssen Vergabeverfahren in transparenter und nicht diskriminierender Weise durchgeführt werden und dem Ziel einer Beschaffung im Wettbewerb dienen.[18] Insbesondere verbietet sich damit auf sämtlichen Verfahrensstufen eine bevorzugte Behandlung einzelner Bieter ohne sachlichen Grund. Darüber hinaus legt die VSVgV auch selbst Grundsatzregelungen für das Vergabeverfahren fest und konkretisiert die Bestimmungen des § 97 GWB. Die folgenden Inhalte der VSVgV sollen insoweit näher beleuchtet werden.

I. Berücksichtigung mittelständischer Interessen

Zunächst ist die ausdrückliche Erwähnung mittelständischer Interessen in § 10 Abs. 1 VSVgV zu betrachten, der unmittelbar auf § 97 Abs. 3 GWB verweist. Danach sind mittelständische Interessen bei der Auftragsvergabe vornehmlich zu berücksichtigen. Außerdem sind Leistungen in Fach- oder Teillose aufzuteilen, sofern keine wirtschaftlichen oder technischen Gründe die Vergabe eines Gesamtauftrages erfordern. Diese Aspekte sind vom Auftraggeber insbesondere bei der Vorbereitung und Strukturierung des Vergabeverfahrens von Bedeutung.

Für den Verteidigungs- und Sicherheitsbereich enthält § 10 Abs. 1 Satz 3 VSVgV zudem einen konkretisierenden Zusatz, der Rechtfertigungsgründe für einen Gesamtauftrag beispielhaft aufführt. Danach kann auf eine Losaufteilung verzichtet werden, wenn die Leistungsbeschreibung die Systemfähigkeit der Leistung verlangt und dies durch den Auftragsgegenstand gerechtfertigt ist. Der Begriff der Systemfähigkeit ist weder in der VS-VKR enthalten noch im GWB oder der VSVgV definiert. Lediglich die Begründung der Bundesregierung zur VSVgV enthält eine Erläuterung, nach der Systemfähigkeit der Leistung bedeutet, dass der Auftragnehmer sicherzustellen hat, dass Subsysteme und Geräte verschiedener Technologien sowie unterschiedlicher Hersteller, Anlagen, Personal und Material zu einer funktionierenden Einheit zusammengeführt werden können.[19] Da es sich um eine Ausnahme zum mittelstandsfreundlichen Grundsatz der Losaufteilung handelt, ist diese Regelung eng auszulegen. Es kommt demgemäß vornehmlich auf das Zusammenwirken der verschiedenen Komponenten innerhalb des Gesamtauftrages und nicht auf dessen Schnittstellen zu sonstigen Systemen des Auftraggebers an.

---

[18] Vgl. weitergehend *Ziekow*, in: Ziekow/Völlink, Vergaberecht, 1. Aufl. 2011, § 97 GWB, Rn. 3 ff.

[19] Bundesregierung, BR-Drs. 321/12, Begründung zu § 10 Abs. 1 VSVgV.

II. Keine Wettbewerbsverfälschung durch Projektanten

Für den Fall, dass ein Bieter den Auftraggeber bereits vor Einleitung des Vergabeverfahrens beraten oder sonst unterstützt hat, bestimmt § 10 Abs. 2 VSVgV, dass der Auftraggeber sicherzustellen hat, dass der Wettbewerb durch die Teilnahme des Bieters nicht verfälscht wird. Damit wird parallel zur Vorschrift des § 6 Abs. 7 EG VOL/A die EuGH-Rechtsprechung in der Rechtssache „Fabricom"[20] im nationalen Recht umgesetzt, auch wenn dies von der VS-VKR nicht ausdrücklich gefordert wurde.

Angesichts des Interesses der öffentlichen Auftraggeber im Sicherheits- und Verteidigungsbereich, auch in der Vorbereitungsphase eines Vergabeverfahrens die auf Herstellerseite bestehende Expertise einzubinden, hat diese Regelung eine hohe praktische Bedeutung. Beispielsweise ist im novellierten Ausrüstungs- und Nutzungsprozess der Bundeswehr vorgesehen, Unternehmensvertreter in sogenannte Integrierte Projektteams (IPT) auch schon im Vorfeld von Vergabeverfahren einzubeziehen.[21]

Durch die Beratung oder Unterstützung des Auftraggebers vor Einleitung eines Vergabeverfahrens können die jeweiligen Unternehmen, für die sich der Begriff des Projektanten etabliert hat, einen wettbewerbsrelevanten Informationsvorsprung vor ihren Mitbewerbern erhalten. § 10 Abs. 2 VSVgV formuliert dabei keine ausdrückliche Erheblichkeitsschwelle für den Informationsvorsprung, so dass auch eine geringfügige Beratungsleistung genügen kann, sofern sie geeignet und bestimmt ist, den öffentlichen Auftraggeber bei der Verwirklichung eines konkreten Beschaffungsvorgangs zu unterstützen.[22]

In diesen Fällen hat der Auftraggeber dafür Sorge zu tragen, dass trotz der Projektantenstellung eines der Bieter ein fairer und nicht diskriminierender Wettbewerb zustande kommt. Um den Wettbewerbsvorteil des Projektanten auszugleichen, kommt auch der Ausschluss des vorbefassten Unternehmens in Betracht, jedoch kann dies nur *ultima ratio* sein.[23] Zunächst sind vielmehr alle sonstigen Möglichkeiten auszuschöpfen. So sind die entsprechenden Informationen nach Möglichkeit auch den anderen Bietern zur Verfügung zu stellen.[24] Dies setzt voraus, dass Inhalt und Umfang des vorherigen Kontaktes zwischen Auftraggeber und Bieter vorausschauend dokumentiert worden sind. Als weitere Egalisierungsmaßnahme kommt eine ausreichend lange Bewerbungs- oder Angebotsfrist für die Mitbewerber des Projektanten in Betracht.[25]

---

[20] EuGH, Urteil vom 03.03.2005 – verb. Rs. C21/03 und C-34/03.

[21] Vgl. BAA/NBW, Costumer Product Management (nov.) vom 12.11.2012, abrufbar unter www.baain.de unter Projekte, CPM (letzter Abruf vom 07.04.2013).

[22] *Diringer*, Vergaberecht 2010, S. 361, 363; *Kupczyk*, NZBau 2010, S. 21, 23.

[23] *Müller-Wrede*, in: ders., VOL/A, 3. Aufl. 2010, § 6 EG VOL/A Rn. 89.

[24] Vgl. auch OLG München, Beschluss vom 10.02.2011 – Verg 24/10; *Behrens*, NZBau 2006, 752, 755.

[25] Vgl. VK Bund, Beschluss vom 01.09.2005, VK 1-98/05.

C. Grundsätze des Vergabeverfahrens

Da die Projektantenproblematik in einem Nachprüfungsverfahren oftmals nur schwer aufzudecken ist, kommt der Beweislastverteilung eine besondere Bedeutung zu. Dabei ist zu unterscheiden, ob sich ein Projektant gegen seinen Ausschluss durch den Auftraggeber wehrt oder ob vielmehr ein unterlegener Mitbewerber einen solchen Ausschluss verlangt. In beiden Fällen besteht eine gestufte Verteilung der Darlegungs- und Beweislast.[26]

Soweit sich ein Projektant gegen dessen vom Auftraggeber beabsichtigten Ausschluss wehrt, muss zunächst der Auftraggeber den zum Ausschluss führenden Wettbewerbsverstoß nachweisen. Bestehen hierfür indes Anhaltspunkte, insbesondere durch ein technisch oder wirtschaftlich überlegenes Angebot, und ist damit ein Informationsvorsprung indiziert, wechselt die Beweislast zum Projektanten. Fortan muss dieser eine etwaigen Wettbewerbsvorteil widerlegen, um einen Ausschluss seines Angebotes aus Gleichbehandlungs- und Wettbewerbsgründen zu vermeiden.

Macht ein unterlegener Mitbewerber einen Wettbewerbsverstoß geltend, muss dieser zunächst eine entsprechende Begründung vortragen. Da er jedoch oftmals auf einen pauschalen Vortrag beschränkt sein wird, greift ergänzend die Aufklärungspflicht des Auftraggebers ein. Dieser ist damit verpflichtet, durch seine Darlegungen den Verdacht des Wettbewerbsverstoßes auszuräumen, um zusätzliche Egalisierungsmaßnahmen oder gar den Ausschluss des Projektanten zu verhindern.

Im Hinblick auf etwaige Wettbewerbsverfälschungen ist darüber hinaus auch die Regelung des § 42 VSVgV zu berücksichtigen, die sich nicht auf den Informationsvorsprung eines Bieters, sondern auf die bieterseitige Beeinflussung des Auftraggebers im Vergabeverfahren bezieht. Parallel zu § 16 VgV dürfen nach dieser Bestimmung an Entscheidungen des Auftraggebers keine Personen mitwirken, die sich in einer Interessenkollision zwischen Auftraggeber- und Bieterseite befinden. Dies betrifft nicht durch die gesetzlichen Vertreter und Mitarbeiter des Bieters selbst, sondern auch dessen Berater sowie Mitarbeiter von Unternehmen, die geschäftliche Beziehungen zu beiden Seiten haben, sowie die jeweiligen Angehörigen.

III. VOL/B als Vertragsbestandteil

Die VSVgV zählt außerdem zu den Grundsätzen des Vergabeverfahrens gemäß § 10 Abs. 3 VSVgV, dass die Allgemeinen Vertragsbedingungen für die Ausführungen von Leistungen (VOL/B) grundsätzlich zum Vertragsbestandteil zu machen sind.[27] Damit wird die allgemeine Bestimmung des § 16 Abs. 1 Nr. 3 VSVgV ausgefüllt, nach der die

---

[26] Vgl. zur Beweis- und Darlegungslast: *Behrens*, NZBau 2006, 752, 756; *Diringer*, Vergaberecht 2010, 361, 367; *Müller-Wrede*, in: ders., a. a. O., § 6 EG VOL/A Rn. 91 f.

[27] Die standardisierten Vertragsmuster der Bundeswehr sehen daher auch eine Einbeziehung der VOL/B vor, vgl. *Bundesamt für Ausrüstung, Informationstechnik und Nutzung der Bundeswehr*, Allgemeine Auftragsbedingungen – Lieferung von Gegenständen durch inländische Auftragnehmer, Muster 111a, abrufbar unter www.baain.de > Vergabe > Unterlagen zur Angebotsabgabe (letzter Abruf am 02.10.2012).

Vertragsunterlagen, bestehend aus Leistungsbeschreibung und Vertragsbedingungen, Regelbestandteil der Vergabeunterlagen sind. Regelungssystematisch hätte es sich daher auch angeboten, die Verpflichtung zur Einbeziehung der VOL/B innerhalb des § 16 VSVgV anstatt in der Grundsatzbestimmung des § 10 VSVgV zu verorten.

Bei § 10 Abs. 3 VSVgV ist festzustellen, dass sie sich von der Parallelnorm des § 11 Abs. 1 EG VOL/A nicht unerheblich unterscheidet. Sie enthält weder die klarstellende Ergänzung des § 11 Abs. 1 Satz 2 EG VOL/A, nach der zusätzliche Allgemeine Vertragsbedingungen der VOL/B nicht widersprechen dürfen, noch wird die Regelung des § 11 Abs. 1 Satz 3 EG VOL/A in die VSVgV übernommen, nach der abweichende Regelwerke für Gruppen gleich gelagerter Einzelfälle Abweichungen von der VOL/B vorsehen können. Aus der Verordnungsbegründung zur VSVgV ergibt sich, dass auch ohne diese Klarstellungen gleichwohl Ausnahmen zugelassen sind.[28] Ob dies auch – entsprechend § 11 Abs. 1 Satz 3 EG VOL/A – umfassende Gruppenausnahmen zulässt, erscheint zunächst fraglich, im Ergebnis sprechen aber gute Gründe dafür. Im Sicherheits- und Verteidigungsbereich ist nämlich in besonderer Weise den Bedürfnissen des öffentlichen Auftraggebers Rechnung zu tragen. Dies ist einer der wesentlichen Beweggründe für zahlreiche Sonderreglungen der VSVgV, die nicht durch besonders enge Vorgaben für die Vertragsbestimmungen konterkariert werden sollten. Die Vertragsfreiheit des öffentlichen Auftraggebers bleibt damit auch angesichts der nur teilweisen Spiegelung des § 11 Abs. 1 EG VOL/A in der VSVgV weiterhin bestehen.[29]

IV. Vertraulichkeit und Informationssicherheit

Des Weiteren sind zu den Verfahrensgrundsätzen die Regelungen zur Vertraulichkeit und Informationssicherheit zu zählen, auch wenn diese nicht im § 10 VSVgV enthalten sind. Die umfangreichen Regelungen zur Wahrung der Vertraulichkeit und zum Schutz der Informationssicherheit in §§ 6 und 7 VSVgV stellen eine vergaberechtliche Neuerung der VSVgV dar. Diese Aspekte sind der hohen Sensibilität der Auftragsgegenstände im Bereich von Sicherheit und Verteidigung geschuldet. Trotz des engen inhaltlichen Zusammenhangs sind sie dabei regelungssystematisch zu unterscheiden. Die Vertraulichkeit von Angaben und Unterlagen wird von § 6 VSVgV erfasst und ist von allen Beteiligten gegenseitig zu wahren. Die abgestufte Geheimhaltung von Verschlusssachen des Auftraggebers wird durch § 7 VSVgV geregelt und legt insbesondere den Bietern und Auftragnehmern besondere Pflichten auf.[30]

---

[28] *Bundesregierung*, BR-Drs. 321/12, Begründung zu § 10 Abs. 3.

[29] Siehe hierzu die – im Ergebnis erfolglose – Forderung nach einer Klarstellung durch den Ausschuss Vergabe des Deutschen Anwaltvereins vom 19.04.2012, abrufbar unter: http://anwaltverein.de/downloads/Stellungnahmen-11/Stellungnahme-38.pdf?PHPSESSID=7s5l02jhnf5quksrlahdlf4d30.

[30] Siehe hierzu Kapitel „Informationssicherheit bei Verteidigungs- und Sicherheitsvergaben" von Krohn.

C. Grundsätze des Vergabeverfahrens

1. Wahrung der Vertraulichkeit

Die Regelung des § 6 Abs. 1 VSVgV, nach der alle am Verfahren Beteiligten gegenseitig die Vertraulichkeit aller Angaben und Unterlagen wahren, verändert die rechtlichen Rahmenbedingungen für ein Vergabeverfahren indes nicht grundsätzlich, denn auch bislang waren Vertraulichkeitserklärungen der Bieter zulässig und wurden in der Praxis regelmäßig genutzt. Auch die Vergabestellen hatten die Angebote gemäß § 16 Abs. 2 Satz 1 und § 17 Abs. 3 EG VOL/A ohnehin vertraulich zu behandeln. In bestimmten Detailfragen kommt den Neuregelungen allerdings durchaus Bedeutung zu.

So untersagt § 6 Abs. 2 VSVgV die Weitergabe von vertraulichen Bieterinformationen auch „nach anderen Rechtsvorschriften", so dass die Vertraulichkeit des Vergabeverfahrens auch nicht durch Informationsansprüche nach den Informationsfreiheitsgesetzen des Bundes und der Länder ausgehebelt werden können.

Des Weiteren dürfen Bewerber, Bieter und Auftragnehmer vertrauliche Informationen gemäß § 6 Abs. 3 Satz 2 und 3 EG VOL/A nur ausnahmsweise und nur dann an Dritte weitergeben, wenn es sich um in Aussicht genommene Unterauftragnehmer handelt, die Weitergabe für den Teilnahmeantrag, das Angebot oder die Auftragsausführung erforderlich ist und die Wahrung der Vertraulichkeit mit den Unterauftragnehmern vereinbart worden ist. Der Bewerber bzw. Bieter muss daher selbst eine entsprechende Vereinbarung mit seinen Unterauftragnehmern herbeiführen, auch wenn eine solche im Verhältnis zum Auftraggeber aufgrund der übergeordneten Bestimmung des § 6 VSVgV nicht ausdrücklich verlangt worden ist und sich eine vergleichbare Regelung auch nicht aus den Anforderungen zum Schutz von Verschlusssachen nach § 7 VSVgV ergeben hat.

Schließlich erfasst die Regelung des § 6 Abs. 3 VSVgV nur Unterauftragnehmer, nicht jedoch in die Begleitung des Vergabeverfahrens einbezogene Berater. Da insbesondere in komplexen Vergabeverfahren deren Einbeziehung jedoch oftmals unumgänglich ist, sollte der öffentliche Auftraggeber eine Informationsweitergabe auf Grundlage einer Vertraulichkeitsvereinbarung oder berufsrechtlicher Verschwiegenheitspflichten, zum Beispiel von Rechtsanwälten oder Wirtschaftsprüfern, ebenfalls zulassen.

Soweit der Auftraggeber Erklärungen oder Unterlagen über die Wahrung der Vertraulichkeit gefordert hat, führt deren Nichtvorlage spätestens nach Ablauf einer vom Auftraggeber gesetzten Nachfrist gemäß § 22 Abs. 6 bzw. § 31 Abs. 2 VSVgV zum zwingenden Ausschluss des Bewerbers bzw. Bieters. Eine ausdrückliche Sanktionierung eines Verstoßes gegen die Vertraulichkeitsbestimmungen in Fällen, in denen keine bestimmten Nachweise vorzulegen waren, enthält die VSVgV hingegen nicht. Eine unzulässige Weitergabe vertraulicher Angaben und Unterlagen kann allerdings die Eignung des Bewerbers bzw. Bieters in Zweifel ziehen und den Auftraggeber zum fakultativen Ausschluss nach § 24 Abs. 1 Nr. 4 oder 5 VSVgV berechtigen, sofern der Verstoß als schwere Verfehlung im Rahmen der beruflichen Tätigkeit einzuordnen ist oder die erforderliche Vertrauenswürdigkeit im Zusammenhang mit Risiken für die nationale Sicherheit nicht mehr gegeben ist.

2. Schutz von Verschlusssachen

Die weitergehende Regelung des § 7 VSVgV greift hingegen erst ein, wenn es sich sogar um einen Verschlusssachenauftrag im Sinne des § 99 Abs. 9 GWB handelt, also einem Auftrag für Sicherheitszwecke, bei dessen Erfüllung oder Erbringung Verschlusssachen verwendet werden oder der diese erfordert oder beinhaltet. Eine Anwendung auch auf Aufträge, die die Lieferung von Militärausrüstung im Sinne von § 99 Abs. 7 Nr. 1 i. V. m. Abs. 8 GWB umfassen, ist nicht ausdrücklich vorgesehen, jedoch dürfte es sich in diesen Fällen oftmals zugleich um Verschlusssachenaufträge handeln, so dass die Regelungen des § 7 VSVgV ebenfalls zu beachten sind.[31]

Laut der Verordnungsbegründung hat die Neuregelung des § 7 VSVgV keinen zusätzlichen Erfüllungsaufwand, da schon zuvor im Falle des Zugangs zu Verschlusssachen die Anforderungen des Sicherheitsüberprüfungsgesetzes (SÜG) zu erfüllen waren.[32] Ungeachtet dessen erlangt die Regelung bei der praktischen Durchführung eines Vergabeverfahrens nicht unerhebliche Bedeutung.[33] Zu beachten ist insbesondere, dass der Auftraggeber gemäß § 7 Abs. 1 VSVgV die Anforderungen an den Bewerber bzw. Bieter bereits in der Bekanntmachung oder in den Vergabeunterlagen darlegen muss. Des Weiteren gibt § 7 Abs. 2 VSVgV bestimmte Mindestanforderungen vor, die der Auftraggeber vom Bieter mit dessen Teilnahmeantrag bzw. Angebot verlangen muss, insbesondere Verpflichtungserklärungen und bei einem Geheimhaltungsgrad der Verschlusssachen von „VS-Vertraulich" oder höher auch Angaben über das Bestehen oder die Erfüllung der Voraussetzungen von Sicherheitsbescheiden.[34] § 7 Abs. 3 und 4 VSVgV enthält korrespondierende Regelungen, sofern dem Bewerber, Bieter oder in Aussicht genommenen Unterauftragnehmer bereits im Vergabeverfahren Zugang zu Verschlusssachen gewährt werden muss.

Kann ein Bieter diese Erklärungen für den Verschlusssachenzugang im Vergabeverfahren nicht vorlegen, ist er nach § 7 Abs. 5 VSVgV auszuschließen. Bei Nichtvorlage der geforderten Erklärungen mit dem Teilnahmeantrag oder Angebot greifen die Ausschlussgründe der §§ 22 Abs. 6 und 31 Abs. 2 VSVgV. Der in der Verordnungsbegründung[35] erwähnte fakultative Ausschlussgrund der fehlenden Vertrauenswürdigkeit im Zusammenhang mit Risiken für die nationale Sicherheit nach § 24 Abs. 1 Nr. 4 VSVgV tritt ergänzend hinzu, dürfte jedoch bei ordnungsgemäßer Durchführung des Vergabeverfahrens ins Leere laufen, da der deutsche Verordnungsgeber die Pflicht-

---

[31] Siehe hierzu Kapitel „Die Definition verteidigungs- und sicherheitsrelevanter Aufträge" von Scherer-Leydecker/Wagner.

[32] Vgl. Bundesregierung, Begründung zur VSVgV, BR-Drs. 321/12, S. 3.

[33] Siehe hierzu Kapitel „Informationssicherheit bei Verteidigungs- und Sicherheitsvergaben" von Krohn.

[34] Vgl. Bundesamt für Ausrüstung, Informationstechnik und Nutzung der Bundeswehr, Vordruck Nr. 13 a und Merkblatt Nr. 96 a, abrufbar unter www.baain.de > Vergabe > Unterlagen zur Angebotsabgabe (letzter Abruf am 02.10.2012).

[35] Bundesregierung, BR-Drs. 321/12, Begründung zu § 7.

C. Grundsätze des Vergabeverfahrens

vorlage bestimmter Unterlagen angeordnet hat und daher die zwingenden Ausschlussgründe bereits zur Anwendung kommen.

V. Versorgungssicherheit

Eine zentrale Rolle nehmen außerdem die neuen Bestimmungen zur Versorgungssicherheit ein, auch wenn sie keine Vergabegrundsätze im engeren Sinne darstellen. Die Sicherheit der Versorgung wurde von der Rechtsprechung auch im klassischen Vergaberecht als mögliches Zuschlagskriterium anerkannt, allerdings sind dort keine hierauf bezogenen Sonderregelungen enthalten.[36] Dies stellte regelmäßig einen Grund für ausbleibende Vergabeverfahren im Verteidigungs- und Sicherheitsbereich dar.[37]

Der Auftraggeber muss seine Anforderungen an die Versorgungssicherheit in den Vergabeunterlagen festlegen. Diese sind entweder auf das Funktionieren der Lieferkette im Rahmen konkreter militärischer Operationen oder die lange Lebensspanne militärischer Güter an sich gerichtet. So können gemäß § 8 Abs. 2 Nr. 1 und 2 VSVgV Bescheinigungen und Unterlagen verlangt werden, die seine Fähigkeit darlegen, Verpflichtungen in Bezug auf Güterausfuhr, -verbringung und -durchfuhr zu erfüllen. § 8 Abs. 2 Nr. 3 bis 5 VSVgV gestattet Pflichtangaben zur Funktionalität von Organisation und Standort der Lieferkette und zur Abdeckung von Bedarfsspitzen in Krisenzeiten. Des Weiteren zielen vom Auftraggeber gemäß § 8 Abs. 2 Nr. 6 bis 8 VSVgV geforderte Zusagen, für regelmäßige Wartungen und Modernisierungen der Güter zu sorgen, den Auftraggeber rechtzeitig über interne Änderungen zu informieren oder alle zur Herstellung von Ersatzteilen erforderlichen Mittel für den Fall eines eingetretenen Leistungshindernisses bereit zu stellen, auf eine langfristige Sicherung der Lieferung entlang des Produktlebenszyklus ab.

Die Auftraggeber sind verpflichtet, Anforderungen an die Versorgungssicherheit in nicht diskriminierender Weise zu stellen.[38] Aus diesem Grunde kann aus Versorgungssicherheitserwägungen nicht verlangt werden, dass zu liefernde Materialien nicht an Ausfuhrgenehmigungen gebunden sein dürfen, da dies grundsätzlich ausländische Wettbewerber ausschließen könnte.[39] Auch vor dem Hintergrund der Verteidigungsgüter-Verbringungsrichtlinie 2009/43/EG,[40] die Allgemeingenehmigungen für die Verbringung von Verteidigungsgütern innerhalb der EU vorsieht, ist vielmehr auf die konkrete Ausgestaltung von Transportwegen und Lieferzeiten abzustellen.[41]

---

[36] Vgl. EuGH, Urteil vom 28.03.1995 – Rs. C-324/93; siehe auch: *Heuninckx*, P.P. L.R., S. 9, 24.

[37] *Georgopoulos*, P.P.L.R., 2005, S. 1,14.

[38] EuGH, Urteil vom 26.09.2000 – Rs C-225/98; Urteil vom 13.10.2005 – Rs. C-458/03.

[39] Siehe Internetseite der EU-Kommision, a. a. O., Guidance Notes on Security of Supply, Rn. 9.

[40] Richtlinie 2009/43/EG des Europäischen Parlamentes und des Rates vom 06.05.2009 zur Vereinfachung der Bedingungen für die innergemeinschaftliche Verbringung von Verteidigungsgütern, EU-ABl. Nr. L 146 vom 10.06.2009, S. 1.

[41] Siehe zur Richtlinie 2009/43/EG Kapitel „Außenwirtschaftliche Vorgaben bei Verbringungen in der Europäischen Union" von Sachs/Hehlmann.

Die umfassenden Nachweise können eine hohe Hürde für beteiligte Unternehmen darstellen.[42] Dies gilt unter anderem für die Bereitstellung von Zusatzkapazitäten und die durch die Langlebigkeit der Produkte indizierte weit vorausschauende Planung. Aufgrund dieser weitreichenden Folgen dürfte ein hohes Interesse bestehen, dass der Auftraggeber Anforderungen an die Versorgungssicherheit maßvoll geltend macht.[43] Darüber hinaus ist nicht ersichtlich, wie die Regeln im Ernstfall tatsächlich durchgesetzt werden können und im Hinblick auf Einreden höherer Gewalt Bestand haben können.[44] Da nachträgliche Sanktionsmöglichkeiten zum Beispiel durch Vertragsstrafen oder Kündigungsrechte gegebenenfalls ins Leere laufen, dürfte insbesondere auf die Implementierung von Bieterkonzepten abzustellen sein.

VI. Weitere Verfahrensgrundsätze

Zu den Grundsätzen eines Vergabeverfahrens lässt sich schließlich zählen, dass der Auftraggeber Anforderungen und Bedingungen, die die Bewerber und Bieter zu beachten haben, eindeutig zu benennen hat. Dieses vergaberechtliche Wesensmerkmal, das notwendige Folge des Gleichbehandlungsgrundsatzes ist, kommt an zahlreichen Stellen der VSVgV zum Ausdruck, beispielsweise in den notwendigen Bestandteilen der Vergabeunterlagen in § 16 VSVgV, in den Anforderungen an die Leistungsbeschreibung nach § 15 VSVgV sowie den Regelungen zur Angebotsaufforderung nach § 29 VSVgV. Gegenüber den Bestimmungen der EG-Paragraphen der VOL/A lassen sich dabei indes nur geringfügige Abweichungen feststellen.

Keine Neuerungen beinhaltet die VSVgV hingegen im Hinblick auf den Verfahrensgrundsatz, dass ein Vergabeverfahren nicht zur Markterkundung oder zum Zwecke der Ertragsberechnung durchgeführt werden darf. Dies ist in § 10 Abs. 4 VSVgV entsprechend der Parallelnorm des § 2 Abs. 3 EG VOL/A ausdrücklich festgehalten. Ergänzend ist in diesem Zusammenhang zu erwähnen, dass ohnehin das Vergabeverfahren die sogenannte Vergabereife erlangt haben muss, bevor es durchgeführt werden kann. Es müssen also die rechtlichen und tatsächlichen Voraussetzungen der Auftragsausführung geklärt sein, die Finanzierung des Vorhabens muss im Wesentlichen gesichert sein,[45] und es muss eine entsprechende Zuschlagsabsicht des öffentlichen Auftraggebers bestehen.[46]

---

[42] *Heuninckx*, P.P.L.R., 2011, S. 9, 24.
[43] *Piesbergen*, Europäische Sicherheit und Technik, Juni 2012, S. 96.
[44] *Heuninckx*, P.P.L.R., 2011, S. 9, 24.
[45] Vgl. zur gesicherten Finanzierung: OLG Frankfurt, Urteil vom 20.02.1997 – 1 U 105/95; OLG Düsseldorf, Beschluss vom 08.06.2011 – Verg 55/10.
[46] Vgl. *Franzius*, in: Pünder/Schellenberg, 1. Aufl. 2011, § 2 VOB/A Rn. 25.

D. Vergabearten

Die Bestimmungen der VSVgV zu den Verfahrensarten, die dem öffentlichen Auftraggeber zur Verfügung stehen, orientieren sich dem Grunde nach an den bekannten Bestimmungen der VOL/A, weisen jedoch auch eine Reihe von Neuregelungen auf. Dem öffentlichen Auftraggeber stehen gemäß § 11 Abs. 1 Satz 1 VSVgV grundsätzlich nur das nicht offene und das Verhandlungsverfahren mit Teilnahmewettbewerb zur Verfügung. Das offene Verfahren hingegen, wie es § 3 Abs. 1 Satz 1 EG VOL/A als besonders wettbewerbsfreundliches Standardverfahren vorsieht, ist in der VSVgV nicht enthalten, denn es bietet dem öffentlichen Auftraggeber zu geringen Schutz gegenüber unerwünschten Einsichtnahmen in seinen Beschaffungsbedarf.[47]

Zwischen dem nicht offenen und dem Verhandlungsverfahren kann der Auftraggeber – vergleichbar der Regelung für Sektorenauftraggeber nach § 6 Abs. 1 SektVO – frei wählen. Auf die Erfüllung zusätzlicher Voraussetzungen kommt es anders als in der VOL/A nicht an. Diese unmittelbare Rückgriffsmöglichkeit auf das Verhandlungsverfahren mit Teilnahmewettbewerb erklärt sich durch die bereichsspezifische Komplexität sowie die besonderen Anforderungen an die Informations- und Versorgungssicherheit, die einen erhöhten Verhandlungsbedarf mit sich bringen.[48] In dieser Vergabeart kann der Auftraggeber eine deutlich größere Flexibilität bei der Verfahrensausgestaltung für sich nutzen.[49]

In Ausnahmefällen ist es nach § 11 Abs. 1 Satz 2 VSVgV darüber hinaus möglich, ein Verhandlungsverfahren ohne Teilnahmewettbewerb nach § 12 VSVgV oder einen wettbewerblichen Dialog nach § 13 VSVgV durchzuführen.

I. Verhandlungsverfahren mit Teilnahmewettbewerb

Das Verhandlungsverfahren mit Teilnahmewettbewerb ist nicht umfassend in der VSVgV beschrieben, so dass auf § 101 Abs. 5 GWB verwiesen werden muss. Als wesentliche Bestandteile dieser Verfahrensart sind der Teilnahmewettbewerb, die Angebots- und Verhandlungsphase sowie die Schlussphase zu unterscheiden. Auch in Bezug auf diese Verfahrensphasen lassen sich Besonderheiten und Neuerungen gegenüber dem bisherigen Stand des EU-Vergaberechts feststellen.

1. Teilnahmewettbewerb

Zu Beginn des Vergabeverfahrens steht der Teilnahmewettbewerb, in dem geeignete Bieter für die Angebotsaufforderung ausgewählt werden.

---

[47] Vgl. *Roth/Lamm*, NZBau 2012, 609, 611.
[48] Vgl. VS-VKR, 47. Erwägungsgrund.
[49] Vgl. *Antweiler*, in: Ziekow/Völlink, a. a. O., § 101 GWB Rn. 27.

I. Verhandlungsverfahren mit Teilnahmewettbewerb

Wie auch nach § 15 EG VOL/A wird der Teilnahmewettbewerb und damit das Verhandlungsverfahren gemäß § 18 VSVgV durch die Bekanntmachung der Vergabeabsicht eingeleitet. Der Auftraggeber muss sich dabei der von der EU erstellten Muster bedienen. Im dritten Absatz des § 18 VSVgV werden zudem zwingende Mindestinhalte der Bekanntmachung vorgegeben, nämlich Angaben zu den Eignungsanforderungen und -nachweisen, zu Anforderungen an die Vergabe von Unteraufträgen, zu einer gegebenenfalls beabsichtigten phasenweisen Abwicklung des Vergabeverfahrens sowie zu den Kontaktdaten der zuständigen Vergabekammer. Diese Anforderungen beziehen sich zum Teil auf bereichsspezifische Elemente der VSVgV, fassen aber auch vergleichbare Anforderungen der VOL/A bzw. der VgV zusammen.[50]

Die Fristen für die Abgabe des Teilnahmeantrags sind in § 20 Abs. 2 VSVgV weitgehend deckungsgleich zu § 12 EG VOL/A geregelt. Grundsätzlich ist den Bewerbern eine Bewerbungsfrist von mindestens 37 Tage ab Bekanntmachung einzuräumen. In Fällen besonderer Dringlichkeit, die also ein beschleunigtes Verfahren, aber keine vollständige Abkehr von einem EU-weiten Teilnahmewettbewerb auf der Grundlage des § 12 Abs. 1 Nr. 1 lit. b) VSVgV rechtfertigen, kann die Frist auf 15 Tage, bei elektronischer Übermittlung sogar auf zehn Tage reduziert werden.[51]

Nach Einreichung des Teilnahmeantrags erfolgen die Eignungsprüfung und die Auswahl der Bewerber, die zur Angebotsabgabe aufgefordert werden. § 21 Abs. 2 VSVgV erlaubt es dem Auftraggeber, wie im klassischen Vergaberecht Mindestbedingungen an die Eignung zu stellen, denen die Bewerber genügen müssen. Im Hinblick auf die Nachweisführung über die eigene Leistungsfähigkeit kommen den Bewerbern allerdings einzelne Erleichterungen zugute. So können nach § 25 Abs. 1 Nr. 2 und 3 VSVgV Nachweise zur Berufsausübung nun auch mittels einer unter Eid abzugebenden Erklärung oder einer sonstigen Bescheinigung erbracht werden. Nach § 26 Abs. 2 VSVgV können Nachweise der finanziellen und wirtschaftlichen Leistungsfähigkeit auch anderweitig beigebracht werden, wenn aus einem berechtigten Grund herkömmliche Nachweise nicht erbracht werden können. Das gleiche gilt nach § 27 Abs. 5 VSVgV für den Nachweis der fachlichen und technischen Leistungsfähigkeit.

Des Weiteren sind etwaige Ausschlussgründe zu berücksichtigen. § 23 Abs. 1 VSVgV enthält – wie auch die Parallelnorm des § 6 Abs. 4 EG VOL/A – einen Katalog an zwingenden Ausschlussgründen, die an die rechtskräftige Verurteilung wegen bestimmter gelisteter Straftaten durch eine Person, die dem Unternehmen zuzurechnen ist, anknüpft. Darüber hinaus ist nach § 24 VSVgV in gewissen Fällen auch die Möglichkeit eines fakultativen Ausschlusses gegeben, die somit eine Ermessensentscheidung des Auftraggebers zulässt. Die Regelung übernimmt die Regelungen des Art. 39 Abs. 2 VS-VKR, was jedoch zu geringfügigen Abweichungen gegenüber dem – sich von der sekundärrechtlichen Bestimmung des Art. 45 Abs. 2 VKR stärker lösenden – § 6 Abs. 6

---

[50] Vgl. Bundesregierung, BR-Drs. 321/12, Begründung zu § 18.
[51] Vgl. *Rechten,* in: Kulartz/Marx/u. a., VOL/A, 2. Aufl. 2011, § 12 EG Rn. 43.

D. Vergabearten

EG VOL/A führt. Sie enthält dabei auch einzelne sicherheits- und verteidigungsspezifische Besonderheiten gemäß den Vorgaben der VS-VKR. So wird als Beispiel für eine relevante rechtskräftige Bestrafung unter § 24 Abs. 1 Nr. 3 VSVgV ausdrücklich ein Verstoß gegen Rechtsvorschriften über die Ausfuhr von Verteidigungs- und Sicherheitsgütern genannt. Als Beispiel für eine sonstige schwere Verfehlung im Sinne von Nr. 4 der Norm wird ferner eine Verletzung der Gewährleistung der Informations- und Versorgungssicherheit im Rahmen eines früheren Auftrags genannt. In § 24 Abs. 1 Nr. 5 VSVgV wird zudem die Möglichkeit eines Ausschlusses eröffnet, sofern der Bewerber oder Bieter nicht die erforderliche Vertrauenswürdigkeit aufweist, um Risiken für die nationale Sicherheit auszuschließen.

Schließlich kann eine Auswahlentscheidung über die Unternehmen, die zur Angebotsabgabe aufgefordert werden sollen, erforderlich werden, sofern der Auftraggeber deren Anzahl gemäß § 21 Abs. 3 VSVgV in der Bekanntmachung begrenzt hat. Hierbei sind ausschließlich die in der Bekanntmachung vorgesehenen objektiven und nicht diskriminierenden Auswahlkriterien heranzuziehen. Daneben kann der Auftraggeber in der Bekanntmachung auch eine Mindestzahl an Bietern festlegen, wobei diese nicht unter drei Bietern liegen darf. Anders als die Parallelnorm des § 3 Abs. 5 EG VOL/A beschreibt § 21 Abs. 3 Nr. 2 VSVgV detailliert die Fallkonstellationen, in denen sich nicht genügend geeignete Bewerber am Verfahren beteiligt haben. Danach wird es dem Auftraggeber erstens gestattet, das Verfahren mit weniger als der Mindestanzahl an Bietern fortzusetzen. Ist die Zahl der übrig gebliebenen Bewerber nach Auffassung des Auftraggebers jedoch zu gering für einen echten Wettbewerb, so räumt ihm § 21 Abs. 3 Nr. 2 VSVgV außerdem die Möglichkeit ein, das Verfahren vorübergehend auszusetzen und einen weiteren Anlauf zu unternehmen, indem die Bekanntmachung erneut veröffentlicht wird. Nach Durchführung dieses erneuten Teilnahmewettbewerbs wird das Verfahren sodann mit den nach der ersten sowie mit den nach der zweiten Bekanntmachung ausgewählten Bietern fortgeführt. Sofern aufgrund der wiederholten Bekanntmachung die Gesamtzahl der geeigneten Bewerber über der Höchstzahl liegt, stellt sich hierbei die Frage, ob geeignete Bewerber aus dem ersten Teilnahmewettbewerb fallengelassen werden dürfen. Unter anderem der Wortlaut der Norm, der zwischen beiden Bekanntmachungen unterscheidet, spricht jedoch dafür, dass den im ersten Anlauf qualifizierten Bietern aus der Wiederholung kein Nachteil entstehen darf und dass diese bei Fortführung des Vergabeverfahrens zur Angebotsabgabe aufzufordern sind. Nicht zu den Optionen des Auftraggebers gehört es allerdings, in das Vergabeverfahren auch diejenigen Bewerber einzubeziehen, die zwar die aufgestellten Mindestkriterien nicht erfüllen, gleichwohl aber als geeignet anzusehen sind. Dieser zu § 3 EG VOL/A vertretene Ansatz lässt sich nicht auf § 21 Abs. 3 VSVgV übertragen, denn in der VS-VKR fehlt, anders als in Art. 44 Abs. 3 UAbs. 3 Satz 2 VKR, ein entsprechender europarechtlicher Anknüpfungspunkt.[52] Schließlich bleibt die Möglichkeit des öffentlichen Auftraggebers unberührt, das Vergabeverfahren einzustellen. Hierfür

---

[52] Vgl. zu § 3 EG VOL/A: *Kaelble*, in: Müller-Wrede, a. a. O., § 3 EG VOL/A Rn. 209.

muss jedoch einer der in § 37 Abs. 1 VSVgV genannten Gründe gegeben sein. Das bloße Unterschreiten der Mindestzahl an Bewerbern genügt für sich genommen nicht.

Trotz der zwingenden Angaben zu Eignungsnachweisen, die in der Bekanntmachung zu machen sind, sind unvollständige Teilnahmeanträge denkbar. Gemäß § 22 Abs. 6 VSVgV können Erklärungen und sonstige Unterlagen, die als Nachweis im Teilnahmewettbewerb oder mit dem Angebot einzureichen sind und nicht rechtzeitig vorgelegt worden sind, vom Auftraggeber noch binnen einer festzulegenden Frist nachgefordert werden. Es ist grundsätzlich ins Ermessen des Auftraggebers gestellt, ob das Nachreichen von Unterlagen ermöglicht werden soll.[53] An die Länge der Frist stellt § 22 Abs. 6 VSVgV anders als § 16 Abs. 1 Nr. 3 VOB/A keine ausdrücklichen Anforderungen. Wird die vom Auftraggeber festgelegte Frist nicht eingehalten, sind Bewerber und Bieter gemäß § 22 Abs. 6 Satz 2 VSVgV zwingend vom Verfahren auszuschließen.

2. Angebots- und Verhandlungsphase

Im Anschluss folgt die Angebots- und Verhandlungsphase. Die Aufforderung zur Abgabe eines Angebotes hat nach § 29 Abs. 1 VSVgV schriftlich zu erfolgen, so dass eine Angebotsaufforderung in reiner Textform, also insbesondere mittels E-Mail oder Fax, nicht genügt. Die Aufforderung muss nach § 29 Abs. 2 VSVgV die Vergabeunterlagen und unterstützende Unterlagen enthalten.

Bei der Strukturierung der Angebots- und Verhandlungsphase hat der öffentliche Auftraggeber einen großen Gestaltungsspielraum, solange er die vergaberechtlichen Grundsätze und insbesondere die erforderliche Gleichbehandlung der Bieter einhält. Oftmals dürfte sich eine Gestaltung in mehreren Phasen anbieten, so dass die Verhandlungen auf der Grundlage eines ersten Angebotes erfolgen können. Hierbei kann der öffentliche Auftraggeber auch ein unverbindliches oder unter Vorbehalt stehendes Angebot genügen lassen, auf das noch kein Zuschlag erteilt wird, denn anderenfalls bestünde für den Bieter keine Gewähr, dass er seinen wesentlichen Verhandlungsbedarf noch vor Zuschlagserteilung vorbringen kann. Auf der anderen Seite kann sich der öffentliche Auftraggeber aber auch die Zuschlagserteilung schon auf das erste, in diesem Fall verbindliche Angebot vorbehalten. Trotz der am Regelfall orientierten Bezeichnung besteht nämlich auch im Verhandlungsverfahren kein Anspruch auf Durchführung von Verhandlungen.[54] Finden solche Verhandlungen jedoch, wie üblich, statt und werden die vertraglichen oder technischen Spezifikationen daraufhin angepasst, sind diese Verdingungsunterlagen wiederum allen Bietern in gleicher Weise als Grundlage ihrer Angebotsüberarbeitung zur Verfügung zu stellen.

---

[53] *Tomerius,* in: Pünder/Schellenberg, a. a. O., § 16 VOL/A Rn. 10; *Horn,* in: Müller-Wrede, a. a. O., § 19 EG Rn. 76.
[54] OLG Düsseldorf, Beschluss vom 05.07.2006 VII-Verg 21/06.

Nach § 11 Abs. 3 VSVgV ist es im Übrigen auch im Verteidigung- und Sicherheitsbereich möglich, mit den verschiedenen, aufeinander folgenden Phasen die Zahl der Angebote anhand der Zuschlagskriterien sukzessive zu verringern. In der Schlussphase des Verfahrens muss allerdings weiterhin ein echter Wettbewerb immer noch gewährleistet sein, wobei mit der Schlussphase die Phase unmittelbar vor Abgabe der finalen Angebote gemeint ist. In der Praxis bedeutet dies, dass noch mindestens zwei Bieter vorhanden sein müssen.[55]

3. Schlussphase

Die Schlussphase dient schließlich der Vorbereitung und Erteilung des Zuschlags, der nach § 34 Abs. 2 VSVgV auf das wirtschaftlichste Angebot zu erfolgen hat. Dies hat gemäß der Rechtsprechung sowie § 34 Abs. 3 Satz 1 VSVgV unter strenger Anwendung der bekannt gemachten Zuschlagskriterien zu erfolgen.[56]

Durch den Zuschlag erfolgt die Annahme des Angebotes, so dass eine anschließende Vertragsunterzeichnung rein deklaratorisch ist. Der Zuschlag ist gemäß § 34 Abs. 1 VSVgV formgebunden, da er entweder in Schriftform im Sinne des § 126 BGB oder in elektronischer Form zu erfolgen hat. Abweichend von § 21 Abs. 2 EG VOL/A wird die Zuschlagserteilung mittels Telefax in § 34 Abs. 1 Satz 1 VSVgV nicht ausdrücklich erwähnt, jedoch geht Satz 2 offensichtlich von dieser Möglichkeit aus, so dass von einem redaktionellen Versehen bei der Aufzählung in Satz 1 auszugehen ist.

Mit dem obsiegenden Bewerber dürfen in der Schlussphase, also zwischen seinem finalen Angebot und der Zuschlagserteilung, im Übrigen keine wettbewerbsrelevanten Nachverhandlungen mehr geführt werden, die noch Einfluss auf das Wertungsergebnis haben könnten. Es sind insoweit nur noch redaktionelle Änderungen zugelassen, wie dies auch § 13 Abs. 2 Nr. 5 VSVgV für den wettbewerblichen Dialog zum Ausdruck bringt.

II. Verhandlungsverfahren ohne Teilnahmewettbewerb

Unter besonderen Voraussetzungen ist es dem Auftraggeber darüber hinaus gestattet, ein Verhandlungsverfahren ohne EU-weite Bekanntmachung und Teilnahmewettbewerb und somit unter erheblich erleichterten Bedingungen durchzuführen. Hierbei kann der Auftraggeber direkt mit Bietern seiner Wahl verhandeln, so dass nur zwischen diesen ein Wettbewerb besteht.[57] Da diese Verfahrensgestaltung jedoch den Grundgedanken des EU-Vergaberechts widerspricht, ist sie nur in den besonderen, eng

---

[55] Vgl. *Kaelble*, in: Müller-Wrede, a. a. O., § 3 EG VOL/A Rn. 228.

[56] Vgl. EuGH, Urteil vom 24.01.2008 – C-532/06; ferner *Völlink*, VergabeR 2009, S. 352, m. w. N.

[57] *Antweiler*, in: Ziekow/Völlink, a. a. O., § 101 GWB Rn. 31.

II. Verhandlungsverfahren ohne Teilnahmewettbewerb

auszulegenden Ausnahmefällen des § 12 VSVgV gerechtfertigt.[58] Zudem bedeutet die niedrige Regelungsdichte nicht, dass das Verhandlungsverfahren vollkommen vom Anwendungsbereich der VSVgV ausgenommen ist, sondern es muss sich weiterhin um ein am Gleichbehandlungs- und Transparenzgrundsatz ausgerichtetes Verhandlungsverfahren handeln.[59] Sofern sich nicht aus der Natur des Ausnahmetatbestandes des § 12 VSVgV etwas anderes ergibt, ist auch weiterhin ein Wettbewerb zwischen mehreren Bietern herzustellen.[60]

Die ein Verhandlungsverfahren ohne Teilnahmewettbewerb erlaubenden Ausnahmetatbestände des § 12 VSVgV bauen wiederum vielfach auf denen des § 3 EG VOL/A auf, sind aber aufgrund bereichsspezifischer Besonderheiten sorgfältig zu betrachten.

1. Dringlichkeit

Unter Umständen kann es aus Gründen der Dringlichkeit gerechtfertigt sein, von der Veröffentlichung einer EU-Bekanntmachung und vom Teilnahmewettbewerb Abstand zu nehmen. In der VSVgV ist dies in drei Konstellationen vorgesehen, nämlich im Zusammenhang mit einer Krise (§ 12 Abs. 1 Nr. 1 b) aa) VSVgV), bei sonstigen zwingenden und nicht voraussehbaren Gründen (§ 12 Abs. 1 Nr. 1 b) bb) VSVgV) und bei der einsatzbedingten Beschaffung von Luft- und Seetransportleistungen (§ 12 Abs. 1 Nr. 4 VSVgV).

Gemeinsame Voraussetzung ist dabei, dass auch die verkürzten Fristen für ein beschleunigtes nicht offenes oder Verhandlungsverfahren nach § 20 Abs. 2 Satz 2 und Abs. 3 Satz 2 VSVgV, die ein Vergabeverfahren gegebenenfalls sogar innerhalb weniger Wochen zulassen, nicht eingehalten werden können. Auf der Rechtsfolgenseite ist bei den drei Fallgruppen jeweils zu berücksichtigen, dass die Dringlichkeit keinen dauerhaften Verzicht auf ein EU-weites Vergabeverfahren rechtfertigt. Dies gilt auch für die Laufzeit und den Umfang der auf Grundlage des § 12 VSVgV ohne Teilnahmewettbewerb abgeschlossenen Verträge, so dass die Vergabe des besonders dringenden Auftrags grundsätzlich nur für einen Übergangszeitraum zulässig ist, der auf die für die Kontinuität der Leistung und die Vorbereitung einer ordentlichen Ausschreibung benötigte Zeit beschränkt ist.[61]

Nach dem ersten, in § 12 Abs. 1 Nr. 1 lit. b) aa) VSVgV geregelten Anwendungsfall wird ein Teilnahmewettbewerb entbehrlich, wenn dringliche Gründe im Zusammenhang mit einer Krise die Einhaltung der Fristen nicht zulassen. Der Krisenfall wird in § 4 Abs. 1 VSVgV unter anderem als außergewöhnlich großes Schadensereignis, das Leben- und

---

[58] Vgl. VS-VKR, 50. Erwägungsgrund.
[59] Vgl. OLG Düsseldorf, Beschluss vom 01.10.2009 – Verg 31/09; Internetseite der EU-Kommission, a. a. O., Guidance Note on Research and Development, Rn. 14.
[60] Vgl. OLG Düsseldorf, Beschluss vom 01.10.2009 – Verg 31/09.
[61] *Völlink*, in: Ziekow/Völlink, a. a. O., § 3 EG VOL/A Rn 25. *Kaelble,* in: Müller-Wrede, SektVO, 1. Aufl. 2010, § 6 SektVO Rn. 86.

D. Vergabearten

Gesundheit zahlreicher Menschen oder erhebliche Sachwerte betrifft, definiert. Als Beispiele werden ausdrücklich bewaffnete Konflikte und Kriege angeführt. Die Richtlinie verweist zudem beispielhaft auf friedenssichernde Missionen und terroristische Angriffe.[62] In dem krisenbezogenen Ausnahmefall kommt zum Ausdruck, dass es sich gerade nicht um eine durch den Auftraggeber verursachte Dringlichkeit handelt. Nach dem Wortlaut der VSVgV kommt es auch nicht darauf an, ob der Auftraggeber die Krise hätte vorhersehen und vorsorglich eine Vergabeverfahren bereits mit einer EU-Bekanntmachung hätte einleiten können. In der Abwägung zwischen dem Schutz der im Zusammenhang mit der Krise bedrohten Rechtsgüter und der Einhaltung der vergaberechtlichen Vorgaben ist ersteren somit der Vorrang einzuräumen. Im Sinne eines kohärenten Ausgleichs sind aber besonders hohe Anforderungen daran zu stellen, dass ein Mindestmaß an Wettbewerb gewährleistet wird und die Beauftragung nur für einen Interimszeitraum erfolgt.[63]

Als Auffangtatbestand zur krisenbedingten Dringlichkeit kann nach § 12 Abs. 1 Nr.1 lit. b) bb) VSVgV auf einen Teilnahmewettbewerb verzichtet werden, wenn sonstige dringliche, zwingende Gründe im Zusammenhang mit Ereignissen, die für den Auftraggeber unvorhersehbar waren, die Einhaltung der Fristen nicht zulassen. Diese Regelung knüpft damit unmittelbar an § 3 Abs. 4 EG VOL/A an. Angesichts der weit gefassten Definition einer Krise in § 4 Abs. 1 VSVgV kommen für die Anwendung dieses Ausnahmetatbestandes insbesondere Sachverhalte in Betracht, in denen die Dringlichkeit nicht durch ein externes Schadensereignis ausgelöst wurde, sondern durch Probleme bei der Fortführung der bisherigen Liefer- und Dienstleistungen, beispielsweise aufgrund von Insolvenz oder Kündigung des bisherigen Auftragnehmers.

§ 12 Abs. 1 Nr. 4 VSVgV erklärt einen Teilnahmewettbewerb schließlich für entbehrlich, wenn die Fristen für ein reguläres Verfahren nicht eingehalten werden können, weil Anbieter von Aufträgen, die im Zusammenhang mit der Bereitstellung von Luft- und Seeverkehrsdienstleistungen für im Ausland eingesetzte Kräfte stehen, ihr Angebot nur für entsprechend kurze Zeit garantieren können. Dies stellt faktisch eine Antizipation der in § 12 Abs. 1 Nr. 1 a) VSVgV festgehaltenen Fälle dar, dass keine ordnungsgemäßen und annehmbaren Angebote abgegeben werden. Aufgrund ihrer gebotenen engen Auslegung bietet diese Regelung keine pauschale Bereichsausnahme, sondern vielmehr muss der Auftraggeber im jeweiligen Einzelfall sorgfältig prüfen, ob die von § 12 Abs. 1 Nr. 4 VSVgV indizierte Marktsituation im Bereich der Luft- und Seeverkehrsdienstleistungen tatsächlich gegeben ist. Für andere Marktsegmente findet die Regelung nach ihrem Wortlaut keine Anwendung. In engen Grenzen, zum Beispiel für den Bereich von Straßen- und Schienenverkehrsdienstleistungen, erscheint die Regelung jedoch entsprechend übertragbar.

---

[62] VS-VKR, 54. Erwägungsgrund.
[63] Vgl. *Kaelble*, in: Müller-Wrede, a. a. O., § 6 SektVO Rn. 84 ff.

2. Forschung und Entwicklung

Zwei weitere Ausnahmetatbestände, in denen ein Verhandlungsverfahren ohne Teilnahmewettbewerb durchgeführt werden darf, betreffen den Bereich der Forschung und Entwicklung. Um durch Lieferungen und Dienstleistungen in diesem Zusammenhang die Wettbewerbsfähigkeit der europäischen Rüstungsindustrie zu sichern, beabsichtigt die VS-VKR, maximale Flexibilität bei der Auftragsvergabe im Bereich von Forschung und Entwicklung zu gewährleisten.[64]

Zum einen enthält § 12 Abs. 1 Nr. 1 lit. d) VSVgV eine Globalausnahme für Forschungs- und Entwicklungsleistungen selbst. Wie sich aus der zugrunde liegenden Formulierung des Art. 28 Abs. 2 lit. a) VS-VKR sowie der Verordnungsbegründung ergibt, bezieht sich diese Ausnahme dabei ausschließlich auf Dienstleistungen und nicht auf Lieferungen. Zudem ist dieser Ausnahmetatbestand für solche Dienstleistungsaufträge unbeachtlich, die gemäß § 100 Abs. 4 Nr. 2 GWB ohnehin vom Anwendungsbereich des EU-Vergaberechts ausgenommen sind, weil deren Ergebnisse nicht im alleinigen Eigentum des Auftraggebers verbleiben oder nicht von ihm vollständig vergütet werden.

Zum anderen sieht § 12 Abs. 1 Nr. 1 lit. e) VSVgV vor, dass bei Lieferaufträgen über Güter, die ausschließlich zum Zwecke von Forschung und Entwicklung hergestellt wurden, auf einen Teilnahmewettbewerb verzichtet werden kann. Während die auf Dienstleistungen anwendbare Regelung des § 12 Abs. 1 Nr. 1 lit. d) VSVgV keine Entsprechung in der VOL/A hat, knüpft der auf Lieferungen bezogene Ausnahmetatbestand unmittelbar an die bekannte Regelung des § 3 Abs. 4 lit. b) EG VOL/A an. Voraussetzung für dessen Anwendung ist insoweit ebenfalls, dass die Waren zielgerichtet für Forschung und Entwicklung hergestellt wurden. In der Rechtsprechung zu § 3 Abs. 4 EG VOL/A wird insoweit vertreten, dass die zu liefernde Ware selbst Gegenstand der beabsichtigten Forschung sein muss.[65] Die EU-Kommission hat dieses Merkmal in ihren unverbindlichen Erläuterungen zur VS-VKR hingegen weiter ausgelegt und auch Produkte einbezogen, die aus den Forschungs- und Entwicklungsaktivitäten hervorgehen.[66] Angesichts des im Wesentlichen gleichlaufenden Wortlauts von Art. 31 Nr. 2 lit. a) VKR und Art. 28 Abs. 2 lit. b) VS-VKR sprechen jedoch gute Gründe dafür, der engen Auslegung den Vorzug zu geben. In keinem Falle mehr von der Zweckbestimmung erfasst sind nach dem insoweit eindeutigen Wortlaut der Norm schließlich Serienfertigungen zum Nachweis der Marktfähigkeit oder zur Deckung der Forschungs- und Entwicklungskosten.

Sowohl bei Dienstleistungen als auch bei Lieferungen stellt sich hieran anknüpfend die Frage, bis zu welchem Entwicklungsgrad auf diese Ausnahmetatbestände zurückgegriffen werden kann. Hierbei ist auf die Definition von Forschung und Entwicklung in § 4 Abs. 5 VSVgV abzustellen, nach der alle Tätigkeiten der Grundlagenforschung,

---

[64] VS-VKR, 55. Erwägungsgrund.
[65] OLG Düsseldorf, Beschluss vom 03.03.2010 – VII-Verg 46/09.
[66] Siehe Internetseite der EU-Kommision, a. a. O., Guidance Note on Research and Development, Ziff. 3.2.2.2 Rn. 18.

angewandten Forschung und experimentellen Entwicklung bis zur Herstellung von technologischen Demonstrationssystemen erfasst werden.[67] Letztere sind dabei als Vorrichtungen zur Demonstration der Leistungen eines neuen Konzepts oder einer neuen Technologie in einem relevanten oder repräsentativen Umfeld definiert. Die Herstellung und Qualifizierung von der Produktion vorausgehenden Prototypen, Werkzeug- und Fertigungstechniken oder Industriedesign ist hingegen nach den Erwägungsgründen der VS-VKR nicht mehr vom Begriff der Forschung und Entwicklung erfasst.

Der angestrebte flexible Rahmen für Forschungs- und Entwicklungsleistungen darf nicht darüber hinwegtäuschen, dass auch diese Ausnahme eng auszulegen und die Forschungs- und Entwicklungsphase innerhalb des Produktlebenszyklus begrenzt ist.[68] Der Auftraggeber steht damit regelmäßig vor der Wahl, ob er die Forschungs- und Entwicklungsleistungen unter erleichterten Bedingungen gesondert vergibt oder ob er bereits weitere Produktionsphasen mit abdeckt, dafür aber die gewöhnlichen Verfahren anwendet.[69]

3. Weitere Ausnahmetatbestände

Darüber hinaus sieht § 12 VSVgV weitere Ausnahmetatbestände für Verhandlungsverfahren ohne Teilnahmewettbewerb vor, die inhaltlich im Wesentlichen den Parallelvorschriften des § 3 Abs. 4 EG VOL/A entsprechen. Diese Regelungen betreffen beispielsweise Fälle, in denen europaweit nur ein Unternehmen technisch oder patent- und lizenzrechtlich in der Lage ist, den Auftrag auszuführen. Zwei Vorschriften der VSVgV sind jedoch auch in diesem Zusammenhang hervorzuheben.

Zum einen erweitert § 12 Abs. 1 Nr. 2 lit. a) VSVgV für den Sicherheits- und Verteidigungsbereich die Möglichkeiten, den bisherigen Lieferanten mit Zusatzlieferungen zu beauftragen. Dies ist ausnahmsweise gestattet, wenn ein Auftragnehmerwechsel zu technischen Inkompatibilitäten oder technischen Schwierigkeiten bei Gebrauch und Wartung führen würde. Während die Regellaufzeit eines solchen Anschlussvertrages nach § 3 Abs. 4 lit. f) EG VOL/A höchstens drei Jahre betragen soll, erlaubt die VSVgV insoweit fünf Jahre. Damit wird erneut der technischen Komplexität militärischer Leistungen Rechnung getragen.[70] In Ausnahmefällen können unter Berücksichtigung der zu erwartenden auch noch längere Vertragslaufzeiten vereinbart werden, jedoch darf hierdurch das Regel-Ausnahme-Verhältnis nicht ausgehebelt werden.

Zum anderen ist auf die Bestimmung des § 12 Abs. 1 Nr. 1 lit. a) bb) VSVgV hinzuweisen. Danach kann auf einen Teilnahmewettbewerb auch dann verzichtet werden, wenn in einem nicht offenen Verfahren, Verhandlungsverfahren mit Teilnahmewett-

---

[67] VS-VKR, 13. Erwägungsgrund, Abs. 2.
[68] VS-VKR, 55. Erwägungsgrund.
[69] Siehe Internetseite der EU-Kommision, a. a. O., Guidance Note on Research and Development, Ziff. 3.1 Rn. 7.
[70] *Heuninckx*, P.P.L.R., 2011, S. 9, 17.

bewerb oder wettbewerblichen Dialog zuvor keine ordnungsgemäßen Angebote oder nur Angebote abgegeben wurden, die in vergaberechtlicher Hinsicht nicht annehmbar sind. Diese Regelung ergänzt unmittelbar den unter lit. aa) genannten Ausnahmetatbestand. Während sich dieser auf Angebote bezieht, die in tatsächlicher Hinsicht keine Verfahrensfortführung erlaubten, erstreckt sich die Neuregelung auf in rechtlicher Hinsicht untaugliche Angebote.[71]

III. Nicht offenes Verfahren

Neben dem Verhandlungsverfahren steht dem öffentlichen Auftraggeber auch das nicht offene Verfahren zur Verfügung. Auch dieses wird in der VSVgV nicht im Detail beschrieben, so dass wiederum auf die grundsätzlichen Bestimmungen des § 101 Abs. 3 GWB zurückzugreifen ist. Danach wird zunächst öffentlich zur Teilnahme aufgefordert, bevor aus dem Bewerberkreis eine beschränkte Anzahl von Unternehmen zur Angebotsabgabe ausgewählt wird. In der Beschränkung des Teilnehmerkreises liegt der wesentliche Unterschied zum – im Rahmen der VSVgV nicht zugelassenen – offenen Verfahren. Im Übrigen gelten im nicht offenen Verfahren insbesondere auch das Gebot der erschöpfenden Leistungsbeschreibung, das Geheimhaltungsgebot und das Nachverhandlungsverbot.[72] Bei der Wahl des nicht offenen Verfahrens muss sich der öffentliche Auftraggeber daher sicher sein, dass die technischen Spezifikationen sowie die Vertragsbestimmungen keiner Anpassungen bedürfen, um wirtschaftliche Angebote zu erhalten. Angesichts der besonderen Komplexität dürfte dies in der Regel nur bei Standardprodukten der Fall sein.

Die Regelungen des § 21 Abs. 3 VSVgV, wonach die Bieteranzahl begrenzt werden kann, finden auch auf das nicht offene Verfahren Anwendung. Dem Auftraggeber wird dabei sogar ein größerer Gestaltungsspielraum als nach § 3 Abs. 5 Satz 2 EG VOL/A eingeräumt, denn im Sicherheits- und Verteidigungsbereich werden anstatt einer Mindestzahl von fünf Bietern nur drei Bieter verlangt.

Auch die Fristenregelungen entsprechen den Bestimmungen, die aus der VOL/A bekannt sind. Wie auch beim Verhandlungsverfahren ist für den Eingang von Teilnahmeanträgen eine Mindestfrist von grundsätzlich 37 Tagen einzuräumen. Darüber hinaus sieht § 20 Abs. 3 VSVgV auch Mindestfristen für die Angebotsabgabe vor, die 40 Tage bzw. im beschleunigten Verfahren zehn Tage nach Aufforderung zur Angebotsabgabe betragen und sich mit den Vorgaben der VOL/A decken.

Eine weitere Möglichkeit, die Angebotsfrist im nicht offenen Verfahren auf bis zu 22 Tage zu verkürzen, bietet nach § 20 Abs. 3 Satz 3 und 4 VSVgV die Bekanntmachung einer Vorinformation im Sinne des § 17 Abs. 1 VSVgV. Mit der Veröffentlichung einer

---

[71] Vgl. Bundesregierung, BR-Drs. 321/12, Begründung zu § 12.
[72] *Antweiler*, in: Ziekow/Völlink, a. a. O., § 101 GWB Rn. 17.

Vorinformation ist insbesondere der Gesamtwert des beabsichtigten Auftrags mitzuteilen, der binnen zwölf Monaten vergeben werden soll. Auf einen Mindestwert für die Nutzung der Vorinformation verzichtet § 17 VSVgV.

IV. Wettbewerblicher Dialog

Als weitere Verfahrensart bietet die VSVgV den wettbewerblichen Dialog an. Dieser kann vom Auftraggeber jedoch nicht ohne weiteres genutzt werden, sondern nur, wenn es sich um einen besonders komplexen Auftrag handelt. Dies bedeutet gemäß § 13 Abs. 1 Nr. 1 und 2 VSVgV, dass der Auftraggeber objektiv nicht in der Lage ist, die technischen Mittel, mit denen seine Bedürfnisse und Ziele erfüllt werden können, oder die rechtlichen oder finanziellen Bedingungen des Vorhabens anzugeben. Der wettbewerbliche Dialog bildet somit typischerweise eine Alternative zum Verhandlungsverfahren. Ein verfahrenstechnischer Vorteil dürfte sich jedoch in der Regel nur bei solchen Projekten ergeben, deren Komplexität schon von vornherein einen generellen Lösungsansatz nicht zulässt.

Der wettbewerbliche Dialog steht dem Auftraggeber dabei auch in Anbetracht des § 101 Abs. 7 Satz 3 GWB zur Verfügung, der für den Verteidigungs- und Sicherheitsbereich zunächst nur die Wahl zwischen nicht offenem und Verhandlungsverfahren ermöglicht und den wettbewerblichen Dialog nicht erwähnt. Die Regelung ist nämlich dahingehend zu interpretieren, dass sie nur die Wahlfreiheit zwischen diesen Verfahrensarten gewährleistet, nicht jedoch die Unzulässigkeit des wettbewerblichen Dialogs intendiert. Hierfür spricht auch, dass nach § 101 Abs. 4 Satz 1 GWB allein der Sektorenbereich vom Anwendungsbereich des wettbewerblichen Dialogs ausgenommen ist.

Das Verfahren selbst ist in § 13 VSVgV weitgehend identisch zu den Verfahrensbestimmungen des § 3 Abs. 7 EG VOL/A geregelt. Wesentliche Verfahrensschritte des wettbewerblichen Dialogs sind die Durchführung eines Teilnahmewettbewerbs, die Dialogphase mit den ausgewählten Bietern sowie die Angebotsphase, die dem nicht offenen Verfahren ähnelt.[73]

E. Angebotswertung und Verfahrensabschluss

In den §§ 30 bis 37 VSVgV sind schließlich Regelungen zur Angebotswertung und zum Verfahrensabschluss enthalten, die sich wiederum an den bekannten Bestimmungen der VOL/A orientieren, aber auch eine Reihe von sicherheits- und verteidigungsspezifischen Besonderheiten aufweisen.

---

[73] Vgl. *Pünder*, in: Pünder/Schellenberg, a. a. O., § 101 GWB Rn. 53 ff.

I. Prüfung der Angebote

§ 31 VSVgV regelt die Prüfung der Angebote, wie sie in ihrer Struktur auch in § 19 Abs. 1, 3 und 4 EG VOL/A angelegt ist. Die parallel in § 19 Abs. 2 EG VOL/A enthaltene Bestimmung, dass fehlende Erklärungen und Nachweise nachgefordert werden können, ist bereits in § 22 Abs. 6 VSVgV niedergelegt, aber auch im Rahmen der Angebotsprüfung im Sinne des § 31 VSVgV heranzuziehen.

Wesentlicher Bestandteil der Angebotsprüfung ist die Untersuchung auf etwaige Ausschlussgründe. Der Katalog des § 31 Abs. 2 VSVgV spiegelt im Wesentlichen die aus dem klassischen Vergaberecht bekannten Ausschlussgründe wider, zum Beispiel den Ausschluss bei fehlender Unterzeichnung des Angebotes oder nicht form- oder fristgerecht eingegangen Angeboten. Darüber hinaus hat die Angebotsprüfung auch die Bestimmungen des § 32 VSVgV zu Nebenangeboten und des § 33 VSVgV zu ungewöhnlich niedrigen Angeboten zu berücksichtigen.

Ein Redaktionsversehen dürfte indes im Zusammenhang mit § 31 Abs. 2 Nr. 7 VSVgV vorliegen, der nach seinem Wortlaut dem Auftraggeber auch dann kein Ermessen bei der Ausschlussentscheidung zubilligt, wenn Angebote den lediglich fakultativen Ausschlusstatbeständen des § 24 VSVgV unterfallen. Eine enge Auslegung der Norm würde jedoch zu dem widersprüchlichen Ergebnis führen können, dass der Auftraggeber im Rahmen der Angebotsprüfung zum Ausschluss verpflichtet ist, während ihm zuvor im Rahmen der Eignungsprüfung noch ein Ermessensspielraum in Bezug auf den gleichen Sachverhalt zustand. Auch der Begründung des § 31 Abs. 2 VSVgV, die nur auf eine Übernahme des Inhalts der Parallelnorm des § 19 Abs. 4 EG VOL/A abstellt, lässt sich kein Hinweis auf eine bewusste Entscheidung des Verordnungsgebers entnehmen, so dass im Ergebnis der Ermessensspielraum in die Norm hineinzulesen ist.

II. Angebotswertung und Zuschlag

Im Anschluss an die formale Angebotsprüfung erfolgt die Ermittlung des wirtschaftlichsten Angebotes gemäß § 34 Abs. 3 VSVgV anhand der in der Bekanntmachung oder den Vergabeunterlagen angegeben Zuschlagskriterien. Wie sich aus der Rechtsprechung ergibt, sind den Bietern dabei nicht nur die Hauptzuschlagskriterien mitzuteilen, sondern auch sämtliche untergeordneten Kriterien nebst der jeweiligen Gewichtung.[74] Dem Auftraggeber ist es somit nicht gestattet, ohne Mitteilung an die Bieter weitere Kriterien hinzuziehen, die Gewichtung bereits festgelegter Kriterien zu ändern oder ganz auf die Anwendung bestimmter Kriterien zu verzichten.

Die Zuschlagskriterien müssen durch den Auftragsgegenstand sachlich gerechtfertigt sein, wobei der Auftraggeber einen weiten Gestaltungsspielraum bei der Auswahl und

---

[74] Vgl. *Völlink*, VergabeR 2009, S. 352, m. w. N.

Konkretisierung der Zuschlagskriterien hat. § 34 Abs. 3 Satz 3 VSVgV enthält hierzu einen Beispielskatalog, der an die Besonderheiten des Sicherheits- und Verteidigungsbereichs angepasst ist. Neben generellen Zuschlagskriterien wie Qualität, Preis oder Liefer- und Ausführungsfristen werden auch die Interoperabilität und Eigenschaften im Einsatz sowie die Versorgungssicherheit genannt.

F. Zusammenfassung und Ausblick

Mit der VSVgV erhalten öffentliche Auftraggeber und Bieter geeignete Verfahrensregelungen für die Anwendung des EU-Vergaberechts in den Bereichen Verteidigung und Sicherheit. In vielen Fällen können sie dabei auf die langjährige Rechtsprechung und umfangreiche vergaberechtliche Literatur zur VOL/A, auf der die VSVgV in weiten Teilen aufbaut, zurückgreifen. Da einzelne Regelungen der VSVgV aber auch über die bekannten Bestimmungen der VOL/A hinausgehen, ist stets eine genaue Beachtung der Verfahrensregelungen erforderlich. Dies gilt umso mehr, als durch vergaberechtlich besonders ambitionierte Einzelregelungen, wie zum Beispiel im Bereich der Unterauftragsvergabe, oder nicht hinreichend klar gefasste Bestimmungen auch noch Auslegungsfragen offen sind, die Vergabestellen und Rechtsprechung in Zukunft werden beantworten müssen. Unabhängig hiervon wird es in der Praxis von besonderer Bedeutung sein, bestehende Erfahrungen aus Projekten im bisherigen Anwendungsbereich des EU-Vergaberechts zu nutzen. Dessen Formenstrenge verlangt von allen Beteiligten, ihre Verfahrens- bzw. Angebotsstrategie vorausschauend zu planen und eine besondere Sorgfalt an den Tag zu legen.

Verteidigungs- und sicherheitsrelevante Bauaufträge

Dr. Michael Sitsen[1]

A.	Einführung	81
B.	Vorliegen eines Bauauftrags	82
C.	Verteidigungs- oder Sicherheitsrelevanz des Auftrags	84
	I. Bauleistungen im Zusammenhang mit militärischer oder sicherheitsrelevanter Ausrüstung	84
	II. Bauleistungen speziell für militärische Zwecke	85
	III. Bauleistungen im Rahmen eines Verschlusssachenauftrages	86
D.	Verfahrensregelungen	86
	I. Anwendungsbereich in subjektiver Hinsicht	87
	II. Auflagen zum Schutz von Verschlusssachen	88
	III. Verfahrensarten	88
	IV. Teilnehmer am Wettbewerb	90
	V. Eignungsprüfung	90
	VI. Leistungsbeschreibung	92
	VII. Nebenangebote	92
	VIII. Vergabebekanntmachung	92
	IX. Ex-post-Transparenz	93
	X. Baukonzessionen	93
E.	Schlussbemerkung	94

A. Einführung

Im Zuge der Umsetzung der Richtlinie 2009/81/EG in das deutsche Recht hat der Gesetzgeber in § 99 Abs. 7 GWB einen neuen Auftragsbegriff eingeführt, den verteidigungs- oder sicherheitsrelevanten Auftrag. Das Vorliegen eines verteidigungs- oder sicherheitsrelevanten Auftrags ist, wie die Aufzählung erfasster Aufträge in § 99 Abs. 7 Nr. 1 bis Nr. 4 GWB zeigt, unabhängig davon, ob es sich um Bau-, Dienst- oder Lieferleistungen handelt. Der Begriff des öffentlichen Auftrags im Sinne von § 99 Abs. 1 GWB ist damit inhaltlich durch die Neuregelung nicht angetastet worden. Der Auftragsbegriff erfasst nach wie vor alle Bau-, Dienst- oder Lieferleistungen, unabhängig davon, ob es sich um verteidigungs- oder sicherheitsrelevante Leistungen handelt.

---

[1] Der Autor dankt Frau Katharina Meyer für wertvolle Recherchearbeiten.

Sind diese Leistungen allerdings als verteidigungs- oder sicherheitsrelevant zu qualifizieren, hat das Auswirkungen auf die Anwendbarkeit spezieller Ausnahmetatbestände vom Vergaberecht und auf die Anwendbarkeit spezieller Verfahrensvorschriften, nicht jedoch auf das Vorliegen eines öffentlichen Auftrags. Von der Regelungssystematik her wäre es sicher auch möglich gewesen, auf die Einführung eines zusätzlichen Auftragsbegriffs in § 99 GWB zu verzichten. Dann aber hätte die Abgrenzung von öffentlichen Aufträgen mit Verteidigungs- oder Sicherheitszwecken zu sonstigen öffentlichen Aufträgen an anderer Stelle erfolgen müssen.[2] An der Komplexität des Vergaberechts für verteidigungs- oder sicherheitsrelevante Beschaffungen hätte das nichts geändert.

Das Vorliegen eines verteidigungs- oder sicherheitsrelevanten Bauauftrags hängt folglich davon ab, dass ein Bauauftrag im Sinne von § 99 Abs. 3 GWB vorliegt, d. h. ein Vertrag über Bauleistungen (B.) und diese Bauleistung verteidigungs- oder sicherheitsrelevant ist (C.). Kann das bejaht werden, gelten besondere Verfahrensregeln für die Vergabe dieses Auftrags (D.).

B. Vorliegen eines Bauauftrags

Bauaufträge sind nach § 99 Abs. 3 GWB Verträge über die Ausführung oder die gleichzeitige Planung und Ausführung eines Bauvorhabens oder eines Bauwerkes für den öffentlichen Auftraggeber, das Ergebnis von Tief- oder Hochbauarbeiten ist und eine wirtschaftliche oder technische Funktion erfüllen soll, oder einer dem Auftraggeber unmittelbar wirtschaftlich zugutekommenden Bauleistung durch Dritte gemäß den vom Auftraggeber genannten Erfordernissen. Diese Definition wiederholt sich in § 1 Abs. 1 VOB/A VS.[3]

Die Errichtung eines Gebäudes ist z. B. der Neubau der BND-Zentrale an der Chausseestraße in Berlin-Mitte. Das Gebäude soll im Jahr 2013 bezogen werden und ca. 800 Millionen Euro kosten.[4]

Die Abgrenzung von Bauleistungen zu Liefer- oder Dienstleistungen stellt die Praxis häufig vor Probleme. Jeder Bauleistung geht zunächst die Lieferung von Baumaterial voraus und für die Errichtung eines Bauwerks sind auch Leistungen erforderlich, die – wie z. B. Maler- oder Elektrikerarbeiten – für sich betrachtet nicht unmittelbar für die Errichtung eines Gebäudes erforderlich sind.

Das BayObLG hat Bauleistungen im Jahr 2002 so beschrieben, dass davon Arbeiten jeder Art erfasst sind, durch die eine bauliche Anlage hergestellt, instandgehalten, geändert oder beseitigt wird. Zu den Bauleistungen zählen insbesondere auch die Liefe-

---

[2] Spätestens in § 100 c GWB.

[3] Vergabe- und Vertragsordnung für Bauleistungen Teil A, Abschnitt 3, Ausgabe 2012 vom 24.10.2011, bekannt gemacht im Bundesanzeiger vom 02.12.2011, berichtigt durch Bekanntmachung vom 07.05.2012.

[4] Berliner Morgenpost vom 07.11.2011.

rung und Montage der für die bauliche Anlage erforderlichen maschinellen und elektrotechnischen/elektronischen Anlagen und Anlagenteile. Auch die Erneuerung und Ergänzung solcher Anlagen an einem bestehenden Gebäude fallen unter den Begriff der Bauleistungen, wenn sie für den bestimmungsgemäßen Bestand der baulichen Anlage von wesentlicher Bedeutung sind.[5] Dementsprechend sind beispielsweise die Gewerke Gebäudetechnik, Elektroinstallation, Klimaanlage, Maler- und Tapezierarbeiten, Einbau einer Brandschutzanlage etc. als Bauleistungen anzusehen. Nicht mehr erfasst wäre dagegen die Lieferung von Mobiliar. Zu unterscheiden ist insbesondere danach, ob Materialien mit dem Gebäude und damit auch dem Grundstück dauerhaft fest verbunden werden oder nicht. Die Installation einer Einbauküche wäre daher als Bauleistung anzusehen, während die Lieferung von einzeln aufzustellenden Küchenschränken und Küchengeräten einen Lieferauftrag darstellt. Als Kontrollüberlegung kann die Bestellung eines schlüsselfertigen Gebäudes dienen. Alle Gewerke, die bei Übergabe des Gebäudes üblicherweise vollendet sind, sind als Bauleistungen anzusehen, während alle Leistungen, die der Nutzer bei Einzug selbst vornimmt (Anbringen von Bildern, Mobiliar etc.) als Liefer- oder Dienstleistungen zu qualifizieren sind. Zusätzlich sind auch alle Maßnahmen, die der Instandhaltung des Gebäudes dienen als Bauleistungen anzusehen. Hierzu gehört etwa der Austausch von Fenstern, die Erneuerung elektrischer Leitungen oder der Einbau einer neuen Brandmeldeanlage. Die Lieferung von Material, das der Auftraggeber selbst durch eigenes Personal einbaut, wie z. B. Ersatzleuchtmittel, ist dagegen nicht als Bau- sondern als Lieferauftrag zu sehen.[6]

Schwierig gestaltet sich häufig auch die Abgrenzung von Bau- zu Lieferaufträgen, wenn es um die Anbringung oder Ergänzung von technischen Maschinen geht, die in gewissem Umfang mit einem Gebäude verbunden werden. Eine Verbindung (Verschrauben o. ä.) mit dem Gebäude, in das die Maschinen eingebracht werden, findet häufig bereits aus Sicherheitsgründen statt. Hier wird es darauf ankommen, ob die Maschine erforderlich ist, damit das Gebäude erst seine bestimmungsgemäße Funktion erhält und ob die Maschine dauerhaft eingebracht wird. Die vergaberechtliche Rechtsprechung und Literatur orientiert sich dabei auch an der Rechtsprechung zur Abgrenzung von Werkvertrag und Kaufvertrag.[7] Nach dem BGH sind unter Arbeiten bei Bauwerken sämtliche Arbeiten zur Herstellung eines neuen Gebäudes zu verstehen. Die Installation einer technischen Anlage zählt danach dann zu diesen Arbeiten, wenn die Anlage, die kein Bauwerk ist, nicht bloß in dem Gebäude untergebracht wird, sondern der Errichtung des Gebäudes dient, in das sie eingefügt wird.[8] Es ist darauf abzustellen, ob das Bauwerk auch ohne die technische Anlage nach seiner Zweckbestimmung funktionsfähig ist.[9] Allein die Unterbringung einer technischen Anlage in einem Ge-

---

[5] BayObLG, Beschluss vom 23.07.2002 – Verg 17/02 – NZBau 2003, 340.

[6] OLG München, Beschluss vom 28.09.2005 – Verg 19/05 – Rn. 21 ff.

[7] Vgl. *Ingenstau/Korbion*, VOB/A, 17. Auflage 2010, § 1 VOB/A Rn. 16 ff.

[8] BGH, Urteil vom 15.05.1997 – VII ZR 287/95 – BauR 1997, 1018.

[9] VK Brandenburg, Beschluss vom 18.11.2009 – VK 41/09.

bäude lässt deren Errichtung demnach noch nicht zu Arbeiten an einem Bauwerk werden.[10]

C. Verteidigungs- oder Sicherheitsrelevanz des Auftrags

Liegt ein Bauauftrag vor, ist in einem nächsten Schritt zu untersuchen, ob die Bauleistungen verteidigungs- oder sicherheitsrelevant sind.[11] § 1 Abs. 1 Satz 2 VOB/A VS gibt hierzu eine die Fallgruppen des § 99 Abs. 7 Nr. 3 und 4 GWB zusammenfassende Beschreibung ab. Danach haben Bauaufträge im Bereich Verteidigung und Sicherheit Bauleistungen zum Gegenstand, die in allen Phasen ihres Lebenszyklus im unmittelbaren Zusammenhang mit den in § 99 Abs. 7 Nr. 1 und 2 GWB genannten Ausrüstungen stehen (dazu 1.), sowie Bauleistungen speziell für militärische Zwecke (dazu 2.) oder Bauleistungen im Rahmen eines Verschlusssachenauftrages (dazu 3.).

I. Bauleistungen im Zusammenhang mit militärischer oder sicherheitsrelevanter Ausrüstung

Die erste dieser drei Fallgruppen betrifft Bauleistungen, die in allen Phasen ihres Lebenszyklus im unmittelbaren Zusammenhang mit in § 99 Abs. 7 Nr. 1 und 2 GWB genannten Ausrüstungen stehen (§ 99 Abs. 7 Nr. 3 GWB). Diese Ausrüstungen sind grob zusammengefasst Militärausrüstungen, d.h. alle Dinge, die zum Einsatz als Waffe, Munition oder Kriegsmaterial bestimmt sind und Ausrüstungen, die im Rahmen eines Verschlusssachenauftrags beschafft werden.

Ausreichend ist es, wenn eine Verknüpfung zwischen einer Bauleistungen und diesen Ausrüstungen bereits in einer einzelnen Phase des Lebenszyklus der betreffenden Ausrüstung besteht. Das ergibt sich eindeutig aus § 99 Abs. 7 Nr. 3 GWB. Die in § 1 Abs. 1 Satz 2 VOB/A VS enthaltene Umschreibung ist insoweit begrifflich ungenau, da sie auch so verstanden werden könnte, dass die Verknüpfung über alle Phasen des Lebenszyklus hinweg bestehen muss, was einen deutlich engeren Anwendungsbereich bedeutet hätte.

Welche Lebenszyklusphasen es gibt, zeigt anschaulich eine Aufzählung in Erwägungsgrund 12 der Richtlinie 2009/81/EG. Die Stadien umfassen etwa Forschung und Entwicklung, industrielle Entwicklung, Herstellung, Reparatur, Modernisierung, Änderung, Instandhaltung, Logistik, Schulung, Erprobung, Rücknahme und Beseitigung, Studien, Bewertung, Lagerung, Transport, Integration, Wartung, Demontage und Zerstörung.

---

[10] BGH, Urteil vom 15.05.1997 – VII ZR 287/95 – BauR 1997, 1018.

[11] Im Einzelnen kann hierzu auf den Beitrag von Dippel verwiesen werden.

Erfasst sind damit Bauleistungen, die nicht selbst unmittelbar militärischen oder sicherheitsrelevanten Zwecken dienen, sondern ihre Nähe zu diesen Zwecken über bestimmte Produkte herleiten, etwa weil es um die Errichtung einer Forschungs- oder Produktionsanlage für Kriegsmaterial geht oder einer Anlage zur Lagerung oder Beseitigung solchen Materials.

II. Bauleistungen speziell für militärische Zwecke

Die zweite Fallgruppe betrifft Bauleistungen, die speziell militärischen Zwecken dienen (§ 99 Abs. 7 Nr. 4, Var. 1 GWB). Darunter fallen in Abgrenzung zu § 99 Abs. 7 Nr. 3 GWB nur solche Bauleistungen, die unmittelbar eine militärische Zweckbestimmung haben. Was unter einer militärischen Zweckbestimmung zu verstehen ist, wird weder in der Richtlinie noch im nationalen Recht näher definiert. Bei einem weiten Verständnis von militärischen Zwecken könnten neben Bauleistungen für militärische Einsätze (Bunker, Schutzanlagen etc.) auch Bauleistungen umfasst sein, die eher für Friedenszeiten gedacht sind, wie z. B. die Errichtung von Bauwerken für die Ausbildung und Unterbringung der Streitkräfte oder die Errichtung von Truppenübungsplätzen.[12] Dann wäre beispielsweise auch die Errichtung einer Truppenküche einer Kaserne eine Bauleistung für militärische Zwecke. Bei einem engen Verständnis würden hingegen nur solche Bauleistungen erfassen, die eine Bedeutung auch für den Einsatzfall haben, wie z. B. die Errichtung von Schutzanlagen von Militärflugplätzen oder die Errichtung von militärischen Radaranlagen. Eine solche Abgrenzung erscheint jedoch schwer praktikabel. Außerdem wären militärische Anlagen im Kriegsfall wohl ohne Ansehung ihrer Zweckbestimmung per se ein Ziel von Angriffen, so dass alle Anlagen in gewissem Umfang auch für den Einsatzfall eine Bedeutung erlangen können. Es liegt schließlich auf der Hand, dass eine effektive Landesverteidigung eine effektive Ausbildung in Friedenszeiten voraussetzt[13] und sich damit beide Bereiche funktional nur schwer voneinander trennen lassen. Näher liegt es daher, unter Bauleistungen für militärische Zwecke alle Bauleistungen zu verstehen, die allgemein den Streitkräften im Sinne von Art. 87 a Abs. 1 GG dienen. Die Streitkräfte umfassen alle als deutsche Kombattanten uniformierten Verbände, welche militärisch organisiert und durch das Funktionsprinzip „Befehl und Gehorsam" geführt sind.[14] Nicht mehr speziell militärischen Zwecken dienen damit Bauleistungen, die der zivilen Bundeswehrverwaltung im Sinne von Art. 87 b Abs. 1 GG dienen.

---

[12] Ein Übungsplatz war beispielsweise Gegenstand einer Entscheidung der VK Bund, Beschluss vom 19.09.2003, VK2 84/03.

[13] Siehe etwa zur Notwendigkeit von militärischen Tiefflügen in Friedenszeiten: BVerwG, Beschluss vom 25.5.1987 – 4 B 79/87 -; BVerwG, Beschluss vom 6.8.1993 – 11 B 36/93 -, NJW 1994, 535; VGH Mannheim, Urteil vom 16.05.2006 – 3 s 914/05 – BeckRS 2006 23663 = UPR 2007, 69. Siehe auch *Ferdinand Kirchhof*, in: Handbuch des Staatsrechts Band IV., 3. Auflage 2006, § 84 Rn. 10 ff., S. 638.

[14] BeckOK GG Art. 87 a Rn. 1.

III. Bauleistungen im Rahmen eines Verschlusssachenauftrages

Die dritte und letzte Fallgruppe sind Bauleistungen im Rahmen eines Verschlusssachenauftrages (§ 99 Abs. 7 Nr. 4, Var. 2 GWB). Das sind nach § 1 Abs. 1 Satz 2 VOB/A VS Bauleistungen, bei deren Erbringung Verschlusssachen nach § 4 des Gesetzes über die Voraussetzungen und das Verfahren von Sicherheitsüberprüfungen des Bundes (SÜG) oder nach den entsprechenden Bestimmungen der Länder verwendet werden oder die solche Verschlusssachen erfordern oder beinhalten.[15] Diese Fallgruppe bildet einen Auffangtatbestand für alle sonstigen sensiblen Bauleistungen, die nicht schon von Abs. 7 Nr. 3 bzw. Nr. 4, Var. 1 erfasst sind. Darunter können beispielsweise Bauvorhaben für die Nachrichtendienste oder Polizeibehörden fallen.

Allgemein gilt: Ist ein Teil eines Gesamtauftrags verteidigungs- oder sicherheitsrelevant, ist der gesamte Auftrag als verteidigungs- oder sicherheitsrelevanter Auftrag zu qualifizieren.[16]

D. Verfahrensregelungen

Liegt hiernach ein verteidigungs- oder sicherheitsrelevanter Bauauftrag vor, steht zugleich fest, welche Verfahrensvorschriften für die Beschaffung einschlägig sind. Das folgt aus der VSVgV.

Nach § 2 Abs. 2 VSVgV gelten jedoch nur ausgewählte Regelungen aus der VSVgV selbst für derartige Bauaufträge. Das sind die §§ 1–4 VSVgV, die die Berechnung des Auftragswerts betreffen und einige für die weitere Anwendung wesentliche Begriffsbestimmungen vornehmen. Des Weiteren gelten die §§ 6 bis 9, 38 bis 42, 44 bis 46 VSVgV.[17] Die eigentlichen Verfahrensvorschriften für die Vergabe von Bauaufträgen finden sich nicht in der VSVgV.

Die Vorschrift verweist für die Vergabe von Bauaufträgen vielmehr auf die Verfahrensvorschriften des 3. Abschnitts der VOB/A (VOB/A VS). Diese VOB/A VS stellt eine vollständige und eigenständige Vergabeverfahrensregelung dar. Die VSVgV erhebt die im Bundesanzeiger bekannt gemachten Regelungen der VOB/A VS mithilfe der statischen Verweisung in § 2 Abs. 2 VSVgV in den Rang einer Rechtsverordnung des Bundes.[18]

Die VOB/A VS basiert in großen Teilen auf der VOB/A EG, d. h. dem 2. Abschnitt der VOB/A. Die VOB/A EG ist im Rahmen der Neubekanntmachung der VOB/A im Dezember 2011 strukturell an die VOL/A EG angepasst worden, so dass sich die Ver-

---

[15] Siehe dazu den Beitrag von Dippel.
[16] Vgl. § 99 Abs. 13 GWB und den Beitrag von Wagner.
[17] Siehe hierzu den Beitrag von Wagner.
[18] Entwurf der VSVgV vom 25.05.2012, Begründung, BR-Drs. 321/12, Seite 37.

fahrensvorschriften in den verschiedenen Bereichen der europarechtlich relevanten Vergaben mittlerweile untereinander wieder angenähert haben.[19] In der aus 2009 stammenden Fassung der VOB/A enthielt der 2. Abschnitt noch keine vollständige eigenständige Verfahrensregelung für Bauvergaben oberhalb der Schwellenwerte. Vielmehr musste immer der 1. Abschnitt ergänzend angewendet werden, soweit der 2. Abschnitt Lücken aufwies. Im Bereich der VOL/A war dieses sog. Schubladenprinzip[20] bereits im Rahmen der Revision der Vergabe- und Vertragsordnungen 2009 aufgegeben worden zugunsten vollständig eigenständiger Verfahrensvorschriften ober- und unterhalb der Schwellenwerte. Konsequenterweise bildet dementsprechend auch die VOB/A VS eine vollständig eigenständige Verfahrensregelung für Bauaufträge im Verteidigungs- und Sicherheitsbereich. Ein Rückgriff auf die Abschnitte 1. und 2. der VOB/A ist damit nunmehr weder notwendig noch zulässig.

Wie dargestellt bildete die VOB/A EG die Grundlage für die VOB/A VS. Dementsprechend kann für die Anwendung der VOB/A VS in aller Regel auf die vorhandene Rechtsprechung und Literatur zur VOB/A EG zurückgegriffen werden. Die Unterschiede gegenüber der VOB/A EG sind meist auf Erfordernisse der Vertraulichkeit und Geheimhaltung sowie der Informations- und Versorgungssicherheit zurückzuführen. Mit den meisten Änderungen geht eine Einschränkung des Wettbewerbsgrundsatzes (Art. 97 Abs. 1 GG) einher, was jedoch hinnehmbar erscheint, wenn man im Auge hat, dass die Neuregelung insgesamt der Verwirklichung von mehr Wettbewerb dient.

Im Folgenden werden diejenigen Regelungen dargestellt, mit denen sich die VOB/A VS von der VOB/A EG unterscheidet.

I. Anwendungsbereich in subjektiver Hinsicht

Nach § 1 Abs. 2 gilt die VOB/A VS nur für öffentliche Auftraggeber nach § 98 Nr. 1 bis 4 GWB, d. h. für die klassischen und funktionalen öffentlichen Auftraggeber sowie deren verbandsrechtliche Zusammenschlüsse und für Sektorenauftraggeber. In der im Dezember 2011 bekannt gemachten Fassung waren reine Sektorenauftraggeber noch ausgenommen. Die Richtlinie 2009/81/EG fasst ausweislich ihres Art. 1 Nr. 17 jedoch auch Sektorenauftraggeber unter den Auftraggeberbegriff.[21] Mit Bekanntmachung vom 07.05.2012 wurde die VOB/A VS diesbezüglich berichtigt. Nunmehr sind auch Sektorenauftraggeber erfasst.[22] Ob es sich ursprünglich lediglich um ein Missgeschick gehandelt hat oder der Verdingungsausschuss Sektorenauftraggeber bewusst aus-

---

[19] Einführungserlass des BMVBS zur Vergabe- und Vertragsordnung für Bauleistungen (VOB) 2012 vom 26.07.2012, Aktenzeichen: B 15 – 8163.6/1, Seite 3.

[20] *Immenga/Mestmäcker*, GWB, 4. Auflage 2007, Vorbemerkung Vor §§ 97ff. Rn. 47 ff.

[21] Nach Art. 1 Nr. 17 Richtlinie 2009/81/EG sind „Auftraggeber": öffentliche Auftraggeber im Sinne von Artikel 1 Absatz 9 der Richtlinie 2004/18/EG und Auftraggeber im Sinne von Artikel 2 der Richtlinie 2004/17/EG.

[22] Die statische Verweisung in § 2 Abs. 2 VSVgV bezieht sich ausdrücklich auch auf die berichtigte Fassung der VOB/A VS.

D. Verfahrensregelungen

genommen hatte, etwa weil für diese mit der SektVO schon im Vergleich zu der VOL/A EG und VOB/A EG weniger strenge Verfahrensvorschriften bestanden, ist nicht bekannt. Auf Baukonzessionäre und geförderte Baumaßnahmen[23] scheint die VOB/A VS dagegen nach wie vor nicht anwendbar zu sein.

II. Auflagen zum Schutz von Verschlusssachen

Nach § 2 Abs. 6 VOB/A VS können Auftraggeber den Bewerbern und Bietern Auflagen zum Schutz von Verschlusssachen machen, die sie diesen im Zuge des Verfahrens zur Vergabe eines Auftrags übermitteln. Sie können von diesen Bewerbern und Bietern verlangen, die Einhaltung dieser Auflagen durch ihre Unterauftragnehmer sicherzustellen. Die Auftraggeber können damit besondere Teilnahmebedingungen in Bezug auf die Vertraulichkeit festlegen und diese den Interessenten auferlegen. In welcher Form diese „Auflagen" gemacht werden, lässt sich der Vorschrift nicht näher entnehmen. Es erscheint nicht undenkbar, § 2 Abs. 6 VOB/A VS als Verwaltungsaktbefugnis zu verstehen. Dafür spricht die Verwendung des Worts „Auflage"[24] und dass diese den Bietern und Teilnehmern „übermittelt", d. h. einseitig bekannt gegeben wird. Den bisher existierenden Verfahrensregeln im Vergaberecht sind solche hoheitlichen Befugnisse jedoch eher fremd. Systematisch stimmiger erscheint es daher, dass Auftraggeber verlangen, dass die Bieter und Bewerber sich vor Zusendung der Vergabeunterlagen auf Vertraulichkeit verpflichten. In der Sache wäre daher vor Zusendung der Vergabeunterlagen eine Vertraulichkeitsvereinbarung[25] abzuschließen. Die VOB/A EG enthielt eine solche Möglichkeit bislang noch nicht, was allerdings nicht bedeutet, dass eine derartige Bedingung nicht schon nach zuvor geltendem Recht möglich gewesen wäre. Mit der Regelung in § 2 Abs. 6 VOB/A VS können Auftraggeber sich jedoch nunmehr auf eine ausdrückliche Regelung berufen.

Die Auferlegung einer solchen Vertraulichkeitsauflage liegt im Ermessen der Auftraggeber („können"). Da die Regelung jedoch den Schutz von Verschlusssachen im Blick hat, dürfte sie zum einen nur greifen, wenn tatsächlich Verschlusssachen betroffen sind. Ist das aber der Fall, dürfte das Ermessen des Auftraggebers zugleich auf Null reduziert sein, so dass an einer Vertraulichkeitsauflage kein Weg vorbei führt.

III. Verfahrensarten

Der größte Unterschied zwischen der VOB/A EG und der VOB/A VS ist die Regelung zur Zulässigkeit der Verfahrensarten. Während im übrigen Vergaberecht grundsätzlich der

---

[23] Auftraggeber nach § 98 Nr. 5 bis 6 GWB.

[24] Auflage wird im allgemeinen Verwaltungsrecht gelegentlich als Synonym für Verwaltungsakt verwendet, meint eigentlich aber eine Nebenbestimmung zu einem Verwaltungsakt. Eine nachträgliche Auflage wird jedoch beispielsweise als eigenständiger Verwaltungsakt angesehen.

[25] Ein sog. NDA (Abkürzung für non-disclosure agreement).

Vorrang des offenen Verfahrens gilt, ist dieses in der VOB/A VS nicht vorgesehen. Nach § 3 Abs. 1 VOB/A VS sind nur das nicht offene Verfahren, das Verhandlungsverfahren und der wettbewerbliche Dialog zulässig. Dennoch werden Auftraggeber freiwillig das offene Verfahren anwenden dürfen, wenn der Schutz von sensiblen Informationen dem nicht entgegensteht. Zwar widerspricht das den in § 3 VOB/A VS dem Wortlaut nach abschließend festgelegten Verfahrensarten. Es entspricht jedoch der üblichen Praxis, dass Auftraggeber selbst dann öffentlich ausschreiben dürfen, wenn das Vergaberecht nicht anwendbar ist. Der Grund dafür liegt darin, dass das Vergaberecht in erster Linie „Wettbewerb" bezweckt und einem Mehr an Wettbewerb, den das offene Verfahren zweifellos bietet, nicht entgegenstehen will.

Selbst wenn man die Wahl des offenen Verfahrens als Verfahrensfehler ansehen würde, würde dieser folgenlos bleiben, da insoweit jedenfalls keine drittschützende Verfahrensvorschrift verletzt wäre. Bieter könnten den Auftraggeber daher nicht im Vergabenachprüfungsverfahren dazu zwingen, anstelle des offenen ein nicht offenes Verfahren oder gar ein Verhandlungsverfahren durchzuführen.

Nach § 3 Abs. 2 VOB/A VS erfolgt die Vergabe von Aufträgen im nicht offenen Verfahren oder im Verhandlungsverfahren mit vorheriger Veröffentlichung einer Bekanntmachung. In begründeten Ausnahmefällen ist ein Verhandlungsverfahren ohne öffentliche Vergabebekanntmachung oder ein wettbewerblicher Dialog zulässig. Abweichend von der VOB/A EG sind damit im Ergebnis grundsätzlich das nicht offene Verfahren und das Verhandlungsverfahren zulässig. Diese grundlegende Einschränkung des Wettbewerbsgrundsatzes ist damit zu begründen, dass die in den Vergabeunterlagen enthaltenen Informationen im Bereich der Verteidigung und Sicherheit regelmäßig schutzbedürftiger sind als in anderen Bereichen und daher auch die Bieter, denen die Vergabeunterlagen zugesandt werden, zunächst sorgfältig ausgewählt werden müssen.

Das Verhandlungsverfahren ohne öffentliche Bekanntmachung ist u. a. zulässig, wenn wegen der Dringlichkeit der Leistung aus zwingenden Gründen infolge von Ereignissen, die der Auftraggeber nicht verursacht hat und nicht voraussehen konnte, oder wegen dringlicher Gründe in Krisensituationen die in § 10 VS Absatz 1, 2 und 3 Nummer 1 vorgeschriebenen Fristen nicht eingehalten werden können (§ 3 Abs. 3 Nr. 4 VOB/A VS). Neu ist im Vergleich zur VOB/A EG die Einbeziehung von Krisensituationen als Anlass für ein Verhandlungsverfahren ohne vorherige Bekanntmachung. Was eine Krisensituation ist, wird in § 4 Abs. 1 VSVgV eingehend definiert.[26]

Auch ist ein Verhandlungsverfahren ohne öffentliche Bekanntmachung zulässig, wenn gleichartige Bauleistungen wiederholt werden, die durch denselben Auftraggeber an den Auftragnehmer vergeben werden, der den ursprünglichen Auftrag erhalten hat. Das Verhandlungsverfahren darf dann in einem Zeitraum von fünf Jahren nach Abschluss

---

[26] Siehe hierzu den Beitrag von *Wagner*.

des ersten Auftrags angewandt werden (§ 3 Abs. 3 Nr. 6 VOB/A VS). Die VOB/A EG sieht hier nur einen Zeitraum von drei Jahren vor. Diese Verfahrensvereinfachung für gleichartige Leistungen ist ebenfalls eine Beschränkung des Wettbewerbs. Sie kann jedoch damit begründet werden, dass an die Auftragnehmer im Hinblick auf ihre Vertraulichkeit und Eignung regelmäßig höhere Anforderungen gestellt werden. Ein bestehendes Vertraulichkeitsverhältnis hat daher in den Bereichen Verteidigung und Sicherheit eine besondere Bedeutung. Es liegt somit im Interesse der Auftraggeber, dieses Vertrauensverhältnis möglichst lange auszunutzen.

Im Übrigen unterscheiden sich die Anwendungsfälle für das Verhandlungsverfahren ohne öffentliche Bekanntmachung bzw. den wettbewerblichen Dialog nicht von den Regelungen in der VOB/A EG.

IV. Teilnehmer am Wettbewerb

Beim nicht offenen Verfahren müssen anders als in der VOB/A EG nur drei (anstelle von fünf) geeigneten Bewerber aufgefordert werden (§ 6 Abs. 2 Nr. 1 VOB/A VS). Gleiches gilt für das Verhandlungsverfahren. Damit hat der Auftraggeber über das Vehikel der Eignungsprüfung, in der ihm ein Beurteilungsspielraum bei der Auswahl der Bewerber zusteht,[27] einen großen Einfluss darauf, wer am Ende Auftragnehmer wird.

Für den Teilnahmewettbewerb gilt allgemein, dass der Auftraggeber auch dann das Verfahren fortführen darf, wenn sich weniger als drei geeignete Bieter bewerben. Das entsprach auch bislang schon der herrschenden Meinung,[28] findet sich nun aber auch in kodifizierter Form in § 6 Abs. 2 Nr. 3 VOB/A VS. Die Alternative war bislang die Einstellung des Verfahrens. Neu ist hingegen die Möglichkeit, in diesem Fall das Verfahren auszusetzen und einen erneuten Aufruf zum Teilnahmewettbewerb zu veröffentlichen (§ 6 Abs. 2 Nr. 3 Satz 3 VOB/A VS).

V. Eignungsprüfung

Da aufgrund der regelmäßig hohen Vertraulichkeitsanforderungen auch die Eignungsanforderungen an die Bieter höher sind, als bei herkömmlichen Beschaffungen, wurde die Vorlage von Referenzen in § 6 Abs. 3 Nr. 2 b VOB/A VS bezüglich vergleichbarer Leistungen auf die letzten fünf Jahre festgelegt. Das ist durchaus wettbewerbsfreundlich, da die Bieter sich zum Nachweis ihrer Eignung nun auch auf länger zurückliegende Referenzen berufen können. Die VOB/A EG sieht hier nur drei Jahre vor.

Ebenfalls auf die besonderen Eigenheiten von verteidigungs- und sicherheitsrelevanten Aufträgen zielt die Regelung in § 6 Abs. 3 Nr. 2 g VOB/A VS ab. Diese listet

---

[27] OLG Düsseldorf, Beschluss vom 02.12.2009 – VII-Verg 39/09 – Rn. 95.
[28] *Kulartz/Marx/Portz/Prieß*, Kommentar zur VOL/A, 2. Auflage, § 3 EG Rn. 98.

V. Eignungsprüfung

Beispiele auf, in denen von einer fehlenden Zuverlässigkeit eines Bieters ausgegangen werden kann, was nach § 16 Abs. 1 Nr. 1 c VOB/A VS zum Verfahrensausschluss führt. Aufgezählt ist die Verletzung einer Pflicht zur Gewährleistung der Informations- und Versorgungssicherheit im Rahmen eines früheren Auftrages oder vorsätzlich unzutreffende Erklärungen in Bezug auf die Eignung in einem früheren Vergabeverfahren oder Fehlen der erforderlichen Vertrauenswürdigkeit, um Risiken für die nationale Sicherheit auszuschließen. Der Aufzählung kommt nur deklaratorische Wirkung zu, gleichwohl zeigt sie deutlich die besonderen Anforderungen, die sich an verschiedenen Stellen der VOB/A VS immer wieder finden und sich damit wie ein roter Faden durch die Verfahrensregelungen ziehen.

Interessant ist, dass als Beweismittel für die vom Auftraggeber vorzunehmende Eignungsprüfung ausdrücklich auch geschützte Datenquellen in Betracht kommen sollen (§ 6 Abs. 3 Nr. 2 g, letzter Hs. VOB/A VS). Die tatsächliche Bedeutung dieses Satzes wird sich in der Praxis zeigen.

Es erscheint durchaus denkbar, dass ein Auftraggeber einen Bewerber wegen mangelnder Eignung nach § 16 Abs. 1 Nr. 1 f VOB/A VS ausschließen kann, ohne diesem die (geschützte) Quelle für den Ausschlussgrund nennen zu müssen. Gleichwohl wird das Vorliegen eines Ausschlussgrundes nach allgemeinen Grundsätzen auch im Bereich der VOB/A VS gerichtlich überprüfbar sein. Der Vergabekammer darf entsprechend § 110 Abs. 2 Satz 3 und 4 GWB, wonach die Vergabeakten vollständig und ohne Ausnahme vorzulegen sind, die Quelle nicht vorenthalten werden. Im Gegenzug müssen die Mitglieder der Vergabekammer in Verfahren über verteidigungs- und sicherheitsrelevante Aufträge sicherheitsüberprüft sein und sind gesetzlich zur Vertraulichkeit verpflichtet.[29] Das Vorliegen eines Ausschlussgrundes ist damit gerichtlich voll überprüfbar.

Dass die Auftraggeber bei der Eignungsprüfung angesichts der Besonderheiten von Verteidigungs- und Sicherheitsaufträgen nicht in gleichem Maße auf Eigenerklärungen abstellen können, wie bei herkömmlichen Vergaben, versteht sich von selbst. Dementsprechend sieht § 6 Abs. 3 Nr. 2 Satz 2 VOB/A VS vor, dass Eigenerklärungen nur ausreichend sein können, soweit es mit den betroffenen Verteidigungs- und Sicherheitsinteressen vereinbar ist.

Verlangt werden können insbesondere Angaben und Nachweise, die für den Umgang mit Verschlusssachen erforderlich sind oder die Versorgungssicherheit gewährleisten sollen, sowie Angaben, die für die Prüfung der Fachkunde geeignet sind (§ 6 Abs. 3 Nr. 3 VOB/A VS). Muss einem Bewerber für das Erstellen eines Angebotes der Zugang zu Verschlusssachen des Grades „VERTRAULICH" oder höher gewährt werden, muss der Bewerber nach § 6 Abs. 3 Nr. 7 VOB/A VS bereits vor Gewährung des Zugangs die geforderten Angaben und Nachweise vorlegen, anderenfalls droht ihm der Ausschluss vom weiteren Verfahren.

---

[29] Vgl. § 105 Abs. 2 GWB und § 110 a GWB.

D. Verfahrensregelungen

VI. Leistungsbeschreibung

Zu den in der Leistungsbeschreibung zu verwendenden technischen Spezifikationen (d. h. insb. DIN-Normen o. ä.) sind in § 7 Abs. 4 VOB/A VS besondere Regelungen enthalten. Danach müssen die Auftraggeber primär zivile Normen verwenden. Nur wenn mit diesen die Leistung nicht ausreichend beschreibbar ist, ist eine verteidigungsspezifische technische Norm oder Spezifikation zulässig.

Es versteht sich von selbst, dass der Auftraggeber in den Vergabeunterlagen oder bereits in der Bekanntmachung diejenigen Maßnahmen und Anforderungen definiert, die erforderlich sind, um den Schutz von Verschlusssachen durch die Bieter bzw. bei der Auftragsdurchführung die Versorgungssicherheit zu gewährleisten (§ 8 Abs. 3 VOB/A VS).

VII. Nebenangebote

Abweichend von der bisherigen Fassung der VOB/A scheint nunmehr wie ihm Bereich der VOL/A die ausdrückliche Zulassung von Nebenangeboten erforderlich zu sein. Dafür spricht der Wortlaut von § 8 Abs. 2 Nr. 3 VOB/A VS[30] und § 16 Abs. 1 Nr. 1 e VOB/A VS[31]. Bislang galt im Baubereich, dass Nebenangebote grundsätzlich zulässig sind, außer sie werden ausdrücklich für unzulässig erklärt. Da hierzu an keiner Stelle eine Begründung zu finden ist, kann diese Angleichung an die Systematik der VOL/A EG bzgl. Nebenangebote nicht abschließend verifiziert werden. Vorsorglich sollten Auftraggeber ab sofort in jedem Fall angeben, ob sie Nebenangebote zulassen oder nicht.

VIII. Vergabebekanntmachung

Die Verordnung (EU) Nr. 842/2011 vom 19.08.2011[32] enthält spezielle Standardformulare für Aufträge im Bereich Verteidigung und Sicherheit. Das betrifft die Vorinformation[33], die Auftragsbekanntmachung[34], die Bekanntmachung vergebener Aufträge[35] und die Bekanntmachung der Vergabe von Unteraufträgen[36].

---

[30] Wortlaut: „Hat der Auftraggeber in der Bekanntmachung Nebenangebote zugelassen ...".

[31] Wortlaut: „ ...nicht zugelassene Nebenangebote sowie Nebenangebote, die den Mindestanforderungen nicht entsprechen ...".

[32] ABl EU vom 27.08.2011, L 222/1.

[33] Anhang XV: Standardformular 16.

[34] Anhang XVI: Standardformular 17.

[35] Anhang XVII: Standardformular 18.

[36] Anhang XVIII: Standardformular 19.

IX. Ex-post-Transparenz

Auch im Bereich der verteidigungs- und sicherheitsrelevanten Aufträge gibt es die sog. Ex-post-Transparenz, d. h. die Pflicht zur Bekanntgabe einer erfolgten Beauftragung. § 18 Abs. 3 Nr. 1 VOB/A VS sieht hierzu pauschal und ohne Ausnahme vor, dass die Erteilung eines Bauauftrages im Nachhinein bekannt zu machen ist. Da in allen anderen Verfahrensstadien die Vertraulichkeit und Sensibilität von Informationen besonders behandelt wird, erstaunt nunmehr, dass in Abs. 3 Nr. 3 zwar bestimmte Angaben nicht in diese Bekanntmachung aufgenommen werden müssen, eine Regelung die gänzlich von der Bekanntmachungspflicht entbindet, jedoch fehlt. Auch die Fälle, in denen ein Verhandlungsverfahren ohne vorherigen Teilnahmewettbewerb zulässig ist, sind nicht von der Pflicht zur Bekanntmachung der Auftragserteilung ausgenommen. Dahinter steht möglicherweise der Gedanke, den Auftraggeber zu einer sorgfältigen Vorgehensweise anzuhalten, indem dieser gerade in den besonderen Ausnahmefällen verpflichtet ist, die Auftragserteilung nachträglich zumindest in Ansätzen offen zu legen. Zu den offen zu legenden Angaben gehören nach § 8 Abs. 2 Nr. 3 VOB/A VS auch die Gründe, die im betroffenen Fall die Wahl des Verhandlungsverfahrens ohne vorherigen Teilnahmewettbewerb rechtfertigen.[37]

Da Sanktionen für das Unterlassen der Auftragsbekanntmachung fehlen, kann schon jetzt davon ausgegangen werden, dass die Bekanntmachung in Fällen besonders sensibler Aufträge in der Praxis wohl eher die Ausnahme sein wird oder sich die Bekanntmachung inhaltlich auf Allgemeinplätze beschränken wird.

X. Baukonzessionen

Eine § 22 VOB/A EG entsprechende Regelung ist in der VOB/A BS nicht enthalten. Das könnte den Schluss nahelegen, dass Baukonzessionen nicht vorgesehen sind. Richtigerweise lassen sich Baukonzessionen aber auch ohne besondere Regelung unter den Begriff des öffentlichen Auftrags fassen, da es für das Vorliegen eines entgeltlichen Vertrags gleichgültig ist, ob das Entgelt vom Auftraggeber oder (auch) von Dritten stammt. Im Ergebnis dürfte der Bedarf für Baukonzessionen im Bereich Verteidigung und Sicherheit jedoch begrenzt sein, da regelmäßig nur eine Nutzung der Bauleistung durch den Hoheitsträger selbst in Betracht kommt. Allerdings sind Baukonzessionen auch nicht völlig undenkbar. Ein Schiessübungsplatz könnte beispielsweise durchaus von einem Privaten auf einem staatlichen Grundstück errichtet und betrieben werden. Dieser könnte sich dadurch refinanzieren, dass er den Übungsplatz ausschließlich etwa den Landespolizeibehörden gegen Entgelt zur Verfügung stellt.

---

[37] Wie im vorhergehenden Gliederungspunkt dargestellt, gibt es hierzu ein besonderes Standardformular.

E. Schlussbemerkung

Die Unterschiede zwischen der VOB/A VS und den entsprechenden Verfahrensvorschriften für herkömmliche Bauaufträge, der VOB/A EG, sind nicht so zahlreich, dass es einer eigenständigen Verfahrensregelung bedurft hätte. Dennoch ist es für den Anwender praktisch, mit dem 3. Abschnitt der VOB/A eine vollständig eigenständige Regelung zur Verfügung zu haben. Der Gesetzgeber sollte sich dennoch bemühen, im Interesse der Praktikabilität die Unterschiede im Laufe der Zeit nicht zu groß werden zu lassen und alle künftigen Änderungen an der VOB/A EG spiegelbildlich auch bei der VOB/A VS vorzunehmen. Ansonsten hat dieser Beitrag gezeigt, dass die Unterschiede in den Verfahrensvorschriften im Wesentlichen darauf beruhen, dass der Gesetzgeber bei verteidigungs- oder sicherheitsrelevanten Aufträgen der Vertraulichkeit sensibler Informationen und der Versorgungssicherheit eine herausragende Bedeutung zumisst. Im Umkehrschluss bedeutet das jedoch auch, dass es für weitergehende Abweichungen keine Rechtfertigung gibt.

Die Definition verteidigungs- und sicherheitsrelevanter Aufträge nach §§ 99 Abs. 7 bis 9 und 13 GWB – Das Tor zum Sondervergaberecht für die Bereiche Verteidigung und Sicherheit

Dr. Christian Scherer-Leydecker/Dr. Volkmar Wagner

A. Verteidigungs- und sicherheitsrelevante Aufträge im System des Vergaberechts 96
B. Systematik der Definition der verteidigungs- und sicherheitsrelevanten Aufträge 97
C. Verteidigungs- und sicherheitsrelevante Lieferverträge über Ausrüstung (§ 99 Abs. 7 Nr. 1 und 2 GWB) 99
    I. Lieferverträge über Ausrüstung 99
        1. Auftragstyp 99
        2. Auftragsgegenstand 100
    II. *Verteidigungs- und Sicherheitsrelevanz* 101
        1. Militärausrüstung 101
            a) Militärische Zweckbestimmung 101
            b) Einsatz als Waffe, Munition oder Kriegsmaterial 103
        2. Verschlusssachenauftrag 104
            a) Auftrag für Sicherheitszwecke 105
            b) Verschlusssache 106
            c) Verwendung, Erfordernis oder Beinhaltung 108
        3. Teile, Bauteile, Bausätze 109
D. Ausrüstungsbezogene Aufträge mit Verteidigungs- und Sicherheitsrelevanz (§ 99 Abs. 7 Nr. 3 GWB) 110
    I. *Auftragstyp* 110
    II. *Verteidigungs- und Sicherheitsrelevanz* 111
E. Bau- und Dienstleistungsaufträge mit verteidigungs- und sicherheitsrelevanter Zweckbestimmung (§ 99 Abs. 7 Nr. 4 GWB) 112
    I. *Auftragstyp* 112
    II. *Verteidigungs- und Sicherheitsrelevanz* 112
        1. Militärische Zweckbestimmung 112
        2. Verschlusssachenauftrag 113
F. Die Vergabe gemischter Aufträge gemäß § 99 Abs. 13 GWB 114
    I. *§ 99 Abs. 13 Satz 1 GWB: Verträge, die teilweise der Beschaffung von verteidigungs- und sicherheitsrelevanten Leistungen und teilweise der Beschaffung von anderen dem Kartell-Vergaberecht unterworfenen Leistungen dienen* 115

II. § 99 Abs. 13 Satz 2 GWB: Verträge, die teilweise der Beschaffung von verteidigungs- oder sicherheitsrelevanten Leistungen und teilweise der Beschaffung von nicht dem Kartell-Vergaberecht unterworfenen Leistungen dienen 116
III. Voraussetzungen für die Beschaffung in Form eines einheitlichen Auftrags aus objektiven Gründen 117
IV. Konsequenzen des Nichtvorliegens des Rechtfertigungsgrundes „Beschaffung in Form eines einheitlichen Auftrags aus objektiven Gründen" 118

A. Verteidigungs- und sicherheitsrelevante Aufträge im System des Vergaberechts

Mit dem Gesetz zur Änderung des Vergaberechts im Bereich Verteidigung und Sicherheit[1] sowie der Verabschiedung der Vergabeverordnung Verteidigung und Sicherheit (VSVgV)[2] und der damit einhergehenden Inkraftsetzung des vom Deutschen Vergabe- und Vertragsausschuss für Bauleistungen (DVA) erarbeiteten dritten Abschnitts der Vergabe- und Vertragsordnung für Bauleistungen Teil A (VOB/A-VS)[3] hat Deutschland ein neues Sondervergaberecht für den Bereich Verteidigung und Sicherheit erhalten. Dies erfolgte in Umsetzung der Richtlinie 2009/81/EG über die Koordinierung der Verfahren zur Vergabe bestimmter Bau-, Liefer- und Dienstleistungsaufträge in den Bereichen Verteidigung und Sicherheit (VSKR),[4] die im Rahmen des EU-Verteidigungspakets (Defence Package) verabschiedet worden war.[5]

Dieses neue sektorielle Vergaberecht kommt zur Anwendung, wenn keiner der Ausnahmetatbestände nach den in § 100 Abs. 2 GWB genannten Vorschriften, insbesondere nicht die Sonderausnahmen nach § 100 Abs. 6 GWB i. V. m. Artikel 346 des Vertrags über die Arbeitsweise der Europäischen Union (AEUV)[6] oder § 100 c GWB, greift und der Schwellenwert nach § 1 Abs. 2 VSVgV i. V. m. Art. 8 VSKR überschritten ist. Weitere und in erster Linie maßgebliche Voraussetzung für die Anwendung des Verteidigungs- und Sicherheitsvergaberechts ist, dass Gegenstand der Vergabe verteidigungs- und sicherheitsrelevante Aufträge i. S. d. § 99 Abs. 7 GWB sind. Hierbei handelt es sich um eine neue Kategorie von Aufträgen, die allerdings nicht neben den

---

[1] BGBl. 2011, Teil 1, Nr. 64, S. 2570 ff.
[2] BGBl. 2012, Teil 1, Nr. 33, S. 1509 ff.
[3] BAnz. Nr. 182 a vom 02.12.2011.
[4] ABl. EU vom 20.08.2009, Nr. L216, S. 76 ff.
[5] Strategie für eine stärkere und wettbewerbsfähigere europäische Verteidigungsindustrie, KOM (2007) 764 endgültig.
[6] ABl. EU vom 30.03.2010, Nr. C83, S. 47 ff. (konsolidierte Fassung).

bestehenden Auftragstypen nach § 9 Abs. 1 bis 6 GWB steht, sondern einen Teilbereich dieser Auftragstypen erfasst. Grundsätzlich können Liefer-, Bau- und Dienstleistungsaufträge sowie Baukonzessionen verteidigungs- oder sicherheitsrelevant sein. Innerhalb der verschiedenen Unterkategorien von verteidigungs- und sicherheitsrelevanten Aufträgen wird teilweise nach den Leistungen analog den Auftragstypen unterschieden. Dabei ergibt sich die Verteidigungs- und Sicherheitsrelevanz je nach Alternative des § 99 Abs. 7 Nr. 1 bis 4 GWB aufgrund des besonderen Auftragsgegenstands, des Zusammenhangs zu einem besonderen Auftragsgegenstand oder der besonderen Zweckbestimmung des Auftrags.

B. Systematik der Definition der verteidigungs- und sicherheitsrelevanten Aufträge

Die Definition in § 99 Abs. 7 GWB unterscheidet insgesamt sechs Typen verteidigungs- und sicherheitsrelevante Aufträge. Die Verteidigungs- und Sicherheitsrelevanz wird dabei einerseits durch den militärischen Charakter der Aufträge (militärische Aufträge) und andererseits dadurch, dass der Auftrag als Verschlusssachenauftrag i. S. d. § 99 Abs. 9 GWB zu qualifizieren ist, herbeigeführt.

Innerhalb dieser beider Kategorien kann jeweils unterschieden werden zwischen den in § 99 Abs. 7 Nr. 1 und 2 GWB definierten Lieferverträgen über Ausrüstungsgegenstände, den in § 99 Abs. 7 Nr. 3 GWB definierten ausrüstungsbezogenen Aufträgen und den in § 99 Abs. 7 Nr. 4 GWB definierten zweckbezogenen Aufträgen über Bau- und Dienstleistungen.

Schematisch lässt sich dies in folgender Matrix darstellen:

Verteidigungs- und sicherheitsrelevante Aufträge		
	Militärische Aufträge	**Verschlusssachenaufträge**
Lieferverträge über Ausrüstung (§ 99 Abs. 7 Nr. 1 und 2 GWB)	Liefervertrag über Militärausrüstung (§ 99 Abs. 7 Nr. 1 GWB)	Liefervertrag über Ausrüstung im Rahmen eines VS-Auftrags (§ 99 Abs. 7 Nr. 2 GWB)
Ausrüstungsbezogene Aufträge (§ 99 Abs. 7 Nr. 3 GWB)	Liefer-, Bau- und Dienstleistungsvertrag im unmittelbaren Zusammenhang mit Militärausrüstung (§ 99 Abs. 7 Nr. 3 Alt. 1 GWB)	Liefer-, Bau- und Dienstleistungsvertrag im unmittelbaren Zusammenhang mit Ausrüstung im Rahmen eines VS-Auftrags (§ 99 Abs. 7 Nr. 3 Alt. 2 GWB)

B. Systematik der Definition der verteidigungs- und sicherheitsrelevanten Aufträge

	Verteidigungs- und sicherheitsrelevante Aufträge	
	Militärische Aufträge	**Verschlusssachenaufträge**
Zweckbezogene Bau- und Dienstleistungsverträge (§ 99 Abs. 7 Nr. 4 GWB)	Bau- und Dienstleistungsvertrag speziell für militärische Zwecke (§ 99 Abs. 7 Nr. 4 Alt. 1 GWB)	Bau- und Dienstleistungsvertrag im Rahmen eines VS-Auftrags (§ 99 Abs. 7 Nr. 4 Alt. 2 GWB)

Abbildung 1: Verteidigungs- und sicherheitsrelevante Aufträge

Im Hinblick auf diese drei Unterkategorien von verteidigungs- und sicherheitsrelevanten Aufträgen wird die Verteidigungs- und Sicherheitsrelevanz sehr unterschiedlich definiert.

Bei den militärischen Aufträgen kommt es für die Aufträge nach § 99 Abs. 7 Nr. 1 und 3 Alt. 1 GWB auf die Definition der Militärausrüstung in § 99 Abs. 8 GWB an, während für die Aufträge nach § 99 Abs. 7 Nr. 4 Alt. 1 GWB die militärische Zweckbestimmung maßgeblich ist. Dies steht in Übereinstimmung mit den entsprechenden Begriffsbestimmungen der VSVKR in Art. 2 lit. a) i. V. m. Art. 1 Nr. 6 sowie Art. 2 lit. d) VSVKR.

Im Hinblick auf die Verschlusssachenaufträge hat der deutsche Gesetzgeber ein von der VSVKR abweichendes Konzept verfolgt. Den in § 99 Abs. 9 GWB definierten Begriff des „Verschlusssachenauftrags" kennt die VSVKR nicht. Vielmehr wird die Sicherheitsrelevanz insoweit dadurch herbeigeführt, dass die Ausrüstung bzw. die Bauleistungen und Dienstleistungen „sensibel" sind. Für diese gilt die Definition in Art. 1 Nr. 7 VSVKR, die folgenden Wortlaut hat:

„Sensible Ausrüstung", „sensible Bauleistungen" und „sensible Dienstleistungen": Ausrüstung, Bauleistungen und Dienstleistungen für Sicherheitszwecke, bei denen Verschlusssachen verwendet werden oder die solche Verschlusssachen erfordern und/oder beinhalten"

Inwieweit sich diese Abweichung auf die Auslegung der Definition der verteidigungs- und sicherheitsrelevanten Aufträge auswirkt, ist im Rahmen der nachfolgenden Betrachtung der einzelnen Unterkategorien und Alternativen dieser Auftragskategorie zu hinterfragen.

Da das Vorliegen eines verteidigungs- und sicherheitsrelevanten Auftrags für die Bestimmung der maßgeblichen Vergaberegeln von entscheidender Bedeutung ist, handelt es sich um einen dokumentationspflichtigen Umstand. Die Vergabestelle ist gemäß § 43 Abs. 1 VSVgV gehalten, die Umstände, auf denen die Qualifikation des Vergabegegenstands als verteidigungs- und sicherheitsrelevant gründet, durch Vergabevermerk in den Unterlagen festzuschreiben und gegebenenfalls zu erläutern. Soweit sich im Rahmen des Verfahrens Änderungen ergeben, ist jeweils zu prüfen, ob die Merkmale eines verteidigungs- und sicherheitsrelevanten Auftrags noch vorliegen. Mangelnde Dokumentation geht zu Lasten der Vergabestelle.

C. Verteidigungs- und sicherheitsrelevante Lieferverträge über Ausrüstung (§ 99 Abs. 7 Nr. 1 und 2 GWB)

Zu den verteidigungs- und sicherheitsrelevanten Aufträgen gehören Aufträge über die Lieferung von Militärausrüstung (§ 99 Abs. 7 Nr. 1 GWB) sowie Aufträge über die Lieferung von Ausrüstung im Rahmen eines sogenannten Verschlusssachenauftrags i. S. d. § 99 Abs. 9 GWB. In beiden Fällen handelt es sich um einen Auftrag über die Lieferung von Ausrüstung. Im Hinblick auf die Sicherheitsrelevanz unterscheiden sich diese beiden Auftragstypen: Während es bei dem Auftrag nach § 99 Abs. 7 Nr. 1 GWB auf den militärischen Charakter der Ausrüstung ankommt, kann es sich beim Verschlusssachenauftrag sowohl um militärische als auch um sonstige Ausrüstung handeln, wobei der Auftrag nur dann verteidigungs- und sicherheitsrelevant ist, wenn der geforderte Verschlusssachenbezug vorliegt.

I. Lieferverträge über Ausrüstung

1. Auftragstyp

Die verteidigungs- und sicherheitsrelevanten Aufträge nach § 99 Abs. 7 Nr. 1 und 2 GWB sind Aufträge über Lieferungen i. S. d. § 99 Abs. 2 GWB. Sie dienen der Beschaffung von Ausrüstungsgegenständen. Es muss dem öffentlichen Auftraggeber darum gehen, sich die Verfügung über diese Gegenstände zu verschaffen, insbesondere um diese für eigene oder fremde Zwecke zu gebrauchen. Rechtlich kann es sich hierbei insbesondere um den käuflichen Erwerb handeln, so dass der Auftrag als Kaufvertrag nach § 433 BGB zu qualifizieren ist. § 99 Abs. 2 GWB erwähnt auch ausdrücklich den Ratenkauf. Hierunter wird in aller Regel der Ratenzahlungsvertrag verstanden, bei dem für den Erwerb des Kaufgegenstands der Preis in Raten gezahlt wird. In Betracht kommt auch der Ratenliefervertrag, bei dem der Kaufgegenstand in Teilleistungen, regelmäßig oder wiederkehrend geliefert wird (vgl. § 510 Abs. 1 BGB). Lieferverträge liegen nicht nur vor, wenn die Waren zum Erwerb im Eigentum beschafft werden. Wie die beispielhafte Aufzählung in § 99 Abs. 2 GWB verdeutlicht, ist auch die vorübergehende Beschaffung der Verfügungsgewalt über Waren durch Leasing, Miet- oder Pachtverhältnisse (§§ 535, 581 BGB) unabhängig davon, ob diese mit einer Kaufoption versehen sind oder nicht, von dem Begriff der Lieferung erfasst.[7]

Gemäß § 99 Abs. 2 Satz 2 GWB können Lieferverträge auch Nebenleistungen umfassen, die nicht als Beschaffung von Gegenständen angesehen werden können. Dies können insbesondere Finanzierungsleistungen sein, wie sie mit einem Ratenzahlungsvertrag einhergehen, bei dem der Verkäufer dem Käufer für die später zu zahlenden Kaufpreisraten einen Kredit einräumt. Typische weitere Nebenleistungen sind Mon-

---

[7] *Heuvels*, in: Heuvels/Höß/Kuß/Wagner, Vergaberecht, 2013, § 98 Rn. 24.

tage- und Wartungsarbeiten, die mit der Lieferung einhergehen und den Einsatz des Beschaffungsgegenstands ermöglichen oder erleichtern. Je nach Umfang der Nebenleistung bedarf es der Abgrenzung des Liefervertrags vom Bauauftrag i. S. d. § 99 Abs. 3 GWB oder Dienstleistungsauftrag i. S. d. § 99 Abs. 4 GWB. Zur Abgrenzung eines Lieferauftrages vom Bauauftrag enthält § 99 GWB keine Regelung. Insoweit können die Vorgaben für die Abgrenzung zwischen Liefer- und Dienstleistungsauftrag sowie zwischen Bau- und Dienstleistungsauftrag in § 99 Abs. 10 Satz 1 und 2 GWB entsprechend herangezogen werden.[8] Dabei bedarf es jeweils einer Betrachtung im Einzelfall. Für die Abgrenzung des Liefervertrags vom Dienstleistungsvertrag stellt § 99 Abs. 10 Satz 1 GWB darauf ab, ob der Wert der Ware oder der Wert der Dienstleistung überwiegt.

Nicht einfach ist die Einordnung von Werklieferungsverträgen nach § 651 BGB, die die Lieferung herzustellender oder zu erzeugender beweglicher Sachen zum Gegenstand haben. Nach § 651 BGB finden auf solche Verträge die Vorschriften über den Kauf und teilweise auch Vorschriften des Werkvertragsrechts Anwendung. Teilweise werden sie ohne Differenzierung als Lieferauftrag angesehen.[9] Andere differenzieren nach dem Schwerpunkt der vertraglichen Leistung.[10]

2. Auftragsgegenstand

Gegenstand der Lieferung sowohl des Auftrags nach § 99 Abs. 7 Nr. 1 als auch des Auftrags nach § 99 Abs. 7 Nr. 2 GWB ist eine „Ausrüstung". Eine Bezugnahme auf den Begriff des Lieferauftrags nach § 99 Abs. 2 GWB fehlt. Es kann daher dahinstehen, ob Gegenstand eines Vertrags über die Lieferung von Ausrüstung eine „Ware" sein muss. Der Begriff der Ware wird nämlich in Anlehnung an den Warenbegriff im Zusammenhang mit der EU-Grundfreiheit des freien Warenverkehrs nach Art. 28 ff. AEUV verstanden,[11] bei dem sich die Frage stellt, ob er nur körperliche Gegenstände erfasst[12] oder auch nicht notweniger Weise körperliche Gegenstände einschließt.[13] Der Begriff der Ausrüstung ist demgegenüber offener, da er offenlässt, welcher Art der Gegenstand des Liefervertrags ist.[14] Maßgeblich für den Ausrüstungsbegriff ist die Funktion des Gegenstands. Jemand „rüstet" sich, indem er sich ausstattet, um einen bestimmten Zweck zu erfüllen. Der Begriff der „Rüstung" hat zwar einen militärischen Hintergrund. Eine Ausrüstung ist dagegen nicht hierauf beschränkt. Ausschlaggebend ist, ob der

---

[8] *Wegener*, in: Pünder/Schellenberg, Vergaberecht, 2011, § 99 Rn. 89 f.

[9] *Dreher*, in: Immenga/Mestmäcker, Wettbewerbsrecht: GWB, 4. Aufl. 2007, § 99 Rn. 93.

[10] OLG Düsseldorf, NZBau 2001, 106; vgl. *Wegener*, in: Pünder/Schellenberg, Vergaberecht, 2011, § 99 Rn. 90.

[11] *Wegener*, in: Pünder/Schellenberg, Vergaberecht, 2011, § 99 Rn. 73.

[12] In diesem Sinne: EuGH, Rs. 1/77, Slg. 1977, 1473; *Leible/Streinz*, in: Grabitz/Hilf/Nettesheim, Das Recht der EU, EL 42, Stand 2010, Art. 34 Rn. 28.

[13] *Wegener*, in: Pünder/Schellenberg, Vergaberecht, 2011, § 99 Rn. 73; in diesem Sinne wohl auch OLG Celle, Beschl. v. 14.09.2006, 13 Verg 2/06, juris, Rn. 11, wo im Hinblick auf den Erwerb einer Software ein Lieferauftrag nach § 99 Abs. 2 GWB angenommen wird.

[14] *Scherer-Leydecker*, NZBau 2012, 533, 535.

vorgesehene Nutzer die Ausrüstung zur Unterstützung oder Förderung des von ihm verfolgten Ziels gebraucht. Dabei wird man zur Vermeidung von Missbrauch fordern müssen, dass der Gegenstand zur Erzielung des betreffenden Zwecks auch geeignet ist. Nicht erforderlich ist, dass die Ausrüstung tatsächlich zur Erreichung des verfolgten Zwecks erforderlich ist.[15]

Wie im Zusammenhang mit dem Warenbegriff nach EU-Primärrecht stellt sich die Frage, ob der Begriff der Ausrüstung auch nichtkörperliche Gegenstände, insbesondere die Beschaffung von Software oder sonstigen unkörperlichen Gegenständen, insbesondere von Nutzungsrechten umfasst. Ausgehend von dem funktionalen Ansatz des Ausrüstungsbegriffs ist davon auszugehen, dass solche unkörperlichen Gegenstände Ausrüstung i. S. d. § 99 Abs. 7 Nr. 1 und 2 GWB sind. Für Software wird dies auch dadurch bestätigt, dass diese notwendigerweise Teil des Computers oder der sonstigen Geräte ist, in denen sie eingesetzt wird und die in jedem Fall Ausrüstung darstellen. § 99 Abs. 7 Nr. 1 und 2 GWB legen ausdrücklich fest, dass auch Teile, die zu Ausrüstungsgegenständen gehören, Gegenstand der Lieferung solcher verteidigungs- und sicherheitsrelevanter Aufträge sein können.

II. Verteidigungs- und Sicherheitsrelevanz

Im Hinblick auf die Verteidigungs- und Sicherheitsrelevanz ist zwischen den militärischen Aufträgen zur Lieferung von Ausrüstung (§ 99 Abs. 7 Nr. 1 GWB) und dem Verschlusssachenaufträgen zur Lieferung von Ausrüstung (§ 99 Abs. 7 Nr. 2 GWB) zu unterscheiden.

1. *Militärausrüstung*

Gegenstand des Auftrags nach § 99 Abs. 7 Nr. 1 GWB ist Militärausrüstung, die in § 99 Abs. 8 GWB legal definiert ist. Voraussetzung ist danach, dass die Ausrüstung zum einen eigens zu militärischen Zwecken konzipiert oder für militärische Zwecke angepasst ist und zum anderen zum Einsatz als Waffe, Munition oder Kriegsmaterial bestimmt ist. Die Definition orientiert sich insoweit an den Begrifflichkeiten des Art. 346 Abs. 1 lit. b) AEUV.

a) Militärische Zweckbestimmung

Die Ausrüstung muss militärischen Zwecken dienen. Dabei ist es irrelevant, ob sie von vornherein zu diesen Zwecken konzipiert wurde oder zu anderen Zwecken entworfen wurde, später aber für militärische Zwecke angepasst wurde. Die Anpassung für militärische Zwecke kann auch bereits dadurch erfolgen, dass dem Ausrüstungsgegenstand ohne physische Veränderung eine bisher nicht vorhandene militärische Zweck-

---

[15] *Scherer-Leydecker*, NZBau 2012, 533, 535.

C. Verteidigungs- und sicherheitsrelevante Lieferverträge über Ausrüstung

bestimmung gegeben wird.[16] Insbesondere, wenn die Ausrüstungsgegenstände im Feld verwendet werden, wird in der Regel eine Anpassung notwendig sein, z. B. ein Tarnanstrich oder bestimmte Sicherheitseinstellungen, zwingend ist dies jedoch nicht. Im Hinblick auf Sinn und Zweck der Bestimmung ist eine weite Auslegung insoweit angezeigt.[17] Dem kommt insbesondere im Hinblick auf Dual-Use-Güter Bedeutung zu. Hierbei handelt es sich gemäß Art. 2 Nr. 1 der Verordnung (EG) Nr. 428/2009 über eine Gemeinschaftsregelung für die Kontrolle der Ausfuhr, der Verbringung, der Vermittlung und der Durchfuhr von Gütern mit doppeltem Verwendungszweck (Dual-Use-Verordnung) um Güter einschließlich Datenverarbeitungsprogrammen und Technologien, die sowohl für zivile als auch für militärische Zwecke verwendet werden können. Die Aufzählung in den Anhängen der Dual-Use-Verordnung indiziert noch nicht den militärischen Verwendungszweck, sondern bedeutet nur, dass eine militärische Verwendung in Betracht kommt. Nur wenn der Ausrüstungsgegenstand tatsächlich für die Verwendung zu militärischen Zwecken bestimmt ist, kann es sich um eine Militärausrüstung i. S. d. § 99 Abs. 8 GWB handeln. Die Verwendung zu militärischen Zwecken muss über das gesamte Ausschreibungsverfahren hinweg bis zum Zuschlag vorliegen. Den Einsatzzweck darf die Vergabestelle nicht offenlassen, wenn sie sich auf die Privilegierungen des Verteidigungs- und Sicherheitsvergaberechts berufen will.[18]

Die Charakterisierung eines Ausrüstungsgegenstandes als militärisch setzt voraus, dass er für den Einsatz durch die Streitkräfte, in Deutschland durch die Bundeswehr vorgesehen ist. Der EuGH verwendet insoweit den Begriff des „Militärkorps". Polizeikräfte sind keine Militäreinheiten, da sie nicht für den Kampfeinsatz, sondern für die Aufrechterhaltung von Sicherheit und Ordnung vorgesehen sind.

Auch Militärkorps können zu zivilen Zwecken eingesetzt werden. Insoweit werden sie nicht militärisch tätig, so dass Ausrüstung, die für diese Zwecke bestimmt ist, keine militärische Ausrüstung ist.

Bei Anschaffungen der Bundeswehr bzw. für die Bundeswehr ist daher zu differenzieren. Die Hauptaufgabe der Bundeswehr ist gemäß Art. 87 a Abs. 1 Satz 1 GG die Landesverteidigung. Zu diesem Zweck wurde sie als Militärkorps gegründet. Hierbei handelt es sich um den typischen militärischen Einsatzzweck von Streitkräften. Darüber hinaus ist die Bundesrepublik Deutschland Mitglied von Systemen der kollektiven Sicherheit nach Art. 24 Abs. 2 GG. Hierunter fallen insbesondere Auslandseinsätze der Bundeswehr im Rahmen der UNO oder der NATO.[19] Soweit die Ausrüstung zum Einsatz für diese Aufgaben der Bundeswehr angeschafft wird, dient sie militärischen Zwecken.

---

[16] Anders zu Art. 296 Abs. 1 lit. b) EG (heute Art. 346 Abs. 1 lit. b) AEUV): EuGH, EuZW 2012, 631, 633.

[17] *Scherer-Leydecker*, NZBau 2012, 533, 535.

[18] EuGH, Slg. 2008, I-2195; GA Ruiz-Jarabo Colomer, Schlussantrag v. 10.02.2009 – C-284/05; *Scherer-Leydecker*, in: Heuvels/Höß/Kuß/Wagner, Vergaberecht, 2013, § 99 Rn. 89.

[19] BVerfGE 90, 286.

Darüber hinaus kann die Bundeswehr gemäß Art. 35 Abs. 2 Satz 2 GG zur Hilfe bei einer Naturkatastrophe oder bei einem besonders schweren Unglücksfall sowie gemäß Art. 87a Abs. 4 GG zur Unterstützung der Polizei beim Schutz ziviler Objekte und bei der Bekämpfung organisierter und militärisch bewaffneter Aufständischer eingesetzt werden.[20] Soweit die Ausrüstungsgegenstände solchen zivilen Nutzungen durch die Bundeswehr dienen, handelt es sich nicht um Militärausrüstung i. S. d. § 99 Abs. 8 GWB.

b) Einsatz als Waffe, Munition oder Kriegsmaterial

Der militärische Verwendungszweck allein macht einen Ausrüstungsgegenstand noch nicht zur Militärausrüstung. Die Definition des § 99 Abs. 8 GWB verlangt darüber hinaus, dass die Ausrüstung zum Einsatz als Waffe, Munition oder Kriegsmaterial bestimmt ist.

Die Waffendefinition des § 1 Abs. 2 und 4 i. V. m. Anhang 1 und 2 des Waffengesetzes (WaffG) ist im Hinblick auf den im Rahmen des § 99 Abs. 8 GWB maßgeblichen militärischen Verwendungszweck zu eng, da von ihr in erster Linie Schuss-, Hieb- und Stoßwaffen erfasst werden, die im Rahmen der Aufrechterhaltung von Sicherheit und Ordnung vorrangig von Bedeutung sind.

Für den militärischen Bereich ist auf das Begriffsverständnis im Rahmen des Kriegswaffenkontrollrechts abzustellen. Nach § 1 des Kriegswaffenkontrollgesetzes (KrWaffKontrG) sind Kriegswaffen, also zur Kriegsführung bestimmte Waffen, die in der Anlage zu diesem Gesetz (Kriegswaffenliste) aufgeführten Gegenstände, Stoffe und Organismen. Diese Liste kann gemäß § 1 Abs. 2 KrWaffKontrG geändert oder ergänzt werden im Hinblick auf

> *„alle Gegenstände, Stoffe und Organismen [...], die geeignet sind, allein, in Verbindung miteinander oder mit anderen Gegenständen, Stoffen oder Organismen Zerstörungen oder Schäden an Personen oder Sachen zu verursachen und als Mittel der Gewaltanwendung bei bewaffneten Auseinandersetzungen zwischen Staaten zu dienen."*

Die Ausrüstungsgegenstände, die in der Kriegswaffenliste (Anlage zum KrWaffKontrG) aufgezählt sind, sind daher in aller Regel Waffen auch i. S. d. § 99 Abs. 8 GWB.

Waffen sind auch Waffensysteme, wie Kampfflugzeuge, Kampfhubschrauber, Kriegsschiffe oder Kampffahrzeuge (Kampfpanzer) sowie Einrichtungen, die der Bedienung der Waffen dienen wie integrierte Waffensysteme, die z. B. über Zielerfassung, Feuerleitung und entsprechende Schnittstellen verfügen (vgl. Teil B Ziff. 13.1 und 14.1 der Kriegswaffenliste).

---

[20] BVerfG, NVwZ 2012, 1239 ff.; NJW 2006, 751.

C. Verteidigungs- und sicherheitsrelevante Lieferverträge über Ausrüstung

Die Definition des § 99 Abs. 8 GWB erfasst neben der Waffe auch die Munition. Zahlreiche Waffen, insbesondere Schusswaffen, entfalten ihre Wirkung erst durch Verwendung von Munition. Sie ist Träger der waffenspezifischen Wirkung zur Herbeiführung der Zerstörungen und Schäden sowie zur Anwendung von Gewalt. Insbesondere bei Flugkörpern (Teil B Ziff. 7. bis 12. der Kriegswaffenliste) ist die Abgrenzung zwischen Waffe und Munition kaum möglich. Das KrWaffKontrG trägt dem mit seiner umfassenden Waffendefinition Rechnung, die auch Munition erfasst. Die Kriegswaffenliste zählt Munition und Gefechtsköpfe ausdrücklich als Kriegswaffen auf (vgl. Teil B Ziff. 40. bis 60. Kriegswaffenliste).

Als dritte Alternative zählt § 99 Abs. 8 GWB neben Waffen und Munition das Kriegsmaterial auf. Dieser Begriff ist umfassend und schließt bereits Waffen und Munition ein, geht aber über diese militärtypischen Ausrüstungsgegenstände hinaus. Im Unterschied zu den EU-rechtlich geprägten Vorschriften des Vergaberechts und des Art. 346 AEUV nennt § 7 des Außenwirtschaftsgesetzes (AWG) neben den Waffen und der Munition nicht das Kriegsmaterial, sondern das Kriegsgerät (vgl. § 7 Abs. 2 Nr. 1 lit. a) und b) sowie Nr. 3 AWG). Angesichts des technischen Charakters von Geräten dürfte der Begriff des Kriegsmaterials weiter sein als derjenige von Kriegsgerät. Der Begriff des Kriegsmaterials umfasst sämtliche Gegenstände, die für den militärischen Kampfeinsatz oder zur militärischen Gefechtsführung bestimmt sind. Einige der in der Kriegswaffenliste aufgezählten Gegenstände wie Minenräumboote, Landungsboote oder Munitionstransporter dürfen hierunter zu fassen sein. Soweit sie nicht bereits Bestandteil von Waffen oder Waffensystemen sind, kommen darüber hinaus beispielsweise Schutz- und Tarnausrüstung, Gefechtsleit- und Zieleinrichtungen sowie Instandhaltungs-, Transport- und Pionierausrüstung als sonstiges Kriegsmaterial in Betracht.[21]

Wie die militärische Zweckbestimmung muss auch die Bestimmung zur Verwendung als Waffe, Munition oder Kriegsmaterial nicht nur zu Beginn des Vergabeverfahrens, sondern über das gesamte Verfahren hinweg bis zur Zuschlagsentscheidung vorliegen.

2. Verschlusssachenauftrag

Der Vertrag über die Lieferung von Ausrüstung erlangt Verteidigungs- oder Sicherheitsrelevanz auch dadurch, dass er im Rahmen eines sogenannten Verschlusssachenauftrags nach § 99 Abs. 9 GWB vergeben wird. Die Definition des Verschlusssachenauftrags verlangt, dass es sich um einen Auftrag „für Sicherheitszwecke" handelt, dass eine Verschlusssache nach § 4 des Gesetzes über die Voraussetzungen und das Verfahren von Sicherheitsüberprüfungen des Bundes (SÜG) oder nach den entsprechenden Bestimmungen der Länder vorliegt und zwischen dem Auftrag und der Verschlusssache ein nach § 99 Abs. 9 Nr. 1 und 2 näher spezifizierter Zusammenhang besteht.

---

[21] *Scherer-Leydecker*, NZBau 2012, 533, 536.

a) Auftrag für Sicherheitszwecke

Der zu vergebende Auftrag über die Lieferung von Ausrüstung muss Sicherheitszwecken dienen. Der Begriff der Sicherheit ist aus dem Gefahrenabwehrrecht bekannt, das der Aufrechterhaltung der öffentlichen Sicherheit und Ordnung dient. In diesem Zusammenhang ist der Begriff der Sicherheit sehr weitgehend und umfasst die Einhaltung sämtlicher Vorschriften des öffentlichen Rechts. Dieses Verständnis liegt nicht der Definition des § 99 Abs. 9 GWB zugrunde. Die VSVKR schafft ein Sondervergaberecht für den eng umgrenzten Bereich der Verteidigung und Sicherheit. Im Hinblick auf Sicherheitsausrüstungen wird in dem Erwägungsgrund (8) VSVKR die besondere Bedeutung solcher Ausrüstung sowohl für die Sicherheit und Souveränität der Mitgliedstaaten als auch für die Autonomie der Union betont. Im Hinblick auf die nichtmilitärische Sicherheit wird in Erwägungsgrund (11) VSVKR folgendes ausgeführt:

> *„Im speziellen Bereich der nicht-militärischen Sicherheit sollte diese Richtlinie für Beschaffungen gelten, die ähnliche Merkmale aufweisen wie Beschaffungen im Verteidigungsbereich und ebenso sensibel sind. Dies kann insbesondere in den Bereichen der Fall sein, in denen militärische und nicht-militärische Einsatzkräfte bei der Erfüllung derselben Missionen zusammenarbeiten und/oder die Beschaffung dazu dient, die Sicherheit der Union und/oder der Mitgliedstaaten auf ihrem Hoheitsgebiet oder darüber hinaus vor ernsten Bedrohungen durch nicht-militärische und/oder nicht staatliche Akteure zu schützen. Dies kann beispielsweise den Grenzschutz, polizeiliche Tätigkeiten und Kriesen-einsätze einschließen."*

In Erwägungsgrund (7) wird die klassische Unterscheidung zwischen äußerer und innerer Sicherheit aufgegriffen. Die äußere Sicherheit umfasst den Schutz vor internationalen und zwischenstaatlichen Bedrohungen und hat daher vornehmlich militärischen Charakter. Die innere Sicherheit betrifft den Schutz vor terroristischen, kriminellen und vergleichbaren Bedrohungen. Hierbei wird davon ausgegangen, dass „asymmetrische und länderübergreifende Bedrohungen dazu geführt [haben], dass sich die Grenzen zwischen äußerer und innerer und zwischen militärischer und nicht-militärischer Sicherheit zunehmend verwischt [haben]." Da die Definition in dieser Hinsicht nicht differenziert, kommt es auf eine Abgrenzung zwischen diesen Bereichen im Rahmen der Definition des § 99 Abs. 9 GWB nicht an.

Nur ein Auftrag, der einem Sicherheitszweck in diesem Sinne dient, kann ein Verschlusssachenauftrag sein. Die Ausrüstung muss daher einen inneren Zusammenhang zu dem Schutz vor inneren oder äußeren Bedrohungen aufweisen. Die Aktivitäten, zu denen die Ausrüstung beschafft und eingesetzt werden soll, müssen der Abwehr solcher Bedrohungen dienlich sein.

Nach der Definition des § 99 Abs. 9 GWB muss der Auftrag als Ganzes Sicherheitszwecken dienen. Insoweit weicht die deutsche Definition wegen des abweichenden Regelungskonzepts des Gesetzgebers des GWB von der Definition in Art. 1 Nr. 7

C. Verteidigungs- und sicherheitsrelevante Lieferverträge über Ausrüstung

VSVKR ab. Nach der europäischen Definition muss es sich um Ausrüstung „für Sicherheitszwecke" handeln, also die Ausrüstung selbst, diesem Zweck dienen. Vielfach dürfte der Sicherheitszweck des Auftrags als Ganzes durch die sensible Ausrüstung begründet sein bzw. dürften sowohl Ausrüstung als auch Auftrag Sicherheitszwecken dienen. Jedenfalls muss im Zweifel die deutsche Definition EU-rechtskonform so ausgelegt werden, dass in jedem Fall auch die Ausrüstung den Sicherheitszwecken dienen muss. Ist dies nicht der Fall, kann das Vorliegen eines verteidigungs- und sicherheitsrelevanten Auftrags nach dieser Definition nicht bejaht werden.[22]

b) Verschlusssache

Der Sicherheitszweck allein genügt nicht, um die erforderliche Verteidigungs- und Sicherheitsrelevanz zu begründen. Die Definition des Verschlusssachenauftrags verlangt darüber hinaus das Vorliegen einer Verschlusssache, die erst die besondere Sensibilität des Auftrags bzw. der Ausrüstung ausmacht und dokumentiert.

Die VSVKR gibt in Art. 1 Nr. 8 die Definition der Verschlusssache wie folgt vor:

> *„Verschlusssachen": Informationen bzw. Material, denen/dem unabhängig von Form, Beschaffenheit oder Art der Übermittlung ein Geheimhaltungsgrad zugewiesen ist oder für die (das) eine Schutzbedürftigkeit anerkannt wurde und die (das) im Interesse der nationalen Sicherheit und nach den in dem betreffenden Mitgliedstaat geltenden Rechts- und Verwaltungsvorschriften gegen Missbrauch, Zerstörung, Entfernung, Bekanntgabe, Verlust oder Zugriff durch Unbefugte oder jede andere Art der Preisgabe an Unbefugte geschützt werden müssen (muss)".*[23]

Diese Definition wird in § 99 Abs. 9 GWB nicht aufgegriffen. Stattdessen verweist die deutsche Definition auf den Verschlusssachenbegriff des § 4 SÜG. Danach sind Verschlusssachen wie folgt geregelt:

> *„§ 4 Verschlusssachen*[24]
>
> *(1) Verschlusssachen sind im öffentlichen Interesse geheimhaltungsbedürftige Tatsachen, Gegenstände oder Erkenntnisse, unabhängig von ihrer Darstellungsform. Sie werden entsprechend ihrer Schutzbedürftigkeit von einer amtlichen Stelle oder auf deren Veranlassung eingestuft.*

---

[22] Scherer-Leydecker, in: Heuvels/Höß/Kuß/Wagner, Vergaberecht, 2013, § 99 Rn. 101.

[23] Englischer Wortlaut: 'Classified information' means any information or material, regardless of the form, nature or mode of transmission thereof, to which a certain level of security classification or protection has been attributed, and which, in the interests of national security and in accordance with the laws, regulations or administrative provisions in force in the Member State concerned, requires protection against any misappropriation, destruction, removal, disclosure, loss or access by any unauthorised individual, or any other type of compromise.

[24] Der Begriff der Verschlusssache wurde von der alten Rechtschreibung („Verschlußsachen") in die neue Rechtschreibung geändert.

(2) Eine Verschlusssache ist

1.

STRENG GEHEIM, wenn die Kenntnisnahme durch Unbefugte den Bestand oder lebenswichtige Interessen der Bundesrepublik Deutschland oder eines ihrer Länder gefährden kann,

2.

GEHEIM, wenn die Kenntnisnahme durch Unbefugte die Sicherheit der Bundesrepublik Deutschland oder eines ihrer Länder gefährden oder ihren Interessen schweren Schaden zufügen kann,

3.

VS-VERTRAULICH, wenn die Kenntnisnahme durch Unbefugte für die Interessen der Bundesrepublik Deutschland oder eines ihrer Länder schädlich sein kann,

4.

VS-NUR FÜR DEN DIENSTGEBRAUCH, wenn die Kenntnisnahme durch Unbefugte für die Interessen der Bundesrepublik Deutschland oder eines ihrer Länder nachteilig sein kann."

Der Vergleich zwischen der europäischen und deutschen Definition zeigt erhebliche Abweichungen im Wortlaut. Materiell fällt insbesondere auf, dass der Geheimhaltungsschutz nach Art. 1 Nr. 8 VSVKR „im Interesse der nationalen Sicherheit"/„in the intrests of national security" festgelegt sein muss.[25] Dies ist auch vor dem Hintergrund zu sehen, dass nach dem Willen des EU-Richtliniengebers Beschaffungen im nichtmilitärischen Bereich nur insoweit dem privilegierenden Sonderregime der VSVKR zu unterwerfen sind, als die Beschaffungen ähnliche Merkmale aufweisen wie Beschaffungen im Verteidigungsbereich und ebenso sensibel sind (Erwägungsgrund (11) VSVKR). Dabei hat der Richtliniengeber erkannt, dass im Bereich der nichtmilitärischen Sicherheit sich die Lage des Schutzes von Informationen weniger einheitlich darstellt als im militärischen Bereich. Es wurde daher der Ansatz verfolgt, den vielfältigen Praktiken der Mitgliedstaaten Rechnung zu tragen (Erwägungsgrund (20) VSVKR), was mit der Vorgabe einer verbindlichen Verschlusssachendefinition in Art. 1 Nr. 8 VSVKR erfolgt ist. Die deutsche Definition ist daher an dieser Begriffsbestimmung zu messen. Soweit die Definition in § 99 Abs. 9 GWB i. V. m. § 4 SÜG über die EU-Definition hinaus geht, ist sie europarechtswidrig. Insbesondere im Hinblick auf die als VS-VERTRAULICH oder VS-NUR FÜR DEN DIENSTGEBRAUCH klassifizierten Verschlusssachen sind daher zu hinterfragen. Soweit die Einstufung erfolgt, weil sie

---

[25] Zur Auslegung des Wortlauts unter Berücksichtigung der englischen Sprachfassung vgl. *Scherer-Leydecker*, NZBau 2012, 533, 538; *Scherer-Leydecker*, in: Heuvels/Höß/Kuß/Wagner, Vergaberecht, 2013, § 99 Rn. 103 ff.

schädlich oder nachteilig sein kann, ohne dass dabei die nationale Sicherheit betroffen ist, geht die deutsche Definition über die europäische Definition hinaus und ist daher EU-rechtswidrig. Insofern ist auch nicht mehr ein gleichartiger Schutz geboten wie im militärischen Bereich.

In vielen Fällen dürfte bereits die Voraussetzung, dass der Auftrag Sicherheitszwecken dienen muss (siehe oben a)) zur Folge haben, dass auch die Geheimhaltungsbedürftigkeit Sicherheitszwecken geschuldet ist. Zwingend ist dies allerdings nicht, da die Klassifizierung auch aus anderen Gründen erfolgen kann, die unabhängig von der nationalen Sicherheit sind. Dabei muss der Sicherheitsbegriff in gleicher Weise verstanden werden wie im Hinblick auf den im Tatbestand des § 99 Abs. 9 GWB verwendeten Sicherheitsbegriff (vgl. oben a)). Die deutsche Definition muss EU-rechtskonform ausgelegt werden. Es bedarf daher der Prüfung im Einzelfall, ob die Qualifizierung als Verschlusssache im nationalen Interesse erfolgt. Ist dies nicht der Fall und liegt auch aus sonstigen Gründen kein verteidigungs- und sicherheitsrelevanter Auftrag vor, muss die Vergabe nach allgemeinen Regeln erfolgen.

Das SÜG gilt für alle Verschlusssachen des Bundes, also Verschlusssachen, die von Bundesbehörden ausgegeben werden. Der Umgang mit solchen Verschlusssachen wird durch das SÜG und die Allgemeine Verwaltungsvorschrift des Bundesministeriums des Innern zum materiellen und organisatorischen Schutz von Verschlusssachen (VS-Anweisung – VSA)[26] und für den Geheimschutz in der Wirtschaft das Geheimschutzhandbuch des Bundesministeriums für Wirtschaft und Technologie, das zur Anwendung kommt, wenn Unternehmen Verschlusssachen-Aufträge erhalten, geregelt. Diese Anforderungen müssen unabhängig vom Vergaberecht beachtet werden und sind gegebenenfalls im Vergabeverfahren zu berücksichtigen.

Soweit Verschlusssachen der Länder betroffen sind, gelten die landesrechtlichen Sicherheitsüberprüfungsgesetze, die die gleichen Definitionen wie das SÜG enthalten. Auch insoweit unterliegt die Umsetzung der VSVKR durch § 99 Abs. 9 GWB Bedenken.

c) Verwendung, Erfordernis oder Beinhaltung

Im Hinblick darauf, wie die Verschlusssache in den Auftrag einbezogen sein muss, damit der Auftrag zum Verschlusssachenauftrag wird, enthält § 99 Abs. 9 Nr. 1 und 2 GWB Festlegungen, die sich an der Definition der „sensiblen Ausrüstung" in Art. 1 Nr. 7 VSVKR orientieren. Danach muss es sich um eine Ausrüstung handeln, bei der Verschlusssachen verwendet werden oder die solche Verschlusssachen erfordern und/oder beinhalten. Wie bereits bei dem Tatbestandsmerkmal „Auftrag für Sicherheitszwecke" wirkt sich hier die abweichende Umsetzungskonzeption des deutschen Gesetzgebers aus. Während es nach der europäischen Definition darauf ankommt, dass bei dem Gegenstand der Lieferung, also der Ausrüstung, Verschlusssachen ver-

---

[26] GMBl. 2010, 846 ff.

wendet werden oder die Ausrüstung selbst Verschlusssachen erfordert und/oder beinhaltet, werden diese Anforderungen im Rahmen der deutschen Definition auf den Auftrag als Ganzes bezogen, bei dessen Erfüllung oder Erbringung die Verschlusssachen verwendet werden oder der als Auftrag Verschlusssachen erfordert oder beinhaltet. Zumindest im Hinblick auf die erste Alternative fragt sich auch, ob die deutsche Fassung des Art. 1 Nr. 7 VSVKR zutreffend ist. Nach der englischen Fassung ist „sensitive equipment" „equipment [...] involving requiring and/or containing classified information". Der Wortlaut lässt die Intention erkennen, den Bezug zwischen der Verschlusssache und dem Auftragsgegenstand recht umfassend zu erfassen. Sobald in irgendeiner Weise Verschlusssachen einbezogen sind, ist die Verteidigungs- und Sicherheitsrelevanz zu bejahen. Das ist insbesondere der Fall, wenn Bestandteil der Vergabeunterlagen Verschlusssachen sind oder der Ausrüstungsgegenstand selbst eine Verschlusssache ist.[27] Ob die ungenaue Umsetzung durch den deutschen Gesetzgeber in der Praxis Auswirkungen haben wird, bleibt abzuwarten.

3. Teile, Bauteile, Bausätze

Sowohl nach § 99 Abs. 7 Nr. 1 als auch Nr. 2 GWB ist die Verteidigungs- und Sicherheitsrelevanz nicht nur dann zu bejahen, wenn die sensible Ausrüstung als ganzes Bestandteil des Auftrags ist. Dies würde dem Schutzzweck des Sondervergaberechts nicht hinreichend Genüge tun. Zu Recht werden daher auch Aufträge erfasst, die Teile, Bauteile oder Bausätze von militärischer oder sensibler Ausrüstung zum Gegenstand haben.

Zur Bejahung eines verteidigungs- und sicherheitsrelevanten Auftrags bedarf es insoweit der eindeutigen Zuordnung des jeweiligen Teils zu einem Ausrüstungsgegenstand. Diese Ausrüstung muss sämtliche Anforderungen an eine militärische Ausrüstung nach § 99 Abs. 8 oder eine Ausrüstung im Rahmen eines Verschlusssachenauftrags, im Hinblick auf die EU-rechtlichen Vorgaben besser bezeichnet als sensible Ausrüstung, erfüllen. Dies ist in der Vergabeakte ordnungsgemäß zu dokumentieren. Dabei muss sich aus dieser Dokumentation ergeben, dass und inwieweit der Gegenstand der Vergabe Teil oder Bauteil einer Ausrüstung im genannten Sinne ist oder es sich um einen Bausatz handelt, mit dem eine solche Ausrüstung hergestellt werden kann.

---

[27] Dazu auch *Scherer-Leydecker*, NZBau 2012, 533, 538; *Scherer-Leydecker*, in: Heuvels/Höß/Kuß/Wagner, Vergaberecht, 2013, § 99 Rn. 108 ff.

D. Ausrüstungsbezogene Aufträge mit Verteidigungs- und Sicherheitsrelevanz (§ 99 Abs. 7 Nr. 3 GWB)

Die Aufträge nach § 99 Abs. 7 Nr. 3 GWB weisen einen unmittelbaren Bezug zu den Aufträgen nach § 99 Abs. 7 Nr. 1 und 2 GWB auf. Im Hinblick auf den Auftragstyp sind diese Aufträge nicht festgelegt. Sie sind im Hinbilck auf ihre Verteidigungs- und Sicherheitsrelevanz allein dadurch charakterisiert, dass ein innerer Zusammenhang zu einer Militärausrüstung oder Verschlusssachenausrüstung (sensible Ausrüstung) besteht.

I. Auftragstyp

Im Hinblick auf den Auftragstyp sind verteidigungs- und sicherheitsrelevante Aufträge nach § 99 Abs. 7 Nr. 3 GWB offen. Gegenstand des Auftrags können Bauleistungen, Lieferungen und Dienstleistungen sein. Damit ist nicht gesagt, dass es sich bei den Aufträgen um einen Bauauftrag, Lieferauftrag oder Dienstleistungsauftrag i. S. d. § 99 Abs. 2–4 GWB handeln muss.

Aufträge über Bauleistungen sind insbesondere Bauaufträge i. S. d. § 99 Abs. 3 GWB. Aufträge über Bauleistungen sind darüber hinaus aber auch Baukonzessionen. Diese sind im Hinblick auf die Leistungsseite den Bauaufträgen gleichgestellt. Lediglich die Gegenleistung weicht ab. Während der Bauauftrag ein entgeltlicher Vertrag ist, bei dem die Gegenleistung (überwiegend) in der Zahlung eines Preises besteht, besteht bei der Konzession die Gegenleistung in der Einräumung eines Nutzungsrechts (§ 99 Abs. 6 GWB).[28] Mit der Einbeziehung von Baukonzessionen in den Anwendungsbereich des Verteidigungs- und Sicherherheitsvergaberechts geht der deutsche Gesetzgeber über die Vorgaben der VSVKR hinaus. Denn nach Art. 1 Nr. 2 VSVKR sind „Aufträge" i. S. d. Richtlinie nur „entgeltliche Verträge" und damit erfassen sie nicht Baukonzessionen.[29] Insoweit gilt nichts anderes als in der VKR.

Dieser Regelungsansatz des deutschen Gesetzgebers ist dennoch folgerichtig. Während die Artikel 56 ff. VKR nur rudimentäre Regelungen zur Vergabe von öffentlichen Baukonzessionen im Hinblick auf Bekanntmachung, Fristen und Vergabegrundsätze enthalten,[30] verweist § 22 EG Abs. 2 Nr. 1 VOB/A für die Vergabe von Baukonzessionen, die den Schwellenwert überschreiten, auf die §§ 1 bis 21 VOB/A. Diese Bestimmungen sind auf die Vergabe von Baukonzessionen sinngemäß anwendbar. Damit ist im deutschen Recht für die Vergabe von Baukonzessionen eine Vollregelung

---

[28] *Scherer-Leydecker*, in: Heuvels/Höß/Kuß/Wagner, Vergaberecht, 2013, § 99 Rn. 66.

[29] *Scherer-Leydecker*, in: Heuvels/Höß/Kuß/Wagner, Vergaberecht, 2013, § 99 Rn. 76.

[30] Vgl. § 22 EG Abs. 2 Nr. 2 und 3 VOB/A.

getroffen worden, die nicht den Besonderheiten des Verteidigungs- und Sicherheitsbereichs Rechnung trägt. Es ist daher sinnvoll und geboten, in diesem Bereich das Sonderverbaberecht anzuwenden.[31]

Im Hinblick auf die Besonderheiten, die sich daraus ergeben, dass im Rahmen des § 99 Abs. 7 Nr. 3 GWB nicht der Lieferauftrag, sondern Aufträge über Lieferungen genannt werden, kann auf die obigen Ausführungen unter C.I.1.) verwiesen werden.

Mit der dritten Alternative, wonach auch Verträge über Dienstleistungen erfasst sind, ist zumindest theoretisch eine Einschränkung gegenüber dem Begriff des Dienstleistungsauftrags nach § 99 Abs. 4 GWB verbunden. § 99 Abs. 4 GWB ist als Auffangtatbestand formuliert, der sämtliche Verträge über die Erbringung von Leistungen erfasst, die nicht zu den in der Definition der Lieferaufträge und Bauaufträge genannten Leistungen fallen.

II. Verteidigungs- und Sicherheitsrelevanz

Die Verteidigungs- und Sicherheitsrelevanz wird dadurch hergestellt, dass die Bauleistungen, Lieferungen und Dienstleistungen „in unmittelbarem Zusammenhang" zu der in § 99 Abs. 7 Nr. 1 und 2 GWB genannten Ausrüstung stehen. Die Militär- oder sensible Ausrüstung ist nicht Gegenstand des Auftrags nach § 99 Abs. 7 Nr. 3 GWB, sondern kann Gegenstand eines separaten Auftrags nach § 99 Abs. 7 Nr. 1 oder 2 GWB sein oder überhaupt nicht Gegenstand eines solchen Auftrags sein, z. B. weil die betreffende Ausrüstung längst vorhanden ist oder sogar außerhalb des Vergaberechts unter Berufung auf einen der in § 100 Abs. 6 oder § 100 c GWB geregelten Ausnahmetatbestand beschafft wurde.

Die Annahme eines ausrüstungsbezogenen verteidigungs- und sicherheitsrelevanten Auftrags setzt allerdings voraus, dass eine Ausrüstung nach § 99 Abs. 7 Nr. 1 oder 2 GWB vorliegt. Das kann eine Militärausrüstung i. S. d. § 99 Abs. 8 GWB sein oder eine sonstige Ausrüstung, die im Rahmen eines Verschlusssachenauftrags vergeben wird (sensible Ausrüstung). Über den Verweis auf § 99 Abs. 7 Nr. 1 und 2 GWB werden nicht nur die Ausrüstung selbst, sondern auch die Teile und Bauteile solcher Ausrüstung sowie Bausätze für solche Ausrüstungen erfasst. Ein verteidigungs- und sicherheitsrelevanter Auftrag kann demnach auch vorliegen, wenn ein unmittelbarer Zusammenhang im Hinblick auf ein Teil, Bauteil oder Bausatz vorliegt.

Indessen genügt nicht jeder Zusammenhang zwischen der Bauleistung, Lieferung oder Dienstleistung mit der Ausrüstung. Vielmehr muss es sich um einen „unmittelbaren" Zusammenhang handeln. Dies ist im Hinblick auf Sinn und Zweck des Sondervergaberechts für den Bereich Verteidigung und Sicherheit zu beurteilen. Im Rahmen

---

[31] *Scherer-Leydecker*, in: Heuvels/Höß/Kuß/Wagner, Vergaberecht, 2013, § 99 Rn. 76, auch zu dem anwendbaren Schwellenwert.

einer wertenden Betrachtung ist zu hinterfragen, ob der Zusammenhang so eng ist, dass insbesondere im Hinblick auf den Geheimnissschutz sowie die Informations- und Versorgungssicherheit das Verhältnis zu dem Ausrüstungsgegenstand so eng ist, dass die Einbeziehung in das Verteidigungs- und Sicherheitsvergaberecht geboten ist. Bei Lieferaufträgen wird sich auch die Frage stellen, inwieweit diese nicht selbst Militärausrüstung bzw. sensible Ausrüstung zum Gegenstand haben, wenn ein solcher innerer Zusammenhang besteht. Insbesondere wenn zur Erfüllung der Leistung besondere Kenntnisse, Spezifika oder sensible Aspekte der Ausrüstung erforderlich sind oder eine Rolle spielen, spricht dies für die Bejahung des unmittelbaren Zusammenhangs.

Dabei stellt § 99 Abs. 7 Nr. 3 GWB klar, dass dieser Zusammenhang jede Lebensphase des Ausrüstungsgegenstands erfassen kann, also dessen Konzeption und Planung, Herstellung, Auslieferung und Installation, Implementierung und Anwendung, Wartung und Instandhaltung sowie Außerdienststellung und Entsorgung.

E. Bau- und Dienstleistungsaufträge mit verteidigungs- und sicherheitsrelevanter Zweckbestimmung (§ 99 Abs. 7 Nr. 4 GWB)

§ 99 Abs. 7 Nr. 4 GWB erfasst Bau- und Dienstleistungen, die unabhängig von Ausrüstungsgegenständen wegen ihrer Zweckbestimmung verteidigungs- und sicherheitsrelevant eingestuft sind.

I. Auftragstyp

§ 99 Abs. 7 Nr. 4 GWB erfasst Aufträge über Bau- und Dienstleistungen. Insoweit gilt nichts anderes als im Rahmen des § 99 Abs. 7 Nr. 3 GWB. Auf die obigen Ausführungen unter D.I.) kann daher verwiesen werden.

II. Verteidigungs- und Sicherheitsrelevanz

1. Militärische Zweckbestimmung

Die Bau- und Dienstleistungen müssen „speziell" für militärische Zwecke vergeben werden. Die Leistungen müssen daher militärischen Zwecken dienen, also den nicht zivilen Aufgaben der Streitkräfte. Dies sind insbesondere die von der Bundeswehr wahrzunehmenden Aufgaben der Landesverteidigung sowie des Einsatzes im Rahmen eines kollektiven Sicherheitssystems (vgl. oben C.II.1.a)).

Eine solche militärische Zweckbestimmung liegt bei Werkverträgen insbesondere vor, wenn das errichtete Bauwerk oder sonstige Werk solchen militärischen Zwecken dient. Bei Dienstleistungen ist darauf abzustellen, inwieweit diese Leistungen die nicht-zivilen Einsätze des Militärs befördern oder unterstützen.

Nicht jeder Zusammenhang ist insoweit ausreichend. Vielmehr muss die Leistung speziell die Verfolgung des Militärzwecks zum Gegenstand haben und Spezifika aufweisen, die sich speziell auf die militärische Zweckbestimmung beziehen.[32] Die Leistung muss insoweit besonders qualifiziert sein, um hinreichend verteidigungs- und sicherheitsrelevant eingestuft werden zu können. Dies ist unter Berücksichtigung von Sinn und Zweck des Verteidigungs- und Sicherheitsvergaberechts zu beurteilen.

2. Verschlusssachenauftrag

Nach § 99 Abs. 7 Nr. 4 GWB sind Bau- und Dienstleistungsaufträge auch dann verteidigungs- und sicherheitsrelevant, wenn sie im Rahmen eines Verschlusssachenauftrags vergeben werden. Mit dieser Regelung wird Art. 2 lit. d) VSVKR umgesetzt, wonach das Sondervergaberecht auch für „sensible Bauleistungen und sensible Dienstleistungen" gilt. Diese sind wiederum definiert als „Bauleistungen und Dienstleistungen für Sicherheitszwecke, bei denen Verschlusssachen verwendet werden oder die solche Verschlusssachen erfordern und/oder beinhalten". Auch hier wirkt sich die abweichende Regelungskonzeption des deutschen Gesetzgebers gegenüber der VSVKR aus. Während es nach der VSVKR darauf ankommt, dass die Bauleistung bzw. Dienstleistung selbst Sicherheitszwecken dient, wird im Rahmen der Definition des § 99 Abs. 9 GWB darauf abgestellt, dass der Auftrag (Vertrag) diesen Zwecken dient. Im Rahmen der europarechtskonformen Auslegung ist daher davon auszugehen, dass ein Auftrag Sicherheitszwecken dient, wenn die Bauleistung bzw. Dienstleistung, die Gegenstand des Auftrags ist, diesen Zwecken dient. Im Hinblick auf den Begriff der Sicherheit kann auf die obigen Ausführungen unter C.II.2. verwiesen werden.

Wie beim Auftrag über die Lieferung sensibler Ausrüstung muss eine Verschlusssache vorliegen und diese muss bei der Bau- oder Dienstleistung verwendet werden, diese erfordern oder beinhalten. Im Hinblick auf den Begriff der Verschlusssache und die damit einhergehenden europarechtlichen Bedenken sowie im Hinblick auf die mit der unterschiedlichen Regelungskonzeption des deutschen Gesetzgebers verbundenen Aspekte kann auf unserer Ausführungen oben unter C.II.2.b) und c) verwiesen werden. Im Lichte der europarechtlichen Definition liegt die erforderliche Verteidigungs- und Sicherheitsrelevanz nur vor, wenn die Bau- oder Dienstleistung Verschlusssachen mit sich bringt, diese erfordert oder diese beinhaltet. Dies ist insbesondere der Fall, wenn Verschlusssachen Bestandteil der Vergabeunterlagen sind und deshalb zur Leistungserbringung verwendet werden müssen oder das mit der Leistung hergestellte oder bearbeitete Werk eine Verschlusssache darstellt.

---

[32] *Scherer-Leydecker*, in: Heuvels/Höß/Kuß/Wagner, Vergaberecht, 2013, § 99 Rn. 118.

F. Die Vergabe gemischter Aufträge gemäß § 99 Abs. 13 GWB

Trotz seiner versteckten Lage ist § 99 Abs. 13 GWB eine für den Schutz der Interessen der Mitgliedstaaten und der Auftraggeber im Bereich des Verteidigungs- und Sicherheitsvergaberechts zentrale Norm. Die Vorschrift privilegiert Auftraggeber bei der Vergabe von Aufträgen, die nur teilweise verteidigungs- oder sicherheitsrelevant sind. Sie beruht auf dem in der VSVKR in Anbetracht seiner großen Bedeutung zu Recht weitaus prominenter platzierten Artikel 3.[33] Da Artikel 3 der VSVKR im Vergleich zur deutschen Vorschrift in § 99 Abs. 13 GWB auch klarer zum Ausdruck bringt, was die europäischen Richtliniengeber bezwecken, ist es hilfreich, sich bei der Auslegung an dessen Wortlaut zu orientieren:

> „Artikel 3
>
> Gemischte Aufträge
>
> (1) Ein Auftrag über Bauleistungen, Lieferungen oder Dienstleistungen, die unter diese Richtlinie und teilweise unter die Richtlinie 2004/17/EG oder die Richtlinie 2004/18/EG fallen, wird gemäß dieser Richtlinie vergeben sofern die Vergabe eines einzigen Vertrags aus objektiven Gründen gerechtfertigt ist.
>
> (2) Die Vergabe eines Auftrags über Bauleistungen, Lieferungen oder Dienstleistungen, die zu einem Teil unter diese Richtlinie fallen, während der andere Teil weder unter diese Richtlinie noch unter die Richtlinie 2004/17/EG oder die Richtlinie 2004/18/EG fällt, unterliegt nicht dieser Richtlinie, sofern die Vergabe eines einzigen Vertrags aus objektiven Gründen gerechtfertigt ist.
>
> (3) Die Entscheidung über die Vergabe eines einzigen Auftrags darf jedoch nicht zu dem Zweck getroffen werden, Aufträge von der Anwendung dieser Richtlinie oder der Richtlinie 2004/17/EG oder der Richtlinie 2004/18/EG auszunehmen."

Der europäische Richtliniengeber hat damit eine von den sonstigen, auf den Schwerpunkt der Beschaffung abstellenden Regelungen[34] abweichende Privilegierung speziell für den Verteidigungs- und Sicherheitsbereich geschaffen: Aufträge, die auch verteidigungs- oder sicherheitsrelevante Elemente beinhalten, unterliegen stets dem für den Auftraggeber günstigsten Vergaberegime.[35] Durch diese Privilegierung wird auf Befürchtungen der Mitgliedstaaten und der Auftraggeber reagiert und klargestellt, dass ein Auftrag, der auch verteidigungs- oder sicherheitsrelevante Leistungsbestandteile enthält, nicht dadurch, dass er einen anderen Schwerpunkt hat, einem strengeren Vergaberegime als dem nach der VSVKR vorgesehenen unterliegt. Sinn und Zweck der

---

[33] Siehe hierzu schon *Wagner/Bauer*, VergabeR 2009, 856 (862).

[34] Vgl. insoweit z. B. § 99 Abs. 12 GWB für den Sektorenbereich.

[35] Vgl. auch die Amtliche Begründung, BT-Drs. 17/7275, 14.

Vorschrift ist, Auftraggeber bei der Vergabe von (auch) verteidigungs- und sicherheitsrelevanten Aufträgen dadurch von einer Umgehung des Vergaberechts abzuhalten, dass sie sich bezüglich des Gesamtauftrags stets auf die speziellen und privilegierenden Vorschriften der VSVKR stützen können.

Es liegt auf der Hand, dass Auftraggeber in Versuchung geraten können, durch eine zu weite Ausdehnung des Rechtfertigungsgrundes „Vergabe eines einzigen Vertrags aus objektiven Gründen" in den Genuss der durch § 99 Abs. 13 GWB gewährten Privilegierungen zu kommen. Der europäische Richtliniengeber hat daher in Artikel 3 Abs. 3 der VSVKR ausdrücklich klargestellt, dass eine missbräuchliche Anwendung von Artikel 3 Abs. 1 und Abs. 2 der Richtlinie nicht gestattet ist. Der deutsche Gesetzgeber hat es dagegen nicht für erforderlich gehalten, diesen (zu Recht) mahnenden Hinweis in § 99 Abs. 13 GWB aufzunehmen. Zwar gilt das Umgehungsverbot selbstverständlich auch ohne ausdrückliche Erwähnung. Gleichwohl hätte ein ausdrücklicher Hinweis in § 99 Abs. 13 GWB sicher dazu beigetragen, zu kreative Auftraggeber unmissverständlich und im konkreten Zusammenhang mit den für sie günstigen Ausnahmevorschriften zugleich auf deren Schranken hinzuweisen.

I. § 99 Abs. 13 Satz 1 GWB: Verträge, die teilweise der Beschaffung von verteidigungs- und sicherheitsrelevanten Leistungen und teilweise der Beschaffung von anderen dem Kartell-Vergaberecht unterworfenen Leistungen dienen

§ 99 Abs. 13 Satz 1 GWB privilegiert die öffentlichen Auftraggeber bei der Vergabe von Aufträgen, die teilweise der Beschaffung von verteidigungs- und sicherheitsrelevanten Leistungen und teilweise der Beschaffung von anderen dem Kartell-Vergaberecht unterworfenen Leistungen dienen, dadurch, dass sie den Gesamtauftrag nach den für das Verteidigungs- und Sicherheitsvergaberecht geltenden Regelungen vergeben können, sofern die Beschaffung in Form eines einheitlichen Auftrags aus objektiven Gründen gerechtfertigt ist. Die Gesetzesbegründung nennt als Beispiel einen Auftrag, der Verschlusssachen umfasst und der auch dann nach den Bestimmungen für verteidigungs- und sicherheitsrelevante Aufträge vergeben werden kann, wenn dieser Auftragsgegenstand nur den kleineren Teil des Auftrags ausmacht. Das bedeutet z. B., dass der Neubau eines Gebäudes, das zu einem kleineren Teil auch unter § 99 Abs. 7 GWB fällt, dann insgesamt nach der VSVgV und der VOB/A-VS vergeben werden darf, wenn eine Aufteilung des Auftrags aus objektiven Gründen nicht in Betracht kommt. Ebenso ist es bei Liefer- und Dienstleistungen: Wird z. B. die Bewachung eines Areals ausgeschrieben, und fällt nur ein Teil der entsprechenden Dienstleistung unter § 99 Abs. 7 GWB, so kann dies eine ausreichende Rechtfertigung für eine Vergabe des gesamten Auftrags nach der VSVgV darstellen, wenn es objektiv gerechtfertigt ist, den Auftrag einheitlich an ein Bewachungsunternehmen zu vergeben. Auftraggeber sollen nicht allein deshalb von der Anwendung des Vergaberechts abgehalten werden, weil sie die Anwendung des regulären Vergaberechts auf einen (auch) verteidigungs- oder sicherheitsrelevanten Auftrag fürchten.

II. § 99 Abs. 13 Satz 2 GWB: Verträge, die teilweise der Beschaffung von verteidigungs- oder sicherheitsrelevanten Leistungen und teilweise der Beschaffung von nicht dem Kartell-Vergaberecht unterworfenen Leistungen dienen

§ 99 Abs. 13 Satz 2 GWB privilegiert die öffentlichen Auftraggeber bei der Vergabe von Aufträgen, die teilweise der Beschaffung von verteidigungs- oder sicherheitsrelevanten Leistungen und teilweise der Beschaffung von nicht dem Kartell-Vergaberecht unterworfenen Leistungen dienen, dadurch, dass sie bei Vergabe des Gesamtauftrags insgesamt vom Kartell-Vergaberecht freigestellt sind, sofern die Beschaffung in Form eines einheitlichen Auftrags aus objektiven Gründen gerechtfertigt ist. Die Gesetzesbegründung nennt als Beispiel Fälle, in denen Auftragsteile so sensibel sind, dass sie nach Art. 346 Abs. 1 AEUV ganz vom europäischen Vergaberecht freigestellt sind, obwohl sie mit ihrem anderen Teil den Bestimmungen für verteidigungs- und sicherheitsrelevante Aufträge unterliegen würden. In den dem Erlass der europäischen Richtlinien vorausgegangenen Verhandlungen stellte diese vollständige Freistellung vom europäischen Vergaberecht ein wichtiges Petitum einiger Mitgliedstaaten dar, die bei einer Einordnung nach dem Hauptgegenstand den Schutz ihrer Sicherheitsinteressen nicht mehr gewährleistet sahen.

Der Gesetzeswortlaut von § 99 Abs. 13 Satz 2 GWB ist mit seinem Verweis auf die Vergaberegeln der SektVO und der VgV missverständlich, da er zu Gedankenspielen über deren (auch schwellenwertabhängige) Anwendbarkeit einlädt.[36] Klarer ist Art. 3 Abs. 2 der VSVKR, der auf die Geltung der einschlägigen EU-Vergaberichtlinien abstellt. Auch § 99 Abs. 13 GWB ist in diesem Lichte auszulegen: Richtigerweise ist darauf abzustellen, ob ein Teil eines Auftrags sich als verteidigungs- oder sicherheitsrelevanter Auftrag darstellt und ein anderer Teil – aus welchen Gründen auch immer – bei isolierter Betrachtung nicht unter das Kartell-Vergaberecht fällt. Zu beachten ist freilich, dass die Vorschrift nur vom Kartell-Vergaberecht freistellt, so dass vergaberechtliche Vorschriften außerhalb des Kartell-Vergaberechts unverändert zu beachten sind. In Deutschland ist insoweit insbesondere an die Vorschriften des Haushalts-Vergaberechts zu denken, wenngleich deren Anwendungsbereich wegen des auch hier geltenden Art. 346 Abs. 1 AEUV gering sein dürfte.

---

[36] Vgl. insoweit *Scherer-Leydecker*, NZBau 2012, 533.

Angesichts dessen, dass Auftraggeber sich durch die Zusammenfassung eines dem Verteidigungs- oder Sicherheitsvergaberecht unterliegenden Auftrags mit einem vom Vergaberecht freigestellten Auftrag gänzlich der Anwendung des Kartell-Vergaberechts entziehen können, sind sowohl diese als auch die Vergabe-Nachprüfungsinstanzen bei Anwendung des § 99 Abs. 13 Satz 2 GWB in besonderem Maße gehalten, dem Umgehungsverbot nach Art. 3 Abs. 3 der VSVKR zur Geltung zu verhelfen.

III. Voraussetzungen für die Beschaffung in Form eines einheitlichen Auftrags aus objektiven Gründen

Wegen der § 99 Abs. 13 Satz 1 und Satz 2 GWB immanenten Möglichkeiten zur rechtswidrigen Umgehung des Vergaberechts kommt der Schranke der Rechtfertigung der Beschaffung in Form eines einheitlichen Auftrags aus objektiven Gründen maßgebliche Bedeutung zu. Es bedarf wenig Fantasie um vorherzusagen, dass die Frage, ob die Beschaffung in Form eines einheitlichen Auftrags aus objektiven Gründen gerechtfertigt war, zwischen der Auftraggeber- und der Bieterseite häufig im Streit stehen wird. Die Rechtsprechung wird daher aufgerufen sein, hierzu in der Praxis anwendbare und von Auftraggebern und Bietern gleichermaßen anerkannte Kriterien aufzustellen.

Dabei drängt sich ein Vergleich mit der Zulässigkeit einer Gesamtvergabe trotz der grundsätzlich bestehenden Pflicht zur Losaufteilung nach § 97 Abs. 3 Satz 2 GWB auf.[37] Allerdings sind die dort aufgestellten Voraussetzungen strenger, denn eine Gesamtvergabe ist nur dann zulässig, wenn wirtschaftliche oder technische Gründe dies erfordern, wohingegen die Beschaffung in Form eines einheitlichen Auftrags keine Erforderlichkeit voraussetzt, sondern es genügt, dass die Beschaffung in Form eines einheitlichen Auftrags aus objektiven Gründen gerechtfertigt ist. Zum einen stellt die Voraussetzung eines Erfordernisses eine höhere Hürde dar, als die Voraussetzung einer Rechtfertigung, zum anderen muss das Erfordernis nach § 97 Abs. 2 Satz 2 GWB auf wirtschaftlichen oder technischen Gründen beruhen, wohingegen für die Rechtfertigung nach § 99 Abs. 13 GWB nicht nur wirtschaftliche oder technische Gründe, sondern alle in Betracht kommenden objektiven Gründe ausreichen.

Damit dürften alle einheitlichen Beschaffungen, die die in § 97 Abs. 3 Satz 2 GWB genannten Voraussetzungen für eine Gesamtvergabe erfüllen würden, auch die Voraussetzungen für eine einheitliche Beschaffung nach § 99 Abs. 13 GWB erfüllen. Aber auch einheitlich vergebene Aufträge, die diesen vergleichsweise hohen Anforderungen nicht genügen, können nach § 99 Abs. 13 GWB zusammengefasst werden, sofern ein objektiver und hinreichend sachkundiger Dritter die Beschaffung in Form eines einheitlichen Auftrags als gerechtfertigt ansieht. Zu hoffen ist, dass die Vergabe-Nachprüfungsinstanzen – die im Streitfall die Position des objektiven Dritten innehaben werden – die Leine nicht allzu locker lassen und an die objektive Rechtfertigung hohe

---

[37] *Wagner/Bauer*, VergabeR 2009, 856 (862).

Anforderungen stellen werden, da ansonsten die Flucht ins Verteidigungs- und Sicherheitsvergaberecht (nach § 99 Abs. 13 Satz 1 GWB) bzw. aus dem Vergaberecht (nach § 99 Abs. 13 Satz 2 GWB) zu einfach wäre.

IV. Konsequenzen des Nichtvorliegens des Rechtfertigungsgrundes „Beschaffung in Form eines einheitlichen Auftrags aus objektiven Gründen"

Im Gesetz nicht ausdrücklich geregelt ist die Frage, welche Konsequenzen eine nicht vorliegende Rechtfertigung der Beschaffung in Form eines einheitlichen Auftrags aus objektiven Gründen hat. Die Antwort auf diese Frage ist daher aus allgemeinen Grundsätzen abzuleiten.[38]

Wird ein Vergaberechtsverstoß festgestellt – sei es durch den Auftraggeber selbst oder eine Nachprüfungsinstanz – so ist es Sache des Auftraggebers, die Konsequenzen aus dieser Feststellung zu ziehen und für ein rechtmäßiges Vergabeverfahren Sorge zu tragen, gegebenenfalls unter Beachtung der Rechtsauffassung der Vergabekammer bzw. des Vergabesenats. Dabei wird der Auftraggeber regelmäßig zuerst zu entscheiden haben, ob seine Beschaffungsabsicht trotz der nicht möglichen Beschaffung in Form eines einheitlichen Auftrags fortbesteht. Ist dies nicht der Fall, so hat sich auch die Frage der Durchführung der Vergabe erledigt. Besteht die Vergabeabsicht hingegen fort, so stehen dem Auftraggeber mehrere Möglichkeiten zur Verfügung: Er kann zunächst prüfen, ob noch weitere von ihm bislang nicht bedachte oder zur Begründung herangezogene objektive Gründe die einheitliche Beschaffung rechtfertigen können. Sollte das nicht der Fall sein, so wird der nächste Prüfungsschritt regelmäßig sein, ob der Auftraggeber an der Beschaffung in Form eines einheitlichen Auftrags festhalten möchte. Wenn ja, so kann er sich dabei nicht auf die in § 99 Abs. 13 GWB genannten Privilegierungsmöglichkeiten stützen. Wenn nein, so kann er den Auftrag aufteilen in den dem strengeren Vergaberechtsregime unterliegenden Teil, den er dann gemäß den insoweit geltenden vergaberechtlichen Bestimmungen zu vergeben hat und den verteidigungs- und sicherheitsrelevanten Teil, den er dann entweder – ebenfalls je nach dem, welche Voraussetzungen hierfür vorliegen – nach Verteidigungs- und Sicherheitsvergaberecht oder vergaberechtsfrei vergeben kann.

---

[38] Siehe auch *Scherer-Leydecker*, NZBau 2012, 533.

Wettbewerb nach Innen – Abschottung nach Außen? Die europäische Verteidigungsbeschaffung im Spannungsfeld einer verstärkten Integration europäischer KMUs und einer reziprozitätsbedingten Exklusion von Bietern aus Drittstaaten

Dr. Marc Gabriel LL.M./Dr. Katharina Weiner

A.	Einleitung	120
B.	Die Erhöhung der Wettbewerbsfähigkeit von KMUs durch die Erleichterung des Marktzugangs	122
C.	Die Unterauftragsvergabe im Rüstungsbereich	122
	I. Die gesetzliche Systematik der § 9 VSVgV	123
	II. Das „wettbewerbliche" Verfahren gemäß § 9 Abs. 3 VSVgV	124
	1. Auftraggeberseitig geforderte Unterauftragsvergabe	124
	2. Freiwillige Unterauftragsvergabe	125
	III. Die spezifischen Bestimmungen zur Unterauftragsvergabe (§§ 38 bis 41 VSVgV)	126
	1. Der Anwendungsbereich der §§ 38 bis 41 VSVgV	126
	2. Ausschlusstatbestand für Bietergemeinschaften und konzernverbundene Unternehmen (§ 38 Abs. 2 Satz 1 VSVgV)	126
	3. Die Grundsätze der Transparenz und der Nichtdiskriminierung (§ 38 Abs. 1 Satz 2 VSVgV)	127
	4. Die Auswahl des Nachunternehmers (§ 40 Abs. 1 VSVgV)	127
	5. Die Durchsetzbarkeit der §§ 38 ff. VSVgV	128
	a) Reaktionsmöglichkeiten des Auftraggebers	128
	b) Reaktionsmöglichkeiten potenzieller Nachunternehmer	129
	6. Verzicht auf die auftraggeberseitig geforderte Unterauftragsvergabe	130
	IV. Die Ablehnung eines Nachunternehmers durch den Auftraggeber (§ 9 Abs. 5 VSVgV)	130
D.	Die Behandlung von Offsets im Rahmen der Rüstungsbeschaffung	131
E.	Die Beteiligung von Nicht-EU-Unternehmen	134

A. Einleitung

Nach Angaben der European Defence Agency (EDA) umfassten die Verteidigungsausgaben der Mitgliedstaaten zwischen 2006 und 2010 durchschnittlich rund 200 Mrd. Euro.[1] Mit über 700.000 Beschäftigten und einem Jahresumsatz von rund 163 Mrd. Euro stellt die europäische Verteidigungsindustrie einen wichtigen Bestandteil der europäischen Wirtschaft dar.[2] In den letzten Jahren erwirtschaftete sie einen Anteil zwischen 2 % und 2,5 % des BIP in der EU[3] und die führenden 30 Unternehmen der Branche mit Sitz in der EU verfügen mit einem Jahresumsatz von rund 84 Mrd. US-Dollar über einen Anteil von 29 % des weltweiten Gesamtumsatzes im Rüstungsbereich.[4]

Trotz dieser Zahlen ist die europäische Rüstungsindustrie insbesondere im Vergleich mit ihrem U.S.-amerikanischen Pendant nicht wettbewerbsfähig.

Vor Erlass der Verteidigungs- und Sicherheitsrichtlinie 2009/81/EG sah die Europäische Kommission die Bildung einer starken europäischen verteidigungstechnologischen und -industriellen Basis (DTIB) durch einen unzureichenden politischen und rechtlichen Rahmen behindert.[5] Der Wettbewerbsfähigkeit der europäischen Verteidigungsindustrie werde durch eine fehlende Koordination auf europäischer Ebene, woraus eine Fragmentierung des europäischen Binnenmarkts resultiere, und den damit verbundenen bürokratischen Hindernissen geschadet.[6] Die Mitgliedstaaten geben im Durchschnitt fast 85 % der für Ankäufe vorgesehenen Mittel im Inland aus.[7]

Im Zentrum des von der Kommission ausgemachten unzureichenden Rahmen der Rüstungsbeschaffung stand und steht dabei ein „inneres" und ein „äußeres" Problemfeld. Nach „innen" werde die Fragmentierung des europäischen Verteidigungsmarkts vornehmlich durch die mangelnde Einbeziehung kleiner und mittlerer Unternehmen (KMU) in die Lieferkette und die Fokussierung der Mitgliedstaaten auf die heimische Wirtschaft durch die Forderung nach Offsets[8] hervorgerufen. KMUs bleibe der Zugang zum Verteidigungsmarkt wegen fehlender Wettbewerbsfähigkeit bei Großaufträgen verwehrt. Die Forderung nach Offsets verzerre das Marktgeschehen, da mit ihnen die Verpflichtung zu Investitionen in die heimische Wirtschaft des Auftraggebers einher-

---

[1] Die EDA erfasste Daten aller teilnehmenden EU-Mitgliedstaaten mit Ausnahme Dänemarks.

[2] ASD Facts and Figures 2011, abrufbar unter: http://www.asd-europe.org/site/index.php?id=107978; vgl. auch *Gabriel*, VergabeR 2009, 380.

[3] Vgl. die Pressemitteilung IP/08/1898 der Kommission, abrufbar unter http://presseeuropa.de/press-releases/eu-partnerschaft-anpassung-der-800-000-arbeitnehmer-in-der-verteidigungsindustrie-an-den-wandel.

[4] Pressemitteilung IP/08/1898 der Kommission.

[5] Mitteilung der Kommission KOM(2007) 764, S. 2 f.

[6] Mitteilung der Kommission KOM(2007) 764, S. 2.

[7] Mitteilung der Kommission KOM(2007) 764, S. 4.

[8] Generell versteht man unter Offsets alle Vertragskonstruktionen, bei denen der Auftragnehmer in Bezug auf den oder zusätzlich zum eigentlichen Vertragsgegenstand weitere Leistungen zu erbringen hat, die im nationalen wirtschaftlichen Interessen des Auftraggebers stehen. Für Offsets existieren zahlreiche synonyme Verwendungen wie Counter Trade, Industry Participation oder Kompensationsgeschäfte.

A. Einleitung

gehe und Anbieter aus anderen Mitgliedstaaten diskriminiert würden. Darüber hinaus belastete mangelnde Transparenz bei der Auftragsvergabe und bürokratische Hürden für die Beteiligten in Vergabeverfahren die Wirtschaft mit jährlichen Mehrkosten von über 400 Mio. Euro, was die Marktchancen für KMUs zusätzlich erheblich vermindere.[9] Das „äußere" Problemfeld bestehe in der immer noch mangelnden Reziprozität der Beschaffungsmärkte von Drittstaaten, insbesondere den USA. Während die europäischen Märkte für Verteidigungsgüter aus Drittländern grundsätzlich offen stehen, gestaltet sich der Marktzugang für europäische Unternehmen in den USA häufig kompliziert. Die Abschottung von Drittlandmärkten erschwert für europäische Unternehmen die Kostenstreuung und die Weiterentwicklung von Know-how im Bereich der Produktgestaltung.[10]

Mit Erlass des Verteidigungspakets, zu dem die Richtlinien 2009/81/EG und 2009/43/EG gehören, und dessen Umsetzung in das nationale Recht soll vornehmlich das innere Problemfeld angegangen werden.

Dabei wird die Abschaffung von Offsets angestrebt. Die neuen Vergabevorschriften sprechen dazu zwar kein direktes Verbot von Offsets aus, aus ihnen ergibt sich aber dennoch die Unvereinbarkeit mit Gemeinschaftsrecht. Gleichzeitig wird der Anwendungsbereich der Ausnahmevorschrift des Art. 346 AEUV, der bislang zur Rechtfertigung von Offsets herangezogen wurde, erheblich eingeschränkt. Offsets sollen nur noch einzelfallbezogen in absoluten Ausnahmen zulässig sein. Gleichzeitig soll eine stärkere Einbeziehung von KMUs in die Verteidigungsbeschaffung erreicht werden.

Dazu werden einerseits mit der Transferrichtlinie 2009/43/EG bürokratische Hindernisse bei der Verbringung von Rüstungsgütern innerhalb der EU abgeschafft. Die Richtlinie über die innergemeinschaftliche Verbringung von Verteidigungsgütern[11] schafft Formalitäten ab, die KMUs bislang vor erhebliche Mehrkosten stellten. Andererseits wird mit der Regelung der Unterauftragsvergabe in der RL 2009/81/EG die stärkere Integration von KMUs in die Lieferkette bezweckt. Damit soll der Marktzugang mittelständischer Unternehmen in ganz Europa durch eine Verbesserung des Wettbewerbs in der Zulieferkette gefördert werden. Die Mitgliedstaaten sollen dazu beitragen, die Diversifizierung der europäischen Zulieferungsbasis im Verteidigungsbereich vertikal auszubauen, indem sie auf europäischer Ebene die Beteiligung von KMUs und nicht-traditioneller Lieferanten an der rüstungstechnologischen und -industriellen Basis unterstützen. Ziel ist es, den Wettbewerb nicht auf Systemanbieter zu beschränken, sondern KMUs eine Chance auf Zugang zur Lieferkette der großen Systemanbieter zu gewähren.

Darüber hinaus findet auf europäischer Ebene derzeit eine kontroverse Diskussion über die Frage statt, wie faire Wettbewerbsbedingungen für europäische Unternehmen auf

---

[9] Mitteilung der Kommission KOM(2007) 764, S. 5.
[10] Mitteilung der Kommission KOM(2007) 764, S. 5.
[11] RL 2009/43/EG des Europäisches Parlaments und des Rates; geändert durch RL 2010/80/EU der Kommission.

den internationalen Beschaffungsmärkten erreicht werden können. Die Europäische Kommission hat Anfang 2012 eine entsprechende Initiative gestartet und Vorschläge zur weltweiten Öffnung der Beschaffungsmärkte bzw. Abschottung des europäischen Binnenmarkts vorgelegt.

B. Die Erhöhung der Wettbewerbsfähigkeit von KMUs durch die Erleichterung des Marktzugangs

Die Kommission sah die Marktchancen für KMUs insbesondere durch den Aufwand bei der Verbringung von Verteidigungsgütern innerhalb der EU gehemmt.[12] Da im Rahmen der nationalen Systeme zur Kontrolle der Verbringungen von Verteidigungsgütern innerhalb der EU nicht zwischen Ausfuhren in Drittländer und Verbringungen zwischen Mitgliedstaaten unterschieden werde, entstehe ein Mehraufwand für die Wirtschaft von jährlich über 400 Mio. Euro.[13]

Mit der Richtlinie über die innergemeinschaftliche Verbringung von Verteidigungsgütern[14], die national durch Änderungen des Außenwirtschaftsgesetz (AWG) und der Außenwirtschaftsverordnung (AWV) umgesetzt wurde, sollen die Hindernisse durch eine Vereinfachung und Harmonisierung der Genehmigungsverfahren für den Verkehr von Rüstungsgütern zwischen den Mitgliedstaaten abgebaut werden.

C. Die Unterauftragsvergabe im Rüstungsbereich

Schließlich soll die Rolle von KMUs durch eine intensivere Einbeziehung bei der Unterauftragsvergabe im Rahmen von öffentlichen Aufträgen gestärkt werden. Vor Erlass der RL 2009/81/EG war das Verfahren zur Unterauftragsvergabe keinem vergaberechtlichen Regime unterworfen. Jenseits einiger durch die Rechtsprechung entwickelter Vorgaben zur Unterauftragsvergabe konnte der Auftragnehmer seinen Nachunternehmer grundsätzlich nach eigenem Belieben in einem „freien" Verfahren wählen. Mit §§ 9, 38 – 41 VSVgV erfährt die Unterauftragsvergabe in den Bereichen Verteidigung und Sicherheit nunmehr erstmalig eine umfassende Regelung, deren Schwerpunkt auf der Einführung eines „wettbewerblichen" Verfahrens mit spezifischen Vorgaben für den Prozess der Unterauftragsvergabe, einer Art „Vergaberecht light", liegt.

---

[12] Mitteilung der Kommission KOM(2007) 764, S. 5.

[13] Mitteilung der Kommission KOM(2007) 764, S. 5.

[14] RL 2009/43/EG des Europäisches Parlaments und des Rates; geändert durch RL 2010/80/EU der Kommission, dazu *Gabriel*, VergabeR 2009, 380, 387.

I. Die gesetzliche Systematik der § 9 VSVgV

Nach der Systematik des § 9 VSVgV dürfen Auftragnehmer ihre Nachunternehmer grundsätzlich „frei" wählen. D. h. der Auftragnehmer entscheidet gemäß § 9 Abs. 2 Satz 1 VSVgV grundsätzlich frei über

- das „ob" der Unterauftragsvergabe,
- den Umfang und welche Teile des Auftrags betroffen sein sollen,
- das Verfahren bei der Unterauftragsvergabe und
- die Auswahl des Nachunternehmers.

Diese Entscheidungsfreiheit des Auftragnehmers kann durch den Auftraggeber gemäß § 9 Abs. 3 VSVgV eingeschränkt werden. Danach kann der Auftraggeber

- vom Auftragnehmer, sofern er sich zur Unterauftragsvergabe entscheidet, bei der Vergabe – in jedem Fall oder nur in bestimmten Fällen – die Einhaltung der spezifischen Verfahrensvorschriften der §§ 38 bis 41 VSVgV („wettbewerbliches Verfahren") verlangen (Nr. 2) oder/und
- den Auftragnehmer verpflichten, einen Teil des Auftrags bis zu einem Höchstsatz von 30 Prozent des Auftragswerts weiter zu vergeben und dabei die ebenfalls spezifischen Verfahrensvorschriften der §§ 38 bis 41 VSVgV einzuhalten (Nr. 1).

Es liegt somit nach der Konzeption der VSVgV in der Hand des Auftraggebers zu bestimmen, ob bei der Unterauftragsvergabe das „freie" oder das „wettbewerbliche" Verfahren Anwendung findet und in welchem Umfang letzteres zum Tragen kommt.

Die folgende Tabelle soll einen Überblick über die Unterschiede und Gemeinsamkeiten der Verfahren geben:

	„freies" Verfahren § 9 Abs. 1 und 2 VSVgV	„wettbewerbliches" Verfahren § 9 Abs. 3 VSVgV
Veranlassung durch	Bieter	Auftraggeber
Zeitpunkt der Durchführung	i. d. R. vor Zuschlagserteilung	i. d. R. nach Zuschlagserteilung
Verfahrensgestaltung	durch Bieter	gemäß §§ 38 bis 41 VSVgV
Ablehnung des Nachunternehmers	gemäß § 9 Abs. 5 VSVgV	gemäß § 9 Abs. 5 VSVgV

Aus § 9 VSVgV ergibt sich folgende Differenzierung im Hinblick auf die Verfahrensvorgaben:

Für das „wettbewerbliche" Verfahren gilt:

- § 9 Abs. 1 Satz 2 VSVgV: Die Mitteilungspflicht des Auftragnehmers bei Änderungen auf der Ebene des Nachunternehmers.
- § 9 Abs. 3 i. V. m. §§ 38 bis 41 VSVgV: Das spezifische Verfahren der „wettbewerblichen" Unterauftragsvergabe.
- § 9 Abs. 5 VSVgV: Die Ablehnung eines Nachunternehmers durch den Auftraggeber richtet sich nach den Kriterien, die für den Hauptauftrag gelten. Zudem trifft den Auftraggeber im Falle der Ablehnung eine besondere Begründungspflicht.
- § 9 Abs. 6 VSVgV: Die Haftung des Auftragnehmers gegenüber dem Auftraggeber bleibt von den Vorschriften der VSVgV zur Unterauftragsvergabe unberührt.

Für das „freie" Verfahren gilt:

- § 9 Abs. 1 VSVgV: Der Auftraggeber kann den Bieter auffordern, in seinem Angebot den Teil des Auftrags, den er im Wege von Unteraufträgen an Dritte zu vergeben beabsichtigt, und die bereits vorgeschlagenen Nachunternehmer sowie den Gegenstand der Unteraufträge bekannt zu geben. Bei Änderungen auf der Ebene des Nachunternehmers trifft den Auftragnehmer eine Mitteilungspflicht gegenüber dem Auftraggeber.
- § 9 Abs. 5 VSVgV: Die Ablehnung eines Nachunternehmers durch den Auftraggeber richtet sich nach den Kriterien, die für den Hauptauftrag gelten. Zudem trifft den Auftraggeber im Falle der Ablehnung eine besondere Begründungspflicht.
- § 9 Abs. 6 VSVgV: Die Haftung des Auftragnehmers gegenüber dem Auftraggeber bleibt von den Vorschriften der VSVgV zur Unterauftragsvergabe unberührt.

Dagegen müssen die §§ 38 bis 41 VSVgV im „freien" Verfahren nicht angewendet werden.

II. Das „wettbewerbliche" Verfahren gemäß § 9 Abs. 3 VSVgV

1. Auftraggeberseitig geforderte Unterauftragsvergabe

Gemäß § 9 Abs. 3 Nr. 1 VSVgV kann der Auftraggeber vorgeben, dass ein Teil des Auftrags bis zu einem Höchstwert von 30 % an Dritte weiter zu vergeben ist. Der Auftraggeber kann damit bis zu einer gewissen Grenze über das „ob" der Unterauftragsvergabe verfügen. Er hat allerdings nicht das Recht, auch darüber zu bestimmen, welche Teile des Auftrags untervergeben werden sollen. Die Kompetenz des Auftraggebers beschränkt sich allein darauf, den Umfang der Unterauftragsvergabe festzulegen, nicht aber, welche spezifischen Teile des Auftrags erfasst sein sollen. Gemäß § 9 Abs. 3 Nr. 1 Satz 2 VSVgV benennt der Auftraggeber dazu einen Prozentsatz, den die von ihm verlangten Unteraufträge im Verhältnis zum Auftragswert ausmachen müssen. Dazu bestimmt er eine Wertspanne unter Einschluss eines Mindest- und Höchstprozentsatzes, der eine Höhe von 30 % des Auftragswerts nicht übersteigen darf. Die geforderte Unterauftragsquote muss gemäß § 9 Abs. 3 Nr. 1 Satz 4 VSVgV in einem angemessenen Verhältnis zum Gegenstand und zum Wert des Auftrags und zur Art des betroffenen Industriesektors stehen. Bei der Frage der Angemessenheit sind das auf diesem Markt herrschende Wettbewerbsniveau und die einschlägigen technischen Fähigkeiten der industriellen Basis zu berücksichtigen. Legt der Auftraggeber eine Wertspanne i. S. d. § 9 Abs. 3 Nr. 1 VSVgV fest, gilt jeder Prozentsatz der Unterauftragsvergabe, der (noch) in deren angegebenen Bereich fällt, als Erfüllung der Verpflichtung zur Vergabe von Unteraufträgen, § 9 Abs. 3 Nr. 1 Satz 5 VSVgV.

Verpflichtet der Auftraggeber den Auftragnehmer nach diesen Grundsätzen zur Unterauftragsvergabe, muss sich die zur Erfüllung der Quote dienende Unterauftragsvergabe nach §§ 38 bis 41 VSVgV richten, d. h. die Vergabe dieser Unteraufträge muss bestimmten Regeln, einer Art „Vergaberecht light" folgen.

Es steht dem Bieter frei, dem Auftraggeber einen über die Wertspanne hinausgehenden Anteil an Unterauftragsvergaben vorzuschlagen. Die Vorschriften der §§ 38 bis 41 VSVgV sind für den vom Auftragnehmer vorgeschlagenen Teil allerdings nur zu beachten, wenn der Auftraggeber deren Einhaltung gemäß § 9 Abs. 3 Nr. 2 VSVgV verlangt.

2. Freiwillige Unterauftragsvergabe

Nach § 9 Abs. 3 Nr. 2 VSVgV kann der Auftraggeber unabhängig davon, ob er gemäß Nr. 1 eine bestimmte Unterauftragsquote vorgibt, kumulativ oder alternativ verlangen, dass bei der Unterauftragsvergabe die Verfahrensvorschriften nach §§ 38 ff. VSVgV eingehalten werden. In diesem Fall kann der Auftragnehmer außerhalb einer etwaigen Quote zwar frei entscheiden, ob und in welchem Umfang er Unteraufträge vergeben möchte. Der Auftraggeber kann dann jedoch – sollte sich der Auftragnehmer zur Unterauftragsvergabe entschließen – auf das bei der Vergabe der Unteraufträge einzuhaltende Verfahren Einfluss nehmen. Er kann gemäß § 9 Abs. 3 Nr. 2 VSVgV verlangen, dass die Bestimmungen der §§ 38 bis 41 VSVgV auf alle oder bestimmte Unteraufträge anzuwenden sind.

Unklar ist, wann der Auftraggeber die Entscheidung, für welche Unteraufträge („alle oder bestimmte") das Verfahren gelten soll, treffen muss: im Vergabeverfahren oder erst nach Zuschlagserteilung. § 9 Abs. 3 Nr. 2 VSVgV enthält bezüglich des Zeitpunkts der Entscheidung keine Regelung. Da die Durchführung dieses „Vergabeverfahrens light" mit zusätzlichen Kosten für die Bieter verbunden ist und sich demnach auch auf die Kalkulation der Bieter auswirkt, spricht viel dafür, dass der Auftraggeber jedenfalls vor der Abgabe der letztverbindlichen Angebote der Bieter vorgeben muss, ob und in welchem Umfang er die Anwendung der §§ 38 bis 41 VSVgV gemäß § 9 Abs.3 Nr. 2 VSVgV verlangt. Voraussetzung für eine solche Festlegung bereits im Vergabeverfahren ist indes, dass dem Auftraggeber bekannt ist, welche Teile des Auftrags der Auftragnehmer im Wege der Unterauftragsvergabe erfüllen möchte. Da Auftraggeber in den Bereichen Verteidigung und Sicherheit grundsätzlich ein großes Interesse daran haben werden, zu erfahren, wer die einzelnen Leistungsteile des Auftrags ausführt, werden Bieter in der Regel bereits zu einem relativ frühen Zeitpunkt im Vergabeverfahren anzugeben haben, in welchem Umfang und hinsichtlich welcher Auftragsteile der Einsatz eines Nachunternehmers vorgesehen ist. In diesen Fällen wird der Auftraggeber jedenfalls vor Abgabe der letztverbindlichen Angebote den Bietern mitteilen müssen, für welche Unteraufträge, sofern im Angebot solche vorgesehen sind, die §§ 38 ff. VSVgV anzuwenden sind.

III. Die spezifischen Bestimmungen zur Unterauftragsvergabe (§§ 38 bis 41 VSVgV)

1. Der Anwendungsbereich der §§ 38 bis 41 VSVgV

Die §§ 38 bis 41 VSVgV müssen immer dann beachtet werden, wenn der Auftraggeber eine bestimmte Unterauftragsquote („Ob" der Unterauftragsvergabe) oder das Procedere für bestimmte Unteraufträge („Wie" der Unterauftragsvergabe) verlangt.

Ist der Auftragnehmer zugleich Auftraggeber gemäß § 98 GWB, richtet sich die Unterauftragsvergabe in keinem Fall nach den §§ 38 bis 41 VSVgV. Vielmehr hat der als Auftragnehmer auftretende Auftraggeber bei der Unterauftragsvergabe das reguläre Vergaberecht anzuwenden. Der öffentliche Auftraggeber bleibt somit umfassend an die strengeren Vorgaben der Hauptauftragsvergabe gebunden und kann auch selbst als unterauftragsvergebender Auftragnehmer nicht auf die weniger strengen Vorschriften des „Vergabeverfahrens light" der Unterauftragsvergabe ausweichen.[15]

2. Ausschlusstatbestand für Bietergemeinschaften und konzernverbundene Unternehmen (§ 38 Abs. 2 Satz 1 VSVgV)

§ 38 Abs. 2 Satz 1 VSVgV enthält zudem einen Ausschlusstatbestand für Bietergemeinschaften und mit dem Auftragnehmer verbundene Unternehmen. Diese gelten nicht als Nachunternehmer im Sinne von Teil 3 der VSVgV.

Danach kann die Leistungserbringung von Unternehmen, die Teil der anbietenden Bietergemeinschaft oder mit dem Bieterunternehmen verbunden sind, nicht zur Erfül-

---

[15] Mit Blick auf die geringe Anzahl öffentlicher Auftraggeber, die in den Bereichen Verteidigung und Sicherheit zugleich als Auftragnehmer in Frage kommen, dürfte § 38 Abs. 3 VSVgV nur über eine geringe Praxisrelevanz verfügen.

III. Die spezifischen Bestimmungen zur Unterauftragsvergabe (§§ 38 bis 41 VSVgV)

lung einer gemäß § 9 Abs. 3 Nr. 1 VSVgV vorgegeben Quote herangezogen werden. Andererseits unterliegt eine Unterauftragsvergabe an diese Unternehmen aber auch nicht den Vorschriften der §§ 38 bis 41 VSVgV. Vielmehr können diese direkt, ohne Einhaltung von Verfahrensregeln, in die Auftragserfüllung einbezogen werden.

3. Die Grundsätze der Transparenz und der Nichtdiskriminierung (§ 38 Abs. 1 Satz 2 VSVgV)

Die entscheidenden Vorgaben für das bei der Unterauftragsvergabe einzuhaltende Verfahren sind in § 38 Abs. 1 Satz 2 VSVgV enthalten. Danach haben Bieter bei der Auswahl der Nachunternehmer transparent vorzugehen und sämtliche potenzielle Nachunternehmer gleich und in nichtdiskriminierender Weise zu behandeln. Diese Regelung zur Unterauftragsvergabe stellt eine spezielle Ausprägung der Vergabegrundsätze dar, die gemäß Art. 4 RL 2009/81/EG bzw. §§ 97 Abs. 1 und 2 GWB bereits im Verhältnis vom Auftraggeber zum Auftragnehmer gelten. Es ist damit klargestellt, dass diese Grundsätze nicht nur im Verhältnis zwischen Auftraggeber und Auftragnehmer zu berücksichtigen sind, sondern auch auf der Ebene von Auftragnehmer und Nachunternehmer gelten. Auch inhaltlich lässt sich daher an die aus den allgemeinen vergaberechtlichen Grundsätzen abgeleiteten Verfahrensgrundlagen anknüpfen. Das Transparenzgebot statuiert vor allem umfassende Publizitätspflichten. So ist die anstehende Unterauftragsvergabe potenziell interessierten Nachunternehmern hinreichend bekannt zu geben. Das Nichtdiskriminierungs- und Gleichbehandlungsgebot verbietet insbesondere jede unmittelbare oder mittelbare Ungleichbehandlung aufgrund der Staatsangehörigkeit oder sonstigen willkürlichen Gründen. Eine Bevorzugung von Unternehmen aus dem Mitgliedstaat des Auftraggebers bei der Unterauftragsvergabe ist damit nicht vereinbar. Mit diesen Vorgaben soll die Lieferkette für (alle) Nachunternehmer geöffnet werden und gleichzeitig der gängigen Offsetpraxis (Bevorzugung nationaler Unternehmen) ein Riegel vorgeschoben werden.

4. Die Auswahl des Nachunternehmers (§ 40 Abs. 1 VSVgV)

§ 40 VSVgV legt die Kriterien fest, die bei der Auswahl der Nachunternehmer zu beachten sind. Die Vorschrift sieht Regelungen für das Verhältnis vom Auftragnehmer zum Nachunternehmer vor und konkretisiert die Maßstäbe, anhand derer der Auftragnehmer die Auswahl seines Nachunternehmers zu treffen hat.

§ 40 Abs. 1 VSVgV schreibt vor, dass die Auswahlkriterien objektiv und nichtdiskriminierend sein müssen und sich an den Kriterien des Hauptauftrags zu orientieren haben. Zudem muss die geforderte Leistungsfähigkeit sowie deren Niveau in unmittelbaren Zusammenhang mit dem Gegenstand des Unterauftrags stehen und diesem angemessen sein. Die Leistungsfähigkeit stellt nur dann ein rechtmäßiges Kriterium dar, wenn sie sich unmittelbar auf den Kernbereich des Unterauftrags bezieht und zudem keine überzogenen oder unzumutbaren Anforderungen gestellt werden, sondern nur solche, die nicht unverhältnismäßig sind.

Daraus folgt ebenfalls, dass Offsets in jeder Form ausgeschlossen sind.[16] Denn neben der Unzulässigkeit der Bevorzugung nationaler Unternehmen ist es damit auch nicht zulässig vom Auftragnehmer bzw. Nachunternehmer Leistungen zu fordern, die nicht mit dem Auftrag selbst zusammenhängen. Indirekte Offsets sind mit dieser Vorgabe unvereinbar.

Andere Eignungskriterien als die Leistungsfähigkeit werden in § 40 VSVGV nicht ausdrücklich adressiert. Für sie gilt gemäß § 40 Abs. 1 Satz 2 VSVGV jedoch, dass sie im Einklang mit den Kriterien des Hauptauftrags stehen müssen.

5. Die Durchsetzbarkeit der §§ 38 ff. VSVgV

Die Auswirkungen dieser Regelungen auf die Praxis sind jedoch kritisch zu betrachten. Denn es ist nicht davon auszugehen, dass Verstöße des Auftragnehmers gegen §§ 38–40 VSVgV zu weitreichenden Konsequenzen führen werden. Sowohl Auftraggeber als auch potenzielle Nachunternehmer verfügen nur über eingeschränkte Reaktionsmöglichkeiten im Falle derartiger Verstöße.

a) Reaktionsmöglichkeiten des Auftraggebers

Wenn der erfolgreiche Bieter es versäumt, den an die Unterauftragsvergabe gestellten Anforderungen nachzukommen, verletzt er eine Vertragspflicht gegenüber dem Auftraggeber. Der Auftraggeber hat in diesem Fall nur die Möglichkeit, zivilrechtlich Rechtsmittel zu ergreifen und vom Auftraggeber Schadensersatz zu verlangen oder vom Vertrag zurückzutreten.

Eine Ablehnung des unter Verstoß gegen § 38 VSVgV ausgewählten Nachunternehmers kommt hingegen grundsätzlich nicht in Betracht. Denn eine solche Konstellation ist in § 9 Abs. 5 VSVgV, der die Ablehnungsbefugnis der Auftraggeber bezüglich benannter Nachunternehmer regelt, nicht vorgesehen. Der abschließende Charakter der in § 9 Abs. 5 VSVgV enthaltenen Ablehnungskriterien spricht demnach gegen ein solches Ablehnungsrecht des Auftraggebers. Soweit § 38 VSVgV weitere Anforderungen an die Nachunternehmerauswahl aufstellt, handelt es sich lediglich um verfahrensrechtliche Vorschriften, die den Auftraggeber nicht mit einem Ablehnungsrecht ausstatten, sondern ihm nur die Möglichkeit eröffnen, im Verhältnis zum Auftragnehmer vertragsrechtliche Maßnahmen zu ergreifen. In der Praxis wird sich in der Regel zudem künftig die Frage stellen, ob der Auftraggeber überhaupt ein „Ablehnungsinteresse" hat, sofern der ausgewählte Nachunternehmer ein nationales Unternehmen ist, welches vor Erlass der Richtlinie von Offsets profitierte.

---

[16] *Weiner*, EWS 2012, 401.

III. Die spezifischen Bestimmungen zur Unterauftragsvergabe (§§ 38 bis 41 VSVgV)

b) Reaktionsmöglichkeiten potenzieller Nachunternehmer

Dagegen wird der nicht-berücksichtigte bzw. nicht-zum-Zuge-gekommene potenzielle Nachunternehmer regelmäßig grundsätzlich Interesse daran haben, dass die Vorgaben der §§ 38 ff. VSVgV eingehalten und etwaige Verstöße hiergegen korrigiert werden. Stellt ein potenzieller Nachunternehmer während der Unterauftragsvergabe Verstöße gegen §§ 38, 40 VSVgV fest, kann er diese gegenüber dem Auftraggeber anzeigen und so auf eine Korrektur des laufenden Verfahrens hinwirken. Allerdings handelt es sich hierbei lediglich um eine informelle Reaktionsmöglichkeit, die keinerlei Zwang auf Seiten des Auftraggebers auslöst. Der enttäuschte Nachunternehmer ist dabei auf den „guten Willen" des Auftraggebers angewiesen. Spätestens wenn der Auftraggeber in Übereinstimmung mit § 9 Abs. 5 VSVgV die Nachunternehmerauswahl des Auftragnehmers bestätigt hat, wird er daher in der Regel hiervon nicht mehr abweichen.

Grundsätzlich steht Nachunternehmern gegenüber den öffentlichen Auftraggebern auch der vergaberechtliche Rechtsschutz nicht zur Verfügung, da sie nicht antragsbefugt i. S. d. § 107 Abs. 2 GWB sind.[17] Die Antragsbefugnis setzt voraus, dass ein Unternehmen ein Interesse am Auftrag geltend machen kann. Potenzielle Nachunternehmer haben jedoch lediglich ein Interesse an einem Teil des Auftrags, scil. des Unterauftrags, und verfügen in der Regel auch nicht über die notwendige Leistungsfähigkeit und Fachkunde, um den Gesamtauftrag zu erfüllen. An diesen Vorgaben hat sich mit Blick auf die VSVgV nichts geändert. Zudem räumen § 38 Abs. 1 Satz 2 und 3 VSVgV potenziellen Nachunternehmern keine subjektiven Rechte ein, die im Wege eines Nachprüfungsverfahrens geltend gemacht werden könnten. Zwar schafft die Norm zwischen Auftragnehmer und potenziellen Nachunternehmern ein ähnliches Verhältnis wie zwischen Auftraggeber und Bietern, sie räumt potenziellen Nachunternehmer jedoch keine subjektiven, verteidigungsfähigen Rechte gegenüber den Auftragnehmern ein. Auch nehmen Auftragnehmer gegenüber potenziellen Nachunternehmern nicht die Stellung eines Auftraggebers im Sinne des § 97 Abs. 7 GWB ein. Das ergibt sich aus § 38 Abs. 3 VSVgV, der regelt, dass Auftragnehmer, die zugleich öffentliche Auftraggeber sind, die Vorschriften über die Vergabe von Hauptaufträgen einzuhalten haben und §§ 38 bis 41 VSVgV gerade nicht anzuwenden sind. Daraus folgt, dass nicht jeder Auftragnehmer im Falle der Unterauftragsvergabe als Auftraggeber anzusehen ist.

Denkbar ist allenfalls, dass der Nachunternehmer eine Verletzung des § 38 Abs. 1 VSVgV auf dem Zivilrechtsweg geltend macht. Der Verstoß gegen die Regelung des § 38 Abs. 1 VSVgV könnte etwa als Pflichtverletzung im Rahmen einer culpa in contrahendo bzw. als Schutzgesetzverletzung i. S. d. § 823 Abs. 2 BGB geltend gemacht werden. Bei § 40 VSVgV handelt es sich ebenfalls um ein Schutzgesetz i. S. d. § 823

---

[17] *Reidt*, in: Reidt/Stickler/Glahs, § 107 GWB Rn. 24 m. w. N.

Abs. 2 BGB, da die Norm die Interessen der potenziellen Nachunternehmer an einem ordnungsgemäßen Verfahren schützen soll.[18]

6. Verzicht auf die auftraggeberseitig geforderte Unterauftragsvergabe

Ein Verzicht auf die vom Auftraggeber verlangte Unterauftragsvergabe ist nur unter den Voraussetzungen des § 40 Abs. 2 VSVgV möglich: der Auftraggeber darf vom Auftragnehmer nicht verlangen, einen Unterauftrag zu vergeben, wenn der Auftragnehmer nachweist, dass keiner der Nachunternehmer bzw. keines der eingereichten Angebote die geforderten Kriterien erfüllt und es infolgedessen unmöglich wäre, den Hauptauftrag zu erfüllen. Die Nachweispflicht trifft dabei den Auftragnehmer. Daraus folgt, dass nicht jede Ungeeignetheit bzw. jeder Mangel im (Unterauftrags-)Angebot das Recht zum Verzicht auf die Unterauftragsvergabe seitens des Auftragnehmers begründet. Die Untauglichkeit der Bewerber bzw. der Angebote für den Unterauftrag muss so gravierend sein, dass die Ausführung des Hauptauftrags insgesamt unmöglich wird, da dessen Anforderungen nicht erfüllt werden können. Kleinere Mängel bewirken noch kein Recht zum Verzicht nach § 40 Abs. 2 VSVgV, insbesondere dann nicht, wenn sie durch den Auftragnehmer ohne einen bedeutenden und unverhältnismäßigen organisatorischen oder finanziellen Aufwand kompensiert werden können.

IV. Die Ablehnung eines Nachunternehmers durch den Auftraggeber (§ 9 Abs. 5 VSVgV)

§ 9 Abs. 5 VSVgV bestimmt, unter welchen materiellen Bedingungen ein vom Bieter bzw. Auftragnehmer ausgewählter Nachunternehmer vom Auftraggeber abgelehnt werden kann. Eine Ablehnung darf gemäß § 9 Abs. 5 Satz 1 VSVgV nur auf Grundlage der Kriterien erfolgen, die für den Hauptauftrag gelten und in den Bekanntmachungen oder den Vergabeunterlagen angegeben wurden. Zudem muss der Auftraggeber gegenüber dem betroffenen Bieter oder dem Auftragnehmer schriftlich darlegen, warum der Nachunternehmer die vorgegebenen Kriterien nicht erfüllt, § 9 Abs. 5 Satz 2 VSVgV.

Die Regelung gilt sowohl für im Wege des „freien" als auch des „wettbewerblichen" Verfahrens ausgewählte Nachunternehmer und knüpft an die allgemeinen Grundsätze der Eignungsprüfung von Nachunternehmern an. Wird ein Nachunternehmer eingesetzt, verlagert sich die Eignungsprüfung vom Bieter auf die Ebene des Nachunternehmers. Für den Nachunternehmer kann der Auftraggeber die gleichen Eignungsnachweise verlangen wie für den Bieter selbst und der Nachunternehmer muss in

---

[18] Für unterlegene potenzielle Nachunternehmer wird ein Schadensersatzanspruch jedoch kaum zu realisieren sein. Nach allgemeinen Grundsätzen obliegt ihnen im Zivilprozess nicht nur die Beweispflicht hinsichtlich eines Verstoßes gegen § 38 VSVgV. Auch ist zu beweisen, dass der Auftragnehmer ohne den Verstoß nicht mit dem erfolgreichen, sondern mit dem unterlegenen Nachunternehmer kontrahiert hätte. Zudem hat der unterlegene Nachunternehmer einen erlittenen Schaden nachzuweisen.

fachlicher, persönlicher und wirtschaftlicher Hinsicht den Eignungsanforderungen genauso genügen wie der Auftragnehmer. Indem bei der Eignungsprüfung an die bekanntgemachten Kriterien angeknüpft wird, wird zugleich sichergestellt, dass die Ablehnung des Nachunternehmers durch den Auftraggeber nicht willkürlich oder aus nationalen Interessen geschieht.

Wird im Geltungsbereich der VSVgV ein Nachunternehmer vom Auftraggeber abgelehnt, hat das allerdings keine Auswirkungen auf die Stellung des Auftragnehmers. Eine Ablehnung des im „wettbewerblichen" Verfahren vom Auftragnehmer ausgewählten Nachunternehmers führt insbesondere nicht zum Verlust des Auftrags, denn diesen hat der Auftragnehmer bereits zuvor durch Zuschlag erhalten. Die fehlende Eignung des Nachunternehmers wirkt sich demnach nicht auf den Auftragnehmer aus, insbesondere schlägt sich der Eignungsmangel nicht auf ihn durch. Vielmehr muss der Auftragnehmer infolge der Ablehnung des Nachunternehmers einen neuen Nachunternehmer im Rahmen eines „wettbewerblichen" Verfahrens auswählen.

Es spricht viel dafür, dass die fehlende Eignung eines im „freien" Verfahren ausgewählten Nachunternehmers ebenfalls nicht zu einem Ausschluss des betroffenen Bieters führt. § 9 Abs. 5 VSVgV sieht den Ausschluss eines Bieters nicht als Rechtsfolge vor, sondern bezieht sich mit Blick auf den Wortlaut nur auf die Ablehnung des Nachunternehmers. Negative Folgen für den Bieter im Falle der Ungeeignetheit des Nachunternehmers sieht die Regelung nicht vor. Die Regelung ist daher so zu verstehen, dass nur Kriterien für die Ablehnung eines Nachunternehmers aufgestellt werden, ohne die Grundsätze des Bieterausschlusses zu modifizieren. Daher ist, sollte sich die Ungeeignetheit des Nachunternehmers herausstellen, das Angebot des Bieters trotzdem vom Auftraggeber zu würdigen. Dem Bieter ist Rahmen eines zulässigen Nachverhandelns die Möglichkeit zu geben, für den abgelehnten Nachunternehmer einen neuen Nachunternehmer auszuwählen.

D. Die Behandlung von Offsets im Rahmen der Rüstungsbeschaffung

Der mit der RL 2009/81/EG und in deren Umsetzung mit der VSVgV eingeführte Rechtsrahmen für die Vergabe von Unteraufträgen führt damit gleich mehrfach zu der Klarstellung, dass die im Verteidigungsbereich gängige Offset-Praxis unzulässig ist. Denn sie ist mit europäischem Primärrecht und mit den Vorgaben der VSVgV unvereinbar. Deutlich wird das bereits zu Beginn der Richtlinie in den Erwägungsgründen. Erwägungsgrund 45 der RL 2009/81/EG legt fest, dass die Bedingungen für die Auftragsausführung nur die Ausführung des Auftrags selbst betreffen dürfen, woraus zugleich ein Ausschluss aller nicht mit dem Beschaffungsgegenstand zusammenhängenden Leistungen folgt. Offsets sind außerdem mit den in Art. 4 RL 2009/81/EG festgelegten Grundsätzen für die Vergabe von Aufträgen unvereinbar. Art. 4 RL

D. Die Behandlung von Offsets im Rahmen der Rüstungsbeschaffung

2009/81/EG bestimmt, dass die Auftraggeber alle Wirtschaftsteilnehmer gleich und nichtdiskriminierend behandeln müssen. Gegen diese Vorgaben verstoßen Offsets, da ausländische Auftragnehmer zu einer zusätzlichen Leistung verpflichtet werden und diese zusätzliche Leistungsverpflichtung gerade an die Eigenschaft des Auftragnehmers als nicht-inländischer Bieter anknüpft. Es ist dabei unerheblich, ob es sich um einen europäischen oder nichteuropäischen Auftragnehmer handelt. Der Anwendungsbereich der Vorschrift beschränkt sich nicht auf das Verhältnis zwischen europäischen Bietern, sondern schließt auch eine Differenzierung zwischen europäischen und nichteuropäischen Bietern aus.[19] Damit ist eine Offset-Forderung weder von einem EU-Bieter noch von einem Bieter aus einem Drittstaat zulässig.

Offsets verstoßen auch gegen Art. 20 RL 2009/81/EG. Die Vorschrift legt fest, dass Auftraggeber zusätzliche Bedingungen für die Ausführung des Auftrags vorschreiben können, sofern sie mit dem Gemeinschaftsrecht vereinbar sind. Das ist bei Offsets nicht der Fall, da mit ihnen zugleich ein Verstoß gegen europäische Grundfreiheiten einhergeht. Die von Offsets ausgehende Diskriminierung aus Gründen der Staatsangehörigkeit stellt eine Verletzung des Art. 18 AEUV dar. Zudem sind Offsets mit Art. 34 AEUV, der eine Beeinträchtigung des freien Warenverkehrs durch Einfuhrbeschränkungen sowie alle Maßnahmen gleicher Wirkung verbietet, unvereinbar.[20]

Schließlich verstoßen Offsets gegen Art. 38 Abs. 2 RL 2009/81/EG. Die Vorschrift bestimmt, dass die für einen Auftrag gestellten Mindestanforderungen an die Leistungsfähigkeit des Auftragnehmers mit dem Auftragsgegenstand zusammenhängen und ihm angemessen sein müssen. Zumindest im Falle von indirekten Offsets werden diese Voraussetzungen nicht erfüllt.

So zeichnet sich bereits jetzt ab, dass sich durch die Verabschiedung und Umsetzung der RL 2009/81/EG die gängige Offset-Praxis in Europa erheblich verändert. Für die Vergabepraxis in Deutschland ergeben sich jedoch keine gravierenden Änderungen, da auch schon vor der Verabschiedung der RL 2009/81/EG und deren Umsetzung mit der VSVgV grundsätzlich keine Offsets-Politik verfolgt wurde. In den Mitgliedstaaten, in denen Offset-Forderungen bislang ein fester Bestandteil der Vergabepraxis ist, führt das neue Vergaberechtsregime dagegen zu weitreichendem Änderungsbedarf. Während im Oktober 2011 nur sechs Mitgliedstaaten offiziell keine Offsets verlangten,[21] hat sich deren Zahl bereits auf zehn erhöht.[22] Offiziell vorgesehen sind Offsets nur noch in drei Mitgliedstaaten;[23] alle übrigen Mitgliedstaaten sind dabei, ihre Offset-Praxis zu „überdenken", wobei im Lichte der RL 2009/81/EG davon auszugehen ist, dass Offsets auf lange Sicht offiziell nicht mehr Teil der Vergabepraxis sein werden. Es ist vielmehr

---

[19] Weiner, EWS 2011, 401, 403.

[20] Weiner, EWS 2011, 401, 403.

[21] Vgl. dazu Weiner, EWS 2011, 401, 402.

[22] Tschechien, Zypern, Frankreich, Deutschland, Griechenland, Irland, Lettland, Malta, Schweden und Großbritannien.

[23] Österreich, Belgien und Norwegen.

D. Die Behandlung von Offsets im Rahmen der Rüstungsbeschaffung

anzunehmen, dass die nationalen Interessen des Auftraggebers auf andere Weise bei der Beschaffung Berücksichtigung finden. Denn die Interessenlage der Mitgliedstaaten bleibt von den neuen Regelungen unberührt. In Betracht kommt insbesondere die Implementierung „europäischer Offsets" oder eine faktische Offset-Wirkung durch die geforderte Gewährleistung von Informations- und Versorgungssicherheit.[24] Gemäß Art. 2 RL 2009/81/EG gilt der Anwendungsbereich der Richtlinie und somit auch der VSVgV als ihrer nationalen Umsetzung zudem vorbehaltlich des Art. 346 AEUV[25]. Danach können Offsets auch weiterhin in ihrer bisherigen Form verlangt werden, wenn sie zur Wahrung wesentlicher Sicherheitsinteressen des Mitgliedstaats erforderlich sind. Das bedeutet jedoch nicht, dass unter dem Regime der RL 2009/81/EG und der VSVgV die gängige Offsetpraxis unverändert fortgesetzt werden kann. Vielmehr verdeutlichen die zahlreichen der Beschränkung von Offsets dienenden Regelungen, dass Offsets nur noch in absoluten Einzelfällen zulässig sind. In letzterem Fall wird ein Offset zwar nicht explizit verlangt, es tritt aber aus Gründen der im Rahmen der Auftragsausführung verlangten Informations- und Versorgungssicherheit häufig eine Bevorteilung nationaler bzw. im Mitgliedstaat des Auftraggeber ansässiger Anbieter auf. Gemäß Art. 22 RL 2009/81/EG kann der Auftraggeber Anforderungen an die Informationssicherheit aufstellen, die vom Bieter bei der Angebotsabgabe zu berücksichtigen sind. Solange die nationalen Regelungen über die Sicherheitsprüfungen nicht auf Gemeinschaftsebene harmonisiert sind, können die Mitgliedstaaten vorsehen, dass die Anforderungen ihren nationalen Bestimmungen über Sicherheitsprüfungen entsprechen müssen. Gemäß § 7 Abs. 7 VSVgV erkennt das Bundesministerium für Wirtschaft und Technologie Sicherheitsprüfungen anderer Mitgliedstaaten an, wenn sie den nach deutscher Rechtslage geltenden Standards[26] gleichwertig sind. Soweit sich die Sicherheitsprüfung an den national geltenden Standards orientiert, dürfte deren Einhaltung regelmäßig den inländischen Bietern leichter fallen, sodass mit der daraus folgenden Investition in die heimische Wirtschaft eine offsetgleiche Wirkung bestünde.

Eine ähnliche Wirkung kann sich aus den Anforderungen an die zu gewährleistende Versorgungssicherheit ergeben. Art. 23 RL 2009/81/EG[27] ermächtigt den Auftraggeber unter anderem, Vorgaben zur Verfügbarkeit von Kapazitäten und kurzfristigen Bedarfssteigerungen kritischen Nachschubmaterials aufzustellen. Da derartige Vorgaben für einen Auftragnehmer mit einem Standort im Land des Auftraggebers einfacher zu erfüllen sind als für einen externen Auftragnehmer, erhöhen sich automatisch die Chancen von in der nationalen Wirtschaft verankerten Bietern. Das Setzen von Standards zur Informations- und Versorgungssicherheit darf jedoch nicht zu einer gezielten Bevorzugung der heimischen Bieter führen, da sonst ein Verstoß gegen das Dis-

---

[24] Vgl. dazu ausführlich *Weiner*, EWS 2011, 401, 403 f.

[25] Art. 296 a. F., vgl. dazu *Gabriel*, VergabeR 2009, 380, 381. In der RL ist noch die alte Vorschrift des Art. 296 aufgeführt.

[26] Es gelten das Sicherheitsüberprüfungsgesetz und § 21 Abs. 4 und 6 der Allgemeinen Verwaltungsvorschrift des Bundesministeriums des Innern zum materiellen und organisatorischen Schutz von Verschlusssachen (VS-Anweisung – VSA vom 31.3.2006 in der Fassung vom 26.4.2010, GMBl. 2010, S. 846).

[27] Umgesetzt in § 8 VSVgV.

kriminierungsverbot des Art. 4 RL 2009/81/EG vorläge. Entsprechende Bedingungen müssen sachlich gerechtfertigt sein und sich aus der Eigenart des Auftrags ergeben, so dass sich die bevorzugte Vergabe an inländische Bieter als eine nichtbeabsichtigte Nebenfolge darstellt.

Im Rahmen von „europäischen Offsets" bezöge sich die Pflicht zur Erbringung von Leistungen in einem bestimmten Gebiet nicht mehr auf die nationale Wirtschaft des Auftraggebers, sondern auf den kompletten europäischen Binnenmarkt. Sofern Bieter aus Drittstaaten zugelassen sind, gilt für sie der Gleichbehandlungs- und Nichtdiskriminierungsgrundsatz des Art. 4 RL 2009/81/EG; es wäre eine einzelfallbezogene Prüfung vorzunehmen, ob die Offset-Forderung sachlich gerechtfertigt ist oder eine Ungleichbehandlung des außereuropäischen Bieters darstellt.[28]

Hinzu kommt, dass mit der Umsetzung der RL 2009/81/EG der Bieter die Möglichkeit erhält, Verstöße gegen die spezifischen Vorgaben für die Rüstungsbeschaffung in einem Vergabenachprüfungsverfahren überprüfen zu lassen. Ein Vergaberechtsverstoß liegt dann vor, wenn der öffentliche Auftraggeber zu Unrecht mit Verweis auf Art. 346 AEUV ein Offset verlangt. Das Gericht hat bei dieser Frage zu würdigen, dass Art. 346 AEUV aufgrund seines Charakters als Ausnahmevorschrift hinsichtlich seines Anwendungsbereichs und der Bedingungen seiner Inanspruchnahme eng auszulegen ist.[29] Im Einzelfall hat der Auftraggeber das betroffene Sicherheitsinteresse, welches die Forderung eines Offsets rechtfertigt, zu benennen und deutlich zu machen, wieso es die einzige Möglichkeit ist, dem Sicherheitsinteresse Rechnung zu tragen.[30]

E. Die Beteiligung von Nicht-EU-Unternehmen

Nachdem mehrere Mitgliedstaaten Maßnahmen ergriffen, um den Zugang zu ihren öffentlichen Beschaffungsmärkten zu regeln bzw. die Kommission informell über ihre Absicht informierten, derartige Schritte zu unternehmen, wurde auf europäischer Ebene Anfang 2012 mit einem Vorschlag für eine Verordnung über den Zugang von Waren und Dienstleistungen aus Drittländern zum EU-Binnenmarkt für das öffentliche Beschaffungswesen reagiert.[31] Damit wird das anfangs erwähnte „äußere" Problemfeld adressiert, allerdings zunächst nur im zivilen Bereich. Denn für Rüstungsvergaben gilt der Verordnungsvorschlag nicht. Art. 1 der Verordnung erstreckt den Anwendungsbereich nicht auf Aufträge im Bereich der RL 2009/81/EG. Erwägungsgrund 18 der RL 2009/81/EG stellt vielmehr klar, dass Aufträge im Verteidigungsbereich weder vom Anwendungsbereich des *GPA* noch von dieser Verordnung umfasst sind.[32] Daraus

---

[28] *Weiner*, EWS, 401, 405.
[29] *Weiner*, EWS 2011, 401, 404.
[30] Vgl. *Weiner*, EWS 2011, 401, 404.
[31] Abrufbar unter: http://trade.ec.europa.eu/doclib/docs/2012/march/tradoc_149253.pdf.
[32] Siehe auch Art. XXIII des GPA.

E. Die Beteiligung von Nicht-EU-Unternehmen

folgt, dass die Mitgliedstaaten bei der Rüstungsvergabe grundsätzlich befugt sind, frei zu entscheiden, ob ihre Auftraggeber Wirtschaftsteilnehmern aus Drittländern die Teilnahme an Vergabeverfahren gestatten dürfen. Entsprechendes wird auch im Erwägungsgrund 18 der RL 2009/81/EG klargestellt. Die Mitgliedstaaten sollen diese Entscheidung auf der Grundlage von Preis/Leistungserwägungen unter Berücksichtigung der Notwendigkeit einer weltweit wettbewerbsfähigen europäischen rüstungstechnologischen und -industriellen Basis (DTIB) und der Bedeutung offener Märkte treffen. Zudem sollen die Mitgliedstaaten auf eine stärkere Öffnung der Märkte drängen und ihre Partner mit Blick auf den offenen und fairen Wettbewerb ebenfalls Offenheit beweisen. Bei der Umsetzung der RL 2009/81/EG in das deutsche Recht wurde von einem derartigen Ausnahmetatbestand abgesehen, was dafür spricht, dass Auftraggeber Bieter aus Drittstaaten nicht von vornherein vom Vergabeverfahren ausschließen können. Sofern Bieter aus Drittstaaten zum Vergabeverfahren zugelassen sind, gilt für sie in gleichem Maße der Gleichbehandlungs- und Nichtdiskriminierungsgrundsatz des Art. 4 RL 2009/81/EG wie für europäische Bieter. Es ist dann im Einzelfall zu prüfen, ob die Anknüpfung an die mitgliedstaatliche Zugehörigkeit, etwa durch die Forderung nach europäischen Offsets[33], sachlich gerechtfertigt ist oder ob eine Ungleichbehandlung und Diskriminierung außereuropäischer Bieter vorliegt.

---

[33] Siehe dazu oben den Punkt II.4.b.

Informationssicherheit bei Verteidigungs- und Sicherheitsvergaben

Dr. Wolfram Krohn

- **A. Einleitung und Hintergrund** 138
  - I. Begriff der Informationssicherheit 139
  - II. Einordnung im Vergabeverfahren 140
  - III. Schutz von Verschlusssachen in der Praxis 140
    1. Praktisches Konzept 140
    2. Geheimschutzüberprüfung in Deutschland 141
- **B. Die Vorgaben der Richtlinie 2009/81/EG** 143
  - I. Schutz von Verschlusssachen 143
    1. Festlegung der inhaltlichen Anforderungen an die Informationssicherheit 143
       - a) Weiter Spielraum der Auftraggeber 143
       - b) Grundsatz: Anwendung nationaler Standards 144
       - c) Begrenzte Pflicht zur Anerkennung ausländischer Sicherheitsüberprüfungen 145
    2. Prüfung der Informationssicherheit im Vergabeverfahren 145
       - a) Vorbedingung für die Verfahrensteilnahme 145
       - b) Informationssicherheit als Bedingung für die Auftragsausführung 146
       - c) Informationssicherheit als Aspekt der Eignungsprüfung 146
  - II. Allgemeiner Vertraulichkeitsgrundsatz 149
- **C. Die Umsetzung in Deutschland** 149
  - I. Begriffsverwendung im deutschen Recht 150
  - II. Schutz von Verschlusssachen 150
    1. Festlegung und Bekanntgabe der Anforderungen 151
       - a) Einzelfallbezogene Festlegung durch den Auftraggeber 151
       - b) Generelle Mindestanforderungen 151
       - c) Pflicht zur Bekanntgabe der Anforderungen 152
    2. Erfüllung der Sicherheitsanforderungen als Vorbedingung für den VS-Zugang 153
       - a) Grundsatz 153
       - b) Fristverlängerung 154
       - c) Zwingender Ausschluss bei Nichterfüllung der Sicherheitsanforderungen 154
    3. Anerkennung von Sicherheitsüberprüfungen anderer EU-Mitgliedstaaten 155
       - a) Begriff der Gleichwertigkeit 155
       - b) Bei bilateralen Geheimschutzabkommen 156
       - c) Zuständigkeit für die Prüfung 156

                d) Ergänzende Untersuchungen 157
                e) Begründungspflicht bei Versagung der Gleichwertigkeit 157
                f) Vor-Ort-Kontrollen im Ausland 158
           4. Prüfung der Informationssicherheit als Teil der Eignungsprüfung 158
                a) Einordnung im Vergabeverfahren 158
                b) Veröffentlichung der Nachweisanforderungen 159
                c) Zulassung von Eigenerklärungen 159
                d) Zeitpunkt der Vorlage der Nachweise 160
                e) Ausschluss bei Nichterfüllung der Anforderungen 160
      III. *Allgemeine Pflicht zur Vertraulichkeit* 162
           1. Beiderseitige Verpflichtung 162
           2. Weitere Anforderungen zum Schutz der Vertraulichkeit 163
           3. Pflicht zur Veröffentlichung der Nachweise 163

A. Einleitung und Hintergrund

Aufträge im Verteidigungs- und Sicherheitsbereich werfen regelmäßig spezielle Fragen des Geheimschutzes und der Vertraulichkeit auf. Teilweise unterliegen die Aufträge bereits als solche der Geheimhaltung; in vielen Fällen erfordern sie jedenfalls den Umgang mit **geheimen oder geschützten Informationen**. Diese berühren oftmals wesentliche staatliche Sicherheitsinteressen. Aus diesem Grund stellen alle Staaten bei der Vergabe geheimschutzrelevanter Aufträge spezielle Anforderungen, mit denen der Schutz des Geheimmaterials bzw. der geschützten Informationen sichergestellt werden soll.

Das staatliche Geheimhaltungsbedürfnis und die damit verbundenen besonderen Schutzmaßnahmen sind einer der wesentlichen Aspekte, die den Ausnahmecharakter von Beschaffungen im Bereich Verteidigung und Sicherheit prägen.[1] Das hängt nicht nur mit dem besonderen Rang der betroffenen Sicherheitsinteressen zusammen, sondern auch mit einem in der Natur der Sache liegenden Zielkonflikt. Wettbewerbliche Vergabeverfahren sind vom Grundsatz her auf möglichst breite Beteiligung und maximale Transparenz ausgerichtet. Sie stehen daher in einem latenten **Spannungsverhältnis** zum staatlichen Geheimschutzinteresse.

Anforderungen an die Informationssicherheit werden daher verbreitet als eine der größten Hürden für einen reibungslosen EU-weiten Wettbewerb im Verteidigungs- und Sicherheitsbereich wahrgenommen. So waren Geheimschutzbelange und die Not-

---

[1] Vgl. den Bericht der Europäischen Kommission an das Europäische Parlament und den Rat über den Stand der Umsetzung der Richtlinie 2009/81/EG vom 2. Oktober 2012, in dem die Sensibilität der Informationen als eines der den „Ausnahmecharakter" der Beschaffungen im Bereich der Sicherheit und Verteidigung prägenden Merkmale betont wird.

wendigkeit entsprechender Sicherheitsvorkehrungen nach früherer Rechtslage einer der vorrangigen Gründe dafür, Vergaben im Verteidigungs- und Sicherheitsbereich außerhalb des EU-Vergaberecht durchzuführen (§ 100 Abs. 2 lit. d) aa) und bb) GWB a.F.).

Gemäß dem Ziel, einen **europäischen Binnenmarkt** für Verteidigungs- und Sicherheitsgüter unter gleichzeitiger **Wahrung** der **nationalen Sicherheitsinteressen** aufzubauen,[2] enthalten die neuen Vergaberegeln **maßgeschneiderte Verfahrensregelungen**,[3] die es den Auftraggebern ermöglichen sollen, auch im Rahmen eines EU-weiten Wettbewerbsverfahrens alle erforderlichen **Maßnahmen zum Schutz der Informationssicherheit** zu treffen. Die Bestimmungen zur Informationssicherheit gehören damit zu den wichtigsten Neuerungen des neuen Vergaberegimes.

I. Begriff der Informationssicherheit

Der **Begriff der Informationssicherheit** bezeichnet im Zusammenhang mit Aufträgen im Verteidigungs- und Sicherheitsbereich in erster Linie die **Sicherung von amtlich geheim zu haltenden oder zu schützenden Informationen (Verschlusssachen)** gegen unerlaubte Bekanntgabe, unbefugten Zugriff, Missbrauch, Verfälschung oder Zerstörung.[4] Der Begriff der Information ist dabei umfassend zu verstehen und schließt jegliches Material (Tatsachen, Gegenstände und Erkenntnisse, vgl. § 4 SÜG) ein. Im Kern geht es um den Schutz von militärischen und anderen sicherheitsrelevanten Geheimnissen, d.h. von Informationen, deren unerlaubtes Bekanntwerden oder Verlust die staatliche Sicherheit gefährdet oder den öffentlichen Interessen von Bund oder Ländern schadet.[5]

In einem weiteren Sinne umfasst der Begriff der Informationssicherheit daneben auch Aspekte des **allgemeinen Vertraulichkeitsgrundsatzes**. Dieser folgt aus dem Prinzip des Geheimwettbewerbs und soll das **Funktionieren des Wettbewerbs** schützen. Konkret geht es um die Vertraulichkeit der **Angebote** und den Schutz von **Geschäftsgeheimnissen** der Beteiligten. Der allgemeine Vertraulichkeitsgrundsatz gilt auch für normale Aufträge, ist also kein Spezifikum von Verteidigungs- und Sicherheitsvergaben. Im Bereich verteidigungs- und sicherheitsrelevanter Vergaben kommt ihm jedoch wegen der Wettbewerbsstrukturen in Teilen des Marktes und der Sensibilität der Materie auch außerhalb des Verschlusssachenbereichs besondere Bedeutung zu. Der allgemeine Vertraulichkeitsgrundsatz wird in Artikel 6 der Richtlinie 2009/81/EG und § 6 VSVgV in jeweils eigener Ausprägung aufgegriffen. Aufgrund seiner anderen Zielrichtung und des eigenen Regelungsgehalts ist er sorgfältig von dem im Verteidigungs-

---

[2] Vgl. Erwägungsgründe 2 und 9 RL 2009/81/EG.
[3] *Byok*, NVwZ 2012, S. 74.
[4] Vgl. die Definition von „Verschlusssachen" in Art. 1 Nr. 8 der RL 2009/81/EG.
[5] Vgl. die Verschlusssachen-Klassifizierung in § 4 SÜG.

und Sicherheitsbereich im Vordergrund stehenden spezifischen Begriff der Informationssicherheit im Sinne des Verschlusssachenschutzes zu unterscheiden.

II. Einordnung im Vergabeverfahren

Die Informationssicherheit spielt bei sicherheitssensiblen Aufträgen auf **mehreren Ebenen** des Vergabe- und Ausführungsprozesses eine Rolle:

- In erster Line geht es darum, dass der Auftragnehmer bei der **Auftragsausführung** alle Maßnahmen ergreift, die vom Auftraggeber bzw. der zuständigen Stelle für einen wirksamen Schutz geheimer oder vertraulicher Informationen verlangt werden. Insoweit geht es zunächst um Anforderungen, die innerhalb der Systematik des Vergaberechts als **Ausführungsbedingung** oder auch einfach als Teil der **Leistungsbeschreibung** eingeordnet werden können.

- Zweitens geht es darum, dass der Auftragnehmer die **Gewähr dafür bieten muss** (und dies im Vergabeverfahren nachweist) dass er die erforderlichen Geheimschutzmaßnahmen auch tatsächlich treffen kann und wird. Insofern handelt es sich um eine echte **Eignungsanforderung**, die sicherheitsspezifische Fragen der Leistungsfähigkeit und Zuverlässigkeit betrifft.

- Drittens besteht bei geheimschutzrelevanten Aufträgen die Besonderheit, dass oftmals schon die **Teilnahme am Vergabeverfahren** den Umgang mit Geheimmaterial voraussetzt, insbesondere wenn bereits die Bewerbungs- oder Vergabeunterlagen geheimhaltungsbedürftig sind. In diesem Fall müssen Bewerber schon vor Beginn des Vergabeverfahrens die notwendige Geheimschutzqualifikation aufweisen. Insofern handelt es sich um eine **spezielle Vorbedingung für die Verfahrensteilnahme**, die in dieser Form im allgemeinen Vergaberecht keine Entsprechung hat.[6]

III. Schutz von Verschlusssachen in der Praxis

1. Praktisches Konzept

Das Konzept der Informationssicherheit im Sinne des Schutzes von Verschlusssachen umfasst in der Praxis generell drei Elemente:

Einstufung des Materials (Klassifizierung): Zunächst identifiziert die verantwortliche Stelle das zu schützende Material und weist ihm eine von der jeweiligen Sensibilität der Informationen abhängige **Geheimhaltungsstufe** zu.

---

[6] Allerdings ist es auch in klassischen Vergabeverfahren, die aus Geschäftsgründen vertrauliche Informationen berühren, nicht unüblich, dass Bewerber bzw. Bieter bereits im Teilnahmewettbewerb oder zu Beginn der Angebotsphase eine spezielle Vertraulichkeitsverpflichtung eingehen müssen.

III. Schutz von Verschlusssachen in der Praxis

Beschränkter Zugang: Der Zugang zu den Informationen wird auf Unternehmen und/oder **Personen beschränkt**, die hinreichende Gewähr dafür bieten, dass sie die Vertraulichkeit der Informationen wahren und mit ihnen nur gemäß den dafür jeweils geltenden Sicherheitsvorgaben und Geheimschutzmaßnahmen (z.B. in Bezug auf Kennzeichnung, Verwahrung, Vervielfältigung und Bearbeitung) umgehen. Hierzu bedarf es ab einer bestimmten Geheimhaltungsstufe regelmäßig vorab einer amtlichen **Sicherheitsüberprüfung** bzw. eines **Sicherheitsbescheids**.

Konkrete Sicherheitsmaßnahmen: Darüber können in Rechtsvorschriften, allgemeinen Dienstanweisungen oder im Einzelfall konkrete **Sicherheitsvorgaben und Geheimschutzmaßnahmen** festgelegt werden, die beim Umgang mit den Informationen zu beachten sind, z.B. betriebsorganisatorische Maßnahmen zur Wahrung der Vertraulichkeit, konkrete Vorgaben für die Kennzeichnung, Verwahrung, Vervielfältigung und Bearbeitung des Materials, die Beschränkung des Zugangs auf eigene Staatsangehörige („national eyes only"), spezielle Anforderungen an Design und Funktion der zur Verarbeitung und Speicherung der Informationen eingesetzten IT-Systeme, die Durchführung von Kontrollen zur Überprüfung der Umsetzung der Sicherheitsmaßnahmen o.ä.

Da bisher keine EU-weiten Standards für die Informationssicherheit existieren,[7] können die einzelnen Mitgliedstaaten ihre jeweiligen Geheimschutzkonzepte und Sicherheitsanforderungen individuell festlegen. Auch für die Sicherheitsüberprüfung gibt es bisher keine einheitlichen Standards; den Mitgliedstaaten steht es vielmehr frei, ihre eigenen Überprüfungen durchzuführen. Der EU-rechtliche Grundsatz der gegenseitigen Anerkennung gilt für die Sicherheitsüberprüfung nicht. Bieter müssen daher im grenzüberschreitenden Wettbewerb grundsätzlich damit rechnen, sich in jedem EU-Mitgliedsland mit den dortigen Sicherheitsanforderungen vertraut machen und sich einer eigenständigen Überprüfung unterziehen lassen zu müssen.

2. Geheimschutzüberprüfung in Deutschland

In Deutschland erfolgt die **Geheimschutzüberprüfung von Unternehmen,** die als Auftragnehmer Zugang zu Verschlusssachen erhalten sollen, im Rahmen der sog. **Geheimschutzbetreuung** durch das Bundesministerium für Wirtschaft.[8] Der genaue Inhalt und Umfang der Überprüfung hängen von der Geheimhaltungsstufe des Materials ab, mit dem das Unternehmen voraussichtlich in Kontakt kommt. Nach § 4 Abs. 2 des Sicherheitsüberprüfungsgesetzes (SÜG) werden vier Stufen von geheimhaltungsbedürftigem Material unterschieden:

- Streng Geheim

---

[7] Vgl. nur Erwägungsgründe 43 und 68 RL 2009/81/EG.

[8] Einen schnellen Überblick bietet das Papier des Bundesministeriums für Wirtschaft und Technologie „Fragen zum Geheimschutz" (im Internet abrufbar unter: https://bmwi-sicherheitsforum.de).

A. Einleitung und Hintergrund

- Geheim
- VS – Vertraulich
- VS – Nur für den Dienstgebrauch (VS-NfD)

Falls ein Unternehmen als Auftragnehmer Zugang zu Verschlusssachen der Kategorie **VS-Vertraulich oder höher** erhalten soll, muss es zunächst ein **förmliches Geheimschutzverfahren** durchlaufen, mit dem geprüft wird, ob das Unternehmen die organisatorischen und personellen Voraussetzungen für die Umsetzung der erforderlichen Geheimschutzmaßnahmen erfüllt. In diesem Rahmen wird u.a. eine persönliche **Sicherheitsüberprüfung** von Unternehmensangehörigen nach dem SÜG durchgeführt.[9] Bei Erfüllung der Voraussetzungen erhält das Unternehmen einen **Sicherheitsbescheid**, der die Grundlage der Zulassung zu VS-Aufträgen ist.

Im Rahmen des Geheimschutzverfahrens schließt das Unternehmen einen öffentlich-rechtlichen **Vertrag mit dem Bundeswirtschaftsministerium** ab, in dem es sich zur Durchführung der notwendigen Geheimschutzmaßnahmen verpflichtet. Die Einzelheiten ergeben sich aus dem vom Bundesministerium für Wirtschaft herausgegebenen **Geheimschutzhandbuch (GHB)**.[10]

Zu den dort vorgesehenen Maßnahmen gehören u.a. die Bestellung eines Sicherheitsbeauftragten, die persönliche Sicherheitsüberprüfung von Unternehmensangehörigen nach SÜG, die Vorhaltung von ausreichend VS-ermächtigtem Personal der für den jeweiligen Auftrag erforderlichen Stufe, die Verfügbarkeit der notwendigen VS-Verwahrungsmöglichkeiten sowie je nach Festlegung des Auftraggebers ggf. weitere materielle Geheimschutzvorkehrungen.[11]

Die Geheimschutzbetreuung wird nur auf Antrag eines öffentlichen Auftraggebers (oder ggf. eines privaten Unternehmens, das VS-Aufträge vergibt) eingeleitet und nur im Zusammenhang mit einem konkreten Verschlusssachenauftrag durchgeführt. Sie endet, wenn kein Anlass für eine Fortführung mehr besteht, insbesondere keine geheimschutzbedürftigen Aufträge mehr durchgeführt werden und auch in absehbarer Zeit nicht erwartet werden.[12]

Erfordert der Auftrag lediglich den Umgang mit **Verschlusssachen der Stufe VS-NfD**, gelten deutlich einfachere Anforderungen. Eine Geheimschutzüberprüfung ist diesem Fall entbehrlich (GHB Ziffer 1.7 (1)). Auch eine persönliche Sicherheitsüberprüfung ist nicht notwendig (vgl. § 8 SÜG). Es sind nur die Vorgaben des sog. **NfD-Merkblatts** (Anlage 4 zum GHB) zu beachten. Dieses enthält allgemeine Grundsätze (insbesondere

---

[9] Zur Sicherheitsüberprüfung in Deutschland im Einzelnen *Hermann/Polster*, NVwZ 2010, S. 342.

[10] Geheimschutzhandbuch (GHB) des Bundesministeriums für Wirtschaft und Technologie (im Internet abrufbar unter https.//bmwi-sicherheitsforum.de), insbes. Abschnitte 2.4.1, 1.3, 2.2 und Anlage 01.

[11] GHB Abschnitt 2.4.1 und Anlage 12; siehe auch das Merkblatt „Fragen zum Geheimschutz".

[12] Merkblatt „Fragen zum Geheimschutz", a.E.; zu den Einzelheiten siehe GHB, Abschnitt 2.4.1.3.

„Kenntnis nur wenn nötig") sowie konkrete Regeln für den Umgang mit den Verschlusssachen. Unternehmensangehörige, die im Rahmen ihrer Tätigkeit Kenntnis von Verschlusssachen erhalten müssen oder sich Zugang dazu verschaffen können, müssen auf die Einhaltung der Vorgaben des Merkblatts verpflichtet werden (GHB Ziffer 1.7 (2)).

B. Die Vorgaben der Richtlinie 2009/81/EG

I. Schutz von Verschlusssachen

In der Richtlinie 2009/81/EG wird der Begriff der Informationssicherheit durchweg im Sinne des **Schutzes von Verschlusssachen** verwendet.

Dabei wird die **besondere Bedeutung** der Informationssicherheit für Aufträge im Verteidigungs- und Sicherheitsbereich an mehreren Stellen hervorgehoben.[13] Die Richtlinie enthält dementsprechend zahlreiche Bestimmungen, die den Auftraggebern im Rahmen der vorgesehenen Vergabeverfahren die Einhaltung ihrer Anforderungen an die Informationssicherheit ermöglichen sollen. Mit Blick auf die besondere Bedeutung des Themas hat die **EU-Kommission** einen **Leitfaden** veröffentlicht, der die Bestimmungen zur Informationssicherheit zusammenfasst und teilweise erläutert.[14]

1. Festlegung der inhaltlichen Anforderungen an die Informationssicherheit

a) Weiter Spielraum der Auftraggeber

Die Richtlinie 2009/81/EG räumt den Auftraggebern einen **weiten Spielraum** bei der Festlegung ihrer Anforderungen an die Informationssicherheit und den Nachweis der diesbezüglichen Unternehmenseignung ein.

So gibt Artikel 7 der Richtlinie Auftraggebern generell die Möglichkeit, Unternehmen **Auflagen zum Schutz der Verschlusssachen** zu machen, die sie im Rahmen eines Vergabeverfahrens zugänglich machen. Die Auftraggeber können auch die Weitergabe dieser Auflagen an Nachunternehmer verlangen; d.h. das Unternehmen muss in diesem Fall sicherstellen, dass auch die Nachunternehmer die Auflagen einhalten.

Nach Artikel 22 der Richtlinie 2009/81/EG hat der Auftraggeber in den Auftragsunterlagen „alle Maßnahmen und Anforderungen" anzugeben, die erforderlich sind, um den **Schutz von Verschlusssachen auf der jeweiligen Geheimhaltungsstufe** zu gewährleisten. Auftraggeber können von den Bietern in den Angeboten insbesondere

---

[13] Insbes. Erwägungsgründe 9, 42 43, 47, 67, 68 der Richtlinie.

[14] Leitfaden der Europäischen Kommission zur Informationssicherheit („Guidance Note – Security of Information") zur RL 2009/81/FG, abrufbar unter: http://ec.europa.eu/internal_market/publicprocurement/docs/defence/guide-soi_en.pdf.

B. Die Vorgaben der Richtlinie 2009/81/EG

konkrete Verpflichtungserklärungen zum Schutz der Vertraulichkeit von Verschlusssachen fordern.

Die Anforderungen an die Informationssicherheit können grundsätzlich die gesamte Lieferkette betreffen.[15] Die Freiheit der Auftraggeber zur Festlegung der Anforderungen steht allerdings unter dem Vorbehalt des Auftragsbezugs und der Angemessenheit. Etwaige besondere Ausführungsbedingungen dürfen generell nur die Ausführung des Auftrags selbst betreffen.[16] Auch etwaige Mindestanforderungen an die Eignung müssen mit dem Auftragsgegenstand zusammenhängen und ihm angemessen sein.[17]

b) Grundsatz: Anwendung nationaler Standards

Hinsichtlich der inhaltlichen Anforderungen an die Informationssicherheit baut die Richtlinie auf dem Umstand auf, dass es in diesem Bereich bisher **keine europaweiten Standards** gibt.

Die Richtlinie überlässt es daher den Mitgliedstaaten bzw. den jeweiligen Auftraggebern, die **Anforderungen an die Gewährleistung der Informationssicherheit** und an den Nachweis der diesbezüglichen Bietereignung nach Maßgabe ihrer **einzelstaatlichen Rechtsvorschriften** festzulegen.[18] So gesteht Artikel 22 Unterabs. 3 Satz 1 der Richtlinie den Mitgliedstaaten explizit zu, bei den Verpflichtungserklärungen auf **nationale Standards für die Sicherheitsüberprüfung** zurückzugreifen. Auch Art. 42 Abs. 1 lit. j) Unterabs. 2 Satz 1 der Richtlinie verweist hinsichtlich etwaiger Sicherheitsüberprüfungen grundsätzlich auf die jeweiligen nationalen Standards. Eine generelle Pflicht, Sicherheitsüberprüfungen anderer EU-Mitgliedstaaten ohne eigene Prüfung anzuerkennen, besteht ausdrücklich nicht.

Die Gefahr einer **Zersplitterung** der Märkte wegen unterschiedlicher Anforderungen wird dabei einstweilen in Kauf genommen. Zwar wird in den Erwägungsgründen konstatiert, dass das Fehlen einheitlicher EU-weiter Regelungen die Öffnung der europäischen Verteidigungs- und Sicherheitsmärkte behindert.[19] Daher wird eine baldige Harmonisierung angemahnt, die auch Regelungen über die gegenseitige Ankerkennung nationaler Sicherheitsüberprüfungen und die Überlassung von Verschlusssachen an Unternehmen aus anderen EU-Mitgliedstaaten umfassen soll.[20] Solche Erwägungen zeichnen zwar künftige Gesetzgebungsinitiativen vor, unterstreichen jedoch, dass eine echte Integration in dem Punkt gerade noch nicht erreicht ist.

---

[15] Vgl. Erwägungsgrund 43 der Richtlinie.
[16] Erwägungsgrund 52 der Richtlinie.
[17] Art. 38 Abs. 2 Unterabs. 2 der Richtlinie.
[18] Erwägungsgrund 43 sowie Art. 22 Unterabs. 3, Art. 42 Abs. 1 lit. j) Unterabs. 2 der Richtlinie.
[19] Ähnlich *Höfler/Petersen*, EuZW 2011, S. 388.
[20] Erwägungsgrund 9 der Richtlinie.

c) Begrenzte Pflicht zur Anerkennung ausländischer Sicherheitsüberprüfungen

Allerdings sind die Mitgliedstaaten nach Artikel 22 Unterabs. 3 Satz 2 bzw. Artikel 42 Abs. 1 lit. j) Unterabs. 2 Satz 2 der Richtlinie verpflichtet, **von ihnen für gleichwertig erachtete ausländische Sicherheitsüberprüfungen anzuerkennen**, wobei es ihnen unbenommen bleibt, weitere eigene Überprüfungen vorzunehmen, soweit sie dies für notwendig halten. Diese Vorgabe durchbricht bis zu einem gewissen Grad den Grundsatz, dass keine Verpflichtung zur Anerkennung ausländischer Überprüfungen besteht.

Die Regelung ist indes nur von begrenzter Tragweite. Denn die Pflicht zur Anerkennung steht unter dem Vorbehalt einer Gleichwertigkeitsprüfung. Jeder Mitgliedstaat kann somit im Ergebnis selbst entscheiden, ob er eine ausländische Überprüfung anerkennen will oder nicht. Das gilt **selbst dann**, wenn zwischen dem Auftraggeber-Staat und dem Herkunftsland des Auftragnehmers **bilaterale Abkommen** über die gegenseitige Anerkennung von Sicherheitsüberprüfungen bestehen.[21]

Darüber hinaus bleibt dem Auftraggeber-Staat vorbehalten, ergänzend eigene Überprüfungen vorzunehmen. Ein Unternehmen muss daher trotz gleichwertiger Sicherheitsüberprüfung im Heimatland damit rechnen, vom Auftraggeber-Staat einer weiteren Prüfung nach dessen Standards unterzogen zu werden. Mit einer echten gegenseitigen Anerkennung im Sinne des EU-Rechts, die Doppelprüfungen gerade ausschließen soll, hat das letztlich nichts zu tun. Das gilt trotz des (im Grunde selbstverständlichen) Appells in der Richtlinie, dass die Überprüfung „unter Einhaltung der Grundsätze der Nichtdiskriminierung, der Gleichbehandlung und der Verhältnismäßigkeit erfolgen sollte".[22]

Ergibt die Prüfung, dass die ausländische Sicherheitsüberprüfung eines Bieters den innerstaatlichen Anforderungen *nicht* gleichwertig ist, und schließt ein Auftraggeber ein Angebot aus diesem Grund aus, muss er das Unternehmen über die Gründe für diese Entscheidung unterrichten (Artikel 35 Abs. 2 lit. b) der Richtlinie).

2. Prüfung der Informationssicherheit im Vergabeverfahren

a) Vorbedingung für die Verfahrensteilnahme

Artikel 7 der Richtlinie 2009/81/EG gibt Auftraggebern zunächst generell die Möglichkeit, Unternehmen **Auflagen zum Schutz von Verschlusssachen** zu machen, die sie Unternehmen im Vergabeverfahren zur Verfügung stellen. Die Auftraggeber können auch verlangen, dass die Unternehmen die Einhaltung der Auflagen durch ihre Nachunternehmen sicherstellen. Das Recht, Auflagen zum Schutz von Verschlusssachen zu machen, schließt auch die Möglichkeit ein, Unternehmen bereits als **Vorbedingung für die Teilnahme am Vergabeverfahren** auf die Einhaltung der vorgegebenen Geheim-

---

[21] So ausdrücklich Erwägungsgrund 68 Satz 3 der Richtlinie. Etwas positiver der Leitfaden der EU-Kommission (Fn. 15) Tz. 12, der nahelegt, dass im Fall eines bilateralen Abkommens die Anerkennung der Regelfall sein soll.

[22] Erwägungsgrund 68 Satz 3 der Richtlinie.

schutzanforderungen zu verpflichten (d.h. noch vor einer etwaigen Auftragserteilung). Das ist immer dann erforderlich, wenn den Bietern oder Bewerbern bereits im Vergabeverfahren Verschlusssachen zugänglich gemacht werden müssen (etwa weil die Leistungsbeschreibung geheime Informationen enthält oder die Bieter für die Angebotserstellung geheime Anlagen in Augenschein nehmen müssen). Für die Bieter bzw. Bewerber kann sich daraus eine nicht unerhebliche Belastung ergeben, weil sie ggf. erforderliche Geheimschutzüberprüfungen und Maßnahmen über sich ergehen lassen bzw. durchführen müssen, bevor klar ist, ob sie tatsächlich einen Auftrag erhalten. Mit Blick auf das vorrangige staatliche Interesse an einem wirksamen Schutz von Verschlusssachen ist das jedoch hinzunehmen.

b) Informationssicherheit als Bedingung für die Auftragsausführung

Zentraler Ansatzpunkt für die Gewährleistung der Informationssicherheit sind nach dem Richtlinienkonzept die **Bedingungen für die Auftragsausführung**. Artikel 20 der Richtlinie sieht vor, dass die Auftraggeber „zusätzliche Bedingungen" für die Auftragsausführung vorsehen können, sofern diese mit dem Gemeinschaftsrecht vereinbar sind und in den Auftragsunterlagen (Bekanntmachung und Vergabeunterlagen) angegeben werden. Diese Bedingungen können insbesondere den Schutz von Verschlusssachen betreffen.

Näheres regelt Artikel 22 der Richtlinie. Danach hat der Auftraggeber in den Auftragsunterlagen „alle Maßnahmen und Anforderungen" anzugeben, die erforderlich sind, um den **Schutz von Verschlusssachen auf der jeweiligen Geheimhaltungsstufe** zu gewährleisten.[23] Auftraggeber können von den Bietern in den Angeboten bereits konkrete Verpflichtungserklärungen zum Schutz der Vertraulichkeit von Verschlusssachen gemäß den einschlägigen nationalen Vorschriften fordern. Diese Verpflichtungserklärungen können sich auch auf **Nachunternehmer** beziehen, insbesondere durch die Verpflichtung, Nachunternehmer ihrerseits zur Wahrung der Vertraulichkeit zu verpflichten; ferner können die notwendigen Auskünfte verlangt werden, die dem Auftraggeber eine Überprüfung der Fähigkeit der Nachunternehmer zur Wahrung der Vertraulichkeit zu ermöglichen. Wie bereits erwähnt, dürfen die Bedingungen für die Auftragsausführung nur die Ausführung des Auftrags selbst betreffen.[24]

c) Informationssicherheit als Aspekt der Eignungsprüfung

Der Auftraggeber kann sich nach der Richtlinie bereits im Zuge der **Eignungsprüfung** vergewissern, ob die Bieter bzw. Bewerber und ggf. ihre Nachunternehmer die Gewähr für die Erfüllung der Anforderungen an den Schutz von Verschlusssachen bieten. Un-

---

[23] Die EU-Kommission verlangt in ihrem Leitfaden zur Informationssicherheit (oben, Fn. 15), Punkt 15, dass der Auftraggeber bereits in der Bekanntmachung eine vollständige Liste der mit dem Auftrag verbundenen Sicherheitsanforderungen veröffentlicht, damit die Interessenten sich rechtzeitig um deren Erfüllung kümmern können; diese Anforderungen sind dann in den Vergabeunterlagen näher zu spezifizieren.

[24] Erwägungsgrund 52 der Richtlinie.

ternehmen, die die Anforderungen nicht erfüllen, können vom Verfahren ausgeschlossen werden.

Prüfung der Persönlichen Lage

Zunächst können bei der Prüfung der persönlichen Lage (die im Wesentlichen der Zuverlässigkeitsprüfung nach deutschem Verständnis entspricht) Unternehmen ausgeschlossen werden, denen die **erforderliche Vertrauenswürdigkeit** fehlt, um Risiken für die Sicherheit des Auftraggeber-Staates auszuschließen (Artikel 39 Abs. 2 lit. e) der Richtlinie). Die „Vertrauenswürdigkeit" ist auf EU-Ebene ein spezieller, der VS-Richtlinie eigentümlicher Eignungsaspekt. Aus deutscher Warte weist er Parallelen zum Gesichtspunkt der Redlichkeit und Ehrbarkeit auf, der ohnehin Teil der Zuverlässigkeitsprüfung ist.[25] Die Vertrauenswürdigkeit im Sinne der VS-Richtlinie ist allerdings spezifisch auf die Wahrung der staatlichen Sicherheitsbelange zugeschnitten; der Ausschluss eines Bieters wegen fehlender Vertrauenswürdigkeit setzt daher voraus, dass konkrete Bedenken gerade in Bezug auf Sicherheitsrisiken bestehen. Solche Sicherheitsrisiken können insbesondere auch Geheimschutzbelange betreffen. Der Auftraggeber hat dabei eine recht weite Einschätzungsprärogative. So können sich Sicherheitsrisiken nach den Erwägungsgründen z.B. aus Besonderheiten des Auftragsgegenstands oder auch der Gesellschafterstruktur des Bewerbers ergeben.[26] Der Beurteilungsspielraum des Auftraggebers ist allerdings nicht unbegrenzt; vielmehr muss ein Ausschluss tatsächlich auf Sicherheitserwägungen beruhen.[27] Die fehlende Vertrauenswürdigkeit muss zudem nachweisbar sein. Der Auftraggeber kann sich dabei jedoch auch auf Informationen aus geschützten Quellen beziehen.[28]

Ferner können Bieter oder Bewerber ausgeschlossen werden, die bei ihrer Berufstätigkeit nachweislich **eine schwere Verfehlung** begangen haben; dazu zählen ausdrücklich auch Verstöße gegen die Pflicht zur Gewährleistung der Informationssicherheit im Rahmen eines früheren Auftrags.[29] Verletzungen der Informationssicherheit können somit zum Ausschluss von künftigen Vergaben führen. Wie der englische Wortlaut der Vorschrift (*„guilty of [...] misconduct"*) zeigt, ist allerdings Voraussetzung, dass das Unternehmen den Verstoß zu vertreten hat. Zudem folgt aus dem Erfordernis der Nachweisbarkeit des Verstoßes, dass sich der Auftraggeber auf objektive, überprüfbare Informationen stützen muss.[30]

---

[25] Siehe z.B. *Marx*, in: Beck'scher VOB/A-Kommentar, § 97 GWB Rn. 34; in ähnliche Richtung die Altkommentierung von *Müller*, in: Daub/Eberstein, VOL/A, 4. Aufl. 1999, § 2 Rn. 24.
[26] Erwägungsgrund 65 der Richtlinie.
[27] Leitfaden der Kommission (oben, Fn. 15). Tz. 9 a.E.
[28] Artikel 39 Abs. 2 lit. e) der Richtlinie und Erwägungsgrund 65 a.E.
[29] Art. 39 Abs. 2 lit. d) der Richtlinie.
[30] So auch der Leitfaden der Kommission (oben, Fn. 15). Tz. 8.

B. Die Vorgaben der Richtlinie 2009/81/EG

Prüfung der technischen und beruflichen Leistungsfähigkeit

Ferner kann der Auftraggeber bei Aufträgen, die den Umgang mit Verschlusssachen voraussetzen, unter dem Aspekt der **technischen und beruflichen Leistungsfähigkeit** prüfen, ob ein Bieter bzw. Bewerber bei Verarbeitung, Speicherung und Übermittlung von Verschlusssachen den Schutz der Vertraulichkeit auf der jeweils vorgegebenen Sicherheitsstufe gewährleisten kann, und einen entsprechenden Nachweis verlangen (Artikel 42 Abs. 1 lit. j) Unterabs. 1 der Richtlinie).

Wie erwähnt, verweist die Richtlinie hinsichtlich etwa geforderter **Sicherheitsüberprüfungen** mit Blick auf die noch ausstehende Harmonisierung in diesem Bereich auf die jeweiligen **nationalen Standards**.[31] Allerdings sollen auch im Rahmen der Eignungsprüfung ausländische Sicherheitsüberprüfungen anerkannt werden, die nach Ansicht des Auftraggebers einer nationalen Überprüfung gleichwertig sind, unbeschadet des Rechts des Auftraggebers, zusätzliche eigene Überprüfungen durchzuführen.[32]

Der praktischen Schwierigkeit für ausländische Bewerber, die ggf. erforderlichen Überprüfungen des Auftraggeber-Staats zu durchlaufen, wird durch die Möglichkeit Rechnung getragen, noch nicht sicherheitsüberprüften Bewerbern **zusätzliche Zeit für die Überprüfung** einzuräumen.[33] Diese Regelung soll insbesondere Newcomern den Zugang erleichtern.[34] Allerdings muss der Auftraggeber schon in der Bekanntmachung angeben, wenn er beabsichtigt, von dieser Möglichkeit Gebrauch zu machen,[35] was späteres „Nachsteuern" erschwert.

Eine weitere potentielle Erleichterung liegt in der Möglichkeit, dass der Auftraggeber die Sicherheitsbehörden im Heimatland des Bewerbers mit der Überprüfung beauftragt, ob der Bewerber die vom Auftraggeber gestellten Anforderungen an die persönliche Lage und die räumlichen Einrichtungen bzw. Schutzvorkehrungen erfüllt.[36] Ob Auslandsüberprüfungen allgemein Akzeptanz finden und die Abläufe tatsächlich vereinfachen (oder die Vorteile durch Schwierigkeiten des grenzüberschreitenden Behördenverkehrs wieder aufgehoben werden), wird erst die Praxis zeigen.

Hervorzuheben ist, dass die in der Richtlinie aufgeführten Eignungsnachweise nicht abschließend sind, sondern der Auftraggeber auch **weitere Nachweise** fordern kann (Artikel 42 Abs. 5 der Richtlinie). Das gilt auch für die Nachweise für die Fähigkeit zur Wahrung der Informationssicherheit. Allerdings müssen sowohl die geforderten Nach-

---

[31] Art. 42 Abs. 1 lit. j) Unterabs. 2 der Richtlinie.
[32] Art. 42 Abs. 1 lit. j) Unterabs. 2 der Richtlinie; siehe dazu oben, B.I.1.c).
[33] Art. 42 Abs. 1 lit. j) Unterabs. 3 der Richtlinie.
[34] Leitfaden der Kommission (oben, Fn. 15). Tz. 12 a.E.
[35] Art. 42 Abs. 1 lit. j) Unterabs. 3 der Richtlinie.
[36] Art. 42 Abs. 1 lit. j) Unterabs. 3 der Richtlinie.

weise als auch etwaige Mindestanforderungen mit dem **Auftragsgegenstand zusammenhängen** und ihm **angemessen** sein.[37]

Bekanntgabe der Nachweise und Mindestanforderungen

Der Auftraggeber muss sowohl die geforderten Eignungsnachweise als auch etwaige materielle Mindestanforderungen an die Eignung in der **EU-Bekanntmachung veröffentlichen**.[38] Die Vorgaben unterscheiden sich insoweit nicht von denen der klassischen Richtlinien.

II. Allgemeiner Vertraulichkeitsgrundsatz

Artikel 6 der Richtlinie 2009/81/EG enthält eine Regelung zum allgemeinen Vertraulichkeitsgrundsatz. Die Vorschrift **verbietet Auftraggebern** die **Weitergabe** jeglicher Informationen, die **von den Unternehmen** als **vertraulich** eingestuft wurden, insbesondere technische und geschäftliche Geheimnisse und vertrauliche Teile der Angebote. Die Vorschrift enthält also eine **einseitige** Verpflichtung der Auftraggeber. Sie dient dem Schutz der **Vertraulichkeit von Geschäftsgeheimnissen** der Interessenten, Bewerber und Bieter und vor allem der Angebote.

Die Regelung ist – als Ausfluss des Grundsatzes des Geheimwettbewerbs – an sich eine Selbstverständlichkeit. Indessen fällt auf, dass weder die allgemeine Vergaberichtline 2004/18/EG noch die Sektorenrichtlinie 2004/17/EG eine entsprechende Regelung enthalten, was Art. 6 der Verteidigungs- und Sicherheitsrichtlinie eine **hervorgehobene Stellung** verleiht. Die Vorschrift stellt in gewisser Weise ein „Gegengewicht" zu den weitreichenden Befugnissen der Auftraggeber gegenüber den Anbietern im Bereich des Verschlusssachenschutzes dar. Sie trägt zugleich dem Bedürfnis der Anbieter Rechnung, dass die Auftraggeber die von den Unternehmen ins Vergabeverfahren eingebrachten Geschäftsgeheimnisse – insbesondere technischer oder konzeptioneller Art – vertraulich behandeln und nicht an den Wettbewerb weiterreichen. Die Regelung stellt u.a. klar, dass die gelegentlich zu beobachtende Praxis von Auftraggebern, im Verhandlungsverfahren technische Entwicklungen oder kreative, mit einem Mehrwert verbundene **Ideen einzelner Bieter aufzugreifen** und zum Gegenstand der weiteren **Verhandlungen mit dem gesamten Bieterkreis** zu machen, **unzulässig** ist.

C. Die Umsetzung in Deutschland

Die Regelungen zur Gewährleistung der Informationssicherheit wurden in Deutschland vor allem in § 7 und § 24 Abs. 1 der Vergabeverordnung Verteidigung und Sicherheit

---

[37] Art. 38 Abs. 2 der Richtlinie.

[38] Art. 42 Abs. 5; Art. 38 Abs. 2 Unterabs. 3 der Richtlinie.

(VSVgV) sowie – für den Baubereich – in §§ 2 VS Abs. 6, 6 VS Abs. 3 und 8 VS Abs. 3 des Dritten Abschnitts der VOB/A (VOB/A-VS) umgesetzt.

I. Begriffsverwendung im deutschen Recht

In VSVgV und VOB/A-VS wird der Begriff der „Informationssicherheit" (mit einer Ausnahme) nicht verwendet; stattdessen ist durchweg vom **„Schutz von Verschlusssachen"** die Rede. Das ist konsequent und dient der Klarheit, da der Begriff der Informationssicherheit im Verteidigungs- und Sicherheitsbereich gerade den Schutz von Verschlusssachen meint (vgl. oben, A.I.).

Auch im deutschen Recht ist davon der **allgemeine vergaberechtliche Vertraulichkeitsgrundsatz** abzugrenzen. Er kann zwar ebenfalls als Aspekt der Informationssicherheit in einem weiteren Sinne verstanden werden,[39] dient aber nicht dem Schutz amtlicher Verschlusssachen,[40] sondern lediglich der der Sicherung des **Geheimwettbewerbs** und dem Schutz von Geschäftsgeheimnissen (vgl. oben, A.I.). Er wird gesondert in § 6 VSVgV aufgegriffen (siehe dazu unten, 2.)

II. Schutz von Verschlusssachen

§ 7 VSVgV enthält **detaillierte Mindestvorgaben zum Schutz von Verschlusssachen** bei der Vergabe von Verschlusssachenaufträgen im Sinne von § 99 Abs. 9 GWB. Diese Vorgaben gestalten den Spielraum, den die Richtlinie 2009/81/EG den Mitgliedstaaten in Bezug auf die Informationssicherheit einräumt, sowohl hinsichtlich der materiellen Anforderungen als auch in Bezug auf bestimmte Verfahrensfragen näher aus. Für Auftraggeber ergibt sich damit zugleich eine Einschränkung des von der Richtline eröffneten Spielraums.

§ 7 VSVgV gilt gemäß § 2 Abs. 2 VSVgV **auch für Bauaufträge**. Das ist von erheblicher praktischer Bedeutung, weil die VOB/A-VS keine Mindestanforderungen an den Schutz von Verschlusssachen enthält, sondern in § 2 VS Abs. 6 Satz 1 VOB/A-VS die Festlegung der diesbezüglichen Anforderungen (in Anlehnung an Art. 7 und 22 der Richtlinie 2009/81/EG) vollständig in das Ermessen der Auftraggeber zu stellen scheint. Wegen des Vorrangs der Verordnung besteht dieser Spielraum jedoch auch bei Bauaufträgen nur in dem von § 7 VSVgV gesetzten Rahmen. Bauauftraggeber müssen daher zusätzlich zu den Vorgaben der VOB/A-VS auch (und vorrangig) diejenigen des § 7 VSVgV beachten.

---

[39] So ausdrücklich die Verordnungsbegründung zu § 7 VSVgV, BR-Drucksache 321/12, S. 39 oben: „Sonstige Aspekte der Informationssicherheit".

[40] Siehe § 6 Abs. 1 Satz 2 VSVgV, der für den Schutz von Verschlusssachen auf die Regelungen in § 7 VSVgV verweist.

II. Schutz von Verschlusssachen

1. Festlegung und Bekanntgabe der Anforderungen

a) Einzelfallbezogene Festlegung durch den Auftraggeber

§ 7 Abs. 1 und 2 VSVgV setzen die Befugnis des Auftraggebers voraus, die für den jeweiligen Auftrag einzuhaltenden Anforderungen an den Schutz von Verschlusssachen im Einzelfall festzulegen. Die Vorschrift setzt insoweit die entsprechenden Vorgaben in Art. 7 und 22 der Richtlinie 2009/81/EG um.[41] Auch nach deutschem Recht können die Anforderungen grundsätzlich die gesamte Lieferkette betreffen.[42] Dabei sind die Mindestanforderungen und Verfahrensvorgaben gemäß § 7 Abs. 1 bis 8 VSVgV zu beachten.

b) Generelle Mindestanforderungen

§ 7 Abs. 2 VSVgV enthält inhaltliche Mindestanforderungen, die der Auftraggeber bei Verschlusssachenaufträgen an die Verfahrensteilnehmer bzw. Bieter stellen muss. Durch die zwingende Vorgabe von Mindestanforderungen soll sichergestellt werden, dass die von den deutschen Geheimschutzvorschriften vorgegebenen Sicherheitsanforderungen im Vergabeverfahren konsistent erfüllt werden.[43]

Bei Verschlusssachen der Stufe VS-NfD

Falls der Auftrag lediglich **Verschlusssachen des Grads „VS-NfD"** umfasst, muss der Auftraggeber von den Bewerbern bzw. Bietern im Teilnahmeantrag oder im Angebot eine **Verpflichtungsklärung** verlangen, dass sie sowohl **während des Vertrags** als auch **nach Vertragsende** „den Schutz aller in ihrem Besitz befindlichen oder ihnen zur Kenntnis gelangter Verschlusssachen gemäß den einschlägigen Rechts- und Verwaltungsvorschriften gewährleisten" (§ 7 Abs. 2 Nr. 2 VSVgV). Für Verschlusssachen des Grads VS-NfD bedeutet das im Wesentlichen, dass sich die Unternehmen verpflichten müssen, die Vorgaben des „Merkblatts für die Behandlung von Verschlusssachen des Geheimhaltungsgrades VS-NfD" (Anlage 4 zum GHB des BMWi) einzuhalten.[44]

Auch von den bereits ausgewählten **Nachunternehmern** ist eine entsprechende Verpflichtungserklärung abzufordern. Soweit Nachunternehmer erst im Rahmen der Auftragsausführung auswählt werden sollen, muss der Bewerber oder Bieter ersatzweise eine eigene Verpflichtungserklärung abgeben, dass er von den Nachunternehmern eine entsprechende Verpflichtungserklärung einholen und diese dem Auftraggeber vor Erteilung des Unterauftrags vorlegen wird (§ 7 Abs. 2 Nr. 3 VSVgV).

---

[41] Verordnungsbegründung zu § 7 Abs. 1 und 2 VSVgV, BR-Drucksache 321/12, S 39.

[42] Vgl. Verordnungsbegründung zu § 7 VSVgV, BR-Drucksache 321/12, S 38, mit Verweis auf Erwägungsgrund 43 der Richtlinie.

[43] Einfacher z.B. die Umsetzungsvorschrift in Großbritannien, wo es in Bezug auf die Anforderungen schlicht heißt: „The measures and requirements [...] must comply with the security clearance provisions of the United Kingdom." (Defence and Security Public Contract Regulations (2011), Abschnitt 38 (3)).

[44] Siehe Abschnitt 1.7 des GHB.

C. Die Umsetzung in Deutschland

Bei Verschlusssachen der Stufe VS-Vertraulich oder höher

Umfasst der Auftrag Verschlusssachen der Stufe **VS-Vertraulich oder höher**, gelten strengere Anforderungen. Der Auftraggeber muss in diesem Fall von den Bewerbern oder Bieter über die vorstehenden Anforderungen hinaus im Teilnahmeantrag bzw. Angebot eine Erklärung abfordern, ob und in welchem Umfang bereits ein **Sicherheitsbescheid** des Bundeswirtschaftsministeriums oder entsprechender Landesbehörden vorliegt, oder ersatzweise, dass der Bewerber bzw. Bieter bereit ist, alle Anforderungen zu erfüllen, die zum Erhalt eines Sicherheitsbescheids notwendig sind (§ 7 Abs. 2 Nr. 1 VSVgV). Die Notwendigkeit eines Sicherheitsbescheids folgt aus § 21 der sog. VS-Anweisung[45], wonach Verschlusssachen der Stufe VS-Vertraulich oder höher nur dann an Unternehmen weitergegeben werden dürfen, wenn zuvor Sicherheitsbescheide über die beteiligten Unternehmen angefordert wurden.

Daneben muss der Auftraggeber die bereits erwähnten **Verpflichtungserklärungen** des Bewerbers bzw. Bieters sowie der Nachunternehmer verlangen, wonach das Unternehmen während und nach der Vertragslaufzeit den Schutz aller in seinem Besitz befindlichen oder ihm zur Kenntnis gelangten Verschlusssachen nach den einschlägigen Rechts- und Verwaltungsvorschriften gewährleistet wird (§ 7 Abs. 2 Nr. 2 und 3 VSVgV).

Praktisch ergibt sich für das Unternehmen daraus die Verpflichtung, die einschlägigen Vorgaben des Geheimschutzhandbuchs zu erfüllen, insbesondere sich in die **Geheimschutzbetreuung** des BMWi zu begeben und ein **Geheimschutzverfahren** zu durchlaufen (in dessen Rahmen u.a. der Sicherheitsbescheid ausgestellt wird; GHB Abschnitt 2.4.1).

c) Pflicht zur Bekanntgabe der Anforderungen

§ 7 Abs. 1 VSVgV verpflichtet die Auftraggeber, bei Verschlusssachenaufträgen bereits in der **Bekanntmachung** oder den **Vergabeunterlagen** alle „erforderlichen **Maßnahmen, Anforderungen** oder **Auflagen**" anzugeben, die Unternehmen als **Bewerber, Bieter oder Auftragnehmer** treffen bzw. erfüllen müssen, um die Geheimhaltung von Verschlusssachen entsprechend der jeweiligen Geheimschutzstufe zu gewährleisten.[46] Auch für **Unterauftragnehmer** müssen entsprechende Angaben gemacht werden.

Durch die Pflicht, die Anforderungen in der Bekanntmachung oder den Vergabeunterlagen anzugeben, soll sichergestellt werden, dass potentielle Interessenten bzw. Bieter bereits vor der ihrer Entscheidung über die Verfahrensteilnahme bzw. An-

---

[45] Allgemeine Verwaltungsvorschrift des BMI zum materiellen und organisatorischen Schutz von Verschlusssachen. vom 31. März 2006 i.d.F. vom 26.4.2010 (GMBl. 2010, 846).

[46] Für Bauleistungen enthält § 8 VS Abs. 3 VOB/A-VS eine ähnliche Regelung, der wegen des Vorrangs der Verordnung allerdings keine eigenständige Bedeutung zukommt.

gebotsabgabe wissen, was auf sie zukommt, und sie rechtzeitig die Möglichkeit haben, die ggf. erforderlichen Maßnahmen vorzubereiten.

Die Vorschrift gilt nur für **Verschlusssachenaufträge** im Sinne von § 99 Abs. 9 GWB. Dementsprechend sind Aufträge, die allein aufgrund ihres Militärbezugs unter die VSVgV fallen (wie etwa die Lieferung von Militärausrüstung i.S.v. § 99 Abs. 7 Nr. 1 oder Bau- und Dienstleistungen speziell für militärische Zwecke i.S.v. § 99 Abs. 7 Nr. 4, 1. Fall GWB) nicht erfasst. Das ist konsequent, da der Schutz von Verschlusssachen nur bei echten Verschlusssachenaufträgen eine Rolle spielt.[47]

2. *Erfüllung der Sicherheitsanforderungen als Vorbedingung für den VS-Zugang*

a) Grundsatz

Sicherheitsbescheid und Verpflichtungserklärungen (bei Material der Stufe VS-NfD nur letztere) müssen grundsätzlich bereits **vor Gewährung des Zugangs** zu den Verschlusssachen vorliegen (§ 7 Abs. 3 und 4 VSVgV).[48] Ein nachträglicher Erwerb der erforderlichen VS-Zulassung ist somit ausgeschlossen.

Falls bereits der **Teilnahmeantrag** den **Zugang** zu Verschlusssachen **voraussetzt**, muss der Auftraggeber von den Interessenten folglich bereits vorab, d.h. faktisch als **Vorbedingung** für die Zulassung zum Teilnahmewettbewerb bzw. als dessen **erste Stufe** den Sicherheitsbescheid bzw. die Verpflichtungserklärungen verlangen. Diese vorgelagerte Sicherheitsmaßnahme ist ein Spezifikum von VS-Vergaben, die im klassischen Vergaberecht standardmäßig nicht vorgesehen ist.[49]

Liegt zum entscheidenden Zeitpunkt noch kein Sicherheitsbescheid für das Unternehmen vor, führt das nicht zwingend zum Ausschluss. Der Auftraggeber hat vielmehr die Möglichkeit, dem Unternehmen **trotzdem** den notwendigen Verschlusssachen-Zugang zu gewähren. Jedoch muss er in diesem Fall die zum Einsatz kommenden Mitarbeiter zunächst **selbst überprüfen** und zum Zugang ermächtigen (§ 7 Abs. 3 Satz 2 VSVgV). Ein solches Verfahren ist für den Auftraggeber außerordentlich aufwendig. Es eröffnet ihm jedoch die Option, ein Unternehmen auch dann am Verfahren teilnehmen zu lassen, wenn sich die förmliche Erteilung des Sicherheitsbescheids verzögert. Der Auftraggeber muss dabei allerdings nichtdiskriminierend vorgehen, d.h.

---

[47] Damit fallen allerdings nur solche Militäraufträge aus dem Anwendungsbereich heraus, bei denen Geheimhaltungsaspekte tatsächlich keine Rolle spielen, wie z.B. die Lieferung technischer Standardausrüstung, bei der weder das Ob noch das Wie der Leistung geheimhaltungsbedürftig ist. Bei sensibleren Militäraufträgen sind typischerweise auch Verschlusssachen involviert, so dass solche Aufträge auch als Verschlusssachenauftrag im Sinne von § 99 Abs. 9 GWB einzustufen sind.

[48] Der etwas knapper gefassten, allerdings und nicht ganz vollständigen Parallelregelung in § 6 VS Abs. 3 Nr. 7 VOB/A-VS kommt aufgrund der Geltung von § 7 VSVgV auch für Bauaufträge kein eigener Regelungsgehalt zu.

[49] In der Praxis kommt es auch bei klassischen Vergaben vor, dass Interessenten vor Erhalt der Unterlagen zum Teilnahmewettbewerb eine Vertraulichkeitserklärung zum Schutz von Geschäftsgeheimnissen des Auftraggebers oder anderer Beteiligter abgeben müssen. Sofern eine solche Vertraulichkeitsvereinbarung nach den Umständen des Einzelfalles angemessen und kein Instrument einer versteckten Diskriminierung ist, bestehen dagegen keine Bedenken.

ggf. allen betroffenen Verfahrensteilnehmern gleichermaßen eine eigene Überprüfung anbieten.

b) Fristverlängerung

Eine **Verfahrenserleichterung** bietet die Möglichkeit, Unternehmen, die sich noch nicht in der Geheimschutzbetreuung des Bundeswirtschaftsministeriums bzw. der jeweiligen Landesbehörden befinden oder deren Personal noch nicht überprüft und für den Verschlusssachen-Zugang ermächtigt ist, **zusätzliche Zeit einzuräumen**, um diese Voraussetzungen zu erfüllen. Allerdings muss ein Auftraggeber, der von dieser Möglichkeit Gebrauch machen will, hierauf bereits in der **Bekanntmachung** hinweisen und dabei auch die **Frist angegeben** (§ 7 Abs. 6 VSVgV; die Regelung geht auf Art. 42 Abs. 1 lit. j Unterabs. 3 der EU-Richtlinie zurück).

Die Fristverlängerung ändert im Übrigen nichts daran, dass der Auftraggeber den betreffenden Unternehmen den Verschlusssachen-Zugang erst nach Vorliegen des Sicherheitsbescheids gewähren darf. Der **Verfahrensablauf** sollte daher in diesem Fall von vornherein so großzügig geplant werden, dass auch Unternehmen, die die Verlängerung in Anspruch nehmen, dementsprechend aber auch erst später Zugang zum VS-Material erhalten, danach trotzdem noch ausreichend Zeit für den Teilnahmeantrag bzw. das Angebot zur Verfügung steht. Eine Fristverlängerung führt damit potentiell zu einer Verlängerung des Verfahrens insgesamt. Ob der Auftraggeber von der Verlängerungsmöglichkeit Gebrauch machen will, ist daher eine Ermessensfrage, bei der das Interesse an einem möglichst intensivem Wettbewerb und die Dringlichkeit der Beschaffung im Einzelfall gegeneinander abzuwägen sind.[50]

c) Zwingender Ausschluss bei Nichterfüllung der Sicherheitsanforderungen

Kommen Bewerber, Bieter oder in Aussicht genommene Nachunternehmer der Obliegenheit zur Abgabe der Verpflichtungserklärungen nicht nach oder können sie (bei Material der Stufe VS-Vertraulich oder höher) die notwendigen Sicherheitsbescheide bzw. eine Zugangsermächtigung ihrer Mitarbeiter nicht erlangen, ist der Bewerber bzw. Bieter zwingend vom weiteren Verfahren auszuschließen (§ 7 Abs. 5 VSVgV). Der Ausschluss ist konsequent, weil Unternehmen, die die Sicherheitsanforderungen nicht erfüllen, der für den Auftrag erforderliche Verschlusssachen-Zugang nicht gewährt werden kann. Damit ist eine weitere Verfahrensteilnahme bzw. Auftragserteilung nicht möglich.[51]

---

[50] Verordnungsbegründung zu § 7 Abs. 6 VSVgV, BR-Drs. 321/12 S. 41. Der Bundesverband BITKOM hatte sich im Verordnungsverfahren demgegenüber dafür eingesetzt, das Wort „können" durch das Wort „sollen" zu ersetzen, d.h. Auftraggeber im Regelfall zu verpflichten, von der Verlängerungsmöglichkeit Gebrauch zu machen, um Newcomern eine größere Chance gegeben.

[51] Die Regierungsbegründung verweist in diesem Zusammenhang auf Erwägungsgrund 67 der EU-Richtlinie, wonach ein Unternehmen jederzeit von der Vergabe ausgeschlossen werden kann, wenn der Auftraggeber Kenntnis davon erhält, dass die Vergabe des Auftrags oder eines Teils davon an das Unternehmen wesentliche Geheimschutzinteressen des Mitgliedsstaats gefährden kann; Reg.-Begr. zu § 7 Abs. 5 VSVgV, BR-Drs. 321/12, S. 41.

Sofern lediglich ein in Aussicht genommener Nachunternehmer keine Verpflichtungserklärung vorlegt bzw. keinen Sicherheitsbescheid erhält, kommt es darauf an, ob der Nachunternehmer nach den allgemeinen Verfahrensregeln noch ausgetauscht werden kann. Falls ja, reicht es aus, dass sich der Bewerber oder Bieter einen neuen Nachunternehmer sucht, der die Sicherheitsanforderungen erfüllt (wobei § 9 VSVgV zu beachten ist). Falls nein, führt die Nichterfüllung der Sicherheitsanforderungen durch den Nachunternehmer zum Ausschluss des Bewerbers bzw. Bieters.

3. Anerkennung von Sicherheitsüberprüfungen anderer EU-Mitgliedstaaten

§ 7 Abs. 7 VSVgV sieht eine **Anerkennung** von Sicherheitsüberprüfungen und VS-Ermächtigungen aus **anderen EU-Mitgliedstaaten** vor, sofern diese den innerstaatlichen Überprüfungen bzw. Ermächtigungen **gleichwertig** sind. Die Regelung greift Artikel 22 Unterabs. 3 Satz 2 der Richtlinie 2009/81/EG auf, der die Mitgliedstaaten verpflichtet, von ihnen als gleichwertig erachtete ausländische Sicherheitsüberprüfungen anzuerkennen.[52]

a) Begriff der Gleichwertigkeit

„Gleichwertig" im Sinne der Vorschrift sind ausländische Überprüfungen bzw. Ermächtigungen dann, wenn sie den Anforderungen des SÜG und des § 21 Abs. 4 und 6 der VS-Anweisung des Bundesinnenministeriums entsprechen. Die Vorschrift stellt damit einen einheitlichen und objektiven Prüfmaßstab für die Gleichwertigkeit auf.

Im Rahmen des SÜG ist somit je nachdem, welche Art von Material betroffen ist, die Gleichwertigkeit nach Inhalt und Umfang mit einer einfachen Sicherheitsüberprüfung (§ 8 SÜG)[53], einer erweiterten Sicherheitsüberprüfung (§ 9 SÜG)[54] oder einer erweiterten Sicherheitsüberprüfung mit Sicherheitsermittlungen (§ 10 SÜG)[55] erforderlich. Die jeweiligen Überprüfungen unterscheiden sich vor allem bei den Angaben im Rahmen der Sicherheitserklärung nach § 13 SÜG und den Folgeermittlungen der Überprüfungsbehörden.[56] Darüber hinaus müssen die ausländischen Überprüfungen bzw. Ermächtigungen § 21 Abs. 4 und 6 der VS-Anweisung des Bundesinnenministeriums entsprechen. Diese Vorschriften verweisen auf die Geheimschutzvorgaben des Bundeswirtschaftsministeriums (gemäß GHB), die Notwendigkeit eines Sicherheitsbescheids vor Weitergabe von VS-Material (ab Stufe VS-Vertraulich), die Möglichkeit, in Ausnahmefällen eine gesonderte Bestätigung einzuholen, dass ein Unternehmen die konkreten Sicherheitsvoraussetzungen für den Auftrag erfüllt, die Be-

---

[52] Siehe dazu oben, B.I.1.c).
[53] Bei Zugang zu VS der Stufe VS-Vertraulich.
[54] Bei Zugang zu VS der Stufe VS-Geheim oder großer Anzahl VS-Vertraulich.
[55] Bei Zugang zu VS der Stufe VS-Streng Geheim oder großer Anzahl VS-Geheim.
[56] Vgl. insoweit auch *Hermann/Polster*, NVwZ 2010, S. 342

achtung des „VS-NfD-Merkblatts" (Anlage 7 zur VS-Anweisung) bei Material der Stufe VS-NfD sowie die Beachtung der „Hinweise zu Weitergabe und Versand von VS" (Anlage 6 zur VS-Anweisung).

Die Praktikabilität der Gleichwertigkeitsüberprüfungen bei fehlenden bilateralen Geheimschutzabkommen wird sich angesichts des verschachtelten Prüfungsprogramms und möglicher Herausforderungen bei der Informationsbeschaffung in der Praxis noch zeigen müssen. Unter anderem lässt sich der Regelung nicht entnehmen, inwieweit sich die Gleichwertigkeit auch auf jeweiligen Beurteilungsmaßstab im Rahmen der Entscheidung über die Erteilung des Sicherheitsbescheids beziehen muss (so ist z.B. denkbar, dass Verbindungen eines zu überprüfenden Unternehmensmitarbeiters zu einer bestimmten Organisation nach Einschätzung der deutschen Sicherheitsbehörden ein Sicherheitsrisiko begründen, während das nach Einschätzung der Behörden des Staates, der die Sicherheitsüberprüfung durchführt, nicht der Fall ist). Richtigerweise kann eine Gleichwertigkeit der Überprüfung nur angenommen werden, wenn auch der Beurteilungsmaßstab derselbe ist.

b) Bei bilateralen Geheimschutzabkommen

Besteht ein **bilaterales Geheimschutzabkommen** mit dem Herkunftsland des Unternehmens mit Bestimmungen über die **gegenseitige Anerkennung** nationaler Sicherheitsbescheide und Ermächtigungen, schließt das eine Gleichwertigkeitsprüfung zwar nicht aus.[57] In der Praxis ist eine detaillierte Anerkennungsprüfung in diesem Fall aber regelmäßig entbehrlich.[58] Die vollständige Liste der Staaten, mit denen die Bundesrepublik Deutschland entsprechende Abkommen hat, unterliegt nach Auskunft des Bundeswirtschaftsministeriums selbst der VS-Einstufung; aus der Verordnungsbegründung ergibt sich aber, dass Deutschland in der EU mit Irland, Zypern und Malta keine bilateralen Geheimschutzabkommen hat.[59]

§ 7 Abs. 6 VSVgV erwähnt lediglich die Anerkennung von Überprüfungen aus anderen EU-Mitgliedstaaten. In der Praxis besteht indes kein Grund, nicht auch objektiv gleichwertige Sicherheitsüberprüfungen und Ermächtigungen aus **Drittstaaten** (z.B. NATO-Staaten) anzuerkennen (die VSVgV enthält lediglich keine diesbezügliche Pflicht).

c) Zuständigkeit für die Prüfung

Die **Gleichwertigkeitsprüfung** und **Anerkennung** der ausländischen Bescheinigungen erfolgt durch das **Bundeswirtschaftsministerium**, nicht den Auftraggeber. Der

---

[57] Vgl. Erwägungsgrund 68 Satz 3 der Richtlinie.
[58] So die Verordnungsbegründung zu § 7 Abs. 7 VSVgV, BR-Drucksache 321/12, S. 41: „Eine solche Prüfung wird bei bestehenden bilateralen Geheimschutzabkommen im Regelfall nicht erforderlich sein." Ähnlich der Leitfaden der EU-Kommission (oben, Fn. 15).
[59] Ebenda.

Auftraggeber muss eine fremde Sicherheitsüberprüfung und/oder VS-Ermächtigung, die ihm im Vergabeverfahren angezeigt oder vorgelegt wird, folglich zunächst dem Bundeswirtschaftsministerium zuleiten, welches die Gleichwertigkeit prüft und den Auftraggeber anschließend über die Anerkennung unterrichtet.

d) Ergänzende Untersuchungen

Der Auftraggeber kann das Bundeswirtschaftsministerium in begründeten Fällen mit **weitere Untersuchungen** zur Sicherstellung des Schutzes von Verschlusssachen beauftragen (§ 7 Abs. 7 Satz 2 VSVgV). Das kommt z.B. dann in Betracht, wenn der Auftraggeber schlechte Erfahrungen mit einem Unternehmen gemacht hat oder er direkte Erkenntnisse hat, die Zweifel daran wecken, dass das Unternehmen die Sicherheitsanforderungen erfüllt. Das Bundeswirtschaftsministerium ist grundsätzlich verpflichtet, in diesem Fall die weiteren Untersuchungen vorzunehmen und deren Ergebnisse bei der Entscheidung über die Anerkennung zu berücksichtigen. Dabei kann das Ministerium auch auf andere zuständige Behörden und Dienste Zugriff nehmen.[60] Allerdings kann das Bundeswirtschaftsministerium im Einvernehmen mit dem Bundesinnenministerium als nationaler Sicherheitsbehörde für den Geheimschutz von weiteren Ermittlungen auch absehen (§ 7 Abs. 7 Satz 3 VSVgV).

e) Begründungspflicht bei Versagung der Gleichwertigkeit

Wird die **Gleichwertigkeit** der ausländischen Überprüfung **verneint** und die Anerkennung versagt, ist der Bewerber bzw. Bieter vom weiteren Verfahren gemäß § 7 Abs. 5 bzw. § 31 Abs. 2 Nr. 1 VSVgV (Nichtvorlage geforderter Erklärungen und Nachweise) auszuschließen. Ein Bieter, dessen Angebot aus diesem Grund abgelehnt wird, muss auf seinen Antrag hin gemäß § 36 Abs. 1 Nr. 2 VSVgV auch über die **Gründe** für die fehlende Gleichwertigkeit **unterrichtet** werden. Die Begründungspflicht gilt nur gegenüber abgelehnten Bietern, nicht aber auch gegenüber Bewerbern, deren Teilnahmeantrag wegen fehlender Gleichwertigkeit ausgeschlossen wurde. Das ist zwar inkonsistent, entspricht aber Art. 35 Abs. 2 der EU-Richtlinie.

Bei **Bauvergaben** gilt nach § 2 Abs. 2 VSVgV stattdessen § 19 VS Abs. 3 Satz 3 VOB/A-VS. Nach dieser Vorschrift muss der Auftraggeber lediglich mitteilen, *dass* das Angebot wegen fehlender Gleichwertigkeit bei der Informationssicherheit ausgeschlossen wurde; die Gründe für die fehlende Gleichwertigkeit müssen dagegen – nach dem Wortlaut der Vorschrift – nicht mitgeteilt werden. Mit Blick auf Art. 35 Abs. 2 der EU-Richtlinie ist jedoch auch § 19 VS Abs. 3 Satz 3 VOB/A-VS richtlinienkonform dahin auszulegen, dass auch die Gründe für die fehlende Gleichwertigkeit anzugeben sind.

---

[60] Verordnungsbegründung zu § 7 Abs. 7 VSVgV, BR-Drs. 321/12, S. 41.

f) Vor-Ort-Kontrollen im Ausland

§ 7 Abs. 8 VSVgV gibt dem Bundeswirtschaftministerium schließlich die Möglichkeit, die Sicherheitsbehörden im Herkunftsland des Unternehmens mit **Vor-Ort-Kontrollen** zu beauftragen, bei denen geprüft wird, ob der Bewerber, Bieter oder in Aussicht genommene Nachunternehmer in tatsächlicher Hinsicht die Sicherheitsanforderungen erfüllt. Die Überprüfung kann sich auf die voraussichtlich genutzten **Räumlichkeiten** und Einrichtungen, die vorgesehenen **Produktions- und Verwaltungsverfahren**, die Verfahren zur Behandlung von **Informationen** und die **persönliche Lage** des voraussichtlich eingesetzten Personals beziehen. Die Vorschrift setzt Art 42 Abs. 1 lit j Unterabs. 4 der EU-Richtlinie um. Eine Vor-Ort-Kontrolle im Ausland ist nach dem Gesetzeswortlaut unabhängig davon möglich, ob das Unternehmen über eine deutsche oder eine ausländische Sicherheitsüberprüfung verfügt. Allerdings hält der Verordnungsgeber Kontrollen im Ausland aufgrund der bilateralen Geheimschutzabkommen mit den meisten EU-Mitgliedstaaten im Regelfall für unnötig.[61]

4. Prüfung der Informationssicherheit als Teil der Eignungsprüfung

a) Einordnung im Vergabeverfahren

Sowohl in der VSVgV als auch der VOB/A-VS ist die Überprüfung, ob ein Unternehmen die Anforderungen an den Schutz von Verschlusssachen und die Wahrung der Vertraulichkeit erfüllt, als spezieller **Teil der Eignungsprüfung** ausgestaltet.

Hintergrund ist die Entscheidung des Verordnungsgebers, die Anforderungen an den Schutz von Verschlusssachen systematisch als **spezielle Eignungskriterien** zu begreifen.[62] Zwingend ist diese Einordnung nicht. Denn bei den Anforderungen an den Schutz von Verschlusssachen handelt es sich im Kern um auftragsbezogene Verhaltenspflichten (insbesondere die Pflicht, im Rahmen des Auftrags erhaltene Verschlusssachen nicht unbefugt weiterzugeben und die erforderlichen organisatorischen Schutzmaßnahmen zu treffen). Insoweit hätte es sich alternativ angeboten, sie in erster Linie – wie in der Richtlinie 2009/81/EG angelegt – als besondere Bedingungen für die Auftragsausführung zu begreifen. Da die für den Zugang zu Verschlusssachen erforderlichen Sicherheitsbescheide, Selbstverpflichtungen und Überprüfungen nach den Geheimschutzbestimmungen jedoch eine Vorbedingung für die Verfahrensteilnahme bzw. Auftragserteilung und überwiegend unternehmensbezogen sind, ist die Einordnung als Eignungsaspekt und die Einbettung der Prüfung in die Eignungsprüfung sinnvoll und praxisgerecht.

---

[61] Verordnungsbegründung zu § 7 Abs. 8 VSVgV, BR-Drs. 321/12, S. 42.
[62] Verordnungsbegründung zu § 7 VSVgV, BR-Drs. 321/12, S. 38 f.

b) Veröffentlichung der Nachweisanforderungen

Die allgemeinen Vorgaben zum Eignungsnachweis (§ 23 VSVgV) schreiben vor, dass der Auftraggeber **bereits in der Bekanntmachung** (bzw. beim Verhandlungsverfahren ohne Teilnahmewettbewerb in den Vergabeunterlagen) **angibt, welche Nachweise** die Unternehmen u.a. gemäß § 7 VSVgV für ihre Eignung vorzulegen haben.

Die Vorschrift scheint auf den ersten Blick in Widerspruch zu § 7 Abs. 1 VSVgV stehen, wonach die Anforderungen an die Informationssicherheit *entweder* in der Bekanntmachung *oder* in den Vergabeunterlagen bekannt zu geben sind. Der strengere Vorgabe in § 23 VSVgV betrifft jedoch nur die im Teilnahmewettbewerb vorzulegenden **Nachweise**, d.h. diejenigen Unterlagen und Erklärungen zum Verschlusssachenschutz, die bereits im Rahmen der Eignungsprüfung auszuwerten sind. In Bezug auf etwaige weitere inhaltliche Anforderungen – z.B. betr. besondere Geheimschutzmaßnahmen in der Ausführungsphase – verbleibt es demgegenüber bei der Möglichkeit, die Angabe erst in den Vergabeunterlagen zu machen. Zweck der Vorschrift ist, dass die Bieter von vornherein erkennen können, ob die Teilnahme an dem Verfahren für sie von Interesse ist. Die Vorschrift gilt gemäß § 2 Abs. 2 VSVgV nur für Liefer- und Dienstleistungsaufträge.

Für den **Baubereich** enthält die VOB/A-VS keine entsprechende Vorschrift; hier bleibt es bei der allgemeinen Vorgabe in § 7 Abs. 1 VSVgV und § 8 VS Abs. 3 VOB/A-VS, dass die Angaben entweder in der Bekanntmachung oder den Vergabeunterlagen zu machen sind.

c) Zulassung von Eigenerklärungen

Auch in Bezug auf die Informationssicherheit kann sich der Auftraggeber im Rahmen der Eignungsprüfung mit **Eigenerklärungen der Bewerber bzw. Bieter begnügen**, sofern die die Unternehmen erklären, die geforderten Nachweise auf Anforderung unverzüglich beizubringen zu können (§ 22 Abs. 2 VSVgV). Anders als bei Vergaben nach der VOL/A, bei denen Eigenerklärungen der Regelfall sind,[63] handelt es sich jedoch lediglich um eine „Kann"-Bestimmung, d.h. die Zulassung von Eigenerklärungen steht **im Ermessen** des Auftraggebers.

Voraussetzung ist außerdem, dass die betroffenen **Verteidigungs- und Sicherheitsinteressen** nicht entgegenstehen. Diese Regelung ist im Zusammenhang mit § 7 Abs. 2 bis 4 VSVgV zu lesen, wonach der Auftraggeber bei Verschlusssachenaufträgen ab Stufe VS-Vertraulich im Teilnahmeantrag die dort genannten Angaben und Verpflichtungserklärungen verlangen muss, und Zugang zu Verschlusssachen generell erst nach Vorliegen der erforderlichen Sicherheitsbescheide, Überprüfungen bzw. Verpflichtungserklärungen gewährt werden darf. Diese Vorgaben setzen dem Ermessen nach § 22 Abs. 2 VSVgV Grenzen. Der Auftraggeber muss bei der Entscheidung, ob

---

[63] § 19 EG Abs. 1 Satz 2 VOL/A.

Eigenerklärungen ausreichen sollen, außerdem die Umstände des Einzelfalls berücksichtigen, insbesondere die Sensibilität des Materials und das konkrete Risiko einer Geheimschutzverletzung.

d) Zeitpunkt der Vorlage der Nachweise

Nach § 22 Abs. 3 VSVgV sind die geforderten Nachweise bei Verfahren mit Teilnahmewettbewerb grundsätzlich bis zum Ablauf der Teilnahmefrist vorzulegen; beim Verhandlungsverfahren ohne Teilnahmewettbewerb bis zum Ablauf der Angebotsfrist.

Die Vorschrift ist im Zusammenhang mit § 7 Abs. 6 VSVgV zu lesen, wonach der Auftraggeber Unternehmen, die noch nicht der Geheimschutzbetreuung unterliegen bzw. deren Personal noch nicht überprüft ist, zusätzliche Zeit für die Erfüllung dieser Anforderungen geben kann, soweit diese Möglichkeit und die Frist bereits in der Bekanntmachung angegeben werden. Der Auftraggeber kann Newcomern unter dieser Voraussetzung eine im Voraus definierte Fristverlängerung einräumen.

Unabhängig davon kann der Auftraggeber auch bei VS-Vergaben fehlende Nachweise, die mit dem Teilnahmewettbewerb oder dem Angebot vorzulegen gewesen wären, innerhalb einer von ihm gesetzten Nachfrist nachfordern; erst bei Versäumung der Nachfrist ist das Unternehmen zwingend auszuschließen.

Die Fristen für die Vorlage von Nachweisen ändern im Übrigen nichts daran, dass in Fällen, in denen **bereits der Teilnahmeantrag** den Zugang zu Verschlusssachen erfordert, die Voraussetzungen hierfür bereits **vor Gewährung des Zugangs vorliegen** müssen (§ 7 Abs. 3 und 4 VSVgV). In diesem Fall kann mit der Vorlage der erforderlichen Sicherheitserklärungen, Überprüfungen oder Verpflichtungserklärungen nicht bis zum Ablauf der Teilnahmefrist zugewartet werden; vielmehr ist entweder eine Vorprüfung notwendig, die dem Teilnahmewettbewerb vorgeschaltet wird, oder die Geheimschutzprüfung muss als erster Schritt des Teilnahmewettbewerbs erfolgen (mit entsprechend früherer Frist für die Vorlage der betreffenden Nachweise).

e) Ausschluss bei Nichterfüllung der Anforderungen

Zwingende Ausschlussgründe

Erfüllt ein Unternehmen die allgemeinen oder im Einzelfall gestellten Anforderungen an den Schutz von Verschlusssachen nicht, ist es **zwingend auszuschließen** bzw. nicht zum Verfahren zuzulassen. Das betrifft insbesondere den Fall, dass ein Unternehmen die gemäß §§ 7, 22 VSVgV notwendigen **Verpflichtungserklärungen** und **Sicherheitsbescheide nicht rechtzeitig beibringt** und auch eine Überprüfung und Ermächtigung gemäß § 7 Abs. 3 Satz 2 VSVgV nicht rechtzeitig erfolgreich abgeschlossen werden kann. Der Ausschluss ergibt sich in diesem Fall sowohl aus § 7 Abs. 5 als auch § 22 Abs. 3 VSVgV.

II. Schutz von Verschlusssachen

Fakultative Ausschlussgründe

Darüber hinaus ist ein **fakultativer Ausschluss** möglich, wenn ein Unternehmen nachweislich eine schwere berufliche Verfehlung begangen hat; § 24 Abs. 1 Nr. 4 VSVgV stellt insoweit klar, dass hierunter insbesondere auch die **Verletzung** der Pflicht zur **Gewährleistung der Informationssicherheit** im Rahmen eines früheren Auftrags gehört. Der Umstand, dass die VSVgV an dieser Stelle (einzigmalig) den Begriff „Informationssicherheit" verwendet, spricht auf den ersten Blick dafür, dass nicht nur Verstöße gegen Pflichten zum **Schutz von Verschlusssachen**, sondern auch gegen solche zur **Wahrung der allgemeinen Vertraulichkeit** erfasst sein sollen.[64] Allerdings ist die Vorschrift laut Verordnungsbegründung eine direkte Umsetzung von Artikel 39 Abs. 2 lit. d) der Richtlinie 2009/81/EG, der – nach der Richtlinien-Terminologie – lediglich den Schutz von Verschlusssachen im Blick hat.[65] Unabhängig davon dürften jedenfalls schwerwiegende Verstöße gegen die allgemeine Vertraulichkeitspflicht bei einem früheren Auftrag (z.B. Verletzung einer ausdrücklichen Vertraulichkeitsvereinbarung) je nach Umständen des Einzelfalls ebenfalls als schwere berufliche Verfehlung im Sinne von § 24 Abs. 1 Nr. 4 VSVgV anzusehen sein.

Für den Baubereich enthält § 6 VS Abs. 3 Nr. 2 lit. g VOB/A-VS eine ähnliche Regelung. Die Regelung setzt allerdings an dem vom Bewerber vorzulegenden Nachweis an; sie verpflichtet ihn, als Eignungsnachweis Angaben dazu machen, „dass nachweislich keine schwere Verfehlung begangen wurde, die die Zuverlässigkeit in Frage als Bewerber in Frage stellt". Das weicht von der EU-rechtlichen Vorgabe in Artikel 39 Abs. 2 lit. d) der Richtlinie 2009/81/EG ab, wonach der *Auftraggeber* den Verstoß nachweislich festgestellt haben muss. Bei EU-rechtskonformer Auslegung bleibt es allerdings auch im Baubereich bei der Beweislast des Auftraggebers. Soweit § 6 VS Abs. 3 Nr. 2 lit. g VOB/A-VS ferner voraussetzt, dass es sich um eine schwere Verfehlung handelt, „die die Zuverlässigkeit als Bewerber in Frage stellt", ist das nur scheinbar eine Einschränkung; auch im Rahmen der VSVgV kommt es für die Frage, ob ein Ausschluss gerechtfertigt ist, darauf an, ob die Verfehlung die Vermutung der Zuverlässigkeit erschüttert.

Im engen Zusammenhang mit dem Ausschluss wegen Verletzung der Informationssicherheit steht der Ausschluss gemäß § 24 Abs. 1 Nr. 5 VSVgV, wonach ein Ausschluss möglich ist, wenn der Bieter **nicht die erforderliche „Vertrauenswürdigkeit"** aufweist, um Risiken für die nationale Sicherheit auszuschließen.[66] Die Vorschrift ist eine direkte Umsetzung von Artikel 39 Abs. 2 lit. e) der Richtlinie 2009/81/EG. Sie bezieht sich zwar nicht unmittelbar auf Geheimschutzerfordernisse, sondern ist deutlich umfassender (insbesondere in Bezug auf Sabotageschutz und ähnliche Sicherheits-

---

[64] Siehe dazu oben, C.I. sowie unten, C.III.

[65] Die Verordnungsbegründung zu § 24 Abs. 1 Nr. 4 VSVgV ist für die Auslegung leider nur wenig ergiebig; zwar wird betont, dass es sich um eine direkte Übernahme der Richtlinienbestimmung handelt; andererseits bezieht sich die Begründung – offenbar irrtümlich – inhaltlich auf eine andere Vorschrift, nämlich § 24 Abs. 1 Nr. 3 VSVgV bzw. Artikel 39 Abs. 2 lit. c der RL 2009/81/EG.

[66] Für Bauleistungen ergibt sich eine analoge Ausschlussmöglichkeit aus § 6 Abs. 3 Nr. 2 lit. g) VOB/A-VS.

aspekte); jedoch weist sie Berührungspunkte mit dem Aspekt der Informationssicherheit auf. Soweit ein Ausschluss wegen fehlender Vertrauenswürdigkeit erfolgt, kann zur Begründung auf „geschützte Datenquellen", d.h. Geheimmaterial zurückgegriffen werden; der Anspruch des Bieters auf Unterrichtung über die Gründe seines Ausschlusses tritt in diesem Fall hinter das Bedürfnis nach Informationssicherheit (bezüglich der Datenquellen) zurück.

Da es sich um fakultative Ausschlussgründe handelt, ist der Ausschluss eine **Ermessensfrage**. Der Auftraggeber darf also nicht schematisch entscheiden, vielmehr muss er alle Umstände des Einzelfalls berücksichtigen und abwägen. Dazu gehören insbesondere die Sensibilität des Auftrags, das Gewicht der Verfehlung bzw. der Zweifel an der Vertrauenswürdigkeit sowie – im Fall einer früheren Verfehlung – ob und ggf. welche Maßnahmen das Unternehmen getroffen hat, um eine Wiederholung auszuschließen und seine Zuverlässigkeit wiederzuerlangen (Gedanke der „Selbstreinigung").

III. Allgemeine Pflicht zur Vertraulichkeit

1. *Beiderseitige Verpflichtung*

Der allgemeine Vertraulichkeitsgrundsatz wird in § 6 VSVgV aufgegriffen, der sowohl Auftraggebern als auch Bietern, Bewerbern und Auftragnehmern die Weitergabe jeglicher Informationen der Gegenseite verbietet, die von dieser als vertraulich eingestuft wurden.[67] Die Vorschrift begründet damit – insoweit weitergehend als Artikel 6 der Richtline 2009/81/EG, der lediglich die *Auftraggeber* verpflichtet – eine **beiderseitige Vertraulichkeitspflicht**.

Die Vorschrift dient ebenso wie Artikel 6 der Richtline 2009/81/EG dem Schutz des Wettbewerbs und der Geschäftsgeheimnisse der Beteiligten. Aus der Vertraulichkeitspflicht des Auftraggebers folgt u.a., dass dieser im Verhandlungsverfahren vertrauliche Angebotsinhalte einzelner Bieter, insbesondere technische Informationen oder innovative Lösungen, nicht ohne Genehmigung aufgreifen und zum Gegenstand von Verhandlungen mit dem gesamten Bieterkreis machen darf.[68]

Hintergrund der Ausweitung der Vertraulichkeitspflicht auch auf die Anbieter ist laut Verordnungsbegründung, dass die Richtline Vertraulichkeitspflichten der Unternehmen nur im Rahmen der Informationssicherheit vorsieht, d.h. für echte Verschlusssachen (gem. § 4 SÜG); daher sei es sinnvoll, die Unternehmen auch außerhalb des VS-Bereichs zum Schutz von (geschäftlich) vertraulichen Informationen der Auftraggeber zu verpflichten.[69]

---

[67] § 6 Abs. 2 und 3 VSVgV.
[68] Siehe dazu bereits oben, B.II.
[69] Verordnungsbegründung zu § 6 Abs. 1 VSVgV, BR-Drucksache 321/12, S. 38.

Für Unternehmen gilt eine Ausnahme von der Vertraulichkeit im Sinne von § 6 VSVgV im Fall der **Unterauftragsvergabe**, sofern der Nachunternehmer seinerseits auf Wahrung der Vertraulichkeit verpflichtet wurde. Richtigerweise ist auch die Weitergabe von Informationen an gesetzlich oder vertraglich **zur Verschwiegenheit verpflichtete Berater** als zulässig anzusehen, soweit dies für die Angebotsbearbeitung, die Auftragsausführung oder die Wahrnehmung rechtlicher Interessen erforderlich ist.[70]

2. Weitere Anforderungen zum Schutz der Vertraulichkeit

Der Auftraggeber kann nach § 6 Abs. 3 Satz 4 VSVgV „weitere Anforderungen" zum Schutz der Vertraulichkeit stellen, sofern diese mit dem Auftragsgegenstand zusammenhängen und ihm angemessen sind. Die genaue Zielrichtung dieser Vorschrift ist nicht ganz klar.[71] In Betracht kommt insbesondere die Forderung nach speziellen Sicherungsmaßnahmen oder nach Abschluss gesonderter, ggf. vertragsstrafenbewehrter Vertraulichkeitsvereinbarungen, falls der Auftrag besonders sensible Geschäftsgeheimnisse berührt. Bei Anwendung der Bestimmung wird darauf zu achten sein, dass sie nicht zum Einfallstor für eine mittelbare Diskriminierung von ausländischen Bietern und Newcomern gerät.

3. Pflicht zur Veröffentlichung der Nachweise

Nach den allgemeinen Vorgaben zum Eignungsnachweis in § 23 VSVgV muss der Auftraggeber bei Liefer- und Dienstleistungsaufträgen bereits **in der Bekanntmachung angeben, welche Nachweise** die Unternehmen u.a. gemäß § 6 VSVgV für ihre Eignung vorzulegen haben. Da § 6 VSVgV im Ausgangspunkt keine Eignungsanforderungen enthält, sondern lediglich Verhaltenspflichten der Beteiligten begründet, dürfte sich die Vorschrift vor allem auf etwaige **weitere Anforderungen** an den Schutz der Vertraulichkeit im Sinne von § 6 Abs. 3 Satz 4 VSVgV beziehen. Als Nachweise im Sinne gemäß § 6 VSVgV kommen damit vor allem Vertraulichkeitserklärungen in Betracht, oder sowie Nachweise bezüglich der Erfüllung spezieller Anforderungen an Betriebsorganisation oder -ausstattung zur Schutz vertraulicher Informationen. Für den Baubereich enthält die VOB/A-VS keine entsprechende Vorschrift, d.h. hier können entsprechende Nachweisanforderungen auch noch nachträglich – etwa im Rahmen der Vergabeunterlagen oder von Verfahrensinformationen – aufgestellt werden.

---

[70] So ist es z.B. nicht ausgeschlossen, Vergabeunterlagen zur rechtlichen Prüfung an einen Anwalt weiterzugeben. An der Vorschrift wurde im Gesetzgebungsverfahren allerdings zu Recht bemängelt, dass sie den Punkt nicht klarstellt (siehe z.B. Stellungnahme des BDI vom 25. April 2012, abrufbar im Internet unter www.bdi.eu, des Bundesverbands BITKOM vom 23. April 2012, abrufbar unter www.bitkom.org sowie des Bundesverbands PPP, abrufbar unter www.bppp.de).

[71] Die Verordnungsbegründung (BR-Drucksache 321/12, S. 38) verweist in dem Zusammenhang auch auf Artikel 22 der VS-Richtlinie, was unschlüssig ist, weil dieser nur Anforderungen an den Schutz von Verschlusssachen betrifft, um die es bei § 6 VSVgV gerade nicht geht.

Deckung betriebsbedingter Bedarfe der Bundeswehr: Von der verwaltenden Beschaffung zum gestaltenden Einkauf

Dipl.-Ing., Dipl.-Wirtschaftsing. Sven Hischke[1]

A. Einführung 165
B. Kritische Merkmale der Beschaffung betriebsbedingter Bedarfe 167
    I. Historisch bedingte Dezentralisierung 167
    II. Fehlende durchgängige Transparenz 169
    III. Selbstverständnis der Beschaffung 169
    IV. Fazit 170
C. Zukünftige Beschaffung betriebsbedingter Bedarfe 170
    I. Prozesse des Einkaufs Bw 173
    II. Organisation des Einkaufs Bw 173
    III. Fazit 175

A. Einführung

Maßgabe der Bedarfsdeckung der Bundeswehr ist ihr Auftrag: Die Wahrung der äußeren Sicherheit, der territorialen Integrität sowie der außenpolitischen Handlungsfähigkeit. Dies schließt internationale Konfliktverhütung und Krisenbewältigung einschließlich der Bekämpfung des internationalen Terrorismus ebenso ein wie die traditionelle Landesverteidigung, die Beteiligung im Rahmen des NATO-Bündnisses oder humanitäre Hilfeleistungen[2]. Nach Art. 87b Abs. 1 GG werden der Bundeswehrverwaltung hierzu u. a. Aufgaben zur unmittelbaren Sachbedarfsdeckung der Streitkräfte zugeordnet. Sie muss ihren Beitrag leisten, um die materielle Einsatzbereitschaft inklusive dafür notwendiger Dienstleistungen sicherzustellen; und dies jeweils unter den Aspekten Wirtschaftlichkeit und Rechtmäßigkeit.

Wenn sich der Auftrag der Bundeswehr verändert, muss sich die Bedarfsdeckung anpassen, damit immer eine bedarfsgerechte Versorgung sichergestellt werden kann. Die Veränderungen in der Sicherheitslage der vergangenen zwei Jahrzehnten stellte hierbei eine besondere Herausforderung dar. Beginnend mit der deutschen Wiedervereinigung 1990 hat sich der Auftrag der Bundeswehr von einem relativ statischen Beitrag zur Abschreckung zu einer dynamischen Armee im Einsatz mit Übung und Grundbetrieb

---

[1] Der Beitrag gibt ausschließlich die persönliche Meinung des Autors wieder.
[2] Vgl. Bundesminister der Verteidigung, Verteidigungspolitische Richtlinien, Berlin, 18.05.2011.

A. Einführung

grundlegend verändert. Wenn bis dahin eine starke „stehende" Truppenpräsenz mit hohen Depotbeständen notwendig war, ist heute überwiegend eine flexible, den aktuellen Bedürfnissen schnell anpassbare Logistik relevant. Beschaffungsseitig bedeutet dies den Wechsel von einer auf Vergangenheitswerten beruhenden repetitiven Depot-Auffüllung zu einer zukunftsorientierten und prognosebasierten Vorgehensweise.

Darüber hinaus hat die Bundesregierung Beschlüsse zur Optimierung der öffentlichen Beschaffung gefasst, die auch für die Bundeswehr weitreichende und nachhaltige Veränderungen zur Folge haben[3]. Es wird eine Optimierung des öffentlichen Auftragswesens auf der Basis neuer Informationstechnologien angestrebt. Wenn bislang die Beschaffung der Bundesressorts durch eine jeweils eigenverantwortliche Bedarfsermittlung und Bedarfsdeckung gekennzeichnet war, soll zunehmend eine ressortübergreifende Bedarfsbündelung sowie eine gemeinsame Bedarfsdeckung etabliert werden, die sich an Methoden der gewerblichen Wirtschaft orientiert und die Marktmacht des Bundes nutzt. Dies führt zu einer bedarfsdeckerseitigen Konzentration für den Gesamtbedarf des Bundes an einem Materialsegment bei jeweils wenigen – für alle Ressorts agierenden – Vergabestellen[4]. Für die Bedarfsdeckung der Bundeswehr bedeutet dies, dass sie für bestimmte Beschaffungen auf die Dienstleistung anderer Ressorts zurückgreifen kann, umgekehrt aber auch ihrerseits als Beschaffungsdienstleister für Bedarfsträger außerhalb der Bundeswehr fungieren soll. Ein solcher „Shared-Service" Gedanke war der Bechaffungsorganisation der Bundeswehr bisher fremd.

Nicht zuletzt ist die Knappheit von Haushaltsmitteln stetiger Begleiter der Bedarfsdeckung der Bundeswehr. Verbunden mit einer ansteigenden Komplexität der Waffensysteme durch immer kürzere Technologie- und Marktzyklen führt sie zu einem erheblichen Druck auf die Beschaffungsorganisation. Andererseits werden die Waffensysteme aber auch sehr lange betrieben, was zu unterschiedlichen Konfigurationsständen und Obsoleszenzproblemen führt. Obendrein ist eine kontinuierliche Verringerung von Stückzahlen zu verzeichnen, so dass der einstige „Premiumkunde" Bundeswehr oftmals hinten an steht.

Der vorliegende Beitrag zeigt für den Bereich der Beschaffung sog. „betriebsbedingter Bedarfe" kritische Merkmale auf, die der Bedarfsdeckung der Bundeswehr trotz Anpassungsbemühungen an die Veränderungen seit 1990 heute noch immanent sind. Davon ausgehend wird dargestellt, wie diese Situation im Rahmen der zukünftigen Ausrichtung der Beschaffung „betriebsbedingter Bedarfe" als Teil des neuen „Ausrüstungs- und Nutzungsprozesses" verbessert werden soll.

---

[3] Insbesondere „7-Punkte-Programm"(2003), Regierungsprogramm „Zukunftsorientierte Verwaltung durch Innovation" (2006), Regierungsprogramm „Vernetzte und transparente Verwaltung" (2010).

[4] Vgl. *Hischke, Sven*: Prognoseorientierte Beschaffung im Rahmen des Strategischen Einkaufs der Bundeswehr, in: Bundeswehrverwaltung Heft 9, 2008.

Unter dem Begriff „betriebsbedingte Bedarfe" werden handelsübliche und bundeswehrspezifische Verbrauchs- und Nichtverbrauchsgüter sowie Dienstleistungen (inklusive Instandsetzungsleistungen) subsumiert. Dies schließt Ersatzteilfolgebeschaffungen für Waffensysteme bzw. Geräte in der Nutzungsphase ebenso ein wie Bedarfe, die über internationale Beschaffungswege sowie über die ressortübergreifende Beschaffung gedeckt werden. Materielle Lösungen, die über die Verfahrensbestimmungen des „Customer Product Management" (CPM) realisiert werden, zählen nicht zu den „betriebsbedingten Beschaffungen"[5]. Gleiches gilt für Fähigkeiten, die als komplexe Dienstleistungen oder im Rahmen von Öffentlich Privaten Partnerschaften (ÖPP) durch Dritte zur Verfügung gestellt werden.

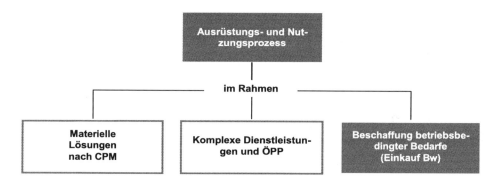

Abbildung: Abgrenzung der Beschaffung betriebsbedingter Bedarfe

B. Kritische Merkmale der Beschaffung betriebsbedingter Bedarfe

I. Historisch bedingte Dezentralisierung

Die Bundeswehr musste sich in ihrer Geschichte immer wieder an veränderte Rahmenbedingungen anpassen. Während zu Zeiten des Ost-West-Konflikts das eher „statische" Bedrohungspotenzial des Warschauer Pakts bestimmend für die Struktur der Bundeswehr war, ist heute eine „dynamisch flexible" Struktur notwendig, um den schnellen Wandlungen des sicherheitspolitischen Umfelds gerecht zu werden. Einen dauerhaft stabilen Sollzustand wird es absehbar nicht mehr geben[6].

Vor dem Hintergrund des Auftrags der Bundeswehr bis ca. 1990 war eine räumliche Nähe der Beschaffer zu den Bedarfsträgern wichtig. Bis dahin bestand der Auftrag der

---

[5] CPM ist ein Beschaffungsverfahren mit dem Schwerpunkt der Entwicklung und Beschaffung von neuen Waffensystemen bzw. Geräten inkl. des Ersatzteilerstbedarfs.

[6] Vgl.: *Hoos, Siegfried*: Beitrag des Strategischen Einkaufs zur Optimierung der logistischen Leistungstiefe, in: Öffentliche Logistik – Supply Chain Management für den öffentlichen Sektor, Hrsg. Prof. Dr. Michael Eßig/Dr. Matthias Witt, Gablerverlag 2009.

B. Kritische Merkmale der Beschaffung betriebsbedingter Bedarfe

Bundeswehr nahezu ausschließlich in der Abschreckung. Die Konsequenzen waren eine hohe „stehende" Truppenpräsenz sowie umfangreiche Depotbestände. Hauptaufgabe für die Beschaffung war die Auffüllung dieser Bestände bei Unterschreitung definierter Auffüllpunkte. Die an der Deckung betriebsbedingter Bedarfe beteiligten Dienststellen erstreckten sich dabei über den zivilen Verwaltungsbereich hinaus und schlossen auch militärische Bereiche ein. Der Vorteil der tendenziell schnellen, flexible und auch eher unbürokratischen Abwicklung von Beschaffungsforderungen hat zu einer starken Dezentralisierung der Beschaffung geführt.

Der Auftrag der Bundeswehr hat sich nach 1990 gewandelt zu einem weltweiten Einsatzszenario in unterschiedlichen Ausprägungen, verbunden mit Übung und Grundbetrieb im Inland (siehe oben). Die Beschaffung betriebsbedingter Bedarfe ist dagegen heute noch weitgehend in Strukturen verhaftet, die den Erfordernissen des Ost-West-Konflikts Rechnung tragen. Rund 750 Dienststellen der Bundeswehrverwaltung und – im Rahmen entsprechender Regelungen und Wertgrenzen – auch der Streitkräfte beschaffen heute noch betriebsbedingte Bedarfe[7]. Dies geschieht in wenigen zentralen oder einer Vielzahl unterschiedlicher dezentraler Verfahren[8] unter Nutzung unterschiedlichster IT-Infrastruktur und dadurch unbemerkt mehrfach redundant nebeneinander.

Es ist überwiegend noch der Fall, dass sich die Beschaffung eher um dezentrale Abwicklungsfragen kümmert, als um einen bestmöglichen Beitrag zu einem insgesamt zentral verantworteten Einkaufsergebnis. Die Überwachung von Ereignissen innerhalb der unterschiedlichen Verfahren, eine zeitnahe Informationsaufbereitung und die Nachhaltung geeigneter Gegenmaßnahmen bei Planabweichungen gemäß vordefinierter Regeln erfolgen nur in Teilbereichen und sind überwiegend ereignisgetrieben. Eine Koordination zwischen einzelnen Beschaffungsbereichen findet nicht durchgängig statt. Entsprechend sind die Definitionen von Beschaffungsstrategien überwiegend singulär und durch problemorientierte Vorgehensweisen gekennzeichnet, die aber zu keiner übergreifenden deduktiven Strategiebildung und Potenzialermittlung führen. Dies liegt auch daran, dass bis heute kein umfängliches Controllingsystem implementiert ist und damit eine übergreifende Transparenz fehlt. Ebenso ist eine übergreifende Instanz der strategischen Führung und Steuerung, die gleichermaßen für alle beschaffenden Dienststellen zuständig ist, nicht vorhanden. Stattdessen sind in unterschiedlichen Beschaffungsbereichen eine Vielzahl von Vorschriften, Weisungen und Erlassen in Kraft, die nicht immer ohne Widersprüche zueinander stehen.

---

[7] Dienststellen, die betriebsbedingte Bedarfe beschaffen, können den Organisationsbereichen Heer, Luftwaffe, Marine, Streitkräftebasis, Zentraler Sanitätsdienst, Personal, Ausrüstung, Informationstechnik und Nutzung sowie Infrastruktur, Umweltschutz und Dienstleistungen angehören.

[8] Zentrale Beschaffung bedeutet, dass Bedarfe zusammengefasst ermittelt und dann beschafft werden. Zentral werden in der Bundeswehr grundsätzlich Studien-, Forschungs- und Entwicklungsaufträge sowie der Erst- und Folgebedarfe an Verteidigungsgütern einschließlich Instandsetzungsleistungen beschafft. Dezentrale Beschaffung bedeutet, dass mehrere Stellen jeweils den Bedarf eines regionalen Teilbereichs der Bundeswehr an Material oder sonstigen Leistungen decken. Dezentral werden in der Bundeswehr im Wesentlichen handelsübliche Versorgungsgüter beschafft.

II. Fehlende durchgängige Transparenz

Als Folge der Dezentralisierung ist keine durchgängige Transparenz über in der Bundeswehr geschlossene Verträge vorhanden. Eine umfassende Verwaltung, Fortschreibung und Kontrolle der Gesamtheit aller Verträge und den vertraglichen Beziehungen ist derzeit nicht möglich. Die heutigen Datenbanken beinhalten zwar grundsätzlich alle zentral abgeschlossenen Rahmenverträge[9], die dezentral abgeschlossenen Rahmenverträge sowie Einzelverträge werden allerdings nur rudimentär oder ausschließlich regional vorgehalten. Der Detaillierungsgrad der enthaltenen Informationen variiert deutlich und Suchfunktionen in den einzelnen Verträgen sind nur eingeschränkt möglich. Darüber hinaus sind nicht alle abrufberechtigten Dienststellen über vorhandene Rahmenverträge und jeweilige Aktualisierungen informiert. So werden teilweise Verträge zum gleichen Artikelspektrum von unterschiedlichen Vergabestellen nach unterschiedlichem Muster zu unterschiedlichen Konditionen geschlossen, was im Ergebnis zu nicht optimalen Beschaffungspreisen führen kann.

Die fehlende durchgängige Transparenz verhindert auch eine zielgerichtete strategische Planung, Steuerung und Kontrolle von einzelnen Lieferantenbeziehungen sowie des gesamten Lieferantenstammes. Lieferantenklassifikationen, -bewertungen und -entwicklungen sind allgemein nicht möglich[10].

Darüber hinaus ist eine Teilnahme der Bundeswehr an den Regierungsprogrammen zur Optimierung der öffentlichen Beschaffung nur eingeschränkt möglich, weil regelmäßig Bedarfsprognosen zur Zubündelung in Vergabeverfahren anderer Ressorts nicht zeitgerecht erstellt werden können. Die Bundeswehr kann nur dort als verlässlicher Partner auf Bundesebene auftreten, wo ohnehin der eigene Sachbedarf gedeckt werden muss und deswegen zeit- und arbeitsaufwändige Bedarfserhebungen durchgeführt werden.

III. Selbstverständnis der Beschaffung

Beschaffung wird dezentral oft mit „Bestellabwicklung" und zentral mit „Vergabe" gleichgesetzt und damit jeweils auf einen Teilprozess reduziert. Gestaltungsmöglichkeiten in vor- bzw. nachgelagerten Teilprozessen bleiben vielfach schon allein deswegen unberücksichtigt, weil man davon ausgeht, dass sie mit dem Vergaberecht per se nicht vereinbar seien. Insbesondere der vordergründige Anspruch, keine Verfahrensfehler zu begehen, verhindert ein proaktives und experimentelles Umgehen mit dem Vergaberecht.

---

[9] In einem Rahmenvertrag werden gegenseitige Rechte und Pflichten für später zu vergebende wiederkehrende Leistungen weitgehend im Voraus geregelt. Die Konkretisierung der Leistungsverpflichtung bleibt der Erteilung des Einzelauftrages bzw. der Bestellung vorbehalten.

[10] Unter Beachtung des Rechtsrahmens und losgelöst von konkreten Vergabeverfahren.

Es fehlt die Kultur eines strategischen Denkens und Handelns, mit welchem – von konkreten Vergabeverfahren unabhängige – Aufgaben im Sinne eines modernen Einkaufsmanagements wahrgenommen werden können. Dies ist grundsätzlich möglich, da der Regelungskern des Vergaberechts sich im Wesentlichen darauf erstreckt, wie Beschaffungsvorhaben bekannt gemacht und Auswahl-/Zuschlagsverfahren formal durchgeführt werden müssen. Damit würde nicht die Rechtmäßigkeit der Beschaffung beeinträchtigt werden; es geht vielmehr um die Erkenntnis, dass der Teilprozess der Vergabe Wertschöpfungen in vor- bzw. nachgelagerten Teilprozessen der Beschaffung nicht fortwährend vorausbestimmt oder sogar unmöglich macht[11].

Auch ein stärker ausgeprägtes e-procurement ist derzeit nur schwer umsetzbar. So ist u. a. in den in Beschaffungsrichtlinien der Bundeswehr geregelt, dass ein Vertrag zu seiner Wirksamkeit der Schriftform bedarf, was der Durchführung von elektronischen, medienbruchfreien Verfahren zunächst entgegensteht.

IV. Fazit

Zusammenfassend kann festgestellt werden, dass die Beschaffung betriebsbedingter Bedarfe der Bundeswehr heute noch überwiegend auf einem sicherheitspolitischen Kontext beruht, der weitgehend entfallen ist. Über Jahrzehnte gewachsene dezentrale Strukturen und IT-Lösungen haben zu einer mangelnden Transparenz aus Gesamtsicht geführt. Vielfach nebeneinander stehende kurzfristige Vertragsbeziehungen, in denen der Beschaffungspreis häufig das alleinige Zuschlagskriterium bildete, waren die Folge[12]. Eine evolutionäre Reflexion von privatwirtschaftlichen Konzepten zur Beschaffungsoptimierung – wenn auch notwendigerweise unter Beachtung der Vorgaben des Vergaberechts – hat nicht oder nur sehr unzureichend stattgefunden. Die Beschaffungsorganisation der Bundeswehr ist – wie der öffentliche Sektor insgesamt – weniger entwicklungs- als vielmehr traditions- und sicherheitsorientiert. Angesichts des Volumens der Beschaffung betriebsbedingter Bedarfe[13] der Bundeswehr ist eine Weiterentwicklung aber dringend geboten.

C. Zukünftige Beschaffung betriebsbedingter Bedarfe

Seit 2010 wird im Rahmen des Modernisierungsprojekts „Optimierung der Beschaffung der Bundeswehr" daran gearbeitet, die Beschaffung betriebsbedingter Be-

---

[11] Vgl. Booz & Company, Zum Entwicklungsstand des öffentlichen Einkaufs. Eine empirische Analyse in 16 Entwicklungsfeldern, Düsseldorf 2011.

[12] Vgl. *Hischke Sven, Hose Andreas*: Der Strategische Einkauf der Bundeswehr, in: Europäische Sicherheit, Heft 7, 2010.

[13] Nach einer Erhebung im Rahmen des Modernisierungsprojekts „Optimierung der Beschaffung der Bundeswehr" wurden im Jahr 2009 ca. 4 Mrd. € für die Beschaffung betriebsbedingter Bedarfe ausgegeben.

C. Zukünftige Beschaffung betriebsbedingter Bedarfe

darfe effizienter zu gestalten und damit die o. g. kritischen Merkmale auszugleichen. Wesentliches Ziel ist die Entwicklung einer wirtschaftlich optimierten und zugleich nachhaltigen, bedarfs- und einsatzgerechten Bedarfsdeckung im rechtlichen Rahmen mit zeitgemäßen Methoden in einem umfassenden Ansatz und der Festlegung von eindeutigen Verantwortlichkeiten.

Mit der Etablierung des „Strategischen Einkaufs Bundeswehr" (StratEKBw) im Jahr 2008 wurde bereits ein wichtiger Schritt zur Optimierung eines Teilbereichs der Beschaffung betriebsbedingter Bedarfe eingeleitet: Ausgewählte handelsübliche und querschnittliche Versorgungsgüter[14]. Diese Versorgungsgüter werden seither über prognosebasierte, zentral geschlossene „Bündelungsrahmenverträge"[15] mit dezentraler Bestellung inklusive Direktbelieferung zum Verbraucher beschafft. Je nach Zuständigkeit wird hierbei auch immer der Bedarf anderer Ressorts im Sinne der Regierungsprogramme zur Optimierung der öffentlichen Beschaffung zugebündelt. Umfassende Beschaffungsstrategien, die über dieses ausgewählte Portfolio hinausgehen waren jedoch ebenso wenig Gegenstand des „StratEKBw" wie die Errichtung einer strategischen Führung und Steuerung für die Gesamtheit der Beschaffung betriebsbedingter Bedarfe.

Im Rahmen des o. a. Modernisierungsprojekts wurden diese umfassenden Beschaffungsstrategien entwickelt und als „Einkauf der Bundeswehr" (Einkauf Bw) beschrieben. Der Einkauf Bw bildet zukünftig die Grundlage für die Planung, Steuerung und Durchführung betriebsbedingter Beschaffungen der Bundeswehr. Die bestimmenden Merkmale dabei sind die Instutionalisierung

- einer strategischen Arbeitsweise einschließlich einer zentralen und übergeordneten Führung und Steuerung,
- eines Materialsegmentmanagements sowie
- einer Prozessorientierung.

Die strategische Arbeitsweise zielt darauf ab, den Einkauf Bw systematisch, d. h. über den Einzelfall hinaus und zeitlich langfristig zu gestalten. Hierzu werden neue strategische Gestaltungsprinzipien im Vorlauf zu operativen Beschaffungsaktivitäten verankert. Die übergeordnete und organisationsbereichsübergreifende Führungs- und

---

[14] Die Auswahl erfolgte bereits im Rahmen der im Jahr 2003 begonnenen Optimierung der Depotorganisation. Ziel war die Verringerung der Depotfläche u. a. durch Überführung von handelsüblichen und querschnittlichen Produkten in eine Direktbelieferung zu den Bedarfsträgern.

[15] Der Bündelungsrahmenvertrag ist ein auf der Grundlage der Zusammenfassung (daher Bündelung) von prognostizierten Bedarfen verschiedener Bedarfsträger geschlossener Rahmenvertrag, der die gegenseitigen Rechte und Pflichten für später konkret abzurufende, wiederkehrende Lieferungen und Leistungen weitgehend im Voraus regelt. Die Konkretisierung der Leistungspflicht des Auftragnehmers bleibt der Erteilung des Einzelauftrages (Bestellung) mit Angabe des Leistungsumfanges und des Liefertermins vorbehalten. Die Leistungserfüllung erfolgt überwiegend durch Direktbelieferung zum Empfänger/Bedarfsträger.

C. Zukünftige Beschaffung betriebsbedingter Bedarfe

Steuerungsfunktion wird dabei einer zentralen Stelle zugewiesen[16]. Durch diese Zentralisierung sollen sowohl tendenziell eher intransparente und subjektive Entscheidungen in dezentralen Strukturen reduziert als auch Synergieeffekte durch Bedarfsbündelungen zur Durchsetzung günstiger Preise erzielt werden. Daneben sollen weitere Ziele wie Prozesssicherheit, Effizienz und Kundenorientierung in einem ganzheitlichen Ansatz in Einklang gebracht werden. Der Einkauf Bw wird sich folglich an einem nach modernen Maßstäben ausgerichtetem Zielsystem orientieren.

Nach eCl@ss[17] strukturierte Materialsegmente[18] werden Gliederungsprinzip der Aufbauorganisation im Sinne strategischer Geschäftseinheiten. Dies ermöglicht insbesondere die zielgerichtete Nachfrage von Bedarfen auf den Beschaffungsmärkten durch Entwicklung und Umsetzung von Einkaufsstrategien je Materialsegment unter gleichzeitiger Berücksichtigung vergaberechtskonformer Aspekte eines Lieferanten-, Risiko- und Vertragsmanagements. Jedes Materialsegment wird von einem Materialsegmentmanager[19] in einer Gesamtverantwortung geführt. Die hierfür notwendigen Kompetenzen erhält der Materialsegmentmanager dahingehend, dass sowohl die materialsegmentspezifisch strategischen als auch die operativen Aufgaben in seinem Organisationselement wahrgenommen oder fachliche Weisungsrechte etabliert werden.

Der Einkauf Bw wird sowohl in den Materialsegmenten als auch segmentübergreifend prozessorientiert etabliert, so dass Wertschöpfungsketten über die einzelnen Organisationsbereiche abgebildet und in ganzheitlichen Betrachtungen gezielt verbessert werden können. Zentrale und dezentrale Vergabestellen verlieren dabei ihr bisheriges Primat für ablauforganisatorische Alleinstellung und werden integraler Bestandteil der Materialsegmente. Ihre Einbindung bereits in der Entwicklung der Materialsegmentstrategien ermöglicht die Umsetzung unterschiedlicher Beschaffungshebel unter Berücksichtigung der rechtlichen Rahmenbedingungen.

Mit diesem Ansatz werden Methoden und Erfahrungen aus dem privatwirtschaftlichen Bereich herangezogen und so weit wie möglich auf den Einkauf Bw transferiert. Grenzen werden nur dort erreicht, wo der binnenorganisatorische Fortschritt übergeordnet (ggf. auch politisch) gesetzten Zielen, wie z. B. der Mittelstandsförderung, zuwider läuft oder dem Anspruch der Rechtmäßigkeit nicht genügt.

---

[16] Gem. Bundesminister der Verteidigung vom 21.03.2012 (Dresdener Erlass) ist der Abteilungsleiter für Ausrüstung, Informationstechnik und Nutzung für die Grundsätze der Beschaffung und des Vergabewesens in der Bundeswehr zuständig. Zur Wahrnehmung der übergeordneten Führungs- und Steuerungsfunktion im Einkauf Bw werden dort Grundsatzzuständigkeiten wahrgenommen und die Funktion des Direktors Einkauf Bw (DEBw) ausgebracht.

[17] eCl@ss ist ein internationaler Datenstandard für eine einheitliche, branchenübergreifende und durchgängige Klassifizierung und Beschreibung von Produkten, Materialien und Dienstleistungen.

[18] Ein Materialsegment fasst einzelne Artikel bzw. Dienstleistungen nach festgelegten Kriterien zu einer Einheit zusammen. Diese unterscheidbare Einheit ist eigenständig steuerbar und bleibt sowohl in Richtung Kunde (Bedarfsträger) als auch in Richtung Beschaffungsmarkt bestehen.

[19] Der Materialsegmentmanager ist eine neu eingerichtete Rolle in der Beschaffungsorganisation der Bundeswehr. Er trägt die organisationsbereichsübergreifende Gesamtverantwortung für sein Materialsegment, gibt verbindliche Beschaffungsstrategien für sein Materialsegment vor und setzt diese bei allen beschaffenden Dienststellen der Bundeswehr durch – unabhängig davon, welchem Organisationsbereich diese Dienststellen angehören.

I. Prozesse des Einkaufs Bw

Der Gesamtprozess „Einkauf Bw" ist durch eine Folge von strategischen und operativen Teilprozessen definiert. Strategische Teilprozesse können materialsegmentübergreifender oder materialsegmentspezifischer Natur sein. Ihre Verbindung erfolgt über Zielvereinbarungen.

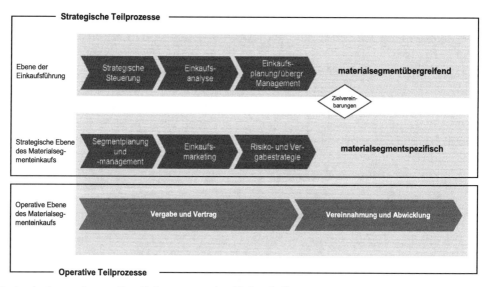

Strategische und operative Teilprozesse des Einkaufs Bw

Auf der *Ebene der Einkaufsführung* ist die gesamte materialsegmentübergreifende Steuerung der Beschaffung betriebsbedingter Bedarfe angelegt. Hierzu gehören die strategischen Teilprozesse „Strategische Steuerung", „Einkaufsanalyse" und „Einkaufsplanung/übergreifendes Management".

Auf der *strategischen Ebene des Materialsegmenteinkaufs* erfolgt die Umsetzung der übergreifenden Strategien im Rahmen von Zielvereinbarungen mit der Einkaufsführung. Dies erfolgt innerhalb der strategischen Teilprozesse „Segmentplanung und -management", „Einkaufsmarketing" und „Risiko- und Vergabestrategie".

Auf der *operativen Ebene des Materialsegmenteinkaufs* erfolgt die Durchführung des Einkaufs in den Teilprozessen „Vergabe und Vertrag" sowie „Vereinnahmung und Abwicklung" im Rahmen der strategischen Vorgaben.

II. Organisation des Einkaufs Bw

Die Aufbauorganisation im Einkauf Bw leitet sich aus den spezifischen Erfordernissen der strategischen und operativen Teilprozesse ab. Sie besteht in ihrer Gesamtheit zwar

C. Zukünftige Beschaffung betriebsbedingter Bedarfe

weiterhin aus zentralen[20] und dezentralen[21] Beschaffungsstellen, die aber unter einer Gesamtverantwortung zusammengeführt und durch die Struktur der Materialsegmente harmonisiert werden. Gemäß dem „Dresdener Erlass"[22] wird die Gesamtverantwortung dabei der Abteilung „Ausrüstung, Informationstechnik und Nutzung" (AIN) des BMVg übertragen. Dort werden für alle am Einkauf Bw beteiligten Stellen sämtlicher Organisationsbereiche übergeordnete Strategien, Richtlinien und Rahmenparameter für Beschaffungen betriebsbedingter Bedarfe vorgegeben.

Zuständigkeiten für einzelne Materialsegmente liegen entweder im Organisationsbereich AIN oder im Organisationsbereich Infrastruktur, Umweltschutz und Dienstleistungen (IUD). Diese Zuständigkeiten verstehen sich aber – anders als bisher – organisationsbereichsübergreifend. Das heißt, wenn es bisher möglich war, dass unterschiedliche Vergabestellen unterschiedliche Verträge zum gleichen Artikelspektrum geschlossen haben, wird dies zukünftig nur noch dann möglich sein, wenn es der tatsächlich wirtschaftlichste Beschaffungsweg ist. Dies zu prüfen und ggf. im Rahmen der Vorgabe und Durchsetzung von neuen Beschaffungsstrategien zu ändern, ist Aufgabe der Materialsegmentmanager.

Wesentlicher Funktionsträger für den „Einkauf Bw" ist die Abteilung Einkauf der zum 01. Oktober 2012 neu eigerichten Bundesoberbehörde im Organisationsbereich AIN, dem Bundesamt für Ausrüstung, Informationstechnik und Nutzung der Bundeswehr (BAAINBw). Sie ist das Exekutivorgan der Abteilung AIN im BMVg und steuert in deren Namen den gesamten Einkauf Bw. Dort werden materialsegmentübergreifende Strategien entwickelt und deren Umsetzung nachgehalten – unabhängig von der organisatorischen Zuordnung der operativ beschaffenden Stellen.

Weiterhin wird in der Abteilung Einkauf das Controlling für den gesamten Einkauf Bw an zentraler Stelle durchgeführt. Hierzu wird ein Ziel- & Kennzahlensystem verbunden mit einem ebenengerechten Berichtswesen organisationsbereichsübergreifend vorgegeben, um notwendige Steuerungsinformationen transparent zu machen.

Darüber hinaus liegt die Verantwortung für die überwiegende Mehrzahl der Materialsegmente in der Abteilung Einkauf des BAAINBw. Insofern werden dort neben den strategischen Aufgaben der Segmentplanung und -steuerung auch operative Beschaffungsaufgaben wahrgenommen, soweit diese nich effizienter in dezentralen

---

[20] Zentrale Beschaffungsstellen sind:
 - Bundesamt für Ausrüstung, Informationstechnik und Nutzung der Bundeswehr (BAAINBw)
 - Bundesamt für Infrastruktur, Umweltschutz, und Dienstleistungen der Bundeswehr (BAIUDBw)
 - Verpflegungsamt der Bundeswehr (VpflABw)
 - Bundesamt für Personalmanagement der Bundeswehr (BAPersBw)
 - Ggf. dezentrale Beschaffungsstellen als Einkäufer für weitere Beschaffungsstellen („Lead Buyer").

[21] Dezentrale Beschaffungsstellen sind:
 - Bundeswehr-Dienstleistungszentren (BwDLZ)
 - Dienststellen im Bereich der Streitkräfte, die im Rahmen von festgelegten Wertgrenzen selbstständig Beschaffungen durchführen können.

[22] Vgl. Fn 16.

Stellen erbracht werden – dann aber zwingend im Rahmen der im Materialsegment vorgegebenen Beschaffungsstrategien.

III. Fazit

Mit dem Einkauf Bw wird die Deckung betriebsbedingter Bedarfe der Bundeswehr neu geregelt. Dies geschieht naturgemäß unter Beachtung der speziellen Rahmenbedingungen der Bundeswehr sowie der gesetzlichen Vorschriften und Verordnungen, denen alle öffentlichen Auftraggeber unterworfen sind. Der Einkauf Bw kann der gegenwärtigen Stationierungs- und Personalreduzierung im Rahmen der Strukturreform der Bundeswehr einen Effizienzhebel entgegen setzen. Denn: Ausschließlich radikales Sparen stößt schnell an die Grenzen des Vertretbaren – insbesondere für eine Bundeswehr im Einsatz. Eine privatwirtschaftliche Unternehmung würde, bevor sie Produkte aus ihrem Portfolio streicht, versuchen, ihre Prozesse und Organisation zu optimieren. Wie dies für den Bereich der Deckung betriebsbedingter Bedarfe der Bundeswehr gedacht ist, ist in diesem Beitrag beschrieben.

Mit dem Einkauf Bw ist ein Paradigmenwechsel in der Beschaffung betriebsbedingter Bedarfe der Bundeswehr initiiert: Weg vom Denken in Ausgaben in historisch bedingten dezentralen Strukturen und Hin zum Fokus von Wertschöpfungsbeiträgen im Rahmen zentral vorgegebener Beschaffungsstrategien. Der Weg hierzu ist konzeptionell beschrieben, die Umsetzung steht am Anfang und muss im laufenden Betrieb vollzogen werden. Eine „Auszeit" für die Umorganisation kann es nicht geben. Essenziell wird sein, ein entsprechend verändertes Grundverständnis in der Bundeswehr zu etablieren, ohne die Versorgung zu gefährden. Über Jahrzehnte gewachsene Strukturen werden dabei nicht „über Nacht" aufgebrochen werden können. Durch die Kernelemente der neuen strategischen Arbeitsweise einschließlich einer zentralen und übergeordneten Führung und Steuerung, dem Materialsegmentmanagement sowie der Prozessorientierung ist aber der Motor für eine langfristige Organisationsentwicklung platziert. Es gilt nun, diesen zunehmend unter Last zu setzen und zu halten. Denn letztendlich geht es darum, nachhaltig Wirtschaftlichkeitspotenziale auszuschöpfen, um finanzielle Freiräume zu erschließen.

Rechtsschutz im Sicherheits- und Verteidigungsbereich

Dr. Franz Josef Hölzl LL.M.

A.	**Kein rechtsfreier Raum, aber erhebliche Rechtsschutzlücken**	178
B.	**Rechtsgrundlagen im Sicherheits- und Verteidigungsbereich**	178
C.	**Primärrechtsschutz**	179
	I. Der zulässige Rechtsweg	180
	1. Rechtsschutz bei Aufträgen, die den §§ 97 ff. GWB unterliegen	180
	2. Rechtsschutz bei Aufträgen, die von den §§ 97 ff. GWB, der VSVgV und VOB/A – VS freigestellt sind	183
	a) Überblick	183
	b) Zur Frage, ob der Verwaltungsrechtsweg eröffnet ist	184
	c) Zivilrechtsweg	190
	d) Abwägung Zivil- /Verwaltungsrechtsweg	190
D.	**Zu den Rechtspflichten bei Vergaben im Sicherheits- und Verteidigungsbereich**	192
	I. Aufträge im Anwendungsbereich der §§ 97 ff. GWB i. V. m. der VSVgV und VOB/A – VS	192
	1. Vorgaben für II B Dienstleistungen	192
	a) Vorgaben der EU-Vergaberichtlinien	192
	b) Vorgaben der §§ 97 ff. GWB i. V. m. VOL/A EG	193
	c) Zu den nach der Rechtsprechung zu beachtenden Rechtspflichten	194
	II. Aufträge außerhalb des Anwendungsbereichs des GWB, der VSVgV und der VOB/A – VS	195
	1. Vergaben im Anwendungsbereich der VSVgV und der VOB/A – VS	195
	2. Vergaben außerhalb der §§ 97 ff. GWB, der VSVgV und der VOB/A – VS	198
E.	**Primärrechtsschutz nach Erteilung des Zuschlags**	201
F.	**Verhinderung von zukünftigem vergaberechtswidrigem Verhalten**	202
G.	**Geltendmachung von Schadensersatz**	203
	I. § 126 S. 1 GWB	203
	II. Anspruch aus §§ 280 Abs. 1, 311 Abs. 2, 241 Abs. 2 BGB	204
	III. Ansprüche aus unerlaubter Handlung	205
H.	**Fazit: Mehr, aber noch nicht ausreichender Rechtsschutz im Sicherheits- Verteidigungsbereich**	206

A. Kein rechtsfreier Raum, aber erhebliche Rechtsschutzlücken

Unternehmen können bei der Vergabe von öffentlichen Aufträgen im Sicherheits- und Verteidigungsbereich grundsätzlich sowohl Primär- als auch Sekundärrechtsschutz in Form von Schadensersatz erlangen. Einen „rechtsfreien Raum" gibt es für diese Vergaben heutzutage nicht mehr. Es gibt allerdings für diese Vergaben weder einen einheitlichen Rechtsweg noch einen gleich effektiven Rechtsschutz. Der zulässige Rechtsweg zur Erlangung von Primärrechtsschutz im Sicherheits- und Verteidigungsbereich und damit die Effektivität des Rechtsschutzes hängen davon ab, ob und wie intensiv die wesentlichen Sicherheitsinteressen der Bundesrepublik Deutschland berührt sind. Je nachdem kann der Rechtsweg zu den Vergabenachprüfungsinstanzen – Vergabekammer und Vergabesenat –, der Verwaltungs- oder der Zivilrechtsweg eröffnet sein. Lediglich für die Geltendmachung von Schadensersatz steht rechtssicher fest, dass dafür die Zivilgerichte zuständig sind. Gegenstand des nachfolgenden Beitrags ist, zu klären und darzulegen, unter welchen Voraussetzungen welcher Rechtsweg eröffnet ist, welcher Prüfungsmaßstab jeweils gilt und welche Fallstricke jeweils zu beachten sind.

B. Rechtsgrundlagen im Sicherheits- und Verteidigungsbereich

Die Rechtsgrundlage für die Vergabe von öffentlichen Aufträgen und der Erlangung von Primärrechtsschutz im Sicherheits- und Verteidigungsbereich ist auf europäischer Ebene jetzt die EU- Sicherheits- und Verteidigungsrichtlinie 2009/81/EG sowie die Rechtsprechung des EuGH. Die Richtlinie 2009/81/EG hat für sicherheits- und verteidigungsrelevante Aufträge die Regelungen der EU-Vergaberichtlinien 2004/17/EG und 2004/18/EG ersetzt und deren Vorgaben entsprechend modifiziert. Nach Art. 2 der Sicherheits- und Verteidigungsrichtlinie gilt diese vorbehaltlich der Art. 36, 51, 52, 62 und 346 des Vertrages über die Arbeitsweise der Europäischen Union (AEUV) für Aufträge in den Bereichen Verteidigung und Sicherheit, die die Lieferung von Militärausrüstung, einschließlich dazugehöriger Teile, Bauteile und/oder Bausätze, die Lieferung sensibler Ausrüstung, einschließlich dazugehöriger Teile, Bauteile und/oder Bausätze zum Gegenstand haben. Ferner gilt sie für hiermit in einem unmittelbaren Zusammenhang stehende, militärischen Zwecken dienende oder sonst sensible Bauleistungen, Lieferungen und Dienstleistungen. Voraussetzung für ihre Anwendung ist, dass die in Art. 8 festgesetzten EU-Schwellenwerte zumindest erreicht werden. Die Schwellenwerte entsprechen denen der SKR und betragen seit dem 1. Januar 2012 jeweils netto € 5,0 Mio. für Bauleistungen und € 400.000 für Liefer- und Dienstleistungsaufträge.

Die Regelungen der Richtlinie 2009/81/EG hat der deutsche Gesetzgeber inzwischen in den §§ 97 ff. GWB und der Vergabeverordnung Sicherheit und Verteidigung (VSVgV) sowie im Abschnitt 3 der VOB/A – VS umgesetzt. § 99 Abs. 7 GWB bestimmt begrifflich, was sicherheits- und verteidigungsrelevante Aufträge sind. § 99 Abs. 8 GWB definiert den Begriff Militärausrüstung und Abs. 9 den Verschlusssachenauftrag. Die Vorgaben der Richtlinie 2009/81/EG zum Primärrechtsschutz sind in den §§ 97 ff. GWB umgesetzt bzw. die §§ 97 ff. GWB sind hinsichtlich des Primärrechtsschutzes für sicherheits- und verteidigungsrelevante Vergaben für anwendbar erklärt worden. Die VSVgV ersetzt und modifiziert die Vorgaben der VOL/A EG und der VOB/A Abschnitt 2. Für die Vergabe von sicherheits- und verteidigungsrelevanten Bauaufträgen sind die §§ 1 bis 4, 6 bis 9, die 38 bis 42 und 44 bis 46 VSVgV sowie die Vorgaben der VOB/A – VS anzuwenden. Die Vorschriften zur Umsetzung der Richtlinie 2009/81/EG im GWB sind seit dem 14. Dezember 2011 und die der VSVgV seit dem 19. Juli 2012 in Kraft. Aufträge, die nicht von den Regelungen zur Umsetzung der Richtlinie 2009/81/EG erfasst sind, unterliegen weiterhin grundsätzlich dem EU-Primärrecht in Form des AEUV, dem Abschnitt 1 der VOL/A und VOB/A und dem Haushaltsrecht sowie Vorgaben des Grundgesetzes, insbesondere dem Gleichheitssatz. Gleichwohl werden, wie auch bislang, hochsensible Aufträge im Sicherheits- und Verteidigungsbereich auch von der Anwendung des AEUV und des Haushaltsrechts freigestellt[1].

C. Primärrechtsschutz

Primärrechtsschutz dient der Überprüfung einer Vorgabe der EU-Bekanntmachung oder der Vergabeunterlagen, einer Maßnahme der Vergabestelle, einem bestimmten Verhalten oder einer Entscheidung der Vergabestelle im laufenden Vergabeverfahren. Unternehmen können im Wege von Primärrechtsschutz verhindern, dass beispielsweise die Leistungsbeschreibung auf die Erteilung des Zuschlags an ein bestimmtes Unternehmen hinausläuft (sog. produktspezifische Ausschreibung), der Auftraggeber einem bestimmten Unternehmen einen Informationsvorsprung verschafft oder einen solchen nicht ausgleicht oder Fehler bei der Prüfung der Eignung der Unternehmen oder Wirtschaftlichkeit der Angebote macht. Auch die Zuschlagsentscheidung selbst kann im Wege von Primärrechtsschutz überprüft werden. Die Vergabekammer kann bei Vorliegen eines Verstoßes gegen Vergaberecht anordnen, dass Vergabeverfahren in den Stand vor Angebotsabgabe oder vor der Wertung zurückversetzt wird, die Wertung wiederholt werden muss oder eine bestimmte Bedingung der Vergabeunterlagen geändert werden muss. Sekundärrechtsschutz betrifft demgegenüber die Geltendmachung von Schadensersatz wegen Verstößen des Auftraggebers gegen rechtliche Vorgaben im Vergabeverfahren nach Abschluss des Vergabeverfahrens.

---

[1] Siehe dazu nachfolgend im Einzelnen bei D.

C. Primärrechtsschutz

I. Der zulässige Rechtsweg

Der zulässige Rechtsweg für die Gewährung von Primärrechtsschutz für Vergaben im Sicherheits- und Verteidigungsbereich hängt zunächst davon ab, ob die Voraussetzungen des Ausnahmetatbestandes des § 100 Abs. 6 Nr. 1 und Nr. 2 GWB erfüllt sind[2]. Gemäß § 100 Abs. 6 GWB gilt das Vergaberecht der §§ 97 ff. GWB nicht für die Vergabe von Aufträgen, die den Auftraggeber bei Anwendung der Vorgaben dazu zwingen würde, im Zusammenhang mit dem Vergabeverfahren oder der Auftragsausführung Auskünfte zu erteilen, deren Preisgabe seiner Ansicht nach wesentlichen Sicherheitsinteressen der Bundesrepublik Deutschland im Sinne des Art. 346 Abs. 1 Buchst. a AEUV widersprechen würde (§ 100 Abs. 6 Nr. 1 GWB). Gleichfalls gilt das GWB-Vergaberecht nicht für Aufträge, die dem Anwendungsbereich des Art. 346 Abs. 1 Buchst. b AEUV unterliegen (§ 100 Abs. 6 Nr. 1 GWB).

1. Rechtsschutz bei Aufträgen, die den §§ 97 ff. GWB unterliegen

Der Richtlinie 2009/81/EG ist die klare Intention zu entnehmen, dass Aufträge im Bereich der Verteidigung und Sicherheit grundsätzlich dem bereits bestehenden EU-Vergaberechtsschutz mit seinem vielfältigen und bewährten Instrumentarium unterstellt sind. Das bedeutet, dass die Vorschriften der Rechtsmittelrichtlinie 2007/66/EG gelten. Das ergibt sich daraus, dass sich der Rechtsschutz der Verteidigungsrichtlinie an die Rechtsmittelrichtlinie 2007/66/EG anlehnt und mit deren Anforderungen weitgehend übereinstimmt[3]. Der deutsche Gesetzgeber hat diese Anforderung umgesetzt, indem jetzt für grundsätzlich alle Aufträge im Sicherheits- und Verteidigungsbereich die Vorschriften der §§ 102 ff. GWB zur Durchführung des Nachprüfungsverfahrens gelten. Bei Aufträgen, die nicht die strengen Voraussetzungen eines Ausnahmetatbestandes des § 100 Abs. 6 GWB erfüllen und damit nicht von der Anwendung der §§ 104 ff. GWB freigestellt sind, können Unternehmen gemäß §§ 104 ff. GWB Vorgaben und Entscheidungen des Auftraggebers im Wege eines Nachprüfungsverfahrens überprüfen lassen. Die §§ 104 ff. GWB gelten mit einigen geringfügigen, auf derartige Vergaben abgestimmten Modifikationen.

In der ersten Instanz sind die Vergabekammern zuständig, in der zweiten Instanz der Vergabesenat des jeweiligen Oberlandesgerichts. Die Vergabekammer muss gemäß § 113 Abs. 1 S. 1 GWB grundsätzlich innerhalb von fünf Wochen nach Stellung des Nachprüfungsantrags entscheiden. Dem Vergabesenat ist anders als der Vergabekammer, bei der es sich um eine Verwaltungsbehörde handelt[4], als Gericht im Sinne des Gerichtsverfassungsgesetzes (GVG) keine bestimmte Entscheidungsfrist

---

[2] Ausführlich dazu *Hölzl*, in: VergabeR 2012, 141 ff.; ders., Anm. zu EuGH, Urt. v. 07.06.2012, Rs. C-615/10, in: NZBau 2012, 511 ff. zur Ausschreibungspflicht für Produkte, die sowohl zivil als auch militärisch nutzbar sind (dual-use-Produkte).

[3] Vgl. Erwägungsgrund 72.

[4] VG Köln, Beschl. v. 29.08.2008, 7 L 1205/08; VG Potsdam, VergabeR 2006, 83, 85; *Ziekow/Völlink*, Vergaberecht, 2011, Vor § 116 GWB Rn. 1; *Diemon-Wies*, in: Hattig/Maibaum, Praxiskommentar Kartellvergaberecht, 2010, § 105 GWB Rn. 5.

I. Der zulässige Rechtsweg

vorgegeben. In der Regel ist aber mit einer Entscheidung innerhalb von zwei bis vier Monaten zu rechnen. Die Entscheidungsfrist hängt im Einzelfall von der Komplexität der Sach- und Rechtsfragen ab. Über das Zuschlagsverbot des § 115 Abs. 1 GWB ist während eines Nachprüfungsverfahrens sichergestellt, dass der Rechtsschutz suchende Bieter nicht vor einer abschließenden Entscheidung der Nachprüfungsinstanzen durch den Abschluss des Vertrages vor vollendete Tatsachen gestellt wird. Bei Vorliegen besonderer Umstände kann allerdings gemäß § 115 Abs. 2 GWB die Erteilung des Zuschlags vor einer abschließenden Entscheidung der Nachprüfungsinstanzen erlaubt werden. Solche Fälle sind eher selten. Zu beachten ist ferner, dass das durch die Stellung des Nachprüfungsantrags ausgelöste Verbot der Zuschlagserteilung gemäß § 115 Abs. 4 GWB fünf Werktage nach der Zustellung eines Schriftsatzes wegfällt, in dem der Auftraggeber das Vorliegen der Voraussetzungen des § 100 Abs. 8 Nr. 1 bis 3 GWB geltend macht. Die Vergabekammern sind gemäß § 115 Abs. 4 S. 1 GWB verpflichtet, die Zustellung eines solchen Schriftsatzes unverzüglich vorzunehmen. Auf Antrag kann das Beschwerdegericht das Verbot des Zuschlages wiederherstellen. Betroffene Unternehmen sind vor diesem Hintergrund gezwungen, innerhalb kürzester Zeit die Wiederherstellung der aufschiebenden Wirkung zu beantragen und dies fundiert zu begründen. Bei den Vorschriften zum einstweiligen Rechtsschutz – §§ 115, 118 und 121 GWB – hat der Gesetzgeber im Übrigen mit Recht eingefügt, dass bei der erforderlichen Abwägung der Interessen zusätzlich ein etwaiges besonderes Sicherheits- und Verteidigungsinteresse zu berücksichtigen ist.

Die Grundvoraussetzung für einen wirksamen Primärrechtsschutz ist jetzt, dass Auftraggeber die Stillhaltefrist des § 101a GWB Abs. 1 GWB von zehn bis fünfzehn Kalendertagen beachten müssen. Die Frist hängt im Einzelfall davon ab, ob die Vorabinformation über die beabsichtigte Zuschlagserteilung im Postweg oder elektronisch an die unterlegenen Bieter übermittelt wird. Im ersten Fall beträgt die Stillhaltefrist 15 und im zweiten 10 Kalendertage. Das bedeutet, ein bestimmter Auftrag darf nach dem Abschluss der Angebotswertung nicht ohne Weiteres an das ausgewählte Unternehmen vergeben werden. Vielmehr muss der Auftraggeber die nicht berücksichtigten Unternehmen darüber informieren, warum sie den Zuschlag nicht erhalten und darüber, welches Unternehmen den Zuschlag an welchem frühesten Termin erhalten soll. Vor dem Ablauf der Stillhaltefrist, die den übergangenen Unternehmen die Möglichkeit und die Zeit verschaffen soll, Vergabeentscheidungen im Wege einer Rüge gem. § 107 Abs. 3 GWB bzw. zusätzlich durch einen Nachprüfungsantrag überprüfen zu lassen, darf der Zuschlag nicht erteilt werden. Die Einführung bzw. Beachtung der Stillhaltefrist ist in den meisten Fällen die grundlegende Voraussetzung dafür, dass sich Unternehmen überhaupt gegen eine ihrer Bewertung nach falsche Vergabeentscheidung rechtzeitig, das heißt vor Abschluss des Vertrages wehren können. Denn ist der Vertrag einmal geschlossen, sind in der Regel „vollendete Tatsachen" geschaffen. Die Vergabenachprüfungsinstanzen dürfen geschlossene Verträge grundsätzlich nicht ohne weiteres für nichtig erklären. In den allermeisten Fällen bleibt deshalb nur die Geltendmachung von Schadensersatz, wenn der Vertrag geschlossen worden ist[5]. Ohne die Pflicht zur Versendung einer Vorabinformation und Stillhaltefrist haben Unternehmen in der Regel schon deshalb keine Chance, sich gegen eine vergaberechtswidrige Entscheidung des Auftraggebers zu wehren, weil sie keine Kenntnis davon haben, dass der Zuschlag erteilt werden soll.

Rechtsschutz gegen die Vergabeentscheidung oder eine Zwischenentscheidung wie beispielsweise die Eignungsprüfung oder die wirtschaftliche Wertung der Angebote ist jedoch, wie bei „gewöhnlichen" Vergaben, auch im Sicherheits- und Verteidigungsbereich an die Erfüllung bestimmter Voraussetzungen gebunden. So muss ein Unternehmen antragsbefugt sein (§ 107 Abs. 2 GWB), das heißt, darlegen können, dass ihm durch einen bestimmten Verstoß des Auftraggebers gegen Vorschriften des Vergaberechts ein Schaden entstanden ist oder zu entstehen droht. Zudem müssen die im Nachprüfungsantrag geltend gemachten Verstöße gegen Vergaberecht vor dessen Erhebung ordnungsgemäß und rechtzeitig gerügt worden sein (§ 107 Abs. 3 GWB). Unternehmen dürfen hier keine Zeit verlieren, weil bereits drei oder vier Werktage seit Bekanntwerden des Verstoßes zu spät sein können. Ferner ist zwingend zu beachten, dass der Nachprüfungsantrag gem. § 107 Abs. 3 Nr. 4 GWB innerhalb von 15 Tagen nach Eingang der Mitteilung des Auftraggebers, der betreffenden Rüge nicht abhelfen zu wollen, gestellt werden muss. Ein Nachprüfungsantrag sollte grundsätzlich nicht am letzten Tag der Frist gestellt werden, weil die Vergabekammer diesen vor der Verhängung des Zuschlagsverbots noch auf eine mögliche offensichtliche Unzulässigkeit und Unbegründetheit prüfen sowie den Auftraggeber rechtzeitig vor Vertragsschluss von dem Eingang des Nachprüfungsantrags verständigen muss.

Zu beachten ist schließlich, dass die Geltendmachung von Rechtsschutz im Übrigen bestimmten Ausschlussfristen unterliegt. So sind vergaberechtswidrig geschlossene Verträge grundsätzlich gemäß § 101 b Abs. 2 S. 1 Alt. 2 GWB nur bis sechs Monate nach dem Vertragsschluss angreifbar (§ 101 b Abs. 2 S. 1 Alt. 1 GWB). Hat der Bieter Kenntnis von dem betreffenden Verstoß, läuft die Frist bereits nach dreißig Tagen ab. Diese Fristen gelten nicht, wenn der Auftraggeber und der erfolgreiche Bieter im Sinne von § 138 Abs. 1 BGB vergaberechtswidrig kollusiv zusammengewirkt haben. In diesem Fall darf die Vergabekammer auch einen bereits geschlossenen Vertrag für nichtig erklären.

---

[5] *Prieß/Hölzl, Id quod interest.* Schadensersatz im Vergaberecht nach der neuesten Rechtsprechung des EuGH und BGH. Tagungsband Schadensersatz im europäischen Privat- und Wirtschaftsrecht, Tübingen 2012, hrsg. von Prof. Dr. Oliver Remien.

2. Rechtsschutz bei Aufträgen, die von den §§ 97 ff. GWB, der VSVgV und VOB/A–VS freigestellt sind

a) Überblick

Aufträge, die die strengen Voraussetzungen eines Ausnahmetatbestandes gem. § 100 Abs. 6 GWB erfüllen, sind von der Anwendung des EU-/GWB-Vergaberechts und der VSVgV sowie der VOB/A – VS freigestellt. Sie berühren die wesentlichen Sicherheitsinteressen der Bundesrepublik Deutschland in einem ungewöhnlichen hohen Maß und können deshalb nicht in Vergabeverfahren vergeben werden, das den (Transparenz-)Anforderungen der EU-Vergaberichtlinien 2004/17/EG und 2004/18/EG bzw. der Sicherheits- und Verteidigungsrichtlinie 2009/81/EG genügt. Derartige Aufträge werden grundsätzlich nach den Vorgaben des EU-Primärrechts in Form des AEUV, dem Abschnitt 1 der VOL/A und VOB/A sowie dem Haushaltsrecht und dem Grundgesetz, insbesondere dem Gleichbehandlungsgebot vergeben. Welche Vorgaben einzuhalten sind, ist jeweils auf der Grundlage der Umstände des Einzelfalls zu ermitteln[6].

Primärrechtsschutz im Vergabenachprüfungsweg ist bei der Vergabe dieser Aufträge weiterhin nicht zulässig. Die EU-Rechtsmittelrichtlinie über die Durchführung eines Nachprüfungsverfahrens gilt nur für Aufträge, die in den Anwendungsbereich der EU-Vergaberichtlinien bzw. der Richtlinie 2009/81/EG fallen[7]. Die Nachprüfungsinstanzen dürfen deshalb in einem solchen Fall lediglich prüfen, ob die Voraussetzungen des betreffenden Ausnahmetatbestands erfüllt sind. Dazu gehört auch zu prüfen, ob die Vergabestelle hinsichtlich des Vorliegens der Tatbestandsvoraussetzungen ihren Beurteilungsspielraum eingehalten hat. Der Vergabestelle steht in Bezug auf diese prognostizierende Risikobewertung allerdings ein weiter Beurteilungsspielraum zu, der seitens der Vergabenachprüfungsinstanzen nur daraufhin überprüft werden darf, ob bei der Entscheidung, den Auftrag als geheim einzustufen, die Grenzen dieses Beurteilungsspielraums überschritten wurden bzw. sachfremde Erwägungen angestellt worden sind. Ob dies der Fall ist, ist im Wege einer Gesamtschau der in diesem Zusammenhang relevanten Faktoren zu ermitteln[8]. Sind die Voraussetzungen eines Ausnahmetatbestands erfüllt, wird der Nachprüfungsantrag als unzulässig zurückgewiesen und die betreffende Vergabeentscheidung des Auftraggebers in der Sache weder überprüft noch beanstandet. Die Erteilung des Zuschlags kann dadurch allenfalls vorübergehend verhindert werden. Die Stellung eines Nachprüfungsantrags empfiehlt sich in solchen Fällen nur dann, wenn die Schaffung vollendeter Tatsachen verhindert werden muss und nicht offensichtlich ist, dass die Voraussetzungen eines Ausnahmetatbestandes erfüllt sind. Denn ansonsten weist die Vergabekammer den Nachprüfungsantrag sofort und damit ohne Zeitgewinn für den betroffenen Bieter zurück. Im Übrigen sollte schon aus Kostengründen sofort der sachlich richtige Rechtsweg be-

---

[6] Siehe dazu nachfolgend im Einzelnen D.
[7] Art. 72 Richtlinie 2004/17/EG und Art. 81 Richtlinie 2004/18/EG.
[8] VK Bund, Beschl. v. 14.07.2005, VK 3 – 55/05.

schritten werden. Zu beachten ist, dass weder die Vergabekammer von sich aus an ein Zivil- oder Verwaltungsgericht verweist noch umkehr verwiesen wird.

Unternehmen haben sowohl im Verwaltungs- als auch im Zivilrechtsweg die Möglichkeit, die Korrektur oder die Unterlassung der Zuschlagserteilung zu erreichen. Auch eine Rückversetzung des Vergabeverfahrens mit der Anordnung die Wertung der Angebote nach den Maßgaben des Gerichts zu wiederholen ist möglich. Dafür ist bei dem zuständigen Verwaltungs- oder Zivilgericht ein Antrag auf einstweiligen Rechtsschutz zu stellen. Das Gericht wird zur Vermeidung von vollendeten Tatsachen bis zur Entscheidung über den Antrag auf einstweiligen Rechtsschutz eine Hängeverfügung erlassen und den jeweils nächsten Schritt der Vergabestelle mit dieser vorübergehend untersagen[9].

b) Zur Frage, ob der Verwaltungsrechtsweg eröffnet ist

Die Frage, welcher Rechtsweg im Sicherheits- und Verteidigungsbereich eröffnet ist, ist bislang nicht höchstrichterlich entschieden und lässt sich auch vorab nicht generell entscheiden. Es ist stets auf die besonderen Umstände des Einzelfalls abzustellen und vor allem auf die konkrete Leistung bzw. den Gegenstand, der beschafft werden soll. Im Übrigen ist zu beachten, dass die Voraussetzungen für eine Freistellung vom EU-/GWB-Vergaberecht bzw. von der Richtlinie 2009/81/EG und deren Umsetzung erheblich strenger geworden sind[10]. Die Frage des Rechtsweges für Primärrechtsschutzes im Sicherheits- und Verteidigungsbereich wird in der Regel, wenn überhaupt, sachlich undifferenziert zusammen mit dem Rechtsschutz bei Unterschwellenvergaben und für Dienstleistungskonzessionen diskutiert. Die ganz herrschende Auffassung geht davon aus, dass für Unterschwellenvergaben der Zivilrechtsweg eröffnet ist[11]. Grund dafür ist vor allem, dass es sich bei allen genannten Kategorien von Aufträgen um Vergaben außerhalb des Anwendungsbereichs des EU-/GWB-Vergaberechts handelt und in der Praxis seit dem sog. Lenkwaffenfall in den Jahren 2004 und 2005 keine solchen Fälle mehr zu entscheiden waren. Dieser undifferenzierte Ansatz ist jedoch weder rechtlich zutreffend noch wird er der Sache gerecht. Vergaben im Sicherheits- und Verteidigungsbereich sind aus ganz anderen Gründen vom EU-/GWB-Vergaberecht freigestellt als Unterschwellenaufträge oder Dienstleistungskonzessionen.

Unterschwellenvergaben unterliegen nicht dem EU-/GWB-Vergaberecht. Auf europäischer Ebene sind nur Aufträge über einem bestimmten für den Binnenmarkt rele-

---

[9] OLG Düsseldorf, Urt. v. 17.10.2012, I-27 U 1/09, 27 U 1/09, Umdruck nach juris, Rn. 28 ff., m. w. N.

[10] EuGH, Urt. v. 07.06.2012, Rs. C-615/10 Ins Tiimi Oy, NZBau 2012, 509 ff., mit Anm. Hölzl, Zur Ausschreibungspflicht von sicherheits- und verteidigungsrelevanten Leistungen, in: NZBau 2012, 509 ff.

[11] BVerfG, Beschl. v. 13.06.2006, 1 BvR 1160/03, mit Anm. Niestedt/Hölzl, in: NJW 2006, 3680 ff.; BVerwG, Beschl. v. 02.05.2007, 6 B 10.07; so auch die Bundesregierung ausweislich der BT-Drucksache 16/10117, S. 14; OLG Oldenburg, Beschl. 02.09.2008, 8 W 117/08, VergabeR 2008, 995; OLG Jena, Urt. v. 08.12.2008, 9 U 431/08, VergabeR 2009, 524; OVG Berlin-Brandenburg, Beschl. v. 28.07.2006, 1 L 59/06, NZBau 2006, 668; OVG Lüneburg, Beschl. v. 26.07.2006, 7 OB 65/06, IBR 2006, 512; Scharen, in: VergabeR 2011, 653, 655 m. w. N. in Fn. 10; für den Verwaltungsrechtsweg bis dahin: OVG Koblenz, Beschl. v. 25.05.2005, 7 B 10356/05, NZBau 2005, 411; OVG Münster, Beschl. v. 11.08.2006, 15 E 880/06, NVwZ-RR 2006, 842; OVG Sachsen, Beschl. v. 13.04.2006, 2 E 270/05, VergabeR 2006, 348.

I. Der zulässige Rechtsweg

vanten wirtschaftlichen Volumen den strengen Vorgaben für Primärrechtsschutz der Rechtsmittelrichtlinie 89/665/EWG, geändert durch die Richtlinie 200//66/EG, unterstellt. Bei diesen Aufträgen ist der erforderliche grenzüberschreitende Bezug nicht selbstverständlich und muss im Einzelfall festgestellt werden[12]. Hinzukommt, dass – praktisch gesehen – die Überprüfungskapazität in den einzelnen Mitgliedstaaten dafür nicht europaweit sichergestellt werden kann oder von dem betreffenden EU-Mitgliedstaat auch bewusst nicht zur Verfügung gestellt wird. So hat der deutsche Gesetzgeber die Einbeziehung der Unterschwellenvergaben vor allem deshalb abgelehnt, weil es sich bei diesen um ein Massenphänomen handele, das angeblich von der Rechtsprechung schlichtweg nicht bewältigt werden könne[13]. Es handelt sich im Grunde genommen um eine politische Entscheidung, Unterschwellenvergaben vom Vergabenachprüfungsweg auszuschließen. Dienstleistungskonzessionen sind vom EU-Vergaberecht ausgenommen, weil bislang nur wenige vergeben werden. Zwar müssen auf der Grundlage der Rechtsprechung des EuGH auch Entscheidungen von Vergabestellen bei Vergaben außerhalb des EU-Vergaberechts überprüfbar sein[14]. Für diese gilt allerdings ein weit weniger strenger Vergabe- und Prüfungsmaßstab[15]. Und es ist auf europäischer Ebene nicht vorgegeben, welcher Rechtsweg eröffnet sein muss bzw. wie dieser genau ausgestaltet sein muss.

Hingegen sind Vergaben im Sicherheits- und Verteidigungsbereich bei Erfüllung der entsprechenden Ausnahmetatbestände vom EU-/GWB-Vergaberecht und der VSVgV/VOB/A Abschnitt 3 ausgenommen, weil bei diesen die wesentlichen Sicherheitsinteressen des Staates in besonders intensiver Weise betroffen sind[16]. Das gilt insbesondere dann, wenn der Staat Leistungen zur Terrorbekämpfung oder Kriegswaffen kauft. Die verbreitete, aber bislang nicht gerichtlich entschiedene oder vertieft geprüfte Auffassung ist, dass die von BVerfG und BVerwG für den Rechtsweg bei Unterschwellenvergaben ergangene Rechtsprechung auch für Vergaben im Sicherheits- und Verteidigungsbereich und insbesondere auch für den Kauf von Kriegswaffen gilt und damit für diese nicht der Verwaltungs-, sondern der Zivilrechtsweg eröffnet ist. Für gewöhnliche Bau-, Liefer- und Dienstleistungsaufträge wird ganz überwiegend argumentiert, dass es sich bei der Beschaffungstätigkeit der öffentlichen Hand um eine fiskalische Tätigkeit handele, die den Rechtsformen des Privatrechts folge[17]. Dies ergäbe sich auch aus der höchstrichterlichen Rechtsprechung. BVerfG und BVerwG haben jedoch bislang nur für gewöhnliche zivile bzw. für Unterschwellenvergaben ent-

---

[12] Zu den ausschlaggebenden Kriterien dafür jüngst BGH, Urt. v. 30.08.2011, X ZR 55/10, Umdruck nach ibr-online, Leitsatz 1, unter Hinweis auf EuGH, Urt. v. 23.12.2009, Rs. C-376/08 *Serrantoni*, VergabeR 2010, 469 Rn. 22.

[13] Siehe BT-Drs.13/9340, S. 15; ähnlich OLG Saarbrücken, Beschl. v. 29.04.2003, 5 Verg 4/02, Umdruck nach Veris, S. 6; Urt. v. 13.06.2012, 1 U 357/12.

[14] Mitteilung der EU-Kommission zu Auslegungsfragen, 2006/C179/02, S. 7.

[15] EuGH, Urt. v. 01.05.2008, Rs. C-147 und 148 /06 *SECAP* und *Santoroso*, VergabeR 2008, 625 Rn. 19; EuGH, Urt. v. 23.12.2009, Rs. C-376/08 *Serrantoni*, VergabeR 2010, 469, Rn. 23; BGH, Urt. v. 30.08.2011, X ZR 55/10, Umdruck nach ibr-online, S. 5, ausführlich siehe nachfolgend IV.

[16] Zu den Sicherheitsinteressen *Hölzl*, in: MüKo, Europäisches und Deutsches Wettbewerbsrecht, 2011, Bd. 3, § 100 Rn. 68 ff., mit weiteren Nachweisen.

[17] Ähnlich *Dicks*, VergabeR 2012, 531, 53, m. w. N.

C. Primärrechtsschutz

schieden, dass für diese der Zivilrechtsweg eröffnet ist[18]. Das BVerfG hatte festgestellt, dass die Beschränkung des speziellen vergaberechtlichen Rechtsschutzes auf Aufträge, deren Wert mindestens die durch das Gemeinschaftsrecht vorgegebenen Schwellenwerte erreicht, verfassungsgemäß ist. Gegenstand der Entscheidung war jedoch nicht die Frage, welcher andere Rechtsweg möglicherweise eröffnet ist, insbesondere nicht, ob für Vergaben im Sicherheits- und Verteidigungsbereich der Verwaltungs- oder der Zivilrechtsweg eröffnet ist. Das BVerwG ist nicht auf Vergaben im Sicherheits- und Verteidigungsbereich eingegangen. Schon deshalb ist nicht ausgeschlossen, dass in Bezug auf die Vergabe von Aufträgen durch die öffentliche Hand der Verwaltungsrechtsweg eröffnet sein kann. Ausdrücklich heißt es in der Entscheidung, dass lediglich „in aller Regel" der Rechtsweg zu den ordentlichen Gerichten gegeben ist.[19] Das bedeutet, dass es nach der Beurteilung des BVerwG auch Ausnahmefälle gibt, für die ein anderer Rechtsweg eröffnet sein kann. Bei Beschaffungen im Verteidigungs- und Sicherheitsbereich handelt es sich jedenfalls nicht um einen „Regelfall" im Sinne des BVerwG, sondern um solche Beschaffungen, die grundsätzlich nur der Staat vornehmen darf.

Zutreffend hat das BVerfG klargestellt, dass im staatlichen Beschaffungsbereich effektiver Rechtsschutz dadurch sichergestellt sein muss, dass jede Vergabeentscheidung in materieller Hinsicht gerichtlich überprüft werden kann[20]. Gegen einen Akt öffentlicher Gewalt, wie er in der – positiven und negativen – hoheitlichen Entscheidung über die Auswahl eines Angebotes, jeweils verbunden mit der Mitteilung darüber, zum Ausdruck kommt, muss gem. Art. 19 Abs. 4 GG gerichtlicher Rechtsschutz möglich sein[21]. Nimmt man das BVerfG bei Wort, muss für Vergaben im Sicherheits- und Verteidigungsbereich der Vergabenachprüfungs- oder zumindest der Verwaltungsrechtsweg eröffnet sein. Denn Zivilgerichten ist eine angemessene Überprüfung schon auf Grund des für sie geltenden Beibringungsgrundsatzes nicht möglich. Gleichfalls sind Unternehmen mangels eines Rechts auf Akteneinsicht und damit Unkenntnis der Vergabeakte nicht in der Lage, die Vergabeentscheidung nachzuvollziehen und ihren Verdacht auf rechtswidriges Verhalten ausreichend zu substantiieren. Zusammen mit den hohen Prozesskosten ist die Schwelle für die Geltendmachung von Rechtsschutz zu hoch.

Die jüngste Rechtsprechung des BGH zur Vergabe von Rettungsdienstleistungen steht der Eröffnung des Verwaltungsrechtswegs nicht entgegen[22]. Der BGH hat hier lediglich allgemein festgestellt, dass die Bestimmung des zulässigen Rechtswegs ent-

---

[18] „[...] dahin befriedet worden, dass bei Unterschwellenwertvergaben der Rechtsweg zu den [...] Zivilgerichten, gegeben ist." Dicks, VergabeR 2012, 531.

[19] BVerwG IBR 2007, 385.

[20] BVerfG NZBau 2004, 564, 567, mit Anm. Bultmann/Hölzl, in: NZBau 2004, 651.

[21] VK Bund WuW/E Verg 218, 220; Dreher NZBau 2002, 419, 426; Boesen Einleitung, Rn. 101; Prieß, in: Motzke/Pietzcker/Prieß Vor Abschn. 1, Rn. 6; Binder ZZP 2000, 195, 211; Huber, in: JZ 2000, 877, 878; Hermes, in: JZ 1997, 909, 912; Broß, Vergaberechtlicher Rechtsschutz unterhalb der Schwellenwerte, in: Neunte Badenweiler Gespräche, Schriftenreihe des forum vergabe e. V., Heft 19, 2003, S. 31 ff., 37.

[22] BGH, Beschl. v. 23.01.2012, X ZB 5/11 Rettungsdienstleistungen III, VergabeR 2012, 440 Rn. 10 ff.

I. Der zulässige Rechtsweg

sprechend allgemeinen Grundsätzen davon abhängt, ob das jeweils streitige Rechtsverhältnis dem öffentlichen oder dem bürgerlichen Recht zuzuordnen ist. Für diese Zuordnung sei nach der Rechtsprechung des BVerwG, der der Senat beitrete, nicht das Ziel[23], sondern die Rechtsform staatlichen Handelns maßgeblich. Sei diese privatrechtlich, so sei grundsätzlich auch die betreffende Streitigkeit privatrechtlich zu beurteilen, so dass der Zivilrechtsweg eröffnet sei[24]. Umgekehrt sei prinzipiell der Verwaltungsrechtsweg eröffnet, wenn sich das staatliche Handeln in den Bahnen des öffentlichen Rechts vollziehe. Der BGH musste sich in diesem Fall jedoch nicht mit der Frage des Rechtswegs bei der Vergabe von Aufträgen im Sicherheits- und Geheimhaltungsbereich auseinandersetzen und hat dies auch nicht getan. Auch aus der Rechtsprechung des Gemeinsamen Senats der obersten Gerichtshöfe des Bundes folgt nicht, dass für Vergaben im Sicherheits- und Verteidigungsbereich zwingend der Zivilrechtsweg eröffnet wäre. Nach dem Gemeinsamen Senats der obersten Gerichtshöfe des Bundes kommt es für den zulässigen Rechtsweg auf die Natur des Rechtsverhältnisses und dabei entscheidend auf die wahre Natur des Anspruchs an, wie er sich nach dem Sachvortrag des Klägers darstellt[25]. Auch unter diesem Aspekt ist die Eröffnung des Verwaltungsrechtsweges nicht ausgeschlossen.

Die vorstehend genannten höchstrichterlichen Spruchkörper haben damit bislang nicht über die Vergabe von Aufträgen entschieden, die auf Grund einer Betroffenheit der wesentlichen Sicherheitsinteressen der Bundesrepublik Deutschland und damit der Erfüllung eines Ausnahmetatbestandes des § 100 Abs. 6 GWB vom EU-/GWB-Vergaberecht und der VSVgV / VOB/A Abschnitt 3 ausgenommen sind. Insbesondere gibt es bislang keine höchstrichterliche Rechtsprechung zum Rechtsweg bei der Beschaffung von Kriegswaffen. Vielmehr ist bislang lediglich über gewöhnliche Vergaben im Bau-, Dienst- und Lieferbereich im Unterschwellenbereich entschieden worden. Für Vergaben im Sicherheits- und Verteidigungsbereich ist deshalb bislang noch immer die speziell für solche Aufträge ergangene Rechtsprechung des VG Koblenz und OVG Koblenz maßgeblich[26]. Das bedeutet, dass für diese Vergaben grundsätzlich der Verwaltungsrechtsweg eröffnet ist[27]. Gleichwohl ist für jeden Einzelfall zu prüfen, ob es sich vom Beschaffungsgegenstand, der Zielsetzung der Beschaffung und von ihrer Ausgestaltung durch die Vergabestelle um eine Vergabe im Sinne der Koblenz-Rechtsprechung handelt und damit der Verwaltungsrechtsweg eröffnet ist.

---

[23] So für Dienstleistungskonzessionen entgegen dem BVerwG weiterhin OVG Münster, VergabeR 2011, 892 f. im Anschluss an OVG Münster, NZBau 2006, 533.

[24] BGH, Beschl. v. 23.01.2012, I ZB 5/11, unter Verweis auf BVerwG, Beschl. v. 02.05.2007, 6 B 10/07, BVerwGE 129, 9, Rn. 8; im Anschluss daran VG Hannover, Beschl. v. 18.10.2012, 7 B 5189/12, Umdruck, S. 8, für Eröffnung des Verwaltungsrechtswegs für die Vergabe von Rettungsdienstleistungen. Der Rettungsdienst ist in Niedersachsen als öffentliche Aufgabe ausgestaltet.

[25] BGH, Beschl. v. 18.06.2012, X ZB 09/11, unter Verweis auf GmS-OGB, Beschl. v. 10.07.1987 GmSOOGB 1/88, BGHZ 108, 284, 286 m. w. N.

[26] VG Koblenz, Beschl. v. 31.01.2005, 6 L 2617/04, NZBau 2005, 412; OVG Koblenz, Beschl. v. 25.05.2005, 7 B 10356/05, NZBau 2005, 411, 411, mit Anm. *Prieß/Hölzl* NZBau 2005, 367, 367.

[27] So auch *Prieß/Hölzl*, Das Ende des rechtsfreien Raumes: Der verwaltungsgerichtliche Rechtsschutz bei der Rüstungsbeschaffung, in: NZBau 2005, 367 ff.; *Prieß*, Handbuch des Europäischen Vergaberechts, 3. Aufl. 2005, 535.

C. Primärrechtsschutz

Das OVG Koblenz hat zu Recht festgestellt, dass gem. § 40 Abs. 1 S. 1 VwGO der Verwaltungsrechtsweg eröffnet ist, wenn es sich um eine Beschaffung handelt, die einen originär hoheitlich-staatlichen Zweck hat. Ähnlich stellt das OVG Münster darauf ab, ob die Maßnahme der Sicherstellung einer öffentlichen Aufgabe dient[28]. Selbst wenn das Rechtsinstrument dafür privatrechtlich geprägt sei, könne dieses Element im Einzelfall vollständig hinter die Vertragsteile zurücktreten, die der Sicherstellung der Erfüllung einer öffentlichen Aufgabe dienen. Falle das Tun des Staates in den „Bereich des engeren staatlichen Aufgabenkreises", zu dem die Landesverteidigung und damit die Beschaffung von dazu notwendigen Rüstungsgütern seit jeher gehört, liegt nach dem OVG Koblenz bereits im Zweifel ein Handeln auf dem Gebiet des öffentlichen Rechts vor[29]. Darüber hinaus gilt der Grundsatz, dass im Bereich hoheitlicher Tätigkeit der Zweck der Beschaffungsmaßnahme – Sicherstellung der Landesverteidigung – nicht von dem Beschaffungsakt als solchem getrennt werden darf. Das ist auch in der Rechtsprechung der Gerichte der Europäischen Gemeinschaften anerkannt[30]. Der wirtschaftliche oder nichtwirtschaftliche Charakter der späteren Verwendung des erworbenen Gegenstands bestimmt daher zwangsläufig den Charakter der Einkaufstätigkeit. Zutreffend hat auch der EuGH festgestellt, dass es „daher erforderlich ist, in jedem Einzelfall die vom Staat ausgeübten Tätigkeiten zu prüfen und zu bestimmen, zu welcher Kategorie sie gehören."[31] Darüber hinaus genügt für die Eröffnung des Verwaltungsrechtswegs bereits, dass für das Rechtsschutzbegehren auf Grundlage des Antrags und des zur Begründung vorgetragenen Sachverhalts *auch* eine öffentlich-rechtliche Anspruchsgrundlage in Betracht kommt und ihre Anwendbarkeit nicht offensichtlich verneint werden muss[32].

Der Staat übt insbesondere bei der Entscheidung über die Vergabe eines Auftrags im Sicherheits- und Verteidigungsbereich öffentliche Gewalt im Sinne des Art. 19 Abs. 4 GG aus. Das folgt insbesondere aus der Auslegung des Art. 1 Abs. 3 GG[33]. Dort fehlt jede Anknüpfung an bestimmte Handlungsmodalitäten der Verwaltung, beispielsweise hoheitliche, verwaltungsprivatrechtliche oder fiskalische Tätigkeit. Vielmehr spricht die mit Art. 20 Abs. 3 GG übereinstimmende Formulierung dafür, dass jede Form staatlicher Tätigkeit an die Grundrechte gebunden ist. Daher fällt auch grundsätzlich auch fiskalisches Beschaffungshandeln unter den Begriff der öffentlichen Gewalt im Sinne von Art. 1 Abs. 3 und Art. 19 Abs. 4 GG. Abgesehen davon ist die Vergabeentscheidung über die Beschaffungen von Leistungen im Sicherheits- und Verteidigungsbereich, vor allem dann, wenn diese die wesentlichen Sicherheitsinteressen der Bundesrepublik Deutschland betreffen, Ausdruck öffentlicher Gewalt und damit hoheitlich.

---

[28] OVG Münster, NZBau 2006, 533.

[29] OVG Koblenz NVwZ 1993, 381, 382.

[30] EuG, T-319/99 *Fenin/Kommission*, Slg. 2003, II-357, Rn. 36, EuZW 2003, 283, 285.

[31] EuGH, 118/85 *Kommission/Italien*, Slg. 1987, 2599, 2621, Rn. 7.

[32] BVerwG NVwZ 1993, 358, 358; VGH Kassel NVwZ 2003, 238, 238; ähnlich BVerwGE 7, 89; OLG Brandenburg NZBau 2000, 39, 43; m. w. N.; *Dreher*, in: NZBau 2002, 419, 426; *Meyer*, in: NVwZ 2002, 1075, 1077; insbesondere *Broß* 37, 42.

[33] Anders, unter Zugrundelegung eines zu engen Gewaltbegriffs BVerfGE 116, 135; NJW 2006, 3701, 3702.

I. Der zulässige Rechtsweg

Am ehesten gerecht wird der Konstellation der Auftragsvergabe im Sicherheits- und Verteidigungsbereich deshalb die Zwei-Stufen-Theorie (vorgelagerte öffentlich-rechtliche Vergabeentscheidung und Abschluss eines zivilrechtlichen Vertrags). Die Rechtsprechung, die für den zulässigen Rechtsweg lediglich schematisch auf die Rechtsform des Handelns abstellt, überzeugt schon deshalb nicht, weil die Vergabestellen es dann stets selbst in der Hand hätten, sich öffentlich-rechtlichen Bindungen zu entziehen. Es wäre mit anderen Worten die „Flucht ins Privatrecht" und in der Rechtspraxis damit willkürliche Freistellung von der gerichtlichen Überprüfung möglich. Das widerspricht den Maßgaben von Art. 3 Abs. 1 i. V. m. Art. 1 Abs. 3 GG. Für Vergaben, die wesentliche staatliche Sicherheits- und Geheimhaltungsinteressen (§ 100 Abs. 6 Nr. 1 GWB) betreffen sowie vor allem Beschaffungen von harten Rüstungsgütern wie Kriegsschiffe, Kampfflugzeuge, Panzer und Lenkwaffen (§ 100 Abs. 6 Nr. 2 GWB) ist gem. § 40 Abs. 1 S. 1 VwGO noch immer der Verwaltungsrechtsweg eröffnet[34]. Der Staat handelt im Sicherheits- und Verteidigungsbereich in vielen Fällen auf der Basis seiner ausschließlichen Wehr- und Wehrbeschaffungshoheit[35]. Es handelt sich im Übrigen auch deshalb um Beschaffungen einer anderen Kategorie, um *res extra commercium*. So darf nach dem Kriegswaffenkontrollgesetz nur der Staat Kriegswaffen besitzen. Diese Argumentation wird durch die Vorgaben der Außenwirtschaftsverordnung (AWV) gestützt. So ist gemäß § 52 Abs. 1 AWV der Erwerb eines gebietsansässigen (deutschen) Unternehmens, das Güter im Sinne von Teil B der Anlage zu § 1 Abs. 1 des Kriegswaffenkontrollgesetzes (Kriegswaffenliste) herstellt oder entwickelt, besonders konstruierte Motoren oder Getriebe zum Antrieb von Kampfpanzern oder anderen gepanzerten militärischen Kettenfahrzeugen herstellt oder entwickelt oder Kryptosysteme herstellt, die für eine Übertragung staatlicher Verschlusssachen von dem Bundesamt für Sicherheit in der Informationstechnik mit Zustimmung des Unternehmens zugelassen sind, durch einen Gebietsfremden oder einem gebietsansässigen Unternehmen, an dem ein Gebietsfremder mindestens 25 Prozent der Stimmrechte hält, meldepflichtig. Der Bund kann eine solche Transaktion blockieren und die Zustimmung verweigern.

Aus den §§ 97 ff. GWB ergibt sich in Bezug auf § 40 Abs. 1 S. 1 VwGO keine abdrängende Sonderzuweisung. Insbesondere lässt sich auch aus § 100 Abs. 6 GWB oder anderen Vorschriften keine Zuweisung an die ordentlichen Gerichte ableiten. Notwendig ist im Interesse des Rechtsschutzsuchenden und um den gesetzlichen Richter zweifelsfrei bestimmen zu können, dass eine eindeutige Zuweisung gegeben ist[36]. Nur eine als solche bezeichnete und erkennbare Sonderregelung schließt die Zuständigkeit der Verwaltungsgerichte aus[37]. Auch ein Ausschluss der Überprüfbarkeit von Vergabeentscheidungen, die eindeutig hoheitlichen Charakter haben, ist aus § 100

---

[34] OVG Koblenz, Beschl. v. 25.05.2005, 7 B 10356/05.OVG; ausführlich zum Rechtsweg bei Rüstungsbeschaffungen *Prieß/Hölzl*, in: NZBau 2005, 367 ff.

[35] Siehe Art. 87 a Abs. 1 Satz 1 GG, § 2 Abs. 2 und § 15 KrWaff KontrG.

[36] BVerwGE 40, 112, 114, DÖV 1972, 792.

[37] BVerwGE 40, 112, 114; BVerwGE 58, 167, 170.

C. Primärrechtsschutz

Abs. 6 GWB nicht herleitbar. § 100 Abs. 6 GWB schließt deshalb insbesondere die Eröffnung des Verwaltungsrechtsweges nicht aus und dies auch nicht, weil die Vorschrift Ergebnis der Umsetzung von Gemeinschaftsrecht ist, das auf Grundlage des gemeinschaftsrechtlichen Prinzips der begrenzten Einzelermächtigung ergangen ist[38]. Folglich kann § 100 Abs. 6 Nr. 1 und Nr. 2 GWB nur die Bereiche und nur soweit abschließend regeln, als die Gemeinschaft auch zuständig ist. Das sind nur die Bereiche, in denen Mitgliedstaaten auf Souveränität ganz oder teilweise verzichtet haben. Im Verteidigungsbereich ist das gerade nicht der Fall. Beschaffungen von Kriegswaffen sind aus diesem Grund auch dem nationalen Vergaberechtsregime, durch das gemeinschaftsrechtliches Vergaberecht umgesetzt wird, entzogen. Die Konsequenz ist, dass eine Beschaffung im Sinne von § 100 Abs. 6 GWB durch den EuGH und/oder die nationalen Nachprüfungsinstanzen nur unter den bereits dargelegten Maßgaben überprüfbar ist.

Hintergrund der Entscheidung des OVG Koblenz ist die vom Bundesministerium für Verteidigung (BMVg) mittels des Bundesamts für Wehrtechnik und Beschaffung (BWB) ausgeschriebene Beschaffung von Lenkwaffen für die Korvetten K 130 der Bundesmarine. Der Auftragswert lag weit über dem EU-Schwellenwert für Lieferleistungen. Der nicht für den Zuschlag ausgewählte Bieter beanstandete die von den Führungsspitzen des BMVg getroffene Vergabeentscheidung. Auf seinen Antrag nach § 123 Abs. 1 S. 1 VwGO hin untersagte das VG Koblenz zunächst durch eine Zwischenverfügung nach § 123 Abs. 2 S. 3, 80 Abs. 8 VwGO den Vertragsschluss mit dem vom BMVg ausgewählten Bieter. Dadurch unterband das Gericht die Schaffung vollendeter Tatsachen. Darüber hinaus entschied es durch Beschluss nach § 17a Abs. 3 GVG vorab, dass das Beschaffungsverfahren nach § 40 Abs. 1 VwGO verwaltungsgerichtlich überprüfbar ist.

c) Zivilrechtsweg

Der Zivilrechtsweg ist grundsätzlich für alle Vergaben außerhalb des EU-/GWB-Vergaberechts und der VSVgV/VOB/A Abschnitt 3 eröffnet. Unternehmen haben grundsätzlich auch im Zivilrechtsweg eine Möglichkeit, die Korrektur oder die Unterlassung der Zuschlagserteilung zu erreichen. Dafür ist bei dem zuständigen Zivilgericht ein Antrag auf einstweiligen Rechtsschutz zu stellen.

d) Abwägung Zivil- /Verwaltungsrechtsweg

Der Zivilrechtsweg hat für Unternehmen, die Primärrechtsschutz erlangen wollen, gegenüber dem Verwaltungsrechtsweg vor allem zwei entscheidende Nachteile. *Erstens* haben die Unternehmen im Zivilrechtsweg kein Recht auf Akteneinsicht. Das erschwert oder macht es Unternehmen in vielen Fällen unmöglich, dem öffentlichen Auftraggeber

---

[38] Zum Prinzip der begrenzten Einzelermächtigung vgl. EuGH, C-376/98, Slg. 2000, I-8419, 8524, Rn. 83, NJW 2000, 3701, 3702; EuGH, C-350/92, Slg. 1995, I-1985, 2012–2016, Rn. 25–41; EuGH, C-233/94, Slg. 1997, I-2405, 2448 -2451, Rn. 10–21.

I. Der zulässige Rechtsweg

einen Rechtsverstoß nachzuweisen. *Zweitens* gilt der Amtsermittlungsgrundsatz nicht. Dem Richter ist es damit versagt, auf eigene Erkenntnisse aus der Vergabeakte zurückzugreifen. Hinzukommt, dass die Verwaltungs- und nicht die Zivilgerichte ihrer Natur nach dazu berufen und systembedingt nicht in der Lage sind[39], die Verwaltung zu kontrollieren. Effektiver Rechtsschutz ist auf Grund der rechtlichen und faktischen Möglichkeiten – Sach- und Institutionsnähe, Amtsermittlung und Akteneinsicht[40] – für Auftragsvergaben, die nicht dem EU-/GWB-Vergaberecht und der VSVgV/VOB/A Abschnitt 3 unterstellt sind, nur im Verwaltungsrechtsweg gewährleistet. Das Recht auf Akteneinsicht gem. § 111 Abs. 1 GWB und der Amtsermittlungsgrundsatz gem. § 110 GWB werden im Anwendungsbereich des EU-/GWB-Vergaberechts flankiert von der Pflicht des öffentlichen Auftraggebers, jede für die Vergabe eines Auftrags relevanten Entscheidungen nachvollziehbar zu dokumentieren (z. B. § 24 VOL/A EG und § 20 VOB/A).

Die grundgesetzlich verankerte Pflicht zur Gewährung effektiven Rechtsschutzes schließt ein, dass Rechtsschutz von der sachnäheren Gerichtsbarkeit zu leisten ist[41]. Das sind für derartige Beschaffungen die allgemein für die Kontrolle der Verwaltung zuständigen Verwaltungsgerichte. Abgesehen davon sind Bieter bei der Vergabe von Aufträgen im Sicherheits- und Verteidigungsbereich sowohl auf dem Zivil- als auch auf dem Verwaltungsrechtsweg dadurch ganz erheblich schlechter gestellt als im Vergabenachprüfungsweg, weil es keine Pflicht der Auftraggeber gibt, die Bieter entsprechend § 101 a GWB über den Zeitpunkt der Erteilung des Zuschlags, den siegreichen Bieter und die Gründe zu informieren, warum ihr Angebot erfolglos war. Ein weiterer entscheidender Nachteil gegenüber dem Vergabenachprüfungsverfahren sind die Kosten. Erschwerend ist in Bezug auf beide Rechtswege, dass Rechtsschutz sowohl im Zivil- als auch auf dem Verwaltungsrechtsweg im Verhältnis zum Vergaberechtsweg erheblich teurer ist. Denn der für diese maßgebliche Streitwert beträgt nur 5 % des Bruttoauftragswerts. Im Ergebnis ist nicht nur der Rechtsschutz für Unterschwellenaufträge, sondern auch der für Verteidigungs- und sicherheitsrelevante Leistungen „erneuerungsbedürftig" [42], wenn man nicht für beide Bereiche den Verwaltungsrechtsweg für eröffnet ansieht.

---

[39] Ähnlich *Dicks*, in: VergabeR 2012, 531, 531.

[40] Zur Notwendigkeit von Akteneinsicht zur Sicherstellung effektiven Rechtsschutzes vgl. BVerfGE 101, 106, NJW 2000, 1175, 1178; zur Akteneinsicht im Vergaberecht OLG Thüringen, VergabeR 2002, 305, 305; OLG Thüringen ZfBR 2002, 522, 522.

[41] VG Koblenz NZBau 2005, 412, 413.

[42] Ähnlich *Dicks*, in: VergabeR 2012, 531, 531.

D. Zu den Rechtspflichten bei Vergaben im Sicherheits- und Verteidigungsbereich

I. Aufträge im Anwendungsbereich der §§ 97 ff. GWB i. V. m. der VSVgV und VOB/A – VS

Sicherheits- und verteidigungsrelevante Aufträge, die nicht im Wege eines Ausnahmetatbestands des § 100 Abs. 6 GWB freigestellt sind, unterliegen grundsätzlich voll den Anforderungen der §§ 97 ff. GWB in Verbindung mit der VSVgV und der VOB/A – VS. Grundsätzlich gilt das für Bauaufträge und Baukonzessionen sowie für Dienstleistungs- und Lieferaufträge. Allerdings ist jeweils im Einzelfall zu prüfen, ob es sich um eine Dienstleistung im Sinne des Anhangs II zur VKR Teil A oder B handelt. Hinsichtlich dieser Dienstleistungen gibt es vielschichtige Vorgaben.

1. Vorgaben für II B Dienstleistungen

a) Vorgaben der EU-Vergaberichtlinien

Bei der Vergabe von Dienstleistungen im Sinne der Anhangs II B der VKR, wie beispielsweise Sicherheitsdienstleistungen, kommen die Vorschriften der VKR nur in einem sehr eingeschränkten Umfang zur Anwendung[43]. Dienstleistungen in diesem Sinne sind beispielsweise Bewachungsdienste für militärische oder andere sicherheitssensible Objekte. Die Pflicht, die Vergabe von II B Dienstleistungen europaweit auszuschreiben, besteht weder nach den Vorschriften der VKR noch nach den Regelungen der Richtlinie 2009/81/EG[44]. Die detaillierten Verfahrensvorschriften der VKR und der Sicherheits- und Verteidigungsrichtlinie gelten fast ausschließlich nur für II A-Dienstleistungen, das heißt für sog. prioritäre Dienstleistungen. Bei der Vergabe nicht-prioritärer Dienstleistungen sind gemäß Art. 21 VKR lediglich Art. 23 und 35 Abs. 4 VKR zu beachten. Art. 23 VKR enthält die Verpflichtung, bei der Angabe technischer Spezifikationen auf EU-weite Normen, technische Zulassungen oder gemeinsame technischen Spezifikationen Bezug zu nehmen, sowie das Gebot, produktneutrale, nicht diskriminierende Spezifikationen zu verwenden[45]. Ziel dieser Regelung ist es, die öffentlichen Beschaffungsmärkte durch Verwendung von technischen Spezifikationen für den Wettbewerb zu öffnen[46]. Art. 35 Abs. 4 VKR enthält die Pflicht zur nachträglichen Bekanntmachung vergebener Aufträge an das Amt für amtliche Veröffentlichungen der Europäischen Gemeinschaften (sog. *ex-post*-Transparenz).

---

[43] Ausführlich dazu *Prieß/Hölzl*, Auf Nummer sicher gehen!, in: LKV 2006, 481 ff.

[44] Z. B. OLG Brandenburg, Beschl. v. 02.09.2003, Verg W 3/03 und Verg W 5/03, NZBau 2003, 688, 692; VK Lüneburg, Beschl. v. 30.08.2004, 203-VgK-38/2004, Umdruck nach Veris S. 7; VK Lüneburg, Beschl. v. 25.03.2004, 203-VgK-07/2004, Umdruck nach ibr-online, S. 5.

[45] Dazu unabhängig von II B Dienstleistungen beispielsweise VK Bund, Beschl. v. 08.08.2003, VK2-52/03; VK Sachsen, Beschl. v. 07.02.2003, 1/SVK/007-03.

[46] 29. Begründungserwägung der RL 2004/18/EG.

I. Aufträge im Anwendungsbereich der §§ 97 ff. GWB

Der Grund für die eingeschränkte Geltung der VKR ist, dass für nicht-prioritäre Dienstleistungen bislang mangels EU-weiten Wettbewerbspotenzials zunächst nur ein Beobachtungsinstrument geschaffen werden sollte[47]. Sinn und Zweck der Regelung zur ex-post Transparenz ist, den Markt und sein Volumen zu erfassen, um zu einem späteren Zeitpunkt auf der Grundlage der Auswertung der Marktbeobachtung die Entscheidung treffen zu können, ob die betreffenden II B Dienstleistungen vollständig den Regelungen der VKR unterstellt werden. Zugleich sollte eine Information interessierter Kreise ermöglicht werden. Das ergibt sich aus den Begründungserwägungen zur VKR und der Rechtsprechung des EuGH[48]. Im Mittelpunkt steht also nicht die EU-weite Koordinierung der Vergabe von II B Dienstleistungen, sondern die Herstellung einer ex-post-Transparenz, auf deren Grundlage sich die Notwendigkeit legislativer Schritte beurteilen lässt.

b) Vorgaben der §§ 97 ff. GWB i. V. m. VOL/A EG

Das deutsche Vergaberecht hat die Unterscheidung der EU-Richtlinien in prioritäre und nicht-prioritäre Dienstleistungen einschließlich der eingeschränkten Anwendbarkeit der in der VKR vorgesehenen Verfahrensvorschriften übernommen. Für Dienstleistungen im Sinne des Anhangs II B zur VKR besteht deshalb gem. § 4 Abs. 2 Nr. 2 VgV nur die Verpflichtung, die Bestimmungen des § 8 VOL/A EG, § 15 Abs. 10 VOL/A EG und § 23 VOL/A EG sowie die Bestimmungen des ersten Abschnitts der VOL/A mit Ausnahme von § 7 VOL/A zu beachten. Damit geht die VOL/A EG deutlich über die Vorgaben der VKR, die nur die ex-post-Transparenz vorschreibt, hinaus. Die Anwendung des Abschnitts 1 der VOL/A erklärt sich daraus, dass haushaltsrechtliche Vorschriften durchgesetzt werden sollen[49]. Der Abschnitt 1 der VOL/A gilt gem. § 1 VOL/A allgemein für Dienstleistungen unter den EU-Schwellenwerten, ohne dass zwischen prioritären und nicht-prioritären Leistungen unterschieden würde. Ohne die Anwendung des Abschnitts 1 der VOL/A auf II B-Dienstleistungen würde die Vergabe von Dienstleistungen oberhalb der Schwellenwerte einem weniger strengen Regime unterfallen als die Vergabe von Aufträgen unter den Schwellenwerten. Das widerspräche den Vorgaben des deutschen Haushaltsrechts, so dass bei der Vergabe von II B Dienstleistungen, die die EU-Schwellenwerte erreichen, gleichwohl die Vorgaben des Abschnitts 1 der VOL/A einzuhalten sind. Abgesehen davon sind die Bieter bei der Vergabe von II B Dienstleistungen bzw. Dienstleistungen gemäß Anhang I des Teils A der VOL/A gemäß § 101 a GWB über den Zeitpunkt der Erteilung des Zuschlags, den siegreichen Bieter und die Gründe zu informieren, warum ihr Angebot erfolglos war. Ohne diese Information wäre ein effektiver Primärrechtsschutz nicht gewährleistet.

---

[47] 21. Begründungserwägung der RL 92/50/EWG; OLG Brandenburg, Beschl. v. 02.09.2003, Verg W 3/03 und Verg W 5/03, NZBau 2003, 688 (692).

[48] 21. Begründungserwägung der RL 92/50/EWG und 19. der RL/2004/18/EG; EuGH, Urt. v. 14.11.2002, Rs. C-411/00 Felix Swoboda, Slg. 2002, I-10567, NZBau 2003, 52, 54, danach erfolgt die Vergabe von I B Dienstleistungen unabhängig von ihrem Auftragswert und ungeachtet des zusätzlichen Vorliegens von I A Dienstleistungen.

[49] § 55 Abs. 2 BHO i. V. m. VOL/A.

D. Zu den Rechtspflichten bei Vergaben im Sicherheits- und Verteidigungsbereich

c) Zu den nach der Rechtsprechung zu beachtenden Rechtspflichten

Bei der Vergabe von II B Dienstleistungen sind darüber hinaus die vom EuGH entwickelten Maßgaben zu beachten[50]. Die Pflicht zur Befolgung der rechtlichen Maßgaben des EuGH ist nicht auf Vergaben beschränkt, die dem auf den EU Vergaberichtlinien beruhenden Abschnitt 2 der VOL/A unterliegen[51]. Vielmehr gilt die Rechtsprechung des EuGH auch für die Vergaben, die im wesentlichen nach dem Abschnitt 1 der Verdingungsordnungen durchzuführen sind und insbesondere auch für II B Dienstleistungen[52].

Öffentliche Auftraggeber müssen bei diesen Vergaben zudem EU-Primärrecht und die sich aus ihm ergebenden Grundsätze beachten[53]. Auf Grund der Bestimmungen des EU-Primärrechts, das heißt insbesondere der Grundfreiheiten – Art. 49 AEUV (Niederlassungsfreiheit) und Art. 56 AEUV (Dienstleistungsfreiheit) – besteht die Pflicht, die Erbringung von Leistungen in einem transparenten, nichtdiskriminierenden und die Gleichbehandlung bzw. Chancengleichheit interessierter Unternehmen gewährleistenden Verfahren zu vergeben[54]. Das ergibt sich aus der Übertragung der Rechtsprechung des EuGH zur Vergabe von Dienstleistungskonzession und Aufträgen unter den Schwellenwerten auf die Beschaffung von II B Dienstleistungen. Aus diesem Grund sind bei der Vergabe von Sicherheitsdienstleistungen das gemeinschaftsrechtliche Verbot der Diskriminierung aus Gründen der Staatsangehörigkeit als spezielle Ausprägung des allgemeinen Gleichbehandlungsgrundsatzes sowie der Transparenz- und Wettbewerbsgrundsatz zu beachten[55]. Die Einhaltung der Transparenz ist notwendig, damit festgestellt werden kann, ob das Diskriminierungsverbot beachtet worden ist. Kraft der Verpflichtung zu einem transparenten Beschaffungsverfahren muss der Auftraggeber zu Gunsten potenzieller Bieter einen „angemessenen Grad von Öffentlichkeit" sicherstellen, der den Dienstleistungsmarkt dem Wettbewerb öffnet und die Überprüfung ermöglicht, ob die Vergabeverfahren unparteiisch durchgeführt" worden sind[56]. Die für diese Vergaben entwickelten rechtlichen Maßgaben gelten auch für die Vergabe von II B-Dienstleistungen, die die Schwellenwerte erreichen[57].

---

[50] OLG Düsseldorf, Beschl. v. 23.03.2005, VII-Verg 77/04, BauRB 2005, 237 ff., Umdruck nach Veris S. 12.

[51] OLG Düsseldorf, a. a. O.

[52] OLG Düsseldorf, a. a. O.

[53] So z. B. auch VK Lüneburg, Beschl. v. 30.08.2004, 203-VgK-38/2004, Umdruck nach Veris S. 7; VK Lüneburg, Beschl. v. 25.03.2004, 203-VgK-07/2004, Umdruck nach ibr-online S. 5.

[54] EuGH, Urt. v. 07.12.200, Rs. C-324/98 *Telaustria*, Slg. 2000, I-10745, Rn. 60–62; ähnlich bereits zuvor EuGH, Urt. v. 18.11.1999, Rs. C-275/98 *Unitron Scandinavia*, Slg. 1999, I-8291, Rn. 31–32; VK Lüneburg, Beschl. v. 30.08.2004, 203-VgK-38/2004, Umdruck nach Veris S. 7; VK Lüneburg, Beschl. v. 25.03.2004, 203-VgK-07/2004, Umdruck nach ibr-online S. 5.

[55] EuGH, Urt. v. 07.12.200, Rs. C-324/98 *Telaustria*, Slg. 2000, I-10745, Rn. 60–62; EuGH, Urt. v. 18.11.1999, Rs. C-275/98 *Unitron Scandinavia*, Slg. 1999, I-8291, Rn. 31–32; VK Lüneburg, Beschl. v. 25.03.2004, 203-VgK-07/2004, Umdruck nach ibr-online S. 5.

[56] EuGH, Urt. v. 07.12.200, Rs. C-324/98 *Telaustria*, Slg. 2000, I-10745, Rn. 60–62; EuGH, Urt. v. 18.11.1999, Rs. C-275/98 *Unitron Scandinavia*, Slg. 1999, I-8291, Rn. 31–32.

[57] EU-Primärrecht gilt generell auch für die von den Vergaberichtlinien erfassten Vergaben: EuGH, Urt. v. 18.06.2002, Rs. C- 92/00 *Hospital Ingenieure*, Slg. 2002, I-5553, Rn. 42, mit Anm. *Prieß*, in: NZBau 2002, 433.

Der zutreffenden Rechtsprechung des OLG Düsseldorf nach sind darüber hinaus bei der Vergabe von II B Dienstleistungen diejenigen Bestimmungen des Abschnitts 2 der VOL/A bzw. die sich aus ihnen ergebenden rechtlichen Maßgaben zu beachten, die auf die nach dem Gemeinschaftsrecht geltenden Grundsätze, das heißt Gleichbehandlung, Nichtdiskriminierung und Transparenz zurückzuführen sind[58]. Aus diesem Grund sind beispielsweise, wie nach § 9 EG VOL/A gefordert, auch bei der Vergabe von II B Dienstleistungen spätestens mit der Übersendung oder Bekanntgabe der Verdingungsunterlagen den interessierten Bietern alle Zuschlagskriterien bekannt zu geben, die in der Wertung zum Tragen kommen sollen, sofern diese im Voraus festgelegt sind[59]. Dadurch soll gewährleistet werden, dass Bietern vor der Vorbereitung ihrer Angebote gerade auch die relative Bedeutung der Zuschlagskriterien bekannt ist. Nur so kann die Einhaltung der vergaberechtlichen Grundsätze der Gleichbehandlung und der Transparenz sichergestellt werden[60]. Zu den bekannt zu gebenden Kriterien gehören auch die – im Voraus – aufgestellten Unter- (oder Hilfs-)Kriterien, Gewichtungskriterien und eine Bewertungsmatrix, die der Auftraggeber bei der Angebotswertung verwenden will[61].

II. Aufträge außerhalb des Anwendungsbereichs des GWB, der VSVgV und der VOB/A – VS

Bei der Vergabe von Aufträgen, die vom GWB-Vergaberecht, der VSVgV und der VOB/A – VS auf Grund eines Ausnahmetatbestands freigestellt sind, stellt sich die Frage, ob und wenn ja, welche Maßgaben zu beachten sind oder derartige Aufträge direkt vergeben werden dürfen. Der deutsche Gesetzgeber hat für die Vergabe und die Überprüfung dieser Vergaben bislang keine einheitlichen Regelungen geschaffen.

1. Vergaben im Anwendungsbereich der VSVgV und der VOB/A – VS

Die meisten verteidigungs- und sicherheitsrelevanten Vergaben dürften künftig in den Anwendungsbereich der Richtlinie 2009/81/EG fallen und damit ähnlichen Vorgaben unterliegen, wie Aufträge im Anwendungsbereich des EU-/GWB-Vergaberechts. Die Richtlinie 2009/81/EG ist in den §§ 97 ff. GWB, in der Verordnung für die Bereiche Verteidigung und Sicherheit (VSVgV) und im Abschnitt 3 der VOB/A in das deutsche Recht

---

[58] OLG Düsseldorf, Beschl. v. 23.03.2005, Verg 77/04, BauRB 2005, 237 ff., Umdruck nach ibr-online, S. 7 f.

[59] OLG Düsseldorf, Beschl. v. 23.03.2005, Verg 77/04, BauRB 2005, 237 ff., Umdruck nach ibr-online, S. 12; OLG Düsseldorf, Beschl. v. 16.02.2005, VII-Verg 74/04, VergabeR 2005, 364, unter Hinweis auf EuGH, Urt. v. 12.12.2002, Rs. C-470/99 *Universale-Bau AG*, VergabeR 2003, 141 ff., in einem Vorabentscheidungsverfahren nach Art. 234 EU zu Art. 30 Abs. 2 der Richtlinie 93/37/EWG des Rates v. 14.06.1993 (BKR; ABl. Nr. L 199 v. 09.08.1993, S. 54 ff.). Der EuGH führte diese Anforderung auf allgemeinen vergaberechtlichen Geboten der Gleichbehandlung und der Transparenz, die in § 97 Abs. 1, 2 GWB Ausdruck gefunden haben (vgl. BGH, Urt. v. 08.09.1998, X ZR 109-96, NJW 1998, 3644, 3646; a. A. für I B Dienstleistungen wohl VK Lüneburg, Beschl. v. 25.03.2004, 203-VgK-07/2004, Umdruck nach Veris S. 10.

[60] EuGH, Urt. v. 12.12.2002, Rs. C-470/99 *Universale-Bau AG*, VergabeR 2003, 141 ff., Rn. 98.

[61] OLG Düsseldorf, Beschl. v. 23.03.2005, Verg 77/04, Umdruck nach ibr-online, S. 10, mit Hinweis auf OLG Düsseldorf, Beschl. v. 16.02.2005, VII-Verg 74/04, Umdruck nach Veris, S. 5.

D. Zu den Rechtspflichten bei Vergaben im Sicherheits- und Verteidigungsbereich

umgesetzt. Die VSVgV gilt gem. § 1 VSVgV für die Vergabe von sicherheits- und verteidigungsrelevanten Aufträgen im Sinne des § 99 Abs. 7 GWB, soweit diese Aufträge nicht gemäß § 100 Abs. 3 bis 6 oder § 100 c GWB dem Anwendungsbereich des Vierten Teils des GWB entzogen sind.

Aufträge im Sinne von § 99 Abs. 7 GWB sind sicherheits- und verteidigungsrelevante Liefer- und Dienstleistungsaufträge (vgl. § 2 Abs. 1 VSVgV) und in Teilen auch Bauaufträge (vgl. § 2 Abs. 2 VSVgV i. V. m. §§ 1, 4, 6, 9, 38 und 46 VSVgV). Für die Vergabe von bestimmten Bauleistungen ist der neue 3. Abschnitt der VOB/A zu beachten, überschrieben mit „Vergabebestimmungen im Anwendungsbereich der Richtlinie 2009/81/EG (VOB/A-VS)". Das bedeutet, vor der Anwendung der VSVgV ist zu prüfen, ob die Voraussetzungen eines der genannten Ausnahmetatbestände erfüllt sind. Das GWB unterscheidet jetzt vier verschiedene Arten von Ausnahmetatbeständen. § 100 GWB regelt die für alle Auftragsvergaben geltenden Ausnahmen, § 100 a GWB betrifft besondere Ausnahmen für nicht sektorenspezifische und nicht verteidigungs- und sicherheitsrelevante Aufträge, § 100 b GWB regelt besondere Ausnahmen im Sektorenbereich und § 100 c GWB „besondere Ausnahmen in den Bereichen Verteidigung und Sicherheit".

Die VSVgV enthält differenzierte Vorgaben für die Vergabe von verteidigungs- und sicherheitsrelevanten Aufträgen. Die Vorgaben ähneln bis auf bestimmte Besonderheiten insgesamt sehr den Maßgaben für Aufträge, die den §§ 97 ff. GWB, der VOL/A EG und der VOB/A sowie der VOF unterliegen. Die Vorgaben beruhen gleichfalls auf den Grundsätzen der Gleichbehandlung, der Transparenz und der Nichtdiskriminierung. Unterschiede ergeben sich vor allem in Hinblick auf die Intensität der zu wahrenden Transparenz und Offenheit der Vergaben für Unternehmen. Im Unterschied zu gewöhnlichen Vergaben dürfen Auftraggeber bei der Vergabe von sicherheits- und verteidigungsrelevanten Aufträgen gemäß § 101 Abs. 7 GWB frei zwischen dem nicht offenen Verfahren und dem Verhandlungsverfahren wählen. Es kann damit in jedem Vergabeverfahren, wenn das notwendig ist, ein Teilnahmewettbewerb vorausgestellt werden. Besondere Voraussetzungen müssen für die Durchführung eines nicht offenen oder eines Verhandlungsverfahrens nicht erfüllt sein. Das bedeutet, Auftraggeber sind nicht mehr verpflichtet, grundsätzlich ein offenes Verfahren durchführen. Gemäß § 13 VSVgV dürfen die Auftraggeber auch einen wettbewerblichen Dialog durchführen.

§ 7 Abs. 1 VSVgV ordnet an, dass Auftraggeber in der EU-Bekanntmachung oder in den Vergabeunterlagen die erforderlichen Maßnahmen, Anforderungen und Auflagen benennen, die ein Unternehmen als Bewerber, Bieter oder Auftragnehmer sicherstellen oder erfüllen muss, um den Schutz von Verschlusssachen gemäß dem jeweiligen Geheimhaltungsgrad zu gewährleisten. Enthält der Auftrag Verschlusssachen des Geheimhaltungsgrades „VS-Vertraulich" oder höher, müssen Bieter, Bewerber und bereits in Aussicht genommene Unterauftragnehmer gemäß § 7 Abs. 2 Nr. 1 VSVgV angeben, ob und in welchem Umfang Sicherheitsbescheide des Bundesministeriums für Wirtschaft und Technologie oder entsprechender Landesbehörden bestehen oder – für den Fall dass ein Sicherheitsbescheid nicht existiert – erklären, dass sie bereit sind, alle notwendigen Maßnahmen und Anforderungen zu erfüllen, die zum Erhalt eines Sicherheitsbescheids zum Zeitpunkt der Auftragserteilung vorausgesetzt werden. Darüber hinaus müssen Verpflichtungserklärungen nach § 7 Abs. 2 Nr. 2 und 3 VSVgV abgegeben werden. Für eine Verschlusssache des Geheimhaltungsgrades „VS-Nur für den Dienstgebrauch" gilt nur § Abs. 2 Nr. 2 VSVgV. Danach müssen Bewerber oder Bieter und bereits in Aussicht genommene Unterauftragnehmer eine Verpflichtungserklärung gegenüber dem Auftraggeber abgeben, dass sie den Schutz von Verschlusssachen während der gesamten Vertragsdauer und danach gewährleisten. Gemäß § 7 Abs. 3 Nr. 3 VSVgV muss sich der Bewerber oder Bieter außerdem verpflichten, die genannten Erklärungen von den Unterauftragnehmern einzuholen, an die er im Zuge der Auftragsausführung Aufträge vergibt und diese vor der Vergabe des Unterauftrags dem Auftraggeber vorzulegen. Die Verpflichtungserklärung umfasst das Merkblatt zur Behandlung von Verschlusssachen (VS) des Geheimhaltungsgrades „VS-Nur für den Dienstgebrauch"[62]. § 7 Abs. 3 VSVgV ist anzuwenden, wenn schon der Teilnahmeantrag oder die Angebotserstellung den Zugang zu Verschlusssachen der Stufe „VS-Vertraulich" oder höher erfordern.

§ 110 a GWB enthält zu Recht Vorgaben zur Aufbewahrung und Handhabung von Verschlusssachen und anderen vertraulichen Informationen durch die Vergabenachprüfungsinstanzen. Die Vorschrift soll sicherstellen, dass Verschlusssachen und andere von den Beteiligten übermittelte Informationen während des Nachprüfungsverfahrens vertraulich behandelt werden[63]. Gemäß § 110 a Abs. 2 GWB muss die Vergabekammer darauf achten, dass die Entscheidungsgründe Art und Inhalt der geheim zu haltenden Urkunden, Akten, elektronischen Dokumente und Auskünfte nicht erkennen lassen. Diese Maßgabe entspricht § 99 Abs. 2 S. 10 VwGO. Die Vergabenachprüfungsinstanzen werden verstärkt darauf achten müssen, dass insbesondere die ehrenamtlichen Beisitzer den Anforderungen an die Vertraulichkeit gerecht werden.

Bei den Vorschriften zum einstweiligen Rechtsschutz – §§ 115, 118 und 121 GWB – hat der Gesetzgeber mit Recht eingefügt, dass bei der erforderlichen Abwägung der Interessen zusätzlich ein etwaiges besonderes Sicherheits- und Verteidigungsinteresse zu berücksichtigen ist. Zu beachten ist ferner, dass das durch die Stellung des Nachprüfungsantrags ausgelöste Verbot der Zuschlagserteilung gemäß § 115 Abs. 4 GWB fünf Werktage nach der Zustellung eines Schriftsatzes wegfällt, in dem der Auftraggeber das Vorliegen der Voraussetzungen des § 100 Abs. 8 Nr. 1 bis 3 GWB geltend macht. Die Vergabekammern sind gemäß § 115 Abs. 4 S. 1 GWB verpflichtet, die Zustellung eines solchen Schriftsatzes unverzüglich vorzunehmen. Auf Antrag kann das Beschwerdegericht das Verbot des Zuschlages wiederherstellen. Betroffene Unternehmen sind gezwungen, innerhalb kürzester Zeit die Wiederherstellung der aufschiebenden Wirkung zu beantragen und dies fundiert zu begründen.

---

[62] VS-NfD-Merkblatt, Anlage 7 zur Allgemeinen Verwaltungsvorschrift des Bundesministeriums des Inneren zum materiellen und organisatorischen Schutz von Verschlusssachen.

[63] BT, Drs. 17/7275, S. 18, rechte Spalte.

D. Zu den Rechtspflichten bei Vergaben im Sicherheits- und Verteidigungsbereich

§ 127 GWB enthält Regelungen zu den Kosten des Nachprüfungsverfahrens für den Fall, dass das Bundeskartellamt Gutachten und Stellungnahmen anfertigen lassen muss. Die Vergabeverordnung Verteidigung und Sicherheit bestimmt, dass der Schwellenwert für Aufträge, die vom Vergaberecht erfasst sind, für Dienst- und Lieferleistungen bei € 387.000 und für Bauleistungen bei € 4.845.000 liegt. Aufträge, deren Volumen geringer ist, müssen zwar nicht nach EU-/GWB-Vergaberecht vergeben werden. Bei diesen Vergaben müssen jedoch grundsätzlich die Vorgaben des EU-Primärrechts eingehalten werden, das heißt vor allem die im AEUV verankerten Grundfreiheiten beachtet werden. Das bedeutet, dass ein ergebnisoffenes, transparentes und diskriminierungsfreies Vergabeverfahren durchgeführt werden muss.

2. Vergaben außerhalb der §§ 97 ff. GWB, der VSVgV und der VOB/A – VS

Unternehmen können auch bei Vergaben außerhalb des Anwendungsbereiches des EU-Vergaberechts – Richtlinien 2004/17/EG und 2004/18/EG – und der Richtlinie 2009/81/EG bzw. der §§ 97 ff. GWB, der VSVgV und der VOB/A – VS die Einhaltung grundsätzlicher Pflichten und Verhaltensweisen durch den Auftraggeber erzwingen. Das ist zumindest dann möglich, wenn die Tatsachen bzw. das rechtswidrige Verhalten offensichtlich ist oder das betreffende Unternehmen diese kennt und nachweisen kann. Denn geht man vom Zivilrechtsweg aus, besteht bei diesen Vergaben grundsätzlich kein Recht auf Akteneinsicht und auch der Amtsermittlungsgrundsatz gilt nicht. Die Rechtsgrundlagen, die in diesem Bereich Anwendung finden, können grundsätzlich effektiven Primärrechtsschutz vermitteln, wenn die Unternehmen die entsprechenden Voraussetzungen darlegen und nachweisen können bzw. zur Erlangung einer einstweiligen Verfügung gemäß §§ 935, 936, 924, 925 ZPO Anordnungsanspruch und Anordnungsgrund glaubhaft machen. Auch diese Vergaben finden deshalb grundsätzlich nicht in einem rechtsfreien Raum statt. Die Frage, ob es bei dem Rechtsschutz im Unterschwellenbereich um effektiven Rechtsschutz handelt, wie er auf der Basis des Grundgesetzes zu gewährleisten ist, wird unterschiedlich beantwortet.

Auch bei Vergaben im Sicherheits- und Verteidigungsbereich sind die öffentlichen Auftraggeber an gewisse Regeln gebunden. Einheitliche oder bestimmte Regelungen gibt es allerdings im Unterschwellenbereich nicht, wenn die Richtlinie 2009/81/EG bzw. die deutschen Umsetzungsvorschriften nicht greifen. Der Gesetzgeber hatte zunächst beabsichtigt, für Unterschwellen entsprechende Regelungen zu schaffen, dieses Vorhaben ist jedoch allem Anschein nach leider zum Stillstand gekommen[64]. Den Geltungsbereich dieser Regelungen hätte man dann auf Vergaben im Sicherheits- und Verteidigungsbereich erweitern können. Die Schaffung von Regelungen für diese Vergaben ist nach wie vor notwendig. Der Staat ist bei der Vergabe von sicherheits- und verteidigungsrelevanten Aufträgen grundsätzlich durch haushaltsrechtliche Vorschriften, nämlich § 55 BHO, an den 1. Abschnitt der VOL/A und der VOB/A gebunden.

---

[64] Papier des BMWi vom Frühjahr 2011, siehe dazu auch *Dicks*, in: VergabeR 2012, 531, 532.

II. Aufträge außerhalb der Anwendungsbereichs des GWB

Das bedeutet jedoch nicht, dass sich Unternehmen auch darauf berufen können. Denn zum einen handelt es sich bei diesen Regelung um bloßes Haushaltsrecht, das nicht nach Außen wirkt. Die Vorschriften des Abschnitts 1 der VOL/A und der VOB/A sind Verwaltungsvorschriften und damit grundsätzlich nur Binnenrecht der Verwaltung. Zum anderen sind die Regelungen der Verdingungsordnungen – VOL/A Abschnitt 1 und VOB/A Abschnitt 1 – in Bezug auf Aufträge, die nicht in den Anwendungsbereich des EU-/GWB-Vergaberechts und der VSVgV fallen, keine Rechtsnormen, die ein subjektives öffentliches Recht verleihen, das gerichtlich durchgesetzt werden kann. Grund dafür ist, dass den Verdingungsordnungen die Normqualität über die VgV vermittelt wird. Sie ist der „Link" zwischen den Vorschriften des GWB und den Verdingungsordnungen. Die Anwendbarkeit der VgV hängt aber von dem Erreichen der EU-Schwellenwerte bzw. von der Erfassung durch die §§ 97 ff. GWB ab. Der Staat ist bei der Vergabe von sicherheits- und verteidigungsrelevanten Aufträgen im Übrigen auch über haushaltsrechtliche Vorschriften hinaus nicht an den 1. Abschnitt der VOL/A gebunden, wenn die Voraussetzungen des § 3 Abs. 5 lit. f. VOL/A Abschnitt 1 erfüllt sind, das heißt, wenn aus Gründen der Geheimhaltung zur Wahrung der wesentlichen Sicherheitsinteressen des Staates eine freihändige Vergabe erforderlich ist.

Die allgemeine Anspruchsgrundlage ist deshalb bei der Vergabe von sicherheits- und verteidigungsrelevanten Aufträgen, die nicht von der Richtlinie 2009/81/EG erfasst sind, in der Regel deshalb Art. 3 Abs. 1 GG. Dieser bindet jede staatliche Stelle unabhängig von der jeweiligen Handlungsform und dem Lebensbereich[65]. Staatliche Stellen dürfen als Auftraggeber keine willkürlichen Vorgaben machen oder willkürlich sachwidrige Entscheidungen treffen[66]. Vielmehr muss der öffentliche Auftraggeber sachgemäß handeln und entscheiden. Die Frage, wann dies nicht mehr der Fall ist, wird bislang nicht einheitlich beantwortet[67]. Am strengsten ist hier wohl das OLG Brandenburg, nach dem dies erst dann der Fall ist, wenn der öffentliche Auftraggeber eine „krasse Fehlentscheidung" trifft[68]. Dieser Maßstab ist zutreffend immer wieder als zu streng angesehen worden. So hat das BVerfG, dessen Rechtsprechung allerdings unterschiedlich weit ausgelegt wird, zu Recht vorgegeben, dass ausreichend ist, wenn der Auftraggeber diskriminierend gehandelt hat bzw. ein Bieter keine faire Chance bekommt[69]. Teile der Rechtsprechung und Literatur gehen aber zu Recht darüber hinaus[70].

---

[65] *Scharen*, in: VergabeR 2011, 653, 656.

[66] BVerfG, Beschl. v. 01.11.2010, 1 BvR 261/10.

[67] Ausführlich zum Streitstand dazu in Bezug auf Unterschwellenvergaben kürzlich *Dicks*, in: VergabeR 2012, 531, 532 ff.; *Scharen*, in: VergabeR 2011, 653, 656 ff.

[68] OLG Brandenburg, Beschl. v. 02.10.2008, 12 U 91/08, VergabeR 2009, 530; gleichfalls LG Oldenburg, Urt. v. 06.05.2010, 1 O 717/10, Umdruck nach juris, Leitsatz 1, für einen Grundstückverkauf der öffentlichen Hand.

[69] BVerfG, Beschl. v. 13.06.2006, 1 BvR 1160/03, Rn. 65, VergabeR 2006, 871; zustimmend *Scharen*, in: VergabeR 2011, 653, 656.

[70] OLG Düsseldorf, Urt. v. 17.10.2012, I-27 U 1/09, 27 U 1/09, Umdruck nach juris, Rn. 31, m. w. N.

D. Zu den Rechtspflichten bei Vergaben im Sicherheits- und Verteidigungsbereich

Nach der Rechtsprechung des BVerfG[71] ergibt sich aus dem Gleichheitssatz des Art. 3 Abs. 1 GG eine mittelbare Außenwirkung, d. h. auch ein Anspruch Einzelner gegenüber Behörden, gleichartige Sachverhalte gleich zu behandeln. Auf der Grundlage der Selbstbindung der Verwaltung kann den Verdingungsordnungen, bei denen es sich um verwaltungsinterne Regelungen handelt, wenn sie nach außen sichtbar angewendet werden oder sich die Verwaltung in dem betreffenden Vergabeverfahren dazu verpflichtet oder deren Anwendung angekündigt hat, eine mittelbare Außenwirkung zukommen[72]. Das gilt jedenfalls für bieterschützende Vorschriften der Verdingungsordnungen[73]. Dies führt bei konstanter Verwaltungspraxis zu einer Selbstbindung der Behörden, aus der sich wiederum subjektive Bieterrechte ergeben können. Dabei kommt es dann nicht auf die interne Verpflichtung der Behörde zur Anwendung der Vorschriften an, sondern allein darauf, dass diese auch angewendet werden. Die Selbstbindung der Verwaltung ergibt sich aus der tatsächlichen Verwaltungspraxis. Werden die geltenden Verfahrensvorschriften grundsätzlich nicht angewendet, kann sich ein Bieter daher auch nicht auf diese berufen. Meist wendet das BMVg im Bereich der Rüstungsvergabe wie auch andere Stellen bei der Beschaffung die VOL/A wie auch die VOB/A an, so dass Bieter über Art. 3 Abs. 1 GG auf der Grundlage der Selbstbindung der Verwaltung die Einhaltung der Vorschriften der Vergabeordnungen verlangen können.

Im Einzelnen ergeben sich auch aus dem ersten Teil der VOL/A und der VOB/A Anforderungen wie ein Wettbewerbsgebot, ein Diskriminierungsverbot und ein Transparenzgebot, vgl. § 2 Abs. 1 VOL/A und § 2 Abs. 1 und 2 VOB/A. Diese sind jedoch nicht so streng gehalten, wie die des zweiten Abschnitts der VOL/A und der VOB/A, durch die die gemeinschaftsrechtlichen Vorgaben umgesetzt werden. Es bieten sich dem Auftraggeber verschiedene Möglichkeiten, mit Verweis auf Sicherheitsinteressen auf die Direktvergabe auszuweichen, vgl. § 3 Abs. 3 lit. b, § 3 Abs. 5 lit. f VOL/A. Dennoch sind bei der Wahl der Verfahrensart auch nachprüfbare Anforderungen an die Auftraggeber gestellt. So ist nach einer Entscheidung des OLG Düsseldorf die Art der Vergabe zu wählen, die die geringsten Einschränkungen für die Bieter mit sich bringt. Dabei ist zu bedenken, dass Sicherheitsbelangen auch in einem nichtoffenen Verfahren oder einem Verhandlungsverfahren Rechnung getragen werden kann[74]. Die VK Bund hat darüber hinaus entschieden, dass nicht sicherheitsrelevante Teile eines Auftrags, soweit möglich, getrennt ausgeschrieben werden sollten[75].

Rechtsgrundlage können ferner, wie auch bei Vergaben unterhalb der EU-Schwellenwerte, die §§ 311 Abs. 2, 241 Abs. 2 BGB in Verbindung mit § 1004 Abs. 1

---

[71] BVerfG, Beschl. v. 13.06.2006, 1 BvR 1160/03, VergabeR 2006, 871, 879.

[72] BGHZ 190, 89, 92 f.; BVerfG, Beschl. v. 13.06.2006, 1 BvR 1160/03, VergabeR 2006, 871, 879; OLG Düsseldorf, Urt. v. 17.10.2012, I-27 U 1/09, 27 U 1/09, Umdruck nach juris, Rn. 31, m. w. N.; *Dicks*, in: VergabeR 2012, 531, 532.

[73] BGH, Urt. v. 21.02.2006, X ZR 39/03, VergabeR 2006, 889, 890; *Dicks*, in: VergabeR 2012, 531, 533.

[74] OLG Düsseldorf, Beschl. v. 30.4.2003, VergabeR 2004, 371

[75] VK Bund Beschl. v. 28.5.1999 VK 2 – 8/99.

BGB analog sein[76] oder auch § 311 Abs. 2, § 241 Abs. 2, § 280 Abs. 1 i. V. m. § 249 Abs. 1 S. 1 BGB oder § 823 Abs. 2 BGB i. V. m. mit dem Gleichbehandlungs- und Transparenzgebot[77]. Das Gericht ist hierbei zwar nicht auf eine bloße Willkürkontrolle beschränkt. Die vom öffentlichen Auftraggeber bei der Vergabe solcher Aufträge einzuhaltenden Pflichten sind allerdings weit geringer und auch weniger ausdifferenziert. In analoger Anwendung von § 1004 Abs. 1 BGB steht Bietern ein Anspruch auf Unterlassung der Zuschlagserteilung an einen Mitbieter zu, wenn die entsprechenden Voraussetzungen der vorgenannten Normen erfüllt sind[78]. Die Rechtsprechung des BVerfG[79] steht dem nicht entgegen[80]. Zwar wirft die Gewährung von Primärrechtsschutz außerhalb des Anwendungsbereichs von EU-/GWB-Vergaberecht die Frage auf, ob dadurch die von den §§ 97 ff. GWB aufgestellten Voraussetzungen umgangen werden. Ist nach allgemeinen Rechtsgrundsätzen, beispielsweise auf der Grundlage von *culpa in contrahendo*, ein Anspruch wegen der Verletzung eines subjektiven Rechts gegeben, kann dies jedoch im Rahmen des Justizgewährleistungsanspruchs aus Art. 2 i. V. m. Art. 20 Abs. 3 GG gerichtlich verfolgt werden. Dabei kann die tatsächliche Vergabepraxis zu einer Selbstbindung der Verwaltung führen. Aufgrund dieser Selbstbindung kommt den Verdingungsordnungen als den verwaltungsinternen Regelungen über Verfahren und Kriterien der Vergabe eine mittelbare Außenwirkung zu[81].

E. Primärrechtschutz nach Erteilung des Zuschlags

Die Erlangung von Primärrechtsschutz nach Erteilung des Zuschlags ist grundsätzlich nicht möglich. Das gilt sowohl für Vergaben im Anwendungsbereich des EU-/GWB-Vergaberechts als auch für sonstige Vergaben. Denn grundsätzlich ist ein Vergabeverfahren mit der Erteilung des Zuschlags und damit dem Abschluss des Vertrages wirksam beendet. Das ergibt sich daraus, dass der Vertragsschluss als solcher zivilrechtlich zu bewerten ist und ein wirksam geschlossener Vertrag grundsätzlich auch durch ein Gericht nicht aufgehoben werden darf. Die Vergabekammer bzw. die Zivil- oder Verwaltungsgerichte dürfen in diesem Fall nur prüfen, ob der Vertrag wirksam geschlossen ist. Ist das der Fall, wird der Nachprüfungsantrag bzw. die Klage als unzulässig zurückgewiesen.

---

[76] OLG Saarbrücken, Urt. v. 13.06.2012, 1 U 357/11, Umdruck nach ibr-online, Leitsatz 2 und S. 6 ff.

[77] OLG Düsseldorf, Urt. v. 17.10.2012, I-27 U 1/09, 27 U 1/09, Umdruck nach juris, Rn. 31, m. w. N.

[78] Saarbrücken, Urt. v. 13.06.2012, 1 U 357/11, Umdruck nach ibr-online, S. 6, unter Verweis auf OLG Düsseldorf, Urt. v. 13.01.2010, 27 U 1/09, Umdruck nach juris, 28 ff. m. w. N. auch zur Gegenauffassung; Thüringer Oberlandesgericht, Urt. v. 08.12.2008, 9 U 431/08, Umdruck nach juris, 34.

[79] BVerfGE 116, 135.

[80] OLG Saarbrücken, Urt. v. 13.06.2012, 1 U 357/11, Umdruck nach ibr-online, S. 6 f.

[81] BVerfGE 116, 135, 153 f.

In Ausnahmefällen ist die Überprüfung der Vergabeentscheidung dennoch zulässig. Voraussetzung für diese weitergehende Überprüfung durch die Vergabekammer bzw. das Gericht ist, dass der durch den Zuschlag geschlossene Vertrag unwirksam oder nichtig ist bzw. dessen Unwirksamkeit oder Nichtigkeit festgestellt wird. Bei Vergaben im Sinne der §§ 97 ff. GWB kommen dafür Verstöße gegen die Pflicht aus § 101 a Abs. 1 GWB zur Versendung einer ordnungsgemäßen Vorabinformation und darüber hinaus die Nichtigkeit des Vertrages wegen Durchführung einer *de facto*-Vergabe in Betracht. Eine solche liegt vor, wenn pflichtwidrig kein förmliches europaweites Vergabeverfahren durchgeführt oder der Vertrag wesentlich geändert worden ist. Darüber hinaus kann ein geschlossener Vertrag dann für nichtig erklärt werden, wenn die Vergabestelle und der siegreiche Bieter den Vertrag unter kollusivem vergaberechtswidrigen Zusammenwirken im Sinne von § 138 Abs. 1 BGB geschlossen haben oder der Abschluss des Vertrages gegen ein gesetzliches Verbot gemäß § 134 BGB verstößt. Auch bei Vergaben außerhalb der §§ 97 ff. GWB kommt ein Verstoß gegen § 134 BGB oder gegen § 138 Abs. 1 BGB in Betracht.

F. Verhinderung von zukünftigem vergaberechtswidrigem Verhalten

Unternehmen, bei denen es sich um potenzielle Bieter in einem Vergabeverfahren eines bestimmten Auftraggebers handelt, können zukünftiges vergaberechtswidriges Verhalten nicht verhindern. Das gilt auch dann, wenn es offensichtliche Anhaltspunkte dafür gibt, dass sich der betreffende Auftraggeber wieder vergaberechtswidrig verhalten wird. Erst mit Beginn des Verfahrens zur Vergabe eines Auftrages kann Rechtsschutz geltend gemacht werden. Der Beginn des Vergabeverfahrens ist materiell zu bestimmen[82]. Das Vergabeverfahren hat danach begonnen, wenn zwei Voraussetzungen kumulativ gegeben sind, und zwar, erstens, der öffentliche Auftraggeber entscheidet, einen gegenwärtigen oder künftigen Bedarf durch eine Beschaffung auf dem Markt und nicht durch Eigenleistung zu decken, sog. interner Beschaffungsentschluss. Zweitens ist notwendig, dass der Auftraggeber nach außen hin bestimmte, wie auch immer geartete Maßnahmen ergreift, um den Auftragnehmer mit dem Ziel eines Vertragsabschlusses zu ermitteln oder bereits zu bestimmen. Einem potenziellen Bieter steht gegen den öffentlichen Auftraggeber kein aus bürgerlich-rechtlichen Vorschriften herzuleitender Anspruch darauf zu, die Verwendung bestimmter als vergaberechtswidrig erachteter Vergabebedingungen in etwaigen zukünftigen Vergabeverfahren zu unterlassen[83].

---

[82] OLG Düsseldorf, Beschl. v. 01.08.2012, Verg 10/12, Umdruck nach ibr-online, S. 4, m. w. N.

[83] BGH, Urteil v. 05.06.2012, X ZR 161/11, Umdruck nach ibr-online, Leitsatz, in Fortführung von BGH, Urt. v. 11.09.2008, I ZR 74/06, BGHZ 178, 63.

G. Geltendmachung von Schadensersatz

Bieter sind häufig auf die Geltendmachung von Schadensersatz in Geld verwiesen. Das ist dann der Fall, wenn zwar beispielsweise ein vergaberechtswidriger Ausschluss vom Vergabeverfahren erfolgt oder der Bieter bei der Erteilung des Zuschlags vergaberechtswidrig nicht berücksichtigt oder das Vergabeverfahren zu Unrecht aufgehoben wird, jedoch der Vertrag bereits geschlossen ist oder öffentliche Auftraggeber das Vergabeverfahren auch ohne Aufhebungsgrund nicht mehr fortführen will. Nur wenn der Zuschlag noch nicht erteilt ist bzw. die Erteilung des Zuschlags bzw. der Vertragsschluss beispielsweise wegen eines Verstoßes gegen § 101 a GWB, § 134 BGB oder § 138 Abs. 1 BGB für nichtig erklärt werden kann, besteht die Möglichkeit, im Wege von „Schadensersatz" auch die Herstellung des Zustands herzustellen, der ohne das vergaberechtswidrige Verhalten bestanden hätte[84].

Die Durchsetzung von Schadensersatzansprüchen gegen öffentliche Auftraggeber in Form von Geld wie auch Wiederherstellung des rechtmäßigen Zustands war in der Rechtspraxis lange Zeit in der Regel nicht möglich. Unternehmen mussten in den allermeisten Fällen die Kosten für ihre vergeblich erstellten Angebote selbst tragen und erst recht auf den Gewinn aus einem vergaberechtswidrig entgangenen Auftrag verzichten. Für Unternehmen kann ein solcher Schaden mitunter existenzgefährdend sein. Denn bei großvolumigen und komplexen Vergaben belaufen sich die Kosten der Unternehmen für die Angebotserstellung nicht selten auf mehrere Millionen Euro. Es ist deshalb in vielen Fällen von existentieller wirtschaftlicher Bedeutung, dass Bieter gegen den öffentlichen Auftraggeber effektiv Schadensersatz geltend machen können. Abgesehen davon bewirken praxistaugliche effektive Regeln zum Ersatz von Schaden wegen vergaberechtswidrigen Verhaltens zusätzlich zum Primärrechtsschutz eine wichtige disziplinierende Wirkung gegenüber öffentlichen Auftraggebern. Bemerkenswert ist in diesem Zusammenhang eine neuere Entscheidung des BGH. Nachfolgend werden die in der Praxis wichtigsten Vorschriften im Überblick dargestellt.

I. § 126 S. 1 GWB

§ 126 S. 1 GWB greift lediglich bei Vergaben im Anwendungsbereich des EU-/GWB-Vergaberechts. Die Vorschrift eröffnet Bietern die Möglichkeit, von einem öffentlichen Auftraggeber Schadensersatz zu erhalten, wenn dieser gegen eine bieterschützende Vorschrift des Vergaberechts verstoßen hat. Voraussetzung ist zusätzlich, dass ein Bieter ohne den betreffenden Verstoß eine echte Chance gehabt hätte, den Zuschlag zu erhalten. Die Vorschrift geht auf Art. 2 lit. c der Rechtsmittelrichtlinie 89/665/EWG und Art. 2 Abs. 7 der Sektorenrechtsmittelrichtlinie 92/13/EWG zurück[85]. Es handelt sich um eine Konkretisierung des Grundsatzes der Haftung eines Mitgliedstaates für

---

[84] *Scharen*, in: VergabeR 2011, 653, 653 f. m. w. N.
[85] *Glahs*, in: Reidt/Stickler/Glahs, Vergaberecht, 3. Aufl. 2011, § 126 GWB, Rn. 7.

G. Geltendmachung von Schadensersatz

Schäden, die dem Einzelnen durch dem Staat zuzurechnende Verstöße gegen das Unionsrecht entstehen. Der EuGH hat entschieden, dass ein Geschädigter in diesem Fall einen Anspruch auf Schadensersatz hat, wenn drei Voraussetzungen erfüllt sind: Die unionsrechtliche Vorschrift, gegen die verstoßen worden ist, bezweckt die Verleihung von Rechten an den Einzelnen, der Verstoß gegen die Vorschrift ist hinreichend qualifiziert, und zwischen dem Verstoß und dem entstandenen Schaden besteht ein unmittelbarer Kausalzusammenhang[86].

Der auf der Grundlage von § 126 S. 1 GWB ersatzfähige Schaden ist grundsätzlich auf das negative Interesse beschränkt. So können Bieter gemäß § 126 S. 1 GWB beispielsweise Schadensersatz für die Aufwendungen im Zusammenhang mit der Teilnahme an einem Vergabeverfahren, insbesondere den Ersatz der Angebotserstellungskosten geltend machen[87]. Die Geltendmachung von Schadensersatz wegen Durchführung einer *de facto*-Vergabe, das heißt einer pflichtwidrig ohne jedes Vergabeverfahren nach den §§ 97 ff. GWB durchgeführten Auftragsvergabe, ist von § 126 S. 1 GWB nach der Rechtsprechung allerdings nicht umfasst[88]. Zudem ist zu beachten, dass die Vorschrift gemäß § 126 S. 2 GWB weiterreichende Ansprüche auf Schadensersatz, das heißt die Geltendmachung von Schadensersatz auf der Grundlage anderer Anspruchsgrundlagen, nicht ausschließt[89]. Der Anspruch aus § 126 S. 1 GWB ist verschuldensunabhängig[90]. Das bedeutet, dass ein objektiver Verstoß des Auftraggebers gegen eine bieterschützende Vorschrift ausreicht, um eine Schadensersatzpflicht zu begründen.

II. Anspruch aus §§ 280 Abs. 1, 311 Abs. 2, 241 Abs. 2 BGB

Unternehmen können Schadensersatz abgesehen von § 126 S. 1 GWB auch gemäß §§ 280 Abs. 1, 311 Abs. 2, 241 Abs. 2 BGB wegen Verschuldens bei Vertragsschluss (*culpa in contrahendo*) geltend machen. Diese Vorschriften greifen auch bei der Vergabe von Aufträgen außerhalb des Anwendungsbereichs des EU-/GWB-Vergaberechts. Voraussetzung eines solchen Anspruchs ist, dass ein öffentlicher Auftraggeber schuldhaft gegen eine Pflicht aus einem vorvertraglichen Schuldverhältnis verstoßen hat[91]. Das vorvertragliche Schuldverhältnis folgt aus dem zwischen Auftraggeber und Bieter im Zuge der Beteiligung des Bieters an dem betreffenden Vergabeverfahren gegenseitig entstandenen Vertrauen. Ein solches Vertrauensverhältnis

---

[86] EuGH, Urt. v. 09.12.2010, Rs. C-568/08; Urt. v. 19.06.2003, Rs. C-315/01, Slg. 2003, I-6351, Rn. 46; Urt. v. 30.09.2010, Rs. C-314/09, Slg. 2010, I-0000, Rn. 33.

[87] BGH, Urt. v. 27.11.2007, X ZR 18/07 *Hochwasserschutzanlage*, VergabeR 2008, 219, 220, Rn. 14.

[88] KG, Urt. v. 27.11.2003, 2 K 174/02, Umdruck nach Veris, S. 3.

[89] BT-Drucks. 13/9340, S. 44.

[90] BGH, Urt. v. 27.11.2007, X ZR 18/07, VergabeR 2008, 219, 221, Rn. 21 f., mit Nachweisen für andere Auffassungen; EuGH Urt. v. 30. 09. 2010, Rs. C-314/09 *Stadt Graz*, NZBau 2010, 773, mit Anm. *Prieß/Hölzl*, in: NZBau 2011, 21 ff.

[91] Vgl. *Grüneberg*, in: Palandt, § 311, 71. Aufl. 2012, Rn. 22 ff.

entsteht jedenfalls spätestens bei der Aufnahme von Vertragsverhandlungen[92]. Bei einem Verstoß gegen die den Auftraggeber hieraus treffenden Rücksichtnahmepflichten ist dieser zum Schadensersatz verpflichtet[93].

Die Pflichtverletzung kann sich aus einem Verstoß gegen vergaberechtliche Vorschriften, aber auch aus einem Verstoß gegen einen der in § 97 GWB verankerten Kardinalgrundsätze des Vergaberechts – Gleichbehandlung/Nichtdiskriminierung, Wettbewerb und Transparenz – ergeben. Voraussetzung ist jeweils, dass es sich um eine objektive Pflichtverletzung des Auftraggebers handelt. Es kommen Pflichtverletzungen aus allen Phasen des Vergabeverfahrens in Betracht, also Vorbereitungs-, Abwicklungs- und Aufhebungsfehler. Der Auftraggeber muss die Pflichtverletzung auch verschuldet haben. Maßstab dafür ist § 276 Abs. 1 S. 1 BGB, wonach der Schuldner Vorsatz und Fahrlässigkeit zu vertreten hat.

Auf der Grundlage von c.i.c. kann grundsätzlich nur ein Anspruch auf Ersatz des negativen Interesses geltend gemacht werden. Das bedeutet, es kann beispielsweise verlangt werden, die Aufwendungen für die Erstellung des Angebots zu ersetzen. Der Schaden muss zudem von der aus der Verletzung des Vertrauensverhältnisses herzuleitenden Ersatzpflicht erfasst sein[94]. Nur ausnahmsweise kann der Anspruch erfolgreich auf das positive Interesse gerichtet werden. Das ist der Fall, wenn es tatsächlich zu einem rechtswidrigen Zuschlag an einen anderen Bieter gekommen ist und der übergangene Bieter darlegen und nachweisen kann, dass bei vergaberechtskonformen Verhalten des Auftraggebers er den Zuschlag hätte erhalten müssen[95].

III. Ansprüche aus unerlaubter Handlung

Unternehmen können neben Ansprüchen aus § 126 S. 1 GWB und c.i.c. Schadensersatz auch im Wege von deliktischen Anspruchsgrundlagen gem. §§ 823 ff. BGB geltend machen. Deren praktische Bedeutung ist bislang jedoch gering, weil deren Voraussetzungen nur in ganz besonderen Konstellationen erfüllt sind. Ein Anspruch aus § 823 Abs. 1 BGB kommt in Bezug auf Vergaben öffentlicher Auftraggeber nur in Bezug auf das Recht am eingerichteten und ausgeübten Gewerbebetrieb in Betracht. Dafür ist ein betriebsbezogener Eingriff erforderlich[96]. Nach weit verbreiteter Auffassung ist im Vergaberecht ein solcher Eingriff wohl nur im Fall der Anordnung einer Vergabesperre denkbar. Demnach verhängt ein öffentlicher Auftraggeber gegen ein bestimmtes Un-

---

[92] OLG Saarbrücken, Urt. v. 13.06.2012, 1 U 357/11, Umdruck nach ibr-online, S. 6.
[93] BGHZ 190, 89, 92 f. *Rettungsdienstleistungen II*, VergabeR 2012, 440.
[94] BGH, Urt. v. 18.09.2001, X ZR 51/00, NZBau 2001, 695.
[95] BGH, Urt. v. 03.06.2004, X ZR 30/03, ZfBR 2004, 813, 814f.; BGH, Urt. v. 25.11.1992, VIII ZR 170/91, NJW 1993, 520, 521 und 3636; LG Frankfurt/Main, Urt. v. 02.02.2012, 2-03 O 151/11; OLG Schleswig, Urt. v. 12.10.2004, 6 U 81/01, Umdruck nach ibr-online, S.4; OLG Dresden, Urt. v. 10.02.2004, 20 U 1967/03, IBR 2004, 219.
[96] *Sprau,* in: Palandt, BGB, 71. Aufl., 2012, § 823, Rn. 128; *Wagner,* in: MüKo, BGB, 5. Aufl. 2009, § 823, Rn. 194 m. w. N.

ternehmen eine Vergabesperre, darf es generell für mehrere Jahre nicht an Verfahren zur Vergabe öffentlicher Aufträge teilnehmen[97].

Der Schadensersatzanspruch auf der Grundlage des § 823 Abs. 2 BGB ist im Anwendungsbereich des Vergaberechts von größerer Bedeutung. Voraussetzung ist zunächst die rechtswidrige und schuldhafte Verletzung eines Schutzgesetzes durch den Auftraggeber. Ein solches Schutzgesetz kann jede Rechtsnorm im Sinne von Art. 2 EGBGB sein, die zumindest auch dazu dienen soll, den Einzelnen oder einzelne Personenkreise gegen die Verletzung eines bestimmten Rechtsguts zu schützen[98]. Im Vergaberecht kommt vor allem § 97 Abs. 7 GWB i. V. m. den bieterschützenden Vorschriften des GWB und der Verdingungsordnungen als Schutzgesetz in Betracht. Die Verdingungsordnungen sind Schutzgesetze im Sinne von § 823 Abs. 2 BGB, weil die §§ 4 bis 6 VgV auf sie verweisen.

Bei *de facto*-Vergaben, bei diesen handelt es sich um den denkbar schlimmsten Verstoß gegen Vergaberecht, kommt grundsätzlich ein Anspruch aus § 823 Abs. 2 BGB i. V. m. § 97 Abs. 5 und Abs. 7 GWB in Betracht. Denn die bei der Vergabe öffentlicher Aufträge einzuhaltenden Bestimmungen des § 97 GWB sind Schutzgesetze iSv. § 823 Abs. 2 BGB, so dass das pflichtwidrige Unterlassen einer förmlichen Ausschreibung einen Schadensersatzanspruch begründen kann[99]. Allerdings ist es schwierig, die Entstehung eines Schadens anzunehmen oder ihn zu quantifizieren. Denn Angebotskosten sind den Unternehmen nicht entstanden und der Nachweis, dass der Zuschlag dem Anspruchsteller erteilt worden wäre, kann das einzelne Unternehmen, weil kein Angebot abgegeben wurde, nicht geführt werden. Das bedeutet, dass der schlimmste Verstoß gegen Vergaberecht schadensersatzrechtlich kaum sanktionierbar ist.

H. Fazit: Mehr, aber noch nicht ausreichender Rechtsschutz im Sicherheits-Verteidigungsbereich

Auf der Grundlage der Richtlinie 2009/81/EG und des „Gesetzes zur Änderung des Vergaberechts für die Bereiche Verteidigung und Sicherheit" insbesondere in den §§ 97 ff. GWB, der VSVgV und VOB/A – VS als Umsetzung der EU-Richtlinie werden erheblich mehr sicherheits- und verteidigungsrelevante Aufträge nach den Maßgaben des EU- bzw. GWB-Vergaberechts bzw. der Richtlinie 2009/81/EG vergeben werden müssen. Das bedeutet zugleich, dass entsprechend mehr Vergaben dem effektiven, kostengünstigen und schnellen, kurz gesagt, dem bewährten Rechtsschutz der Vergabenachprüfungsinstanzen unterworfen sein werden. Dies wird die Auftraggeber

---

[97] *Glahs*, in: Vergaberecht, 3. Aufl. 2011, § 126 GWB, Rn. 79; *Verfürth*, in: Kulartz/Kus/Portz, Kommentar zum GWB-Vergaberecht, 2. Aufl. 2009, § 126, Rn. 77 m. w. N.

[98] *Sprau*, in: Palandt, BGB, 71. Aufl. 2012, § 823, Rn. 57.

[99] KG, Urt. v. 27.11.2003, 2 U 174/02, VergabeR 2004, 490 Leitsätze 1 und 2, str., m. w. N.

H. Fazit: Mehr, aber noch nicht ausreichender Rechtsschutz

europaweit disziplinieren, spürbar mehr Wettbewerb schaffen und öffentliche Gelder sparen. Die Frage ist aber, ob Unternehmen die ihnen offenstehenden Rechtsschutzmöglichkeiten auch voll nutzen werden. In dieser Hinsicht ist ein Umdenken bei Unternehmen und Auftraggeber erforderlich. Die Erhebung einer Rüge und die Geltendmachung von Rechtsschutz im Vergabewesen ist für die öffentliche Hand inzwischen in allen anderen Bereichen selbstverständlich und wird nicht mehr als Affront verstanden. Sie führt nach der Erfahrung des Autors zu einer angemessenen Behandlung und häufig sogar doch noch zum Zuschlag.

Der Bund der deutschen Sicherheits- und Verteidigungsindustrie sieht das Inkrafttreten dieser Vorschriften als „Paradigmenwechsel im deutschen Beschaffungswesen" an[100]. Für die rein rechtliche Bewertung trifft dies sicherlich zu. Die Voraussetzungen für die Freistellung eines sicherheits- und verteidigungsrelevanten Auftrags vom Vergaberecht sind in der Tat erheblich strenger geworden. Die Durchsetzung der neuen Vorschriften und damit der nachhaltige Erfolg des Gesetzes hängt allerdings von dem entsprechenden politischen Willen dafür ab, die neuen Möglichkeiten in der Beschaffungspraxis entsprechend zu nutzen. Bislang ist eher ein „exzessiver" Gebrauch der Ausnahmetatbestände festzustellen[101]. Praktisch hängt die Durchschlagskraft der neuen Regelungen damit vor allem vom politischen Willen der einzelnen EU-Mitgliedstaaten und im Einzelnen von den zuständigen Behörden ab. Bislang waren das vor allem das BMVg, das BWB und das Bundesamt für Informationsmanagement und Informationstechnik der Bundeswehr (IT-AmtBw). Deren Aufgaben wurden im Bundesamt für Ausrüstung, Informationstechnik und Nutzung der Bundeswehr (BAA-INBw) zusammengeführt, das am 2. Oktober 2012 in Dienst gestellt worden ist. Darüber hinaus werden derartige Beschaffungen aber auch durch das BMI und andere Stellen wahrgenommen. Auch auf der Grundlage der Regelungen der Vergabekoordinierungsrichtlinie 2004/18/EG wäre in bestimmten EU-Mitgliedstaaten erheblich mehr Transparenz und Rechtsschutz möglich gewesen. Das gilt insbesondere für die Durchführung von Verhandlungsverfahren mit vorausgehendem Teilnahmewettbewerb verbunden mit einer Sicherheitsüberprüfung. In einigen EU-Mitgliedstatten hätte der politische Wille dazu stärker sein können, um es vorsichtig auszudrücken. Gradmesser dafür sind auf europäischer Ebene die entsprechenden Vertragsverletzungsverfahren vor dem EuGH[102]. Da die gegenwärtige Wirtschafts- und Finanzkrise das gegenseitige Misstrauen der EU-Staaten erhöht hat, dürfte die politische Öffnung der einzelnen Sicherheits- und Verteidigungsmärkte eher langsam voran kommen. Zum anderen wird die Durchsetzung der strengeren Regelung davon abhängen, ob für diese Vergaben der Weg zu den Verwaltungsgerichten eröffnet sein wird, weil nur diese die Vergabeakte heranziehen dürfen und so verbunden mit dem Untersuchungsgrundsatz eine effektive Kontrolle durchführen können. Damit dies sichergestellt ist, sollte der Gesetzgeber eine

---

[100] BDSV, Informationsveranstaltung vom 01.10.2012 in Berlin.
[101] Begleitdokument zu KOM(2006) 779 endg. vom 07.12.2006.
[102] Zuletzt EuGH, Urt. v. 07.06.2012, Rs. C-615/10, in: NZBau 2012, 511 ff. und EuGH, Urt. v. 08.04.2008, Rs. C-337/05, in: NZBau 2008, 563, jeweils mit Anm. dazu von *Prieß/Hölzl*.

H. Fazit: Mehr, aber noch nicht ausreichender Rechtsschutz

entsprechende Regelung schaffen. Der Gesetzgeber sollte auch die Struktur der in die §§ 97 ff. GWB eingefügten neuen Regelungen überdenken und diese vereinfachen. Die Schwierigkeiten in Bezug auf das Verständnis und die Anwendung der neuen Regelungen ist allerdings zu einem Teil bereits in den Regelungen der Richtlinie 2009/81/EG begründet.

Der Druck zur Anwendung der Regelungen neuen Regelungen der VSVgV und des 3. Abschnitts der VOB/A wird zwangsläufig von der wirtschaftlichen Seite kommen. Und darüber hinaus sollte die angemessene Anwendung der Vorschriften schon unter rechtsstaatlichen Gesichtspunkten stattfinden. Das gilt im übrigen auch für die hier nicht zur Debatte stehenden Unterschwellenvergaben. Rechtsstaatlich ist die Argumentation diesbezüglich mehr als fragwürdig. Bei dem angeblichen Massenphänomen handelt es sich um ein Scheinargument. Es lässt sich in Praxis am Beispiel der Entwicklung der Zahl der Vergabenachprüfungsverfahren deutlich erkennen, dass zwar die Zahl der Nachprüfungsverfahren seit Einführung dieses Rechtsweges kontinuierlich abgenommen hat[103]. So ist die Zahl der Nachprüfungsanträge mittlerweile von einem Höhepunkt im Jahr 2004 mit 1493 zuletzt im Jahr 2011 auf 989 gesunken. Einzuräumen ist allerdings, dass die durchschnittliche Verfahrensdauer erheblich angestiegen ist. Die Frage, die sich in diesem Zusammenhang stellt, ist nicht, ob sich der Staat einen effektiven Rechtsschutz für Unterschwellen leisten kann, sondern gerade umgekehrt, ob sich der Staat leisten darf, 90 bis 95 % aller Vergaben praktisch von der Überprüfbarkeit freizustellen. Eines der wesentlichen Hindernisse bei diesen Vergaben sind auch die hohen Prozess- und Anwaltskosten, die im Zivilrechtsweg entstehen. Denn der Streitwert ist hier nicht auf 5 % des Bruttoauftragswerts beschränkt. Korruption und Hoflieferantentum findet gerade bei kleinen und mittleren Aufträgen statt. Sie unterhöhlt die Gesellschaft und auf Dauer ihren Zusammenhalt. Damit die Kostenschwelle absenkt und die Erfolgsquote bei der Überprüfung von Vergaben im Sicherheits- und Verteidigungsbereich außerhalb des Anwendungsbereichs des EU-Vergaberechts und der Richtlinie 2009/81/EG erhöht wird und somit auch die Bereitschaft steigt, Rechtsschutz geltend zu machen, sollten für diese Vergaben das Recht auf Akteneinsicht, der Untersuchungsgrundsatz und eine Kostenbeschränkung eingeführt werden. Am besten wäre, für diese Vergaben auch die Vergabenachprüfungsinstanzen für zuständig zu erklären bzw. eine zentrale Vergabekammer für derartige Streitigkeiten zu schaffen. Auf diese Weise könnte auch die notwendige Geheimhaltung sichergestellt werden.

---

[103] Siehe Statistik des BMWi nach § 129 a GWB und § 17 VgV für die letzten Jahre und insbesondere für das Jahr 2011.

Außenwirtschaftliche Vorgaben bei Verbringungen in der Europäischen Union

Dr. Bärbel Sachs LL.M./Dr. Karoline Hehlmann

A. Einführung 209
B. Grundlagen für eine Rechtsangleichung im Verteidigungssektor 210
    I. Art. 42 ff. EUV und Art. 114 AEUV als Grundlage der Rechtsangleichung . 211
    II. Rechtsangleichung im Verteidigungssektor versus Art. 346 Abs. 1 AEUV . 211
C. Verbringung von Rüstungsgütern nach AWG und AWV 213
    I. Allgemeine Genehmigung 213
    II. Globalgenehmigung, Einzelgenehmigung und Genehmigungsbefreiung .. 215
D. Verbringung von Kriegswaffen nach dem KrWaffKontrG 216
    I. Grundgesetzliche Regelung der Kriegswaffen in Art. 26 GG 217
    II. Allgemeine Genehmigung für zertifizierte Empfänger 218
E. Verbringung von Dual-Use-Gütern nach der Dual-Use-Verordnung 220
F. Fazit 220

A. Einführung

Der sensible Bereich der Verteidigungsgüter wurde lange Zeit durch unterschiedliche nationale Regelungsregime bestimmt und blieb von der europäischen Integration weitgehend ausgeschlossen. Dies galt sogar für den schlichten Transport der Güter von einem Mitgliedstaat in den anderen – die Verbringung. Kompetenzstreitigkeiten und die Sorge der Mitgliedstaaten um den Verlust ihrer Hoheit über Sicherheits- und Verteidigungsfragen ließen Diskussionen über eine europäische Vereinheitlichung ins Leere laufen. Mit dem EU-Verteidigungspaket aus dem Jahre 2007 – bestehend aus der Richtlinie 2009/43/EG (Rüstungsgüter- oder Verteidigungsgüterrichtlinie)[1], der Vergaberichtlinie 2009/81/EG[2] und einer auslegenden Mitteilung der EU „Strategie für eine stärkere und wettbewerbsfähigere europäische Verteidigungsindustrie"[3] – wurden erstmals Schritte in Richtung einer unionseinheitlichen Verteidigungspolitik unternommen. Neben einer Öffnung des Vergabemarktes für Rüstungsgüter brachte das Ver-

---

[1] Richtlinie 2009/43/EG des Europäischen Parlamentes und des Rates vom 6. Mai 2009 zur Vereinfachung der Bedingungen für die innergemeinschaftliche Verbringung von Verteidigungsgütern, ABl. L 146/1 vom 10. Juni 2009.

[2] Richtlinie 2009/81/EG des Europäischen Parlamentes und des Rates vom 13. Juli 2009 über die Koordinierung der Verfahren zur Vergabe bestimmter Bau-, Liefer- und Dienstleistungsaufträge in den Bereichen Verteidigung und Sicherheit, ABl. L 216/76 vom 20. August 2009.

[3] http://eur-lex.europa.eu/LexUriServ/LexUriServ.do?uri=COM:2007:0764:FIN:de:PDF (Zuletzt abgerufen am 27. Juni 2012).

teidigungspaket auch eine Angleichung der Vorschriften des Exportkontrollrechts zu der Frage der Verbringungen. Das für letztere maßgebliche deutsche Gesetz zur Umsetzung der Rüstungsgüterrichtlinie trat am 4. August 2011 in Kraft.

Ziel der Rüstungsgüterrichtlinie ist nach ihrem Art. 1, die Vorschriften und Verfahren für die innergemeinschaftliche Verbringung von Verteidigungsgütern zu vereinfachen, um das reibungslose Funktionieren des Binnenmarktes sicherzustellen. Der Wettbewerb innerhalb des Binnenmarktes soll vor Verzerrungen geschützt werden, die sich aus den unterschiedlichen Rechts- und Verwaltungsvorschriften der Mitgliedstaaten über die Verbringung in der Europäischen Union ergeben.[4] Die unterschiedlichen Regelungen bedeuteten nicht nur einen erheblichen Verwaltungsaufwand für die Unternehmen, sondern auch eine immense Kostenbelastung. Zudem führten die Genehmigungsverfahren zu langen Vorlaufzeiten für die Verbringungen innerhalb der Europäischen Union.[5]

Grundlage für den grenzüberschreitenden Verkehr von Waren im Binnenmarkt ist das Prinzip der gegenseitigen Anerkennung. Dieses setzt voraus, dass die einzelnen Mitgliedstaaten Vertrauen in die Gleichwertigkeit der Rechtsordnungen der jeweils anderen Mitgliedstaaten haben und dort erteilte Erlaubnisse oder Zertifizierungen akzeptieren, ohne sie einer erneuten Kontrolle nach eigenem Recht zu unterziehen. Hierauf beruht auch die praktisch bedeutendste Neuerung des Exportkontrollrechts in Form der Einführung einer Allgemeinen Genehmigung für zertifizierte Empfänger im Bereich der Kriegswaffen und übrigen Rüstungsgüter.

Im Folgenden soll zunächst untersucht werden, auf welche rechtlichen Grundlagen eine unionsweite Rechtsangleichung im Verteidigungssektor zu stützen ist (unten B.). Danach wird die nun geltende Rechtslage bei Verbringungen innerhalb der Europäischen Union für Rüstungsgüter (unten C.), Kriegswaffen (unten D.) und Dual-Use-Güter (unten E.) dargestellt. Abschließend wird zu den umgesetzten Regelungen Stellung genommen und der Blick auf zukünftige Maßnahmen zur Vereinheitlichung des Verteidigungssektors gerichtet (unten F.).

B. Grundlagen für eine Rechtsangleichung im Verteidigungssektor

Ausgangspunkte für eine Rechtsangleichung im Verteidigungssektor finden sich sowohl im Vertrag über die Europäische Union (EUV) als auch im Vertrag über die Arbeitsweise der Europäischen Union (AEUV) (unten I.). Die von den Mitgliedstaaten zur Bewahrung ihrer nationalen Regelungen oftmals herangezogene Sonderregelung des

---

[4] Erwägungsgründe 1 und 3 der Richtlinie 2009/43/EG des Europäischen Parlamentes und des Rates vom 6. Mai 2009 zur Vereinfachung der Bedingungen für die innergemeinschaftliche Verbringung von Verteidigungsgütern, ABl. L 146/1 vom 10. Juni 2009.

[5] *Schladebach*, Die Verteidigungsgüterrichtlinie der Europäischen Union, RIW 3/2010, 127 (128).

Art. 346 Abs. 1 AEUV steht einer unionsweiten Verteidigungspolitik nur bedingt entgegen (unten II.).

I. Art. 42 ff. EUV und Art. 114 AEUV als Grundlage der Rechtsangleichung

In EUV und AEUV finden sich an zwei Stellen Ausgangspunkte für eine Rechtsangleichung im Verteidigungssektor.

Nach den Bestimmungen der Art. 42–46 EUV ist die Verteidigungspolitik integraler Bestandteil der gemeinsamen Sicherheits- und Außenpolitik der Europäischen Union (GASP). Hiervon erfasst sind in erster Linie die Kompetenzen der Europäischen Union für ein eigenes militärisches und ziviles Krisenmanagement.[6] Darüber hinaus lässt sich aus Art. 42 ff. EUV aber auch eine allgemeine programmatische Aussage über die Vereinheitlichung europäischer Verteidigungsfragen ableiten. Schon der Vertrag von Maastricht bestimmte, dass die GASP „auf längere Sicht" auch eine gemeinsame Verteidigungspolitik umfasse und zu einer gemeinsamen Verteidigung führen könnte (Ex-Art. 2, 2. Spiegelstrich).

Der freie Handel mit Verteidigungsgütern innerhalb der Europäischen Union dient auch der Verwirklichung des europäischen Binnenmarktes als wirtschaftliches Kernstück der europäischen Integration.[7] Nach Art. 26 Abs. 2 AEUV umfasst der Binnenmarkt einen Raum ohne Binnengrenzen, in dem der freie Verkehr von Waren gewährleistet ist. Zur Verwirklichung eines Binnenmarktes ist nicht nur die Beachtung des Primärrechts erforderlich, sondern es bedarf darüber hinaus auch flankierender sekundärrechtlicher Maßnahmen.[8] Diese sind in Form einer Rechtsangleichung umzusetzen, die sich nach den Voraussetzungen des Art. 114 AEUV richtet. Danach erlassen das Europäische Parlament und der Rat die Maßnahmen zur Angleichung der Rechts- und Verwaltungsvorschriften, welche die Errichtung und das Funktionieren des Binnenmarktes zum Gegenstand haben. Auf der Grundlage des Art. 114 AEUV sind auch die Richtlinien des Verteidigungspakets erlassen worden.

II. Rechtsangleichung im Verteidigungssektor versus Art. 346 Abs. 1 AEUV

Trotz dieser richtungweisenden Regelungen der gemeinsamen Sicherheits- und Verteidigungspolitik und der Verwirklichung des Binnenmarktes zögern die Mitgliedstaaten, den Bereich der Sicherheits- und Verteidigungspolitik aus ihrer souveränen

---

[6] *Geiger*, in: Geiger/Khan/Kotzur, EUV/AEUV Kommentar, 5. Auflage 2010, Art. 42 EUV Rn. 1.

[7] *Pechstein*, in: Streinz, EUV/AEUV Kommentar, 2. Auflage 2012, Art. 3 EUV Rn. 7.

[8] *Pechstein*, in: Streinz, EUV/AEUV Kommentar, 2. Auflage 2012, Art. 3 EUV Rn. 7.

B. Grundlagen für eine Rechtsangleichung im Verteidigungssektor

Kontrolle zu entlassen.[9] Nicht umsonst wird die Etablierung einer sicherheits- und verteidigungspolitischen Identität der Europäischen Union als eines der schwierigsten Integrationsprojekte bezeichnet.[10]

Die Zurückhaltung gegenüber einer gemeinsamen Sicherheits- und Verteidigungspolitik mag erklären, wieso jeder Mitgliedstaat die Verbringungen bislang weitgehend selbstständig mit der Folge einer Vielzahl unübersichtlicher und uneinheitlicher einzelstaatlicher Genehmigungsverfahren regelte. Die Mitgliedstaaten beriefen sich zur Aufrechterhaltung der einzelnen nationalen Regelungen auf Art. 346 Abs. 1 lit. b) 1. HS AEUV. Danach kann jeder Mitgliedstaat die Maßnahmen ergreifen, die seines Erachtens für die Wahrung seiner „wesentlichen Sicherheitsinteressen" erforderlich sind, soweit sie die Erzeugung von Waffen, Munition und Kriegsmaterial oder den Handel damit betreffen. Nach Art. 346 Abs. 1 lit. b) 2. HS AEUV dürfen diese Maßnahmen auf dem Binnenmarkt die Wettbewerbsbedingungen hinsichtlich der nicht eigens für militärische Zwecke bestimmten Waren nicht beeinträchtigen. Welche Güter als Waffen, Munition und Kriegsmaterial in diesem Sinne anzusehen sind, bestimmt sich nach einer konstitutiven und abschließenden Liste des Rates vom 15. April 1958.[11]

Dem kann entgegengehalten werden, dass Art. 346 AEUV zwar in Abweichung der Verträge unilaterale Schutzmaßnahmen erlaubt. Die Vorschrift enthält aber keinen allgemeinen Kompetenzvorbehalt zugunsten der Mitgliedstaaten.[12] Demzufolge hindert der außen- oder sicherheitspolitische Zweck einer Maßnahme die Anwendbarkeit der Vorschriften über die gemeinsame Handelspolitik nicht.[13] Im Anwendungsbereich des Art. 346 Abs. 1 lit. b) besteht vielmehr eine parallele Kompetenz von Union und Mitgliedstaaten.[14] Die Mitgliedstaaten können sich daher nur insoweit auf Art. 346 Abs. 1 AEUV berufen, als es um einzelne mitgliedstaatliche Maßnahmen vorübergehender Art zur Wahrung der wesentlichen Sicherheitsinteressen geht. Einer unionsweiten dauerhaften Rechtsangleichung im Verteidigungssektor, wie diese durch das Verteidigungspaket 2007 bereits eingeleitet wurde, steht Art. 346 Abs. 1 AEUV nicht entgegen.

Ausgehend von den in EUV und AEUV bestimmten Grundlagen für den Ausbau einer gemeinsamen Verteidigungspolitik stellt sich die Frage, auf welche nationalen Vorschriften sich die Umsetzung der im Rahmen des Verteidigungspaketes bereits beschlossenen Verteidigungsgüterrichtlinie ausgewirkt hat.

---

[9] *Geiger*, in: Geiger/Khan/Kotzur, EUV/AEUV Kommentar, 5. Auflage 2010, Art. 42 EUV Rn. 1.

[10] *Jopp*, Europäische Sicherheits- und Verteidigungspolitik, in: Weidenfeld/Wessels, Europa von A–Z, 2009, 174.

[11] *Khan*, in: Geiger/Khan/Kotzur, EUV/AEUV Kommentar, 5. Auflage 2010, Art. 346 AEUV Rn. 8.

[12] *Kokott*, in: Streinz, EUV/AEUV Kommentar, 2. Auflage 2012, Art. 346 AEUV Rn. 1.

[13] EuGH, Rs. C-83/94, Leifer, Slg. 1995, I-3231.

[14] *Kokott*, in: Streinz, EUV/AEUV Kommentar, 2. Auflage 2012, Art. 346 AEUV Rn. 1.

C. Verbringung von Rüstungsgütern nach AWG und AWV

Die Verteidigungsgüterrichtlinie führte zunächst zu einer Änderung der Voraussetzungen für eine Verbringung von Rüstungsgütern nach dem Außenwirtschaftsgesetz und der Außenwirtschaftsverordnung.

Die Verbringung von Rüstungsgütern nach Teil I Abschnitt A der Ausfuhrliste ist grundsätzlich genehmigungspflichtig, vgl. § 7 Abs. 1 AWV. Anträge auf Erteilung einer Genehmigung werden beim Bundesamt für Wirtschaft und Ausfuhrkontrolle (BAFA) gestellt. Wird keine Genehmigung eingeholt, liegt eine Ordnungswidrigkeit nach § 70 Abs. 1 Nr. 4 und 5 AWV vor.

Nach Umsetzung der Verteidigungsgüterrichtlinie besteht nun erstmals die Möglichkeit einer Allgemeinen Genehmigung für zertifizierte Empfänger (unten I.). Global- und Einzelgenehmigungen sowie die Möglichkeit einer Genehmigungsbefreiung bestehen weiter fort (unten II.).

I. Allgemeine Genehmigung

Allgemeine Genehmigungen sind Sonderformen von Ausfuhrgenehmigungen, die nicht im Einzelfall auf Antrag erteilt, sondern für eine Vielzahl von Fällen ausgesprochen und von Amts wegen bekannt gegeben werden. Hierdurch werden automatisch alle Ausfuhren genehmigt, die die Voraussetzungen der Allgemeinen Genehmigung erfüllen.[15] Der Vorteil besteht in der sofortigen Liefermöglichkeit und der Planungssicherheit für die Dauer der Gültigkeit der Allgemeinen Genehmigung. Im Gegenzug trägt das jeweilige Unternehmen die alleinige Verantwortung für die Anwendung der Allgemeinen Genehmigung und muss durch betriebsinterne Compliance-Maßnahmen sicherstellen, dass diese tatsächlich genutzt werden darf.[16]

Die Möglichkeit der Erteilung von Allgemeinen Genehmigungen ist in Art. 5 Abs. 1 der Richtlinie vorgesehen. Allgemeine Genehmigungen werden von den Mitgliedstaaten veröffentlicht und gelten für bestimmte Kategorien von Empfängern und Verteidigungsgütern.

Nach Art. 5 Abs. 2 lit. a)–d) der Richtlinie sind vier Allgemeine Genehmigungen vorgesehen. Der erste Fall betrifft die Empfänger, die den Streitkräften eines Mitgliedstaates angehören oder als Auftraggeber im Bereich der Verteidigung handeln und die einen Erwerb für die ausschließliche Verwendung durch die Streitkräfte eines Mitglied-

---

[15] Bundesamt für Wirtschaft und Ausfuhrkontrolle, Merkblatt zu Allgemeingenehmigungen und diesbezüglichen Registrier- und Meldeverfahren, Teil I. Allgemeine Erläuterungen, Stand: 01.03.2007, 4.

[16] Bundesamt für Wirtschaft und Ausfuhrkontrolle, Merkblatt zu Allgemeingenehmigungen und diesbezüglichen Registrier- und Meldeverfahren, Teil I. Allgemeine Erläuterungen, Stand: 01.03.2007, 4.

staates tätigen. Eine zweite Allgemeine Genehmigung richtet sich an den Unternehmen als Empfänger, die gemäß Art. 9 der Richtlinie zertifiziert wurden. Die dritte Fallgruppe erfasst Güter, die zum Zwecke von Vorführungen, Gutachten und Ausstellungen verbraucht werden. Der vierte Fall betrifft Güter, die zwecks Wartung und Reparatur verbracht werden und deren Empfänger der ursprüngliche Lieferant der Verteidigungsgüter ist.

Hinsichtlich der nur vorübergehenden Verbringungen nach Art. 5 Abs. 2 lit. c) und d) der Richtlinie hat das Bundesamt für Wirtschaft und Ausfuhrkontrolle bereits am 19. Januar 2010 die Allgemeine Genehmigung Nr. 24 veröffentlicht. Hiervon sind Verbringungen zum Zwecke von Vorführungen, Gutachten und Ausstellungen sowie Verbringungen zwecks Wartung und Reparatur im Fall einer Identität von Empfänger und ursprünglichem Lieferanten erfasst.

In Umsetzung des Art. 5 Abs. 2 lit. a) und b) der Richtlinie wurden schließlich am 20. Juni 2012 die Allgemeine Genehmigung Nr. 26 für Streitkräfte und die praktisch bedeutsame Allgemeine Genehmigung Nr. 27 für zertifizierte Empfänger bekannt gemacht.[17] Letztere gilt für Verbringungen der genannten Rüstungsgüter, deren Empfänger ein Unternehmen ist, dessen Zuverlässigkeit durch eine Zertifizierung bescheinigt wurde. Um die Allgemeine Genehmigung Nr. 27 nutzen zu können, müssen sich die Unternehmen als Nutzer dieser Allgemeinen Genehmigungen vor der ersten Verbringung oder innerhalb von 30 Tagen danach registrieren.[18] Zertifizierte Empfänger können von ihren Vorlieferanten somit bestimmte Rüstungsgüter in vereinfachter Form durch eine Allgemeine Genehmigung des Lieferlandes, ohne Einzelgenehmigung, geliefert bekommen.

Art. 9 der Richtlinie beschreibt die Zertifizierungskriterien und enthält Vorgaben zum Zertifizierungsverfahren. Danach wird für die Erteilung eines Zertifikats unter anderem gefordert, dass der Antragsteller nachgewiesene Erfahrungen im Bereich der Verteidigung hat und ein leitender Mitarbeiter zum persönlich Verantwortlichen für Verbringungen und Ausfuhren ernannt wurde.

Zertifizierte Unternehmen werden nach ihrer Meldung bei der Europäischen Kommission zentral in der Datenbank CERTIDER, die eingesehen werden kann, erfasst.[19] Bislang sind in Deutschland nur das Unternehmen Diehl BGT Defence GmbH & Co KG (am 5. April 2012) und das Unternehmen Raytheon Deutschland GmbH (am 25. Juni 2012) zertifiziert worden.[20]

---

[17] http://www.bafa.de/ausfuhrkontrolle/de/verfahrenserleichterungen/allgemeingenehmigungen/index.html (zuletzt aufgerufen am 27. Juni 2012).

[18] http://www.bafa.de/ausfuhrkontrolle/de/verfahrenserleichterungen/allgemeingenehmigungen/index.html (zuletzt aufgerufen am 27. Juni 2012).

[19] Bundesamt für Wirtschaft und Ausfuhrkontrolle, Merkblatt zum Zertifizierungsverfahren nach § 2a AWG, § 2a AWV und Art. 9 der Verteidigungsgüterrichtlinie (2009/43/EG).

[20] http://www.bafa.de/ausfuhrkontrolle/de/verfahrenserleichterungen/zertifizierung/zert_unternehmen/index.html (zuletzt abgerufen am 27. Juni 2012).

Die für die Zertifizierung zuständigen Behörden sind von den Mitgliedstaaten zu benennen. In Deutschland ist das Bundesamt für Wirtschaft und Ausfuhrkontrolle zuständig. Die entsprechende Ermächtigung hierfür ergibt sich aus dem infolge der Richtlinienumsetzung neugeschaffenen Art. 2a AWG. Begünstigt wird demnach nicht die Ausfuhr, sondern der Empfang von Rüstungsgütern.[21] Die Allgemeine Genehmigung für zertifizierte Empfängers ist damit Ausdruck des anfangs beschriebenen Prinzips der gegenseitigen Anerkennung von Rechtsstandards.

II. Globalgenehmigung, Einzelgenehmigung und Genehmigungsbefreiung

Die Erteilung von Globalgenehmigungen ist in Art. 6 der Verteidigungsgüterrichtlinie geregelt. Auf Grund einer solchen Globalgenehmigung können einzelne Lieferanten Empfängern Verteidigungsgüter in einen oder mehrere Mitgliedstaaten liefern. In jeder Globalgenehmigung werden die Verteidigungsgüter oder Gruppen von Verteidigungsgütern und die zulässigen Empfänger oder Gruppen von Empfängern festgelegt. Die Globalgenehmigung ist mit einer Sammelgenehmigung nach § 2 AWV vergleichbar.[22]

Neben der Globalgenehmigung besteht zusätzlich noch die Möglichkeit der Erteilung einer Einzelgenehmigung. Diese soll nach Umsetzung der Verteidigungsgüterrichtlinie auf Grund der Einführung der Allgemeinen Genehmigungen aber die Ausnahme darstellen.[23] Nach Art. 7 der Verteidigungsgüterrichtlinie können Lieferanten auf Antrag Einzelgenehmigungen für die Lieferung einer festgelegten Menge von Verteidigungsgütern erteilt werden. Hierfür ist zwingende Voraussetzung, dass es sich um eine einzige Verbringung handelt. Weiterhin muss die Erteilung der Einzelgenehmigung zur Wahrung wesentlicher Sicherheitsinteressen oder aus Gründen der öffentlichen Sicherheit notwendig sein und dazu dienen, dass die Mitgliedstaaten ihre internationalen Verpflichtungen und Bindungen einhalten. Weiterhin muss ersichtlich sein, dass der Lieferant nicht in der Lage sein wird, alle für die Erteilung einer Globalgenehmigung erforderlichen Voraussetzungen und Bedingungen zu erfüllen.

Schließlich kommt in einigen Fällen auch eine Genehmigungsbefreiung nach Art. 4 Abs. 2 oder 3 der Verteidigungsgüterrichtlinie in Betracht.

Nach Art. 4 Abs. 2 der Richtlinie können Mitgliedstaaten eine Befreiung aussprechen, wenn der Lieferant oder Empfänger eine Regierungsstelle oder ein Teil der Streitkräfte ist oder die Lieferungen von der Europäischen Union, der NATO, der IAEA oder anderen

---

[21] Bundesamt für Wirtschaft und Ausfuhrkontrolle, Merkblatt zum Zertifizierungsverfahren nach § 2 a AWG, § 2 a AWV und Art. 9 der Verteidigungsgüterrichtlinie (2009/43/EG).
[22] *Schladebach*, Die Verteidigungsgüterrichtlinie der Europäischen Union, RIW 3/2010, 127 (128).
[23] *Schmitz/Pelz/Piesbergen*, Perspektiven des künftigen Außenwirtschaftsrechts, Noerr Defence & Security Newsletter April 2011.

zwischenstaatlichen Organisationen in Erfüllung ihrer Aufgaben getätigt werden. Eine Befreiung ist auch möglich, wenn die Verbringung für die Umsetzung eines Rüstungskooperationsprogramms zwischen Mitgliedstaaten erforderlich ist oder Teil humanitärer Hilfe in Katastrophenfällen ist oder als Schenkung in einer Notsituation erfolgt. Schließlich kann eine Befreiung ausgesprochen werden, wenn die Verbringung für bzw. im Anschluss an die Reparatur, Wartung, Ausstellung oder Vorführung notwendig ist.

Im Rahmen des Art. 4 Abs. 3 der Richtlinie kann die Kommission von sich aus oder auf Antrag eines Mitgliedstaates weitere Fälle in die Befreiungsmöglichkeit nach Abs. 2 einbeziehen. Hierfür wird jedoch vorausgesetzt, dass die Verbringung unter Bedingungen erfolgt, die die öffentliche Ordnung oder die öffentlich Sicherheit nicht beeinträchtigen. Eine Erweiterung der Genehmigungsbefreiung kann überdies vorgenommen werden, wenn die Verpflichtung zur vorherigen Genehmigung mit internationalen Zusagen der Mitgliedstaaten im Anschluss an die Annahme dieser Richtlinie unvereinbar geworden ist oder eine Notwendigkeit auf Grund der zwischenstaatlichen Zusammenarbeit nach Art. 1 Abs. 4 der Verteidigungsgüterrichtlinie gegeben ist.

D. Verbringung von Kriegswaffen nach dem KrWaffKontrG

Auch die Vorschriften zur Verbringung von Kriegswaffen nach dem Gesetz über die Kontrolle von Kriegswaffen (KrWaffKontrG) wurden durch die Umsetzung der Verteidigungsgüterrichtlinie unionsweit angepasst.

Kriegswaffen unterliegen grundsätzlich einem noch strengeren Genehmigungsregime als Rüstungsgüter. Die §§ 2 bis 4a KrWaffKontrG enthalten für die Herstellung, das Inverkehrbringen, die Beförderung und die Tätigkeit von Auslandsgeschäften Genehmigungstatbestände. § 3 Abs. 3 KrWaffKontrG stellt einen allgemeinen Genehmigungsvorbehalt für die Einfuhr, Ausfuhr oder Durchfuhr durch das Bundesgebiet auf. Für die Erteilung und den Widerruf einer Genehmigung ist nach § 11 KrWaffKontrG die Bundesregierung zuständig. Bei einem Verstoß gegen die Genehmigungspflicht droht nach § 22a Abs. 1 Nr. 4 eine Freiheitsstrafe von einem Jahr bis zu fünf Jahren.

Die Besonderheiten des Kriegswaffenrechts beruhen auf der verfassungsrechtlichen Verankerung in Art. 26 GG. Kriegswaffen unterliegen seit jeher einer eigenständigen Regelung, weisen jedoch von ihrer Begriffsbestimmung Überschneidungen mit den im allgemeinen Außenwirtschaftsrecht geregelten Rüstungsgütern auf (unten I.). In Umsetzung der Verteidigungsgüterrichtlinie wurde eine Allgemeine Genehmigung für zertifizierte Empfänger auch für Verbringungen von Kriegswaffen eingeführt (unten II.).

I. Grundgesetzliche Regelung der Kriegswaffen in Art. 26 GG

Das spezielle Kriegswaffenrecht ist im Lichte der Auslegung und Entstehungsgeschichte des Art. 26 GG zu verstehen. Nur so lässt sich erklären, aus welchem Grund Kriegswaffen eine eigenständige Regelung erfahren haben und wie diese von Rüstungsgütern im Sinne des allgemeinen Außenwirtschaftsrechts abzugrenzen sind.

Nach Art. 26 Abs. 2 GG dürfen zur Kriegsführung bestimmte Waffen nur mit Genehmigung der Bundesregierung hergestellt, befördert und in Verkehr gebracht werden. Näheres wird durch das Ausführungsgesetz zu Artikel 26 Abs. 2 GG – das KrWaffKontrG – geregelt. Die Genehmigungspflicht für Kriegswaffen und die Regelung in einem eigenständigen Gesetz dienen der Verwirklichung der in Art. 26 Abs. 1 GG genannten Ziele. Hiernach sind Handlungen, die geeignet sind und in der Absicht vorgenommen werden, das friedliche Zusammenleben der Völker zu stören, insbesondere die Führung eines Angriffskrieges vorzubereiten, verfassungswidrig und unter Strafe zu stellen. Die Kriegswaffenkontrolle soll die mit einer unkontrollierten Rüstung verbundene potenzielle Gefährdung des Völkerfriedens verhindern.[24] Art. 26 Abs. 2 GG ist insofern lex specialis zu Art. 26 Abs. 1 GG.[25]

Zu beachten ist, dass Art. 26 Abs. 2 GG den Kriegswaffenhandel nicht vollständig verbietet, sondern ihn der Genehmigung der Bundesregierung unterstellt. Dies entspricht der Zielvorgabe in Art. 26 Abs. 1 GG, der lediglich einen Angriffskrieg ächtet, nicht aber kriegerische Handlungen jeglicher Art untersagt. Die Beschränkung auf eine Genehmigungspflicht war bei Entstehung des Grundgesetzes innerhalb des Parlamentarischen Rates nicht unumstritten, doch setzte sie sich im Ergebnis gegen Forderungen nach einem kompletten Kriegswaffenverbot durch.[26] Dies lag in erster Linie an der mehrheitlich vertretenen Auffassung, dass einen autonomen Staat von jeher das Recht zur Selbstverteidigung auszeichne.[27] Auf die Herstellung von ABC-Waffen hat die Bundesrepublik Deutschland im Übrigen vollständig verzichtet.[28] Demzufolge sind nach den §§ 17, 18 und 18a KrWaffKontrG Atomwaffen, biologische und chemische Waffen sowie Antipersonenminen und Streumunition verboten, ohne dass hierfür eine Genehmigungsmöglichkeit besteht.

Um aber überhaupt zu einer Anwendung des KrWaffKontrG zu gelangen, bedarf es einer genauen Begriffsbestimmung und Abgrenzung zu den übrigen Rüstungsgütern, die dem allgemeinen Außenwirtschaftsrecht unterliegen.

---

[24] *Pathe/Wagner*, in: Bieneck, Handbuch des Außenwirtschaftsrechts mit Kriegswaffenkontrollrecht, 2. Auflage 2005, § 33 Rn. 10.

[25] *Streinz*, in: Sachs, Grundgesetz Kommentar, 6. Auflage 2011, Art. 26 Rn. 35.

[26] *Pathe/Wagner*, in: Bieneck, Handbuch des Außenwirtschaftsrechts mit Kriegswaffenkontrollrecht, 2. Auflage 2005, § 33 Rn. 11.

[27] *Streinz*, in: Sachs, Grundgesetz Kommentar, 6. Auflage 2011, Art. 26 Rn. 2.

[28] Protokoll III über die Rüstungskontrolle vom 24. März 1955, BGBl II, 1955, 256 (267 ff.).

D. Verbringung von Kriegswaffen nach dem KrWaffKontrG

Kriegswaffen sind nach § 1 Abs. 1 KrWaffKontrG die in der Kriegswaffenliste aufgeführten Gegenstände, Stoffe und Organismen. Sie sind zugleich Rüstungsgüter im Sinne des Außenwirtschaftsgesetzes und der Außenwirtschaftsverordnung.[29] Das KrWaffKontrG umfasst wegen des Kriegswaffenbegriffs jedoch nicht das gesamte Spektrum von Rüstungsgütern und wird daher ergänzt durch das Rüstungsexport-Regime. Dies bedeutet, dass alle Kriegswaffen auch Rüstungsgüter im Sinne der Ausfuhrliste der AWV sind, alle Rüstungsgüter aber nicht auch dem Kriegswaffenbegriff unterfallen.[30]

Anders als die Regelungen zur Ausfuhr von Rüstungsgütern findet das Kriegswaffenkontrollrecht unabhängig von einem grenzüberschreitenden Bezug Anwendung und regelt bereits die Herstellung, Beförderung und das Inverkehrbringen innerhalb Deutschlands. Es zählt daher nicht zum klassischen Außenwirtschaftsrecht.[31] Sobald jedoch ein Export von Kriegswaffen innerhalb der Europäischen Union oder in ein Drittland im Raume steht, weist das Kriegswaffenkontrollgesetz Berührungspunkte mit dem Rüstungsgüter-Regime des AWG und der AWV auf.

Die Regime des KrWaffKontrG und der AWV überschneiden sich in diesem Bereich. Nach § 1 Abs. 2 AWG und § 6 Abs. 4 KWKG bleiben andere Vorschriften allerdings unberührt, so dass die beiden Regelungssysteme unabhängig nebeneinander stehen.[32] Demzufolge sind zwei Genehmigungen erforderlich, wobei keiner der Genehmigungen eine Konzentrationswirkung zukommt.[33]

II. Allgemeine Genehmigung für zertifizierte Empfänger

Die Verteidigungsgüterrichtlinie hat auch im KrWaffKontrG Einzug gehalten und zu einer Vereinheitlichung der Genehmigungsvoraussetzungen für Verbringungen von Kriegswaffen geführt. § 3 Abs. 4 Nr. 6 KrWaffKontrG bestimmt, dass eine Allgemeine Genehmigung für die Beförderung von Kriegswaffen zum Zwecke der Verbringung an Unternehmen, die in einem anderen Mitgliedstaat der Europäischen Union ansässig sind und in diesem Mitgliedstaat gemäß Art. 9 der Richtlinie 2009/43/EG zertifiziert sind, erteilt werden kann.

---

[29] *Streinz*, in: Sachs, Grundgesetz Kommentar, 6. Auflage 2011, Art. 26 Rn. 47.

[30] *Kirchner*, Das System der Rüstungsexportkontrolle – am Beispiel der Panzerlieferungen nach Saudi-Arabien, DVBl 2012, 336 (339).

[31] *Schladebach*, Die Verteidigungsgüterrichtlinie der Europäischen Union, RIW 3/2010, 127 (132).

[32] *Kirchner*, Das System der Rüstungsexportkontrolle – am Beispiel der Panzerlieferungen nach Saudi-Arabien, DVBl 2012, 336 (339).

[33] http://www.zoll.de/DE/Fachthemen/Verbote-Beschraenkungen/Schutz-der-oeffentlichen-Ordnung/Kriegswaffen/Verbote-und-Genehmigungspflichten/verbote-und-genehmigungspflichten_node.html (zuletzt abgerufen am 27. Juni 2012); *Schladebach*, Die Verteidigungsgüterrichtlinie der Europäischen Union, RIW 3/2010, 127 (132).

II. Allgemeine Genehmigung für zertifizierte Empfänger

Genehmigungsbehörde ist die Bundesregierung. Diese hat ihre Befugnis, Genehmigungen im Zusammenhang mit Kriegswaffen zu erteilen und zu widerrufen, grundsätzlich auf das Bundesministerium für Wirtschaft und Technologie als zuständige Genehmigungsbehörde übertragen. Überwachungsbefugnisse (z. B. Meldepflichten, Bestandskontrollen von Kriegswaffen) hat das Bundesministerium für Wirtschaft und Technologie wiederum auf das Bundesamt für Wirtschaft und Ausfuhrkontrolle übertragen.[34]

Die Allgemeine Genehmigung Nr. 27, die Verbringungen von bestimmten Rüstungsgütern begünstigt, wenn der Empfänger von dem Staat, in dem er niedergelassen ist, gemäß Art. 9 der Verteidigungsgüterrichtlinie zertifiziert wurde, erfasst Kriegswaffen nach der Kriegswaffenliste ausdrücklich nicht.[35] Dies wäre im Übrigen auch unzulässig, da die Erteilung der Allgemeinen Genehmigung nach § 8 Abs. 1 KrWaffkontrG durch Rechtsverordnung und nicht lediglich durch Veröffentlichung erfolgen muss.

Eine Allgemeine Genehmigung im Sinne des § 3 Abs. 4 Nr. 6 KrWaffKontrG besteht aber – zumindest für bestimmte Kriegswaffen der Kriegswaffenliste – nach § 1 b der Verordnung über Allgemeine Genehmigungen nach dem Gesetz über die Kontrolle von Kriegswaffen (KrWaffGenV). Danach wird für die Beförderung von Kriegswaffen der Nummern 12, 16, 27, 28, 34, 35, 36, 54, 56, 57 und 58 der Kriegswaffenliste zum Zweck der Einfuhr in das Bundesgebiet eine Allgemeine Genehmigung erteilt, soweit die Kriegswaffen auf Grund einer Verbringungsgenehmigung aus einem Mitgliedstaat der Europäischen Union versandt werden und Empfänger dieser Kriegswaffen ein im Bundesgebiet ansässiges Unternehmen ist, das gemäß § 2 a des Außenwirtschaftsgesetzes in Verbindung mit § 21 a der Außenwirtschaftsverordnung zertifiziert ist.

Nach § 5 KrWaffKontrG sind auch Befreiungen von der Genehmigungspflicht möglich. Insbesondere bedarf nach § 5 Abs. 3 Nr. 2 und 3 KrWaffKontrG keiner Genehmigung, wer die tatsächliche Gewalt über Kriegswaffen der Bundeswehr überlassen oder von ihr erwerben will oder dem Beschaffungsamt des Bundesministeriums des Inneren, den Polizeien des Bundes, der Zollverwaltung, einer für die Aufrechterhaltung der öffentlichen Sicherheit zuständigen Behörde oder Dienststelle, einem Beschussamt oder einer Behörde des Strafvollzugs überlassen oder von diesen zur Instandsetzung, zur Erprobung oder zur Beförderung erwerben will.

---

[34] http://www.zoll.de/DE/Fachthemen/Verbote-Beschraenkungen/Schutz-der-oeffentlichen-Ordnung/Kriegswaffen/Verbote-und-Genehmigungspflichten/verbote-und-genehmigungspflichten_node.html (zuletzt abgerufen am 27. Juni 2012).

[35] http://www.ausfuhrkontrolle.info/ausfuhrkontrolle/de/verfahrenserleichterungen/allgemeingenehmigungen/index.html (zuletzt abgerufen am 27. Juni 2012).

E. Verbringung von Dual-Use-Gütern nach der Dual-Use-Verordnung

Anders als bei Kriegswaffen und Rüstungsgütern findet die Verteidigungsgüterrichtlinie im Rahmen der Dual-Use-Verordnung[36] keine Anwendung.

Nach dem Grundsatz der nach Art. 288 AEUV unmittelbar anwendbaren Dual-Use-Verordnung besteht ein freier Verkehr von Gütern mit doppeltem Verwendungszweck innerhalb der Europäischen Union.[37] Danach unterliegen grundsätzlich nur Ausfuhren aus dem Zollgebiet der Europäischen Union einer allgemeinen Genehmigungspflicht, vgl. Art. 3 Abs. 1 Dual-Use-Verordnung.[38] Art. 9 Abs. 1 Dual-Use-Verordnung sieht vor, dass für bestimmte Ausfuhren aus der Europäischen Union allgemeine Ausfuhrgenehmigungen der Union gemäß den Anhängen IIa bis IIf geschaffen werden. Darüber hinaus können auch nationale Allgemeine Genehmigungen erlassen werden, Art. 9 Abs. 4 Dual-Use-Verordnung. Allgemeine Genehmigungen werden auf der Internetseite des Bundesamtes für Wirtschaft und Ausfuhrkontrolle veröffentlicht.

Allerdings besteht ausnahmsweise eine Genehmigungspflicht für die innereuropäische Verbringung von Dual-Use-Gütern gemäß Art. 22 Abs. 1 der Dual-Use-Verordnung für besonders sicherheitsrelevante, in Anhang IV der Verordnung gelistete Güter. Hierfür kann auch eine Allgemeine Genehmigung erteilt werden. Bislang ist von dieser Möglichkeit jedoch noch kein Gebrauch gemacht worden.

Für die in Anhang IV Teil 2 aufgeführten Güter – wie unter anderem alle kerntechnischen Materialien – darf hingegen keine Allgemeingenehmigung erteilt werden.

Zu beachten ist im Übrigen, dass nach Art. 22 Abs. 10 Dual-Use-Verordnung in den einschlägigen Geschäftspapieren bezüglich der Verbringung innerhalb der Europäischen Union ausdrücklich zu vermerken ist, dass die Güter bei Ausfuhr aus der Gemeinschaft einer Kontrolle unterliegen.

F. Fazit

Mit dem EU-Verteidigungspaket aus dem Jahre 2007 hat die Europäische Union einen großen Schritt zur Rechtsvereinheitlichung des Verteidigungssektors unternommen. Die beiden verabschiedeten Richtlinien im Bereich des Vergaberechts und der Verbringungen innerhalb der Europäischen Union haben zu einer weitgehenden Auflösung der bis dato zersplitterten Rechtslage in den einzelnen Mitgliedstaaten und zu einem

---

[36] Verordnung (EG) Nr. 428/2009 des Rates vom 5. Mai 2009 über eine Gemeinschaftsregelung für die Kontrolle der Ausfuhr, der Verbringung, der Vermittlung und der Durchfuhr von Gütern mit doppeltem Verwendungszweck, ABl. L 134/1 vom 29. Mai 2009.

[37] Erwägungsgrund 4 der Dual-Use-Verordnung.

[38] Vgl. Art. 2 Nr. 2 Dual-Use-Verordnung in Verbindung mit Art. 161 Zollkodex.

F. Fazit

Abbau von Bürokratiehemmnissen für Unternehmen geführt. In Anbetracht der vorherrschenden Skepsis der Mitgliedstaaten gegenüber Rechtsangleichungsmaßnahmen im Verteidigungssektor kann hier von einem annähernd historischen Maßnahmenpakt gesprochen werden.

Die Umsetzung der Verteidigungsgüterrichtlinie hat zu einer Änderung der Verbringungsvoraussetzungen sowohl für Rüstungsgüter nach dem allgemeinen Außenwirtschaftsrecht als auch für Kriegswaffen im Sinne des KrWaffKontrG geführt. Mit der Veröffentlichung der Allgemeinen Genehmigungen Nr. 26 und 27 im Juni 2012 hat die Bundesrepublik Deutschland die europäischen Vorgaben nun fast vollständig umgesetzt. Praktisch bedeutsam sind vor allem die Allgemeine Genehmigung Nr. 27 für Rüstungsgüter bzw. die Allgemeine Genehmigung nach § 1 b KrWaffGenV für Kriegswaffen. Diese gelten für zertifizierte Empfänger und beruhen auf dem Prinzip der gegenseitigen Anerkennung von Zertifizierungsstandards der einzelnen Mitgliedstaaten. Für europaweite Vergaben im Verteidigungsbereich bedeutet dies, dass deutsche zertifizierte Unternehmen infolge der Genehmigung Nr. 27 auf eine problemlose Zulieferung von Rüstungsgütern aus anderen Mitgliedstaaten verweisen können.

Trotz der beschriebenen Fortschritte ist die europäische Rechtslage im Verteidigungsbereich immer noch von einer großen Anzahl unübersichtlicher und sich teilweise überschneidender Vorschriften geprägt. Ziel einer gemeinsamen Verteidigungspolitik muss es sein, diese Hindernisse durch weitere Rechtsangleichungs- und Vereinfachungsmaßnahmen zukünftig schrittweise abzubauen. Erstmal bleibt jedoch abzuwarten, wie sich die bereits umgesetzten Erleichterungen auswirken und ob die erhoffte Stärkung des Binnenmarktes tatsächlich eintritt.

Stichwortverzeichnis

A
ABC-Waffen 217
Allgemeine Genehmigung 215-216, 218-220
   Nr. 24 214
   Nr. 26 214
   Nr. 27 214, 221
Allgemeingenehmigung 66
Anerkennung 155-156
Angebot 71
Angebotsaufforderung 71
Angebotsphase 71
Angebotsprüfung 79
Angebotswertung und Zuschlag 79
Angriffskrieg 217
Anwendungsbereich der VSVgV 56
Außenwirtschaftsgesetz 218-219
Außenwirtschaftsrecht 216-217, 221
Außenwirtschaftsverordnung 189, 213, 218-219
Auflagen 88
Auftragnehmer 122
Ausfuhr 70
Ausfuhrgenehmigung 213, 220
Ausfuhrliste 213, 218
Ausrüstungs- und Nutzungsprozess 166
Ausschluss 61
Ausschlussgrund 65, 69, 79

B
BAFA 213
Bauauftrag 56-57, 82
Baukonzessionen 93
Bauleistung 82
Bekanntmachung 69-70
Berufsausübung 69
Beschleunigtes Verfahren 69
Betriebsbedingte Bedarfe 170
Bietergemeinschaft 126
Bieterinformationen 64

C
Compliance 213

D
Demonstrationssystemen 76
Dezentrale Beschaffung 169
Dringlichkeit 69, 73
Dual-Use-Güter 210, 220
Dual-Use-Verordnung 220

E
Eignungsnachweise 71
Einkauf Bundeswehr 171
Einzelgenehmigung 213-215
Ertragsberechnung 67
Exportkontrollrecht 210

F
Finanzierung 67
Forschung und Entwicklung 75
Freiberufliche Dienstleistungen 56
Fristen 69, 73-74, 77, 110

G
GASP 211
Genehmigungsbefreiung 213, 215-216
Genehmigungsverfahren 210, 212
Genehmigungswiderruf 216
GHB 155
Gleichwertigkeit 155-157
Globalgenehmigung 215
Grundsätze des Vergabeverfahrens 60

I
Informationssicherheit 63, 133, 139, 143, 145-146, 158
Informationsvorsprung 61
Integrierte Projektteams 61
Interoperabilität 80

K

Kaskadensystem 55
Kriegswaffen 185, 210, 216-219, 221
Kriegswaffenkontrollgesetz 189, 218
Krise 73

L

Lebenszyklus 20, 28, 58, 84
Lenkwaffen 189-190
Lieferkette 59, 66, 120 f., 127, 144, 151
Losaufteilung 60, 117
Luft- und Seeverkehrsdienstleistungen 74

M

Markterkundung 67
Materialsegment 166, 171-172, 174
Militärische Zweckbestimmung 85
Mindestbedingungen 69
Mindestzahl 70-71, 77
Mittelständische Unternehmen 54, 60

N

Nachforderung 71
Nachreichen von Unterlagen 71
Nachunternehmer 122-124, 126-131, 146, 151, 158, 163
    freie Verfahren 123
    Unterauftragsquote 125
    wettbewerbliches Verfahren 123
Nachverhandlungen 72
Nachverhandlungsgebot 77
Nachweise 67, 69
Nationale Sicherheit 65
Nicht offenes Verfahren 77
Nichtdiskriminierung 21, 127
Nutzungsdauer 12, 58

O

Offenes Verfahren 68, 77, 196
Offset 120

P

Primärrechtsschutz 178, 201
Prinzip der gegenseitigen Anerkennung 210, 215, 221
Projektant 61
Prüfung der Angebote 79
Prüfungsmaßstab 178

R

Rahmenvereinbarungen 57
Recht auf Akteneinsicht 198
Rechtsschutz 129, 177, 198, 202, 206
Rechtsschutz bei Aufträgen, die von den §§ 97 ff. GWB, der VSVgV und VOB/A–VS freigestellt sind 183
Reparatur 42, 57, 84, 214, 216
Reziprozität der Beschaffungsmärkte 121
Richtlinie 2009/81/EG 5, 11, 36, 39, 49, 54, 81, 84, 96, 120, 178-180, 183, 192, 195, 198, 206, 208
Rüstungskooperationsprogramm 216

S

Schadensersatz 128, 179, 182, 203-206
Schlussphase 72
Schwellenwerte 58, 87, 178, 186, 193, 199-200
Sekundärrechtsschutz 178
Sicherheits- und Verteidigungsbereich 50, 55, 57, 61, 63, 76, 80, 178 ff.
Sicherheitsinteressen 178
Sicherheitsüberprüfung 155
Straftaten 69
Struktur der VSVgV 56
SÜG 65, 86, 104, 106, 139, 155, 162
Systemfähigkeit 60

T

Technische Spezifikationen 92
Teilnahmewettbewerb 68
Terrorbekämpfung 185

Transparenz 121, 127, 138, 169, 183, 193f.

U
Übergangszeitraum 73
Unterauftrag 58
Unterauftragnehmer 64
Unterauftragsvergabe 122
Unterschwellenvergaben 184-185, 208

V
Verbringungen 209-210, 212, 214, 219-220
Verbundene Unternehmen 126
Verfehlung 64
Vergabeabsicht 69, 118
Vergaberechtswidrig geschlossene Verträge 182
Vergabeverordnung Sicherheit und Verteidigung 178
Verhandlungsphase 68, 71
Verhandlungsverfahren mit Teilnahmewettbewerb 68
Verhandlungsverfahren ohne Teilnahmewettbewerb 72-73
Verschlusssachen 55, 63, 65, 88, 91, 143
Verschlusssachenauftrag 65, 86, 104, 113, 142, 150, 153, 179
Versorgungssicherheit 66, 70, 80
Verteidigungsgüter-Verbringungsrichtlinie 2009/43/EG 66
Verteidigungspolitik 209, 211-212
Vertragsbestimmungen 77
Vertrauenswürdigkeit 70
Vertraulichkeit 63
Vertraulichkeit und Informationssicherheit 63
Vertraulichkeitsgrundsatz 149
Vertraulichkeitsvereinbarung 88
Verwaltungs- oder Zivilrechtsweg 178
VOL/B 62
VOL/B als Vertragsbestandteil 62
Vollendete Tatsachen 183
Vor- und nachrangige Dienstleistungen 57
Vorinformation 77

W
Wartung 214, 216
Wehr- und Wehrbeschaffungshoheit 189
Wesentliche Sicherheitsinteressen 212
Wettbewerblicher Dialog 78
Wettbewerbliches Verfahren 59

Z
Zentrale Beschaffung 169
Zertifizierter Empfänger 210, 214, 216, 221
Zertifizierungskriterien 214
Zertifizierungsverfahren 214
Zollgebiet 220
Zollverwaltung 219
Zusatzlieferungen 76
Zuschlag 72
Zuschlagskriterien 66, 72, 79
Zwei-Stufen-Theorie 189